信息作战导论

戴长华　葛　斌
张　翀　胡艳丽　主编

国防科技大学出版社
·长沙·

图书在版编目（CIP）数据

信息作战导论/戴长华，葛斌，张翀，胡艳丽主编．—长沙：国防科技大学出版社，2013.10（2022.3 重印）

ISBN 978－7－5673－0190－0

Ⅰ．①信…　Ⅱ．①戴…②葛…③张…④胡…　Ⅲ．①信息战－研究　Ⅳ．①E869

中国版本图书馆 CIP 数据核字（2013）第 236537 号

国防科技大学出版社出版发行
电话：（0731）87000353　邮政编码：410073
责任编辑：徐　飞　责任校对：文　慧
新华书店总店北京发行所经销
国防科技大学印刷厂印装
*
开本：787×960　1/16　印张：22.25　字数：412 千字
2013 年 10 月第 1 版 2022 年 3 月第 2 次印刷　印数：1001－1800 册
ISBN 978－7－5673－0190－0
定价：56.00 元

前　言

人类社会跨入信息时代，战争形态也随之发生了变化，信息化战争将成为未来战争的基本形态。信息作战成为现代战争夺取胜利的一个新的制高点，在战争中的地位日益提高。为了适应信息作战的需要，我们编写了这本《信息作战导论》，可作为院校学员学习和掌握信息作战相关知识的教材，也可供广大部队官兵和相关人员以及军事爱好者研究参考。

本书力图从技术原理和作战运用两个方面论述信息作战，全书内容由十章构成，基本涵盖了信息作战相关内容的主要方面。其中：第一章“信息作战基本理论”、第二章“信息作战样式”，是信息作战的基础部分；第三章“信息获取技术”、第四章“信息传递技术”、第五章“信息对抗技术”，是信息作战的技术原理；第六章“信息作战武器”、第七章“信息作战方法”、第八章“信息作战力量”、第九章“信息作战组织指挥”和第十章“美军信息作战介绍”，属于信息作战的作战运用。读者在使用本书时，如已学习过相关技术原理等内容，则可以淡化该部分章节，将重点放在其他部分内容上，反之亦然。

本书由国防科技大学信息系统与管理学院戴长华、葛斌、张翀、胡艳丽撰稿，全书由戴长华统编定稿。在编写过程中，我们参阅了大量信息作战方面的相关文献和出版物，受益匪浅，在此不一一列举，一并向原作者表示感谢。在编写与出版过程中，老松杨、肖卫东、汤大权、黄浩量、李乐等同志和国防科技大学出版社给予了大力支持和帮助，我们谨表衷心的谢意。

信息作战涉及面广，技术发展迅猛。由于编写人员知识水平有限，虽然倾注了极大的热情和努力，但书中不妥甚至错误之处仍难免，敬请读者批评指正。

作　者

2013年9月于长沙

目　录

第 1 章　信息作战基本理论

在人类社会跨入信息时代之后，战争形态也随之发生了变化，信息化战争将逐步取代工业时代的机械化战争，成为未来战争的基本形态。

信息作战是信息化战争中的作战样式，是内涵不断创新、具有巨大发展潜力的一种新的作战样式。信息作战已经成为现代战争夺取胜利的一个新的制高点，在战争中的地位日益提高。为了适应信息作战的需要，我们应学习和研究信息作战的相关知识。

1.1　信息作战及其相关概念

信息作战作为一个特定的军事概念，尽管被广泛运用，但因提出的时间还比较短，相关概念及容易混淆的概念还比较多。对信息作战及其有关概念进行界定，是学习和研究信息作战必须首先解决的问题。

信息作战的一切概念术语，无不与“信息”相联系。“信息”是信息作战理论体系中的一个最基本的需要最先界定的概念。

（一）信息

信息是事物存在的方式或运动的状态，以及这种方式、状态的直接或间接的表述。这是一个对信息的本体论层次上的定义，是本质的定义。

由于上述信息定义在实践中较难掌握和应用，因此在信息工程中，人们常常采用笼统的、主要基于认识论层次的广义信息定义。该定义根据信息的处理过程和可利用的成熟度，将信息分为三个层次，如图 1 - 1 所示。其中，第一层为外部世界现象（如物体的体积、速度和温度等）及人为消息（如信件、命令和讲话等），第一层也可称为物理层。第二层为数据，它是对现象进行观测、变换和整理等得出的结果，包括文字、数字、符号、图形、图像、声音、

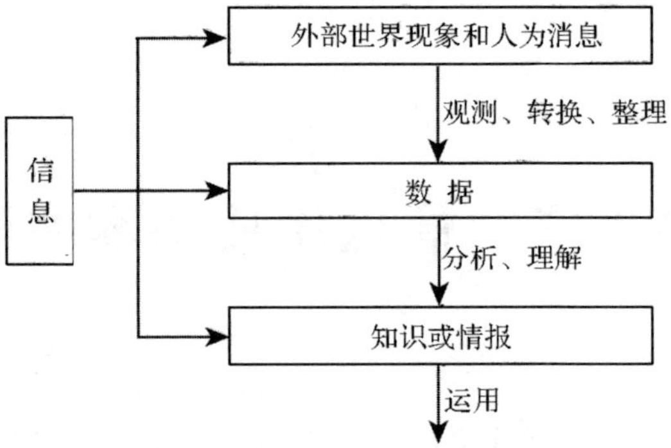

图 1-1　广义信息模型

影像等，第二层也可称为信息层。第三层为知识，是人或机器对数据进行分析和理解的结果。军事上所用的情报相当于这里的知识，第三层也可称为认知层。根据该定义，外部世界的现象、信息系统中的数据和人掌握的知识或情报，都称为信息。虽然这种定义模糊了信息的形式、内涵和度量方法，但方便了信息概念的使用。实际上，我们通常所说的信息的概念，基本上是与该定义相符合的，即信息是指外部世界现象、系统中的数据和人掌握的知识或情报等。

与广义信息模型对应，也可把人类信息活动分成三个层次：物理层、信息层和认知层。物理层主要是信息获取、传输、存储等；信息层主要是信息检索、处理、再生、利用等；认知层主要是决策、士气、决心与意志等。

美国人博伊德提出人类所有的理性行为，无论是个人行为，还是有组织行为，都可以用四种不同任务，即观察（Observation）、判断（Orientation）、决策（Decision）和行动（Action）的不断循环加以描述。博伊德把这种决策周期称为“OODA 环”。这一模型现今广泛用来描述战争行动，交战双方进行的是同样的活动，而最后胜利属于行动和反应更迅速的一方。信息在 OODA 循环中起着环节间的沟通联络作用。

信息在战争中具有十分显著的地位和作用，凡战争都离不开信息，信息在社会的发展和战争的进程、结局的拉动中处于主导地位。信息的牵动和支配作用渗透于社会活动的各个方面及战争的一切过程之中。信息与作战武器和平台相结合，产生了信息化武器，可极大地提高武器系统和平台的作战效能。战争的指导、谋划者和组织实施机关善于获取、利用、控制信息，就可以做到耳聪目明，指挥自如，运筹帷幄之中，决胜千里之外。

（二）信息系统

信息系统是人造的辅助人们从事信息活动的系统，是一个结构复杂的复合性人机共栖系统。这些信息活动包括信息感知、识别、变换、传输、检测、存储、检索、处理、再生、表示、利用等。计算机网络是信息系统的重要支撑和有机组成部分。信息系统是一个国家、军队的基础设施，也是战场环境的重要组成部分。

随着信息社会的到来，社会生活的各个领域都依赖于运用信息系统。信息系统的种类也多种多样，不同领域的信息系统有着不同的系统结构、系统功能。在军事上信息系统按作战使用等级和作用分为战略信息系统、战役信息系统和战术信息系统等；按信息的运行过程不同分为信息获取系统、信息传输系统和信息处理及利用系统；按信息系统的构成区分，有由各种电磁设备、计算机系统构成的技术系统和由人员构成的组织系统；按信息系统的性质区分，既有人力、物力构成的物质系统，也有人的认识和信念为主体构成的精神系统。

在未来战争中，各种军事信息系统将遍布陆、海、空、天各个战场空间。敌对双方都将高度依赖战场信息系统进行信息收集、传递、存储、处理和应用，为指挥员和指挥机关决策提供依据。信息系统已逐渐成为敌对双方作战的基本对象和主要目标。

（三）信息化战争

信息化战争是一种战争形态，是与机械化战争相对应的一个概念。一些学者给出的定义是：信息化战争是指在信息时代，交战双方以信息军队为作战力量，以信息武器为主要作战工具，以信息战为主要作战形式而进行的战争。另一些学者认为：信息化战争是以信息和知识为核心资源，以大量运用信息技术而形成的一体化信息系统和信息化武器装备为基础，以信息化战场为依托，以信息化军队为主体，以争夺制信息权为基本目标，以信息战为基本作战形式的新战争形态。也有学者认为：信息化战争主要是指以大量使用信息化武器，以信息技术为物质基础和技术基础，以信息能（智能）为主导，以机械能为后盾，以网络为载体的战争形态。

信息化战争通常具有以下特征：

1. 作战体系一体化

在信息化战争中，信息技术大量使用，指挥、控制、通信、计算机、情报、侦察和监视（C^4ISR）等在信息技术支持下形成一体化作战体系，能够达成战场高度透明和指挥、协调及作战行动的实时、精确、高效。

2. 武器装备信息化

信息技术与能量高度结合，形成多种类型的信息武器系统，包括各种作战平台和导弹系统。

3. 信息系统网络化

战场信息系统网络化是信息化战争的一个鲜明特征。信息系统网络化，是指信息的获取、传递、处理三大系统联结为网络，整体协调的工作，统驭部队行动和武器打击系统遂行作战任务，并与保障供应系统、信息对抗系统一起，以 C^4ISR 系统为中心构成信息网络化战场。

4. 制信息权争夺全时空化

战争中的制信息权争夺，从时间上讲，从战争爆发到终结的全部时间都在进行着，且通常是战前先期行动，并贯穿于战争的始终。从空间上讲，自前沿到纵深到后方，有关参战国的陆海空天的全部空间都在搏斗着，无处不在，无时不有。

5. 参战力量全民化

在信息化战争中，只要拥有计算机网络设备，掌握通信与计算机技术，无论是企业、宗教团体、民间组织还是分散的个体，都可以从网络通道加入到信息作战的队伍之中。

（四）信息战

信息战是敌对双方在信息领域的对抗活动。主要是通过争夺信息资源，掌握信息的获取、传递、处理等的主动权，破坏敌方信息传输，为遏制或打赢战争创造有利的条件。

一般认为信息战有广义与狭义之分。广义信息战是指敌对双方在政治、军事、经济、文化和科技等各个领域，运用信息技术手段，为争夺信息优势而进行的对抗。狭义信息战即战场信息战，是军事领域的信息对抗，是为获取军事行动全范围的信息优势而进行的斗争。狭义信息战与信息作战的内涵是十分接近的，可以认为，信息作战就是狭义信息战的作战行动。

信息战的实质是破坏敌方的信息和信息系统，削弱其指挥控制能力，同时保护己方指挥控制系统效能的正常发挥。信息战的作战对象可以是信息、信息系统、信息活动、以信息为基础的处理过程、以计算机为基础的网络、参战人员等。

（五）信息作战

信息作战指交战双方在战场上为夺取和保持制信息权，针对作战信息活动而展开的一系列作战行动。信息作战的任务主要是破坏敌人的信息和信息系统，削弱其获取、传递、处理和使用信息的能力，并保护己方作战信息和信息系统安全。

信息作战按作战方法主要包括信息作战侦察、信息进攻和信息防护。信息作战的作战样式或作战手段主要有电子战、计算机网络战、情报战、心理战、摧毁战、军事欺骗和作战保密等。例如，美国空军 1995 年《信息作战要素》，对信息作战的作战要素建立了一个分类方法，如表 1.1 所示，其中的利用信息相当于信息作战侦察。

从另外一个角度可以看到，信息作战会涉及信息的三个层面，既可通过软硬杀伤攻击物理层的信息武器、信息装备和信息系统，也可通过干扰、伪装、欺骗以及窃取、篡改和植入等电子战网络战手段攻击信息层，还可以通过谋略、宣传和威慑等心理战手段攻击认知层。

借用前面所述的 OODA 环模型，信息作战就是要通过限制敌方观察、扰乱敌方判断、迟滞敌方决策和破坏信息传输等作战行动破坏敌方 OODA 环的运行，如图 1－2 所示。

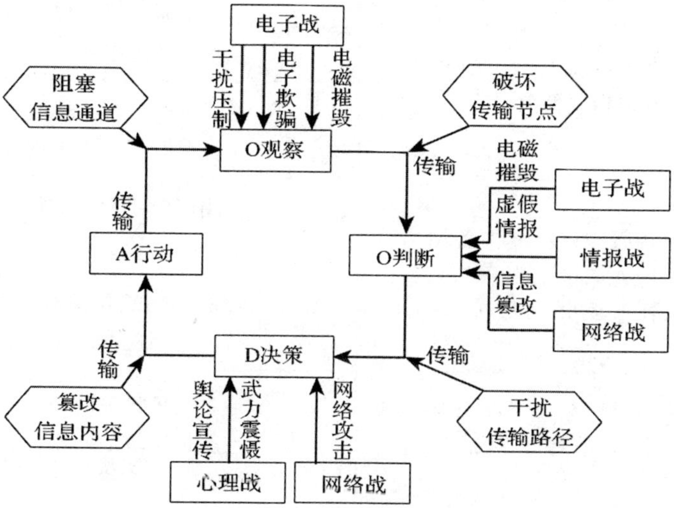

图 1－2　信息作战与 OODA 环

表 1.1　美国空军 1995 年《信息作战要素》

作战目标	信息作战范畴	间接或直接	范　例
利用信息	信息利用作战包括：信息获取、信息转换、信息存储，其目的是加强军队对信息的使用	直接	截获敌方的通信信号以对敌方进行定位或提取其他信息
		间接	与情报分析相关的监视传感器和侦察传感器
进攻和防御信息	心理战——利用信息以影响敌方的推理	直接	在敌方的媒体中插入视频或音频消息
		间接	对大众媒体发布视频或音频消息
	军事欺骗——误导敌方，使其产生对我方能力与意图的误判	间接	实施误导军事行动，使敌方对我方下一步的计划和意图做出错误判断
	保密措施——阻止敌方获悉我方的军事能力和军事意图	直接	为阻止敌方直接进入我方计算机网络而设计的信息安全对抗措施
		间接	物理防御、物理安全、加固、作战保密、通信保密和情报对抗措施
	电子战——阻止敌方利用电磁频谱获取精确信息	直接	使用电磁能量直接将欺骗信息耦合到信息系统中
		间接	通过发射对接收机有影响的波形来干扰或欺骗雷达传感器
	物理摧毁——通过将备用力量转换为破坏力来影响信息系统的各种要素	直接	使用定向能武器（如电磁能）直接攻击敌信息系统
		间接	使用炸弹或导弹对实体予以摧毁，从而达到攻击信息中心的目的
	网络攻击——在不改变信息可见载体的条件下对信息进行破坏	直接	通过突破相关网络的安全性、获得非授权网络访问权，利用恶意逻辑破坏信息系统

（六）制信息权

所谓制信息权是指在一定的时空范围内，拥有信息优势并控制战场信息的主导权，同时限制和剥夺对方的信息主动权，是一种态势。这种态势下，信息获取先于敌方，信息数量多于敌方，信息质量高于敌方，信息传输快于敌方，信息利用优于敌方。

1. 制信息权具有相对性

尽管全时空的制信息权斗争是信息化战争的重要特征之一，但制信息权作为战场上的一个宏观概念，在所控制的空间、时间和程度上都只能是相对的。

2. 制信息权具有综合性

制信息权既包括控制物质意义上的信息空间，又包括控制人的认识、信念等精神系统，即控制信息的三个层面。这是制信息权特有的综合性，也是制信息权区别于制天权、制空权、制海权、制陆权的重要特点。

3. 制信息权与战场主动权有着密切的辩证统一关系

一方面，制信息权是夺取和保持战场主动权的先决条件，它对战场主动权有着重要的制约作用，成为信息化战场上的新的“制高点”；另一方面，战场主动权对制信息权有着不容忽视的反作用，没有战场主动权特别是制空权的保证，制信息权即使夺得了也不能被其他军兵种有效利用从而发挥其应有的作战效能，更不能保持到战争终结。制信息权与战场主动权是相辅相成的，不能片面、孤立地看待制信息权问题。制信息权与制天权、制空权、制海权、制陆权的有机结合构成信息化战场上作战主动权的整体。

（七）信息作战环境

信息作战环境就是信息作战所处的空间，以及在这个空间中对信息作战产生影响的各种因素的总和。它是战场要素的客观存在，又随着战争的进程发生变化，具有动态性。高技术复杂的信息作战环境，对信息作战具有直接影响和制约作用，也是组织实施信息作战的依托，必须进行不间断的有效的侦察、监视和控制，创造有利于己方、不利于敌方的信息作战环境，力争信息作战的主动，力避被动。

信息作战环境包括战场物质环境和战场信息环境两部分。

1. 战场物质环境

战场物质环境是指战场及其周围对作战活动有影响的各种情况和条件的统

称，包括地形、水文、气象等自然条件，人口、民族、交通、建筑物、工农业生产、社会情况等人文条件，以及国防工程构筑、作战物资储备等战场建设情况。

2. 战场信息环境

战场信息环境是指作战双方进行信息作战活动的信息空间，主要包括：战场作战态势信息空间，电磁频谱信息空间、计算机网络信息空间和心理信息空间几部分。

(1) 战场作战态势信息空间

战场作战态势信息空间是交战双方兵力部署、火力配备等形成的作战态势信息。

(2) 电磁频谱信息空间

电磁频谱信息空间是战场信息依存的主要媒介，直接影响着信息的获取和传输，使战场电磁信息成为信息环境的基本要素，通常以电磁波、光波的形式来表现，并形成电磁信息流；雷达、通信、侦察、监视、导航、制导、敌我识别以及与此密切相关的电子对抗等，无一不在其中，且种类、数量繁多，频谱范围宽广，构成信息作战的主要空间和领域，是电子战的主战场。

(3) 计算机网络信息空间

计算机网络信息空间是计算机系统及其网络共同构成的虚拟空间，是信息化战场信息处理和传输的最新空间领域，国外称为赛博空间（Cyberspace）。它使战场透明度空前增大，使战场信息的感知、传递和施效更加直接和实时，加速了作战节奏和作战方式转换的速度，促进了信息、能量、物质三者的有机结合，通过信息网络的互联、互通、互操作使信息流融入能量流和物质流之中，倍增整体作战效能。

(4) 心理信息空间

心理信息空间是对战场指挥员和部队的认识、情绪及意志作斗争的诸多行为主体、机构所构成的信息依存空间，是以影响心理状态为目标、以各类信息为手段，以削弱、瓦解敌军和鼓舞、巩固己军为目的的心理战空间领域。在这个空间活动的主体既有军事专门机构和个体，也有非军事的机构和个体；既有组织化的可控行为也有非组织化、不可控的个体行动；既有作战双方的对抗行为也有其他非参战、多方面的公开或隐蔽的行为，情况十分复杂多变，却能够充分体现“得道多助、失道寡助”的根本规律；在我军则属战时政治工作的重要方面，对战争的胜利具有重要作用。

战场信息环境融于全球信息环境和国家信息环境之中，在相当程度上受到全球信息环境的影响和制约。战场信息环境是信息作战制胜的重要因素，必须积极改造和巧妙利用战场信息资源，扬长避短，创造有利于我不利于敌的战场信息环境，为己方信息作战夺取和保持制信息权创造有利态势。

（八）信息作战武器

信息作战武器指以信息技术为核心，以利用、削弱、破坏和摧毁敌信息和信息系统，并保护己方信息和信息系统为目标的各种武器和装备器材的统称。也可以说主要是指为夺取和保持制信息权而进行的对抗和斗争中所使用的，以现代信息技术为核心的武器装备及系统。可见，信息作战武器的涵盖范围广泛，且随着信息技术、生物技术、纳米技术、微电子技术和新材料技术的不断发展，新概念信息作战武器将会不断出现。

信息作战武器与信息化武器这两个概念既内涵相近又有区别。信息化武器是指以信息技术为支撑，信息与火力或其他技术有机结合形成的武器装备。也就是说，采用信息技术改造传统的武器装备，在传统的武器装备如飞机、舰艇、坦克、导弹中嵌入信息设备后，使其具备原先所不具备的信息探测、传输、处理、对抗与自动控制等功能，从而使武器装备的作战效能得到成倍的提高，性能产生质的飞跃，但这些信息化武器装备并没有改变武器装备原有的使用目的。信息化武器装备概念的外延非常广，很多现代武器装备都可以纳入这个概念中，信息作战武器当然也可属于信息化武器概念，但反之不成立。

信息作战武器在信息作战中的主要作用是：获取、传递、处理与利用战场情报信息；对敌方的信息、信息活动、信息装备和信息系统进行侦察、利用和攻击；保障己方信息、信息活动、信息装备和信息系统的安全，使其免遭敌方利用、破坏和摧毁。

与常规武器相比，信息作战武器有如下显著特点：攻击目标的抽象性、参与对抗的广泛性、作战投入的先导性和杀伤力度的可调性。也就是说，信息作战武器主要攻击的是由信息关联起来的人的认知体系，不再是大量地杀伤敌有生力量；在网络对抗中，不计其数的计算机人才可在网络上运用各种计算机攻防手段广泛地参与现代战争；在战前甚至和平时期均可投入使用，因此具有使用上的先导性；信息武器种类繁多，“软杀伤”比“硬杀伤”更具有针对性，杀伤面更大，也更有效。

1.2 信息作战的地位作用

上一节明确了信息作战及其相关的几个基本概念，这一节开始针对信息作战的内涵外延做进一步阐述。首先研究信息作战的地位和作用。研究信息作战的地位和作用可以采取各种各样的方式方法，这里将从战争、战役、战斗三个不同层次来分析信息作战的地位作用。

（一）信息作战在战争中的地位作用

1. 信息作战将成为现代战争的重要作战样式

信息作战使信息转化为现实的作战能力，使信息的占有和控制成为战争胜利的源泉。信息作战是贯穿于现代战争始终的作战样式，也是各种作战样式都离不开的一种作战样式，无论是现代战争全局或局部主动权的获取与保持，还是制空权、制海权、制天权的获取与保持，都有赖于制信息权的保障。而要牢牢掌握制信息权，就必须有效地组织与实施信息作战，因此，信息作战成为现代战争中一种极为重要的作战样式。信息作战也强有力地推动着机械化战争向信息化战争的转型。

2. 信息作战改变了现代高技术战争的作战样式

信息作战不仅在战时和战场进行，和平时期也可进行；信息作战贯穿战争的全过程；信息进攻和信息防御相互交叉，协同作战。

3. 信息作战对军队建设和军事战略起重大影响

信息作战理论将深刻影响军事学说、理论与作战方针，影响军事斗争准备，影响武装力量建设，从而改变部队的体制编制。首先，它将促进信息作战武器装备和信息化武器装备的发展，把用信息技术改造现有武器装备和发展信息作战武器装备，摆到各国军队建设的重要地位；其次，它将加速军队编制体制改革，把减小军队规模、建设数字化部队、建立“扁平网络化”指挥体制，作为军队改革的重要环节；第三，它将导致军事理论的创新，把创建适应信息作战需要的信息作战理论作为军事理论研究的主攻方向；第四，它将推动军事训练方式的改革，把运用现代信息技术创造新训法，培养适应信息作战需要的指技结合型人才，作为军事训练改革的着眼点和出发点。

4. **信息作战对战争的进程和结局产生重大影响**

信息和信息系统是兵力的倍增器，在现代高技术战争中，取得制信息权的一方，使己方作战效能得以充分发挥，为加速战争进程并夺取战争胜利奠定坚实基础，将以较少的兵员、较短的时间以及较小的伤亡赢得战争。

5. **信息作战具有强大的威慑作用**

在一方强大的信息优势压力的情况下，有可能阻止战争的发生，甚至“不战而屈人之兵”，使对方不战而降。

（二）信息作战在联合战役中的地位作用

在联合战役中，信息作战围绕着敌我双方的指挥体系，履行保护我方战役信息和信息系统安全，破坏敌人战役信息系统、削弱其获取、处理、传递和使用信息的能力，夺取和保持战役制信息权的重要使命。信息作战对其他作战行动能产生巨大的效果倍增作用，是名符其实的战斗力“倍增器”，并能为实现“不战而屈人之兵”战略创造必需的条件。

1. **信息作战是联合战役的先导**

信息作战先于其他战役行动展开，常常成为夺取战役制空权、制海权、制天权、制陆权的前提。在以往的战争中，战役的发起通常从火力突击开始时，而在高技术条件下，信息攻击已成为整个联合战役行动发起的标志。因为，在联合战役开始时，首选的打击目标不再是敌方重兵集团和炮兵阵地，而是敌方的探测、指挥和通信等电子信息系统，力求一举剥夺或削弱敌方的信息控制能力，为而后夺取作战空间的控制权和实施决定性作战创造条件。

2. **信息作战将贯穿联合战役的始终**

信息作战行动在联合战役实施的整个过程中是连续不间断的。一方面联合战役中的所有战役行动都离不开信息作战的支援和保障；另一方面，为抗击敌方的信息攻击，必须实施有效的不间断的信息防御，以确保制信息权直至夺取整个战役的胜利。

3. **信息作战影响联合战役的各个作战领域和作战空间**

由于联合战役军团的武器装备将逐步实现电子化、计算机化、网络化和系统化，战役军团的指挥控制和各种作战行动高度依赖及时、准确、不间断地获取和使用信息，任何战场空间的作战行动，离开了信息作战的支援和保障，都不可能取得胜利。

4. 信息作战发展的高级阶段将构成独立战役阶段

随着信息化战争的到来，信息作战不仅由“软杀伤”为主发展到软硬一体化的作战力量，与火力硬杀伤力量更加紧密结合，作战行动贯穿于战争始终；而且，还将出现以信息作战力量运用为核心的独立的夺取制信息权战役阶段。夺取制信息权战役阶段，通常是联合战役中的首要战役阶段。

（三）信息作战在合同战斗中的地位作用

信息作战是合同作战的重要组成部分，其地位在合同作战中愈来愈重要。它对于夺取和保持战场制信息权，进而影响合同作战的进程和结局，具有决定性作用。

信息作战在合同作战中，以电子战、计算机网络战、心理战和实体摧毁战为主要作战手段，削弱、破坏敌人的信息和信息系统，保护己方的信息和信息系统，夺取和保持制信息权，为合同作战夺取作战主动权创造必要条件。

信息作战在合同作战中，可攻击敌方的认知体系，既影响敌方的思维和决策，也影响对方的士气和意志，能有力地威慑、攻击敌人，削弱敌方战斗力，甚至不战而屈人之兵。

在合同作战中，信息作战不只是在某一阶段进行，而是从先期交战开始直到战役战斗结束不停顿地进行，具有明显的全程性。这既是由于任何阶段的作战行动都离不开信息获取、信息进攻和信息防御行动的支援和保障；也是由于信息系统是作为整个作战系统的组成部分而存在的，特别是武器的识别、控制系统与杀伤性武器合为一体，从而决定了信息作战必将贯穿战斗的全过程。

合同作战中的信息作战行动，大部分都不是单独进行的，而是融入其他作战行动当中，与其他作战行动紧密结合、协调实施。

（四）树立信息是战斗力的观念

信息作战中，大多数参战人员在大多数情况下运作的对象是信息，而不是物质。部队战斗力的形成和发挥依赖于信息的采集、传输、处理、控制和使用，争夺制信息权是作战指导时应把握的中心问题。虽然不会忘记兵力优势、火力优势、速度优势、高度优势，但首要着眼点是信息优势，这是军事思想上的一个重要转变。

武器装备信息化，以及当代高技术武器系统本身具备信息优势，所以根据未来高技术战争信息作战的需要，积极发展信息武器装备和信息系统，建立适应信息作战环境的军队指挥体制、军队结构和武器装备结构，实施科技强军战略，提高信息作战能力，对赢得高技术局部战争具有决定性的意义。

在信息作战理论研究和实践总结的影响下，军队的装备建设在发生着变化，军队装备科研投入的比例普遍呈上升趋势，用于信息武器系统与平台及其相关技术的费用将占很大比例。装备更新和改造的着眼点多集中到电子信息方面，同信息作战关系密切的武器装备和系统得到优先、重点发展。

透过信息作战的地位和作用我们应该认识到，一定要树立信息就是战斗力的观念。一是树立信息力量是衡量军事力量强弱重要因素的观念；二是树立信息与火力结合制胜的思想；三是树立信息部（分）队是重要作战力量的观念；四是树立信息管理干部也是信息作战指挥员的观念。

1.3　信息作战特点

信息作战的特点是信息作战区别于其他作战行动或作战样式的独特之处，是信息作战规律的客观反映。准确揭示和全面把握信息作战的特点，有助于深入理解和深刻认识信息作战。信息作战具有以下主要特点。

（一）以控制信息为目的

信息作战以控制信息为目的，或者说以夺取和保持制信息权为目的，是信息作战区别于其他作战样式的最鲜明的特点。通过夺取战场制信息权，提供可靠信息，有效地使用信息并剥夺敌方获取、传输、使用信息的权利，为掌握制陆权、制空权、制海权和制天权，为运用其他作战样式夺取战争胜利创造条件。信息作战还可以攻击敌认知能力和信念，从而影响敌方人员的思想，特别是那些战争决策者的思想，甚至使其放弃对抗意愿，停止作战，从而以小的代价获取大的胜利。

（二）作战空间多维

信息作战在作战空间上，不再局限于传统的陆、海、空、天三维物理空间，而是扩大到战场态势空间、电磁频谱信息空间、计算机网络信息空间和心理信息空间的复合，覆盖着陆、海、空、天、电各个战场，使信息作战的空间广域化、多维化、无形化，形成陆海空天电一体的战场体系。由于信息流的“无疆无界”的特性，交战双方甚至可以在远离对手、远离战场的地方通过信息系统向敌方发动信息攻击。作战指挥中心可在远离战场的空中或地下，对己方的火力和兵力进行指挥和控制，交战双方也无法用一个清晰明确的信息边疆来界定敌我。

（三）作战力量多元

信息作战参战力量具有明显的多元性。首先，参加信息作战的力量可能隶属于不同的军种、兵种和部队。其次，信息作战领域广阔、作战内容丰富、作战手段多样，信息作战力量构成呈现出多元化特点。专业力量与非专业力量结合，信息作战侦察力量、信息进攻力量与信息防御力量结合，军队力量与地方力量结合。第三，由于信息技术具有很强的军民通用性，民用信息技术、设施和地方信息技术力量能够增强和弥补军队信息作战能力，为信息作战提供有力的支援，作用十分突出。因此，信息作战必须善于利用各种力量，根据各力量的特点赋予其适当的任务，并通过有效的组织将多元化的力量凝聚成整体。

（四）作战手段软硬一体

信息作战手段软硬结合。既可软打击，又能硬摧毁。软打击主要依靠电子干扰、计算机病毒攻击及心理攻击等手段，破坏敌人的信息和信息系统，攻击敌人的认识、信念和意志，使敌人变成“聋子”、“瞎子”或“傻子”，从而失去作战能力。硬摧毁则主要依赖于定向能武器、反辐射武器，以及火力打击等手段，去破坏敌人基础设施，杀伤敌有生力量，通过大规模的物理攻击和物理破坏打败对方。在信息作战中，战场优势的取得在很大程度上将依赖于软打击和硬摧毁信息作战行动的有机结合、灵活运用。

1.4 信息作战原则

信息作战原则，是对信息作战指导规律和本质的高度概括，是信息作战特点规律的集中体现。确立正确的信息作战指导思想及作战原则，有利于促进信息作战理论的不断发展，不断完善并形成完整的体系，使之在信息作战建设中更好地发挥先导作用，也使之在信息作战组织实施中，作为指导和组织信息作战的基本准则。

（一）充分准备，先机制敌

“充分准备，先机制敌”是指充分利用平时和临战准备阶段，周密做好信息作战的各项准备工作，一旦发生冲突，就能先敌展开信息作战行动，在做好己方信息防御的同时，通过突然、有效的信息进攻，先机制敌，赢得信息作战乃至整个作战的主动权。这是由信息作战的先导性地位决定的，“兵马未动，信息先行”。信息作战更推崇“先下手为强”的原则。这一原则也是实现以劣胜优的重要保证。在信息作战武器装备与强敌相比处于劣势情况下，通过预先的充分准备和交战中的先敌行动，形成局部优势，可在一定程度上缩小与对手的差距，尽快把劣势转变为优势，进而为战胜敌人奠定坚实的基础。

贯彻“充分准备，先机制敌”的原则，一是战前周密做好信息作战的各项准备工作。应充分利用平时信息作战准备的有利条件，通过不间断的侦察监视，搜集和掌握敌信息系统建设和信息作战力量及武器装备发展的基本情况，建立各类情报数据库，为信息作战的组织与实施提供依据。二是根据可能的作战任务和战场环境，有针对性地组织临战训练，做好信息作战装备和物资准备，进行地方信息作战力量的参战组织准备工作。三是受领作战任务后，要从最困难、最复杂的情况着手，周密制定信息作战方案和计划。四是要针对敌信息系统的要害目标，集中兵力，突然实施攻击。应在严格管理己方信息网络和系统，防止敌方通过各种途径窃取己方情报和对信息网络、系统实施攻击的基础上，抓住敌信息系统的关键部位或环节，灵活组织信息作战力量，综合运用多种信息作战手段，突然实施摧毁或破坏，从而一举夺取战场制信息权。

（二）合理编组，统一指挥

“合理编组，统一指挥”是指对各种信息作战力量要进行科学编组，建立顺畅、高效的指挥系统和运行机制，对信息作战力量实行统一指挥、统一控制，对信息作战行动实施高效、不间断的整体协调，使信息力量在集中统一的指挥控制下协调一致，形成整体信息作战合力。

贯彻“合理编组，统一指挥”原则，一要建立一体化的战场信息作战指挥协调机构。根据作战总计划，统一调配各种信息作战力量，确定各作战阶段信息作战进攻的重心及各信息作战系统与其他作战系统之间、军兵种信息作战部队之间、信息进攻与信息防御之间的协调关系和规定。二要对信息攻防行动实施统一指挥。通常对信息进攻行动采取集中指挥，信息作战决策权、指挥权应掌握和控制在最高指挥员手中；而对信息防御行动，除对作战全局具有重要影响的那些信息防御行动必须统一组织实施外，凡是部队一般性的信息防御行动，则应在统一意图和要求下各自组织实施。

（三）发挥优势，形成合力

“发挥优势，形成合力”是指信息作战力量成分多元，各类作战手段特点不同作用各异，各种信息作战装备性能也各有所长，在战役战斗中必须注重综合运用，充分发挥自己的优势，形成合力，在主要作战方向关键时节形成合力抗争的有利态势夺取局部制信息权。

贯彻“发挥优势，形成合力”的原则，一要关注战役、战斗全局，保持信息作战行动与火力、机动作战行动在攻击方向、目标、时机等方面的协调一致；二要统一使用信息作战力量，打破军种界限和隶属关系，超常编配，在信息作战体系统一调控下遂行各方向、各时节的信息作战任务；三要合理确定信息作战力量布势，依据各类信息作战部队的兵器性能和行动特点合理部署，以优化整体态势；四要正确运用信息作战手段，软硬结合，扬长避短，形成信息作战合力。

（四）攻防结合，一体作战

“攻防结合，一体作战”是指在信息作战中，把信息进攻和信息防御紧密结合起来，形成一种以争夺战场制信息权为直接目的的一体化作战行动。从信息作战整个过程看，良好的信息防御是保护己方信息和信息系统安全，维护整个作战体系正常运转的首要条件，也是对敌实施信息进攻的基础；而积极的信息进攻是破坏敌信息和信息系统的基本手段，是瘫痪敌作战体系的利器，也可以强化己方的信息防御。只有攻防结合，一体作战，才能达成强我弱敌的战场信息态势。

贯彻“攻防结合，一体作战”的原则，一是建立多种力量结合的一体化信息作战力量体系；二是实施与战场信息网络化相适应的一体化指挥；三是采取攻防结合、专业非专业结合、软硬结合的一体化作战行动。

（五）集中兵力，攻敌要害

“集中兵力，攻敌要害”是指将信息进攻主要兵力兵器集中使用在战役、战斗关键时节和主要方向，攻击敌人最重要且对我威胁最大的信息目标，从而在一定的时间和空间形成兵力兵器的优势。“集中兵力，攻敌要害”是贯彻集中兵力军事通则的需要，是关照全局、把握关节的有效途径。

贯彻“集中兵力，攻敌要害”原则，一要着眼作战全局需要，确立信息作战的重点；二要围绕作战重心谋划力量的使用，在周密侦察、正确判断的基础上选准要害目标；三要在有限的信息进攻力量面对多个要害目标时，要“两弊相衡取其轻，两利相衡取其重”，切忌分散兵力。

（六）战技并用，活用战法

“战技并用，活用战法”是指在信息作战战法运用上要注重把战术与技术结合起来，针对信息作战武器装备的技术原理活用战法，以战法弥补技术的劣势，以技术保证战法的效用。在作战中灵活运用扬长击短的战法，赢得信息作战的胜利。

贯彻“战技并用，活用战法”原则，一要注重从技术入手研究和运用战法。如果不从技术角度，而仅仅从战术运用角度去把握新战法，那显然既无法真正理解和认识新战法，也无法得心应手地运用新战法。二是要重视以低技术创造战胜高技术的战法。在信息作战中，低技术或处于较低水平的一方，并不是必然失败的，完全有可能创造出战胜拥有高技术优势一方的战法。三是坚持从战技结合角度创造性地继承和发展传统战法。战法创新包括对传统战法的继承和发展，必须根据信息作战的新要求，在继承传统战法精髓的基础上，着眼信息作战的新情况、新问题，坚持从战技结合角度创造性地继承和发展传统战法。

1.5　信息作战理论体系

任何理论体系，都是从实践中概括出来的，具有严密内在联系的、系统的理论观点（结论）所组成的理论整体。信息作战理论知识的有序化发展，客观上已经形成一个按照其内部相互关系和逻辑构成的知识性较强的理论整体，成为现代战争规律、武装力量建设、国家战争准备和未来作战方法之独立的综合知识体系，即信息作战理论体系。

信息作战理论体系是信息作战各要素分析与综合发展过程的集合体，它有自己发生发展的客观规律，是客观存在的实体。人们只能在军事科学发展和现代高技术战争实践过程中如实地认识它、反映它，遵循其固有的发展规律创造条件推动和加速它的发展。

确立信息作战理论体系的原因在于：一是可以将长期分散包含在其他军事

理论中有关信息作战的理论分离出来，相对集中地进行系统的综合研究；二是对已有的理论进行再思考、再认识，抽取它们当中蕴涵的本质，上升为基本理论，并在信息作战和训练的实践中不断创新发展。

信息作战理论体系框架包括：理论体系的结构、层次、分类；体系内各分支理论的划分、内容的界定及相互间的关系等。信息作战理论体系主要由信息作战技术理论、信息作战基础理论和信息作战应用理论三大要素构成，下面分别介绍。

（一）信息作战技术理论

信息作战技术理论由信息作战基础技术理论、信息作战主体技术理论、信息作战应用技术理论三个层面构成。具体如图 1－3 所示。

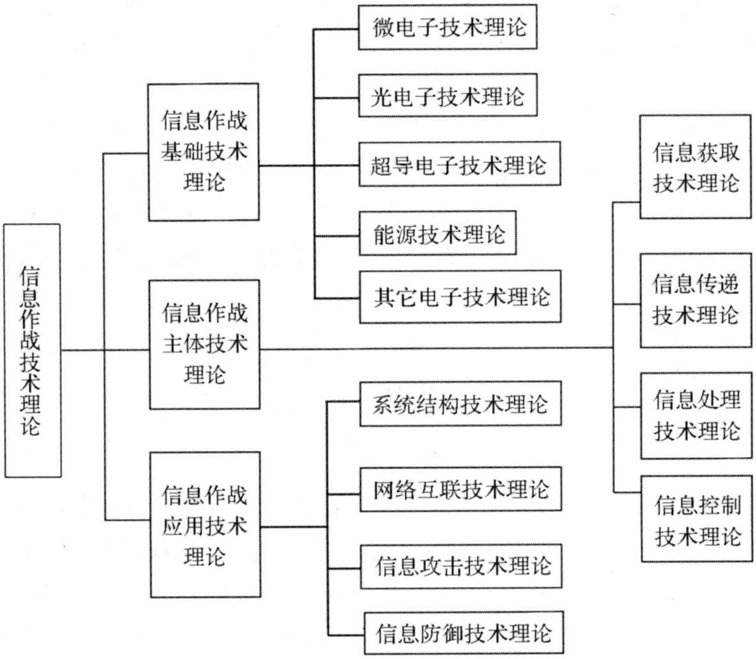

图 1－3　信息作战技术理论体系

信息作战基础技术理论主要由微电子技术理论、光电子技术理论、超导电子技术理论、能源技术理论、其他电子技术理论，以及信息作战武器装备制造和维修技术等理论构成。

信息作战主体技术理论主要包括信息获取技术理论、信息传递技术理论、信息处理技术理论及控制与决策技术等理论构成。

信息作战应用技术理论主要由信息作战系统总体技术理论和信息对抗技术理论构成。

（二）信息作战基础理论

信息作战基础理论是对信息作战一般规律的概括，主要内容包括：信息作战概则、信息作战法规、信息作战战法、信息作战准备、信息作战保障、信息作战谋略、信息作战战场建设、信息作战教育训练、信息作战指挥控制、信息作战力量编成，以及数字化部队建设理论等涉及信息作战基本问题的理论（见图 1 –4）。

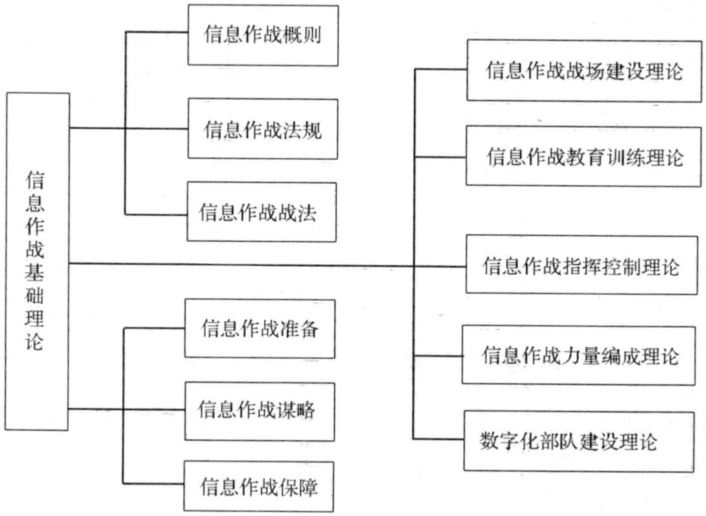

图 1 –4　信息作战基础理论体系

（三）信息作战应用理论

信息作战应用理论是信息作战理论体系的主体，为信息作战直接提供依据，指导性强，可分为合同作战信息作战理论和联合作战信息作战理论，详见图 1 –5 所示。

合同作战信息作战理论主要包括陆军合同作战信息作战理论、海军合同作战信息作战理论、空军合同作战信息作战理论、第二炮兵合同作战信息作战理论和其他合同作战信息作战理论。

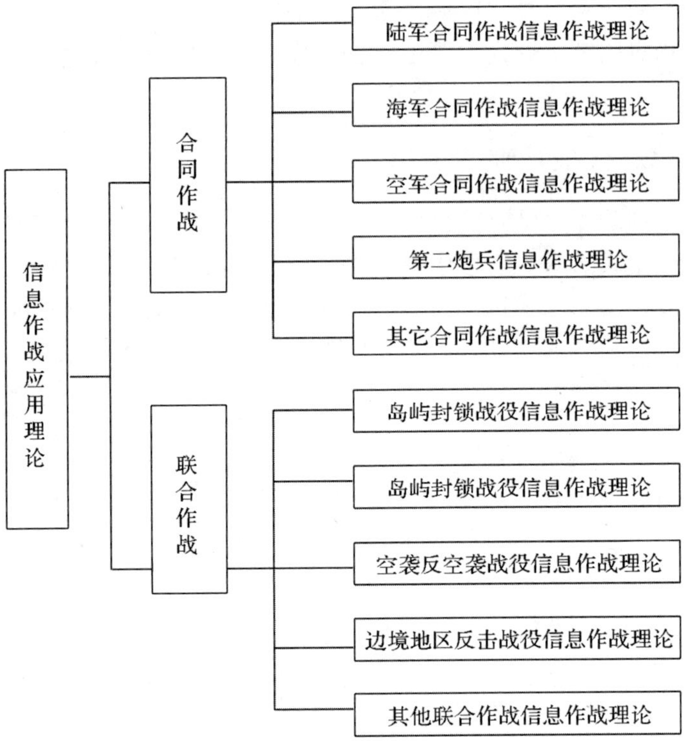

图 1－5　信息作战应用理论体系

联合作战信息作战理论主要包括岛屿封锁战役信息作战理论、岛屿进攻战役信息作战理论、空袭反空袭战役信息作战理论、边境地区反击战役信息作战理论、及其他联合作战信息作战理论。

习　题

1. 怎样理解信息也是战斗力？
2. 战场信息空间包含的内容？
3. “信息作战”与“信息战”的异同点及相互关系？
4. 如何理解制信息权？
5. 如何理解信息作战指导思想？
6. 如何贯彻信息作战各条原则？

7. 调查了解美军的信息作战基本原则。
8. 阐述信息作战的作用和意义。
9. 怎样夺取和保持制信息权?
10. 谈谈信息作战对军事战略的影响。
11. 谈谈信息作战对军队建设的影响。
12. 试分析归纳信息作战的特点。

第 2 章　信息作战样式

信息作战样式是对信息作战的分类。分类的目的是为了弄清各种信息作战样式之间的区别与联系，剖析各信息作战样式的特点与规律，以便根据信息作战实际，灵活运用各种信息作战样式，夺取信息作战的胜利。

从广义信息模型我们已知，人类信息活动分成三个层次：物理层、信息层和认知层。信息作战可在物理、信息和认知三个层次上单独进行，也可同时进行，而且往往同时进行才能取得较好的攻击效果。表 2.1 概括了三个层次的作战措施或作战手段，这些手段结合相应的方法即构成特定的信息作战样式。

表 2.1　信息作战样式

作战层次	样　式	途　径	措施举例
认知层	心理战	通过行动或传递选择的信息和暗示，影响人的情绪、动机和目标判断	网络广播、宣传、唆使、欺诈、恐吓和威慑
	情报战	了解军事力量、战斗计划、态势和潜在事物	与情报分析相关的监视传感器和侦察传感器
	军事欺骗	通过欺骗活动、行动，歪曲或伪造信息	欺骗性网络站点、消息、电子邮件或活动
信息层	网络战	运用软件或信息结构效应，利用、破坏、拒绝或摧毁信息网络的信息和功能	软件截获“嗅探”（利用信息） 服务拒绝攻击 恶意逻辑（病毒和蠕虫） “黑客”访问和破坏信息
	电子战	运用电磁频谱破坏、干扰、压制	电磁截获信息 电磁干扰和压制 非法无线接入
物理层	摧毁战	直接破坏、摧毁信息设施、支援系统（如电力、空调和供给设施）或人员保障系统	物理（动力学）破坏或偷窃 放射性攻击（对半导体电路） 定向能攻击（对半导体或其他脆弱电路） 对人员或易损材料进行生化攻击

信息作战样式从不同的角度划分有不同的分类法。如上所述，按内容分，有情报战、电子战、计算机网络战、心理战和实体摧毁战等；按性质分，有进攻信息作战、防御信息作战；按层次分，有战略信息作战、战役信息作战、战术信息作战等。

本章主要以内容为划分标准，对信息作战基本样式进行介绍。

2.1　情报战

情报战是实施信息作战和一切作战行动的基础和前提，是伴随人类战争的产生而出现的一种传统作战样式，但在信息技术广泛应用于军事领域的今天，情报战有了重大发展，成为信息作战的重要样式。

2.1.1　情报战概述

（一）概念与分类

情报战是指利用一切信息获取手段，侦察、获取敌方情报信息，掌握对手或敌人的意图、能力和行动等，保障指挥员正确决策，同时防止敌方获取己方的情报信息，削弱或摧毁敌方的情报战能力。

情报是信息概念出现以前的传统概念，也曾充当信息这个词在军事等领域内的代名词。现在，信息的含义比情报丰富得多。从广义信息模型角度看，情报是知识的成熟，或者说是能够或容易被人理解的信息。传统的军事情报是指可直接反映敌人作战能力、意图和行动的战略和战役级信息。

从不同角度出发，情报战也有不同的分类：按情报来源分，有公开情报战和秘密情报战；按作战层次分，有战略情报战、战役情报战和战术情报战；按地域分，有国内情报和国外情报；按情报领域分，有政治情报战、经济情报战、军事情报战、商业情报战、外交情报战；按情报的获取方式分，有人力情报战、技术情报战；按作战类型分，有进攻性情报战与防御性情报战。

（二）情报战的地位和作用

情报战是信息作战的重要样式之一。在信息作战中，只有把敌我双方和整个作战地区的各种情报搞清楚，才能正确判断战场态势，实施正确的作战指导。

1. 情报战是实施信息作战的基础和前提

在信息作战中，只有把敌我双方和整个作战地区乃至敌国的各种情报搞清楚，才能对战场态势做出正确的判断，进而实施正确的作战指导，达成作战目的。信息作战的实施过程，将首先表现为双方千方百计的侦察、运用对方情报、并防止对方侦察获取己方情报的过程。

2. 提高战场的透明度

情报战的核心是信息的获取与反获取。随着现代侦察手段的发展，其作战内容将进一步扩展，效率极大提高，获取情报的能力也进一步增强。尤其是信息作战情报战中获取情报信息质量的迅速提高，极大地提高了战场的透明度。

3. 增强信息处理与控制能力

情报战的过程并不是单纯的信息获取过程，也包括对信息的处理与控制过程。对信息的处理与控制存在于情报战的始终。在信息作战中，获取的信息越多、越复杂，就越需要高效的情报分析和处理能力进行信息处理与控制。信息作战和情报战能力的强弱，不仅取决于信息获取与反获取能力的强弱，更取决于交战双方信息处理、控制能力的强弱。

2.1.2　情报战作战类型

情报战的作战类型是形形色色、复杂多样的，按其任务性质划分，主要包括有情报保障作战、反情报作战。

（一）情报保障作战

情报保障行动是作战集团运用侦察力量获取有关作战情报的活动。其基本任务是及时、准确地获取作战所需的以敌情为主的，包括地形、气象、水文、政治、经济等方面的情报，保障作战指挥和作战行动的情报需要。情报保障行动主要包括获取情报行动、传递情报行动、处理情报行动。

1. 获取情报

获取情报行动主要有：分析利用上级、友邻提供的情报，广泛收集各种资料，实施情报侦察等。其中，情报侦察是获取情报的主要方法。情报侦察分为谍报侦察、空间侦察、空中侦察、海上（水下）侦察、陆上侦察、计算机网络侦察；按侦察设备技术特点分为可见光侦察、红外侦察、无线电信号侦察、雷达侦察以及包括武装侦察、谍报侦察、群众侦察等在内的人力侦察。

2. 处理情报

处理情报行动是情报保障的重要环节。所获情报信息一般归口情报处理中心或相应的情报处理机构统一集中处理。高技术条件下的情报处理，主要是利用以计算机为核心的先进技术装备，对各种渠道所获得的信息进行综合的分析、比较、鉴别，去粗取精，去伪存真，从中得到有价值的情报。

（二）反情报作战

反情报行动是为了防范和破坏敌方获取情报而进行的活动。其基本任务是隐蔽己方作战企图、作战部署、重要目标和作战行动。降低敌方对战场环境的了解程度，最大限度地削弱敌方情报获取能力，使敌方无法获知有关己方和战场环境的情况。

反侦察是反情报行动的核心，它是针对敌军获取、传递、处理情报的方法采取相应的对抗措施，主要措施为：隐蔽伪装，警戒、保密和防谍，欺骗，技术对抗，破坏敌方情报力量等。隐蔽伪装是最普遍、最常用的反侦察方法，其主要手段有：利用地形、天候气象条件，疏散配置，遮蔽伪装，严格战场管理，控制电磁发射和辐射，构筑防护工事等。警戒、保密和防谍的手段有：严密组织警戒，控制封锁消息，严密组织电磁频谱管理，通信保密，加强保密教育，严格保密制度和措施，开展隐蔽斗争等。欺骗是反侦察的重要方法，也是作战谋略的集中体现，其主要手段有：佯攻、佯动、设置假目标、制造和散布假情报、制造虚假规律等。技术对抗是运用技术手段破坏敌侦察、通信，扰乱敌情报处理设备的正常工作，重点是干扰压制敌侦察设备，主要手段有：电子干扰、红外干扰、声响干扰、光电干扰等。破坏敌方情报力量是指运用兵力、火力摧毁破坏敌方情报侦察、传递和处理设备，杀伤敌情报人员，其主要手段有：火力突击、兵力破袭等。

（三）情报战的主要战法

1. 全维监视、立体侦察

全维监视、立体侦察，是指在组织和实施情报战活动中，充分利用天基、空基、海（水）基和陆基等立体布势的多种情报侦察平台，建立能覆盖全维的情报侦察系统，对敌实施全面的侦察，为作战指挥提供全面、准确、及时的情报保障。

2. 巧妙渗透、打入敌营

巧妙渗透、打入敌营，是指通过空投、偷渡、拉拢、冒名顶替、发展内线等秘密途径，以及开设公司、设立驻外机构、探亲访友、学术交流等各种途径潜入敌方，甚至打入敌人内部，进入敌核心机构，以获取通常通过其他手段难以获取的情报的行动。这是情报战最常用的战法之一。

3. 信息欺骗、隐真示假

信息欺骗、隐真示假，是指通过各种途径发布假信息、假情报，诱敌上当，或在真实信息中掺入虚假信息，使敌真假难辨，从而达到隐蔽己方真实企图的目的。

4. 攻防结合、情报反制

攻防结合、情报反制，是指在情报对抗中，根据敌我双方情报战能力和作战态势变化等情况，适时进行攻防转换，做到攻中有防、防中有攻，并实施反情报战行动。

2.2 电子战

运用电子对抗的手段进行的作战，称为电子战。电子战是现代战争中的一种特殊作战方式，也是一种重要的作战手段。电子战是目前信息作战诸样式中在作战理论、作战力量、作战手段等方面发展较完善的一种作战样式。

2. 2. 1　电子战概述

（一）定义

电子战又称为电子对抗、无线电战等，由于认识角度的不同，电子战定义的表述也有所区别。美军的定义为：“电子战（EW）是一种军事行动，包括运用电磁能量来探测、利用、削弱敌方对电磁频谱的应用，或通过损害、摧毁瓦解来防止敌方应用电磁频谱，同时保障己方对电磁频谱的应用。”俄军的定义是：“对敌方电子器材和系统实施侦察，并进行破坏，以及对己方电子器材和系统进行电子防护的综合措施。”我军对电子战的定义是：敌对双方利用电子设备或器材进行的电磁斗争，目的是使敌方电子设备效能降低或失效，同时保证己方电子设备效能得到充分发挥。

由于上述定义在外延上无法容纳对敌方电磁辐射源进行非电子条件下的武装侦察、间谍侦察以及摧毁式的硬杀伤，利用无线电台进行的宣传、攻心等对抗，非电磁性质的反电子战设备的运用等内容，上述定义揭示的电子战只能称为狭义的电子战。广义的电子战定义应为：电子战是指为削弱、消灭敌方的电磁辐射，或为有效地利用敌方（或我方）的电磁辐射来削弱、消除敌方力量而进行的各种军事活动的总称。

（二）分类

电子战按行动性质可分为：电子侦察、电子进攻和电子防御；按目标类型可分为：通信对抗、雷达对抗、制导对抗、光电对抗、导航对抗、声呐对抗、计算机对抗等。以下按这两种分类方式，分别具体介绍电子战的作战行动。

2. 2. 2　电子战作战行动

电子战按行动性质分为电子攻击、电子侦察和电子防护，如图 2 – 1 所示。

（一）电子攻击

电子攻击是电子战的进攻性部分，用于阻止敌方有效地利用电磁频谱，使敌方不能有效地获取、传输和利用电子信息，影响、延缓或破坏其指挥决策过程和精确制导武器的运用。电子攻击包含自卫性电子战和进攻性电子战两大部

- 电子战
  - 电子攻击
    - 电子干扰
      - 雷达干扰
      - 通信干扰
      - 光电干扰
    - 反辐射攻击
      - 反辐射导弹
      - 反辐射炸弹
      - 反辐射无人机
    - 定向能攻击
      - 微波定向能
      - 激光武器
      - 粒子束
    - 电子欺骗
      - 电子伪装
      - 模拟欺骗
      - 冒充欺骗
    - 隐　　身
      - 无源隐身
      - 有源隐身
  - 电子侦察
    - 信号情报
      - 电子情报
      - 通信情报
    - 威胁告警
      - 雷达告警
      - 光电告警
    - 测向定位
      - 雷达测向
      - 通信测向
      - 光电测向
  - 电子防护
    - 电子抗干扰
    - 电磁加固
    - 频率分配
    - 信号保密
    - 反隐身
    - 其他电子防护技术和方法

图 2－1　电子战的分类

分。自卫性电子战防卫是应用自卫电子干扰、电子欺骗和隐身技术，保护作战平台或军事目标免遭敌精确制导武器的攻击。进攻性电子战是使用支援电子干扰、反辐射武器和定向能武器，攻击敌方的防御体系，以保证己方的安全。

1. 电子干扰

电子干扰用于发射或反射特定的电子信号，以扰乱或破坏敌方军用电子设备的工作，它包含雷达干扰、通信干扰、光电干扰和对其他电子装备的干扰措施（如计算病毒干扰、导航干扰、引信干扰、敌我识别干扰等）。

2. 反辐射攻击

反辐射武器用于截获、跟踪、摧毁电磁辐射源目标，包含反辐射导弹、反辐射炸弹、反辐射无人机以及它们的攻击引导设备。

3. 定向能攻击

定向能武器应用定向辐射的大功率能量流（微波、激光、粒子束），在远距离使高灵敏度的电磁传感器致盲、致眩，在近距离使武器平台因过热而烧损。定向能武器包含微波定向能武器、激光武器、粒子束武器等。

4. 电子欺骗

电子欺骗用于辐射或反射特定的电磁信号，向敌传送错误的电磁信息。它包含电子伪装、模拟欺骗、冒充欺骗。

5. 隐身

隐身用于减小目标的可检测性，降低雷达、红外探测器的作用距离。它包含无源隐身和有源隐身。

（二）电子侦察

电子侦察用于获取战略、战术电磁情报和战术情报，是实施电子攻击和电子防护的基础和前提，并为指挥员提供战场态势分析所需的情报支援。它包含信号情报、威胁告警和测向定位三部分。

1. 信号情报

信号情报包含电子情报和通信情报两部分。电子情报用于收集除通信、核爆炸以外的敌方电磁辐射信号，进行测向和处理，获得辐射源的技术参数及方向、位置信息。通信情报用于收集通信信号，进行测量和处理，获取通信电台的技术参数、方向、位置及通信信息内容。

2. 威胁告警

威胁告警包含雷达告警和光电告警，用于收集、测量、处理对作战平台有直接威胁的雷达制导武器和光电制导武器辐射的信号，并向驾驶员发出威胁警报，以便采取对抗措施。

3. 测向定位

测向定位包含雷达测向定位、通信测向定位和光电测向，用于支援电子干扰的角度引导和反辐射攻击引导。

（三）电子防护

电子防护是保证己方电子设备有效地利用电磁频谱的行动，保障己方作战指挥武器运用不受敌方电子攻击活动的影响。它包含电子抗干扰、电磁加固、频率分配、信号保密、反隐身及其他电子防护技术和方法。

1. 电子抗干扰

电子抗干扰包含雷达、通信等各类军事电子设备专用的抗干扰技术和方法，如超低副瓣天线、旁瓣对消、自适应天线调零、频率捷变、直接序列扩谱等等，用以减小或降低各类电子干扰措施对己方电子设备工作的影响。

2. 电磁加固

电磁加固是采用电磁屏蔽，用功率保护等措施来防止高能微波脉冲、高能激光信号等耦合至军用电子设备内部，产生干扰或烧毁高灵敏的芯片，以防止超级干扰机、高能微波武器、高能激光武器对电子装备工作的影响。

3. 频率分配

频率分配是协调己方电子设备和电子战设备的工作频率，以防止己方电子战设备干扰己方电子设备，并防止不同电子设备之间的相互干扰。

4. 信号保密

信号保密是应用扩谱、跳频、加密等措施来防止传输信号被敌方侦收、分析、解密，并应用电磁屏蔽措施防止己方信号泄漏、辐射、被敌方侦收。

5. 反隐身

反隐身是针对隐身目标的特点，采用低波段雷达、多基地雷达、无源探测、大功率微波武器等多种手段，探测隐身目标，或烧蚀其吸波材料。

6. 其他电子防护技术和方法

其他电子防护技术和方法如应用雷达诱饵吸引反辐射武器攻击，保护真雷达的安全；应用无线电静默措施反侦察，应用组网技术反点源干扰；隐蔽关键电子设备，战时突发工作等战术、技术措施。

2.2.3　电子战作战目标

电子战按目标类型分为无线电通信对抗、雷达对抗、光电对抗和水声对抗等四种主要类型。

（一）无线电通信对抗

无线电通信对抗，简称为通信对抗，是指为削弱、破坏敌方无线电通信系统使用效能和保护己方无线电通信系统使用效能的正常发挥所采取的措施和行动的总称。通信对抗的实质是：敌对双方在通信领域为争夺无线电频谱控制权而展开的电磁波谱的斗争。通信对抗主要由通信对抗侦察、通信干扰和通信电子防御组成，如图 2－2 所示。

- 通信对抗
  - 通信对抗侦察
    - 搜索截获
    - 测向定位
    - 测量分析
    - 侦听识别
  - 通信干扰
    - 欺骗性干扰
    - 压制性干扰
  - 通信电子防御
    - 通信反侦察
    - 通信反干扰

图 2－2　通信对抗的分类

1. 通信对抗侦察

通信对抗侦察是使用通信对抗侦察接收设备和无线电测向设备，对敌无线电通信设备所发射的通信信号进行搜索截获、测量分析和测向定位，以获取信号频率、电平、通信方式、调制样式和电台位置等信息，对其截听判别，以确定信号的属性。进一步可查明敌通信网的组成、指挥关系和通联规律，查明无线电通信设备的类型、数量、部署的变化情况，从而可进一步判别敌指挥所位置、敌军战斗部署和作战企图等。

2. 通信干扰

通信干扰是根据通信对抗侦察获得的敌方无线电通信的有关特征情况，运用电子干扰设备发射适当的干扰信号，以破坏和扰乱敌方的无线电通信。通信干扰分为欺骗性干扰和压制性干扰两类。

（1）欺骗性干扰

欺骗性干扰是模仿敌通信电台的信号特征，使用敌台的通信联络规定，冒充敌通信网内的某一电台与敌主台或其他电台进行通信联络，向敌方传递假命令、假文电和假图像信息，以此迷惑敌人，造成敌方判断错误、决策失当。

（2）压制性干扰

压制性干扰是发射足够强的干扰信号，使敌方通信接收机难于或不能正常接收通信信息。一般分为瞄准式干扰和拦阻式干扰（又称阻塞式干扰）。

3. 通信电子防御

通信电子防御是采用通信反侦察、通信反干扰等各种战术技术措施，保障己方无线电通信系统的正常工作。

（二）雷达对抗

雷达对抗，是为削弱、破坏敌方雷达的作用效能和保护己方雷达效能正常发挥所采取的措施和行动的总称。雷达对抗主要由雷达对抗侦察，雷达干扰和雷达电子防御组成，如图 2－3 所示。

- 雷达对抗
  - 雷达对抗侦察
    - 雷达对抗情报侦察
    - 雷达对抗支援侦察
  - 雷达干扰
    - 有源干扰
    - 无源干扰
  - 雷达电子防御
    - 雷达反侦察
    - 雷达反干扰
    - 抗反辐射摧毁

图 2－3　雷达对抗的分类

1. 雷达对抗侦察

雷达对抗侦察是使用雷达对抗侦察设备截获敌方正在工作的雷达信号，并经过分析、识别、测向和定位，以获取战术技术情报。分为雷达对抗情报侦察和雷达对抗支援侦察。

（1）雷达对抗情报侦察

雷达对抗情报侦察的主要任务，是通过对敌方雷达的侦测获取雷达的特征参数，判断雷达的性能、类型、用途、配置和所控制的武器系统等有关战术技术情报以及防御系统的组成。

（2） 雷达对抗支援侦察

雷达对抗支援侦察的主要任务，是在情报侦察的基础上，截获敌方雷达的信号，实时分析识别雷达的类型、数量、威胁性质和威胁等级等有关的情报，为实施战术机动、引导干扰和引导杀伤性武器实施攻击等战术行动提供依据。

2. 雷达干扰

雷达干扰是利用各种干扰设备和器材辐射、反射、散射或吸收电磁能量，使敌方雷达不能正常检测有用信息或跟踪目标，阻碍其正常工作或效能降低，或达到降低雷达控制武器精度的目的。按产生的原理，可分为有源干扰和无源干扰；按干扰性质可分为压制性干扰和欺骗性干扰。

3. 雷达电子防御

雷达电子防御包括实施各种雷达反侦察、雷达反干扰的战术、技术措施，防止己方雷达信号被敌方侦察，并在受到敌干扰时，保障雷达效能正常发挥。

（三） 光电对抗

光电对抗，是为削弱、破坏敌方光电设备的使用效能和保护己方光电设备使用效能正常发挥所采取的措施和行动的总称。光电对抗主要由光电对抗侦察，光电干扰和光电防御组成，如图 2 －4 所示。

- 光电对抗
  - 光电对抗侦察
    - 红外对抗侦察
    - 激光对抗侦察
  - 光电干扰
    - 有源干扰
    - 无源干扰
  - 光电防御
    - 反光电对抗侦察
    - 反光电干扰
    - 抗反辐射摧毁

图 2 －4　光电对抗的分类

1. 光电对抗侦察

光电对抗侦察主要有红外对抗侦察和激光对抗侦察两种方式。

（1） 红外对抗侦察

红外对抗侦察是侦察并接收目标热辐射产生的中远红外波，并经过分析、识别、测向和定位，以获取目标战术技术情报。

（2） 激光对抗侦察

激光对抗侦察是侦察并接收目标辐射和反射的激光信号，并经过分析、识别、测向和定位，以获取激光辐射目标战术技术情报。

2. **光电干扰**

光电干扰是利用光干扰设备和器材，通过发射、反射、散射和吸收光波能量的方法，使敌光电侦察设备和光制导武器不能正常工作。有红外干扰、激光干扰、可见光干扰几种形式，从干扰的产生又可分为有源干扰和无源干扰两大类。

（四）水声对抗

水声对抗，为削弱、破坏敌方水声设备的使用效能和保护己方水声设备使用效能正常发挥所采取的措施和行动的总称。水声对抗主要由水声对抗侦察，水声干扰和水声防御组成，如图 2－5 所示。

- 水声对抗
  - 水声对抗侦察
    - 声呐对抗侦察
    - 激光对抗侦察
  - 水声干扰
    - 有源干扰
    - 无源干扰
  - 水声防御
    - 反水声对抗侦察
    - 反声呐干扰
    - 水声隐身

图 2－5　水声对抗的分类

1. **水声对抗侦察**

水声对抗侦察是利用水下声波和水下蓝绿激光侦察并接收舰艇、潜艇、鱼雷等水中目标信息。

2. **水声干扰**

水声干扰是干扰和欺骗敌方各种声制导武器或声呐等水声信息装备，掩护己方目标或保护己方水中兵器正常发挥作用。

2.3　计算机网络战

计算机网络战作为未来信息作战的主要作战方式之一，已被广泛认同，一些西方国家甚至专门组建了网络战部队，组织实施计算机网络攻击和防护任务。

网络安全的核心是信息安全。计算机信息系统安全包括物理安全和信息安全。其中物理安全是指对计算机系统的设备及相关设施加以物理保护以防止破坏；信息安全建立在信息的保密性、完整性和可用性三要素之上，而信息安全的隐患存在于信息的共享和传递过程中，信息的共享和传递恰好是通过网络来实现的，这就为网络攻击提供了可能和机会。

2.3.1　计算机网络战概述

（一）定义

计算机网络战的定义有广义与狭义之分。广义的计算机网络战，是指国家、民族、武装集团或恐怖分子运用网络技术和手段，为争夺网络优势或破坏信息网络而进行的斗争。这些活动可以用于军事、政治、经济等一切领域，活动的主体可以是团体，也可以是个人，既可以在战时实施，也可以在平时实施，破坏程度可大可小。狭义的计算机网络战是指敌对双方在计算机网络领域为争夺制网络权，通过削弱、破坏敌方计算机网络系统的信息和使用效能，保障己方计算机网络系统的信息和安全运行而展开的信息作战行动。

计算机网络战属于信息作战范畴，其作战目的是夺取制网络权。作战对象是敌方的计算机网络和信息，作战主体是用信息技术和装备武装起来的人员队伍，作战区域是广阔的计算机网络空间，作战手段是根据计算机技术研制的各种网络武器，制胜的途径是通过削弱、破坏敌方计算机网络系统的信息和安全运行来达成计算机网络战的作战目的。这是计算机网络战区别于其他作战样式的根本标志。

（二）地位与作用

1. 计算机网络战将成为未来战争中的重要作战样式

计算机在军事领域的广泛应用，决定了未来战争将是以计算机及其网络为主要手段，通过控制计算机网络空间，去赢得胜利的信息化战争。围绕夺取“制信息权”而展开的计算机网络战，使战争形态由有形对抗发展到无形对抗。对抗的领域、对抗的途径、对抗的手段都是全方位的，对抗的结果将对战争的进程和结局产生巨大影响，从而使计算机网络战成为未来信息作战的重要组成部分。

2. 计算机网络战是未来战争实施瘫痪战的重要手段

在未来战争中，自动化指挥控制系统将以计算机为核心，将指挥、控制、通信和情报融为一体，用于实时掌握战场动态，自动进行快速分析、处理，评估和优选最佳作战方案，下达作战命令。对这类目标实施攻击，可达成局部或大范围瘫痪敌作战体系的目的。一旦病毒进入敌指挥控制系统，将对系统运行造成重大影响，系统的级别越高，影响的范围越大。对敌核心信息系统实施攻击可大大降低敌指挥控制能力。

3. 计算机网络战可破坏敌精确制导武器的控制系统

在现代战争中运用计算机网络战手段，可极大地削弱敌精确制导武器的作战效能。如果病毒进入武器装备中装有计算机的战斗部和各种传感器，那么，在使用这些武器系统时就会出现严重失控。特别是精确制导武器、航天武器和各种智能武器的计算机系统遭受病毒攻击后，将引起大范围异常混乱。

4. 计算机网络战可削弱敌方的战争潜力

在现代社会中，计算机在政治、经济、军事等各个领域都得到了广泛的应用。由此决定了在现代战争中，计算机网络战不仅在军事领域展开，而且还将在国民经济的各个部门、社会生活的各个领域展开，可以说是兵马未动，计算机网络战先行。计算机网络战的结果将从经济上削弱一个国家的战争实力，从心理上影响指挥控制机构的决策，从而极大地影响战争潜力，对战争的进程和结局产生巨大的影响。通过计算机网络攻击，可对敌国的金融、邮电、交通、商业、航空航天、国防及大型企业部门的计算机管理系统运行造成一定的破坏，影响敌国的国民经济，甚至动摇敌的战争意志。通过计算机网络战不仅可以削弱、甚至破坏敌武器系统、信息系统、决策系统，造成敌信息控制系统的紊乱，使敌军成为“聋子”和“瞎子”，使敌军作战体系瘫痪而丧失战斗力，而且可以为己方信息系统的畅通提供可靠的保证，确保己方对制信息权的掌握，从而赢得战争的胜利。

（三）特点

1. 作战手段具有高技术性和知识性

计算机网络战所涉及的技术有很多，融多种高、精、尖技术于一体，具有广泛的先进性。网络战并不完全是双方物质、人员、装备的综合竞赛，在一定意义上是双方的知识力竞赛。网络战并不主要是军人操纵传统武器装备来实施作战，更多的是通过网络人员操纵计算机，利用其丰富的计算机技术知识，尤其是入侵信息网络和控制网电空间等方面的技能来实施网络作战。这就使网络战的手段有别于传统作战手段的实物性，而具有高智能性和知识性。

2. **作战行动不受时空阻隔，更加主动、突然**

主动性和进攻性是进攻作战区别于防御作战的本质特征，在计算机网络战中这种特征体现得更为突出。计算机网络战中，进攻一方不受地理条件和昼夜时间上的限制。计算机网络尽管存在空间分布不同，但其不受空间距离的限制，只要打开计算机，输入敌方目标的资料，而后发出指令，哪怕是万里之遥，也能达成，更加便于达成作战的突然性。在计算机网络战中，集中兵力原则发展为系统集成，即通过庞大的信息网络与作战平台的无缝连接，指挥和控制分散配置在多个空间领域的作战平台，向预定的作战目标聚集和释放作战能量，达成高强度摧毁的目的。

3. **作战力量构成多元性**

计算机网络战在参战力量上军民一体、军政一体，亦军亦民的特征更加突出。由于信息技术大量运用于民间，军队和民间的信息化水平都在不断提高，军民信息技术和手段具有通用性。很多军事专业技术与民用技术没有区别，有的计算机“黑客”、“电脑高手”在网络上发起攻击的能力不比军事信息专家差。计算机网络战所攻击的目标很多属于民用目标，或与民用网络连接。从战略上讲，计算机网络战已难以划定边界，短兵相接、炮火连天的激烈战争场面将难以再现。

4. **作战行动效费比高**

计算机网络战是一种高效益的作战。一是计算机网络战的作战效果好；二是计算机网络战攻防的重点是敌我双方的核心系统；三是计算机网络战的成本低，破坏力强。只要瘫痪了对方的计算机系统，就可能使对方靠计算机控制的指控系统和武器系统失效。网络攻击不仅给军事信息网络系统造成巨大破坏，使军事机器处于瘫痪，还可以破坏敌方的指挥控制系统、通信系统、金融系统，甚至生产运输系统等等，给敌国日常生活造成极大的混乱。在网络战中，能够以极小的代价或付出，在不造成人员流血和死亡的前提下，给敌国造成巨大的混乱和破坏，并在敌对国民众中引起普遍的恐慌，具有极高的作战效益。

5. **攻击行动隐蔽**

计算机网络攻击具有很强的隐蔽性，在许多情况下，常常难以查获攻击者和攻击的位置，不容易正确判断其攻击意图。在激烈的战斗环境中，或在相当复杂的电磁环境下，有时还难以判别信息的真假。这些都使得计算机网络攻击行动具有较大的隐蔽性。

6. 计算机网络防护任务的艰巨性、难度大

计算机网络防护是一项技术很强的工作，它不仅有技术方面的问题，也涉及管理和战术方面的问题。因此计算机网络防护对有关的人员提出了很高的要求，它要求组织与实施计算机网络防护的人员不仅要精通网络硬件原理，还要精通网络系统软件和各种应用软件的原理；不仅要有丰富的技术知识和专门的技能，还必须熟悉军用电子信息设备与系统管理及其战术运用的知识。系统必须不断地进行更新、升级和发展，在防护技术和战术上都要有所创新。除此之外，还应制定严格的管理制度，杜绝在管理上出现的漏洞。

2.3.2 计算机网络战理论基础

（一）网络战与赛博空间

网络战这一概念，最早是由美国学者在赛博空间战争这一概念的基础上提出来的。赛博空间是英语词汇 Cyberspace 的汉语翻译，也有人译成“网电空间”。赛博空间一词最早源自20世纪80年代的科幻小说，原意是指“由计算机生成的景观，是连接世界上所有人、计算机和各种信息资源的全球计算机虚拟空间”，故译成“网络空间”属于意译。进入21世纪后，对赛搏空间内涵的认识不断深化，例如2008年美国国防部对赛博空间的定义为：“由一些相互依赖的信息技术基础设施网络构成的一个全球信息环境，包括因特网、电信网、计算机系统以及嵌入式处理和控制器等”。

赛博空间是与陆、海、空、天并列的第五大空间领域，是国家安全、军队建设和军事行动不能忽视的新领域。有人把赛博空间比喻为国家和社会的神经系统。赛博空间的本质是承载着数字化信息及其运动的人造空间。赛博空间是现实与虚拟相结合、有形与无形相结合的客观存在的人造空间。赛博空间不像陆、海、空、天一样自然存在，人类仅需要去认识、开发、利用即可，赛博空间还需要人类去建设、运行和维护。赛博空间可分成物理层、逻辑层和社会层三个层次，具有三大特征。赛博空间三大特征即是“网”、“电”、“人”。“网”指网络，是广义信息网络，包括通信网、指控网、传感网、卫星网及战场计算机网络等，是否构成网络是赛博空间的必要条件；“电”泛指电磁、声音、光波等广义电磁频谱范畴内的各种设备及设施，它是赛博空间的实际存在，其中，网络始终通过电磁频谱进行连接，行为与交互多发生在电磁空间；“人”具体指人造和人控，赛博空间是人造的，并受人的控制，反映人的意志，服务人的认知，是“始于人，终于人”的。

赛博空间战争是指在赛博空间内，通过利用、控制、建立信息和信号所引发的攻击/防御信息系统和计算机网络的新概念战争。

赛博空间作战是指为达成特定军事目的，运用相关赛博空间能力，在赛博空间或以赛博空间为媒介和手段进行的攻防行动，包括对敌方信息系统进行“软杀伤”和“硬摧毁”的进攻行动和对己方信息系统的防护行动。赛博空间作战体现在电磁频谱、电子系统和网络领域在信息支援、防御和进攻三方面的对抗。赛博空间作战往往包括六个连续的作战过程：探测识别，目标扫描，策略制定，主动接入，攻击对抗，评估决策。图 2－6 是赛博空间及赛博战所含内容的示意图。

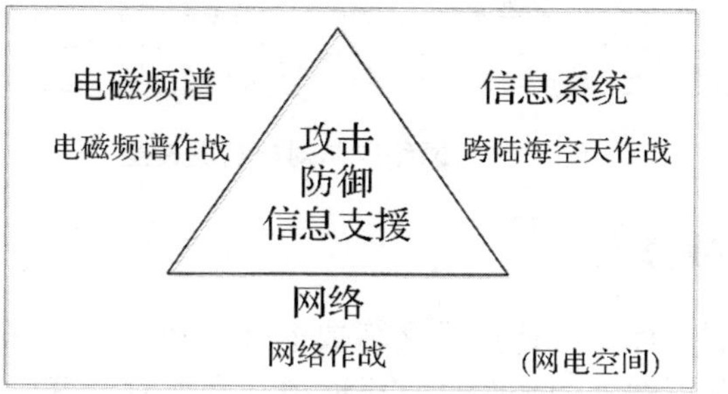

图 2－6　赛博空间及赛博战

本节所述的计算机网络战在概念外延上要比赛博战窄一些。

（二）网络对抗过程模型

网络攻防对抗的实施过程模型，如图 2－7 所示。攻击方运用网络侦察手段探测目标攻击的突破口，然后利用信息收集手段分析挖掘攻击目标的脆弱点，利用渗透入侵手段，实施多种攻击，直至达到对对方网络破坏与控制的目的，进一步增大攻击效果与影响。

防御方采取多种安全防护技术手段，加强对系统补漏固强，最大可能地封堵己方网络漏洞，利用各种网络安全预警技术，降低系统脆弱性，动态实时检测分析各种攻击事件，并对已受到的攻击作出快速响应，在最短的时间内修复系统，最大限度地减少对己方网络的影响。

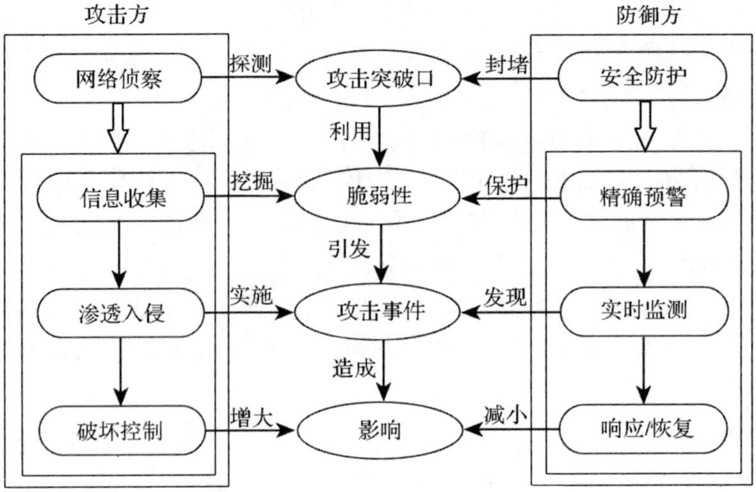

图 2－7　网络攻防对抗过程模型

（三）网络战分类

根据不同的划分标准，计算机网络战也有不同的分类方法。如按和平时期与战争时期的不同可划分为平时计算机网络战和战时计算机网络战；按作战范围划分，可分为全球计算机网络战和战场计算机网络战；接任务性质划分，可分为计算机网络侦察、计算机网络进攻和计算机网络防御等。使用最普遍的则是按任务性质分类的方法。

1. 计算机网络侦察

计算机网络侦察，是指采用多种计算机技术侦察手段进入敌计算机网络系统，窃取情报信息的行动。主要方法有：一是利用信息流通过计算机硬件时所产生的电磁能进行探测侦察；二是利用敌计算机网络系统的硬件或软件在安全方面存在的漏洞乘机窃取；三是利用敌计算机系统在无线信道上传递信息时获取。在以上三种方法中，利用网络漏洞实施网络侦察，是当前技术条件下的一种主要方法。

2. 计算机网络进攻

计算机网络进攻作为一种全新的作战手段，实质是利用敌方计算机网络系统自身存在的安全漏洞及其电子设备的易损性，通过使用网络命令和专用软件进入敌方网络系统，或使用强电磁脉冲等武器摧毁其硬件设施。目的是通过网络攻击形成网络优势，进而夺取制网络权。网络进击的主要形式有身份窃取，网络欺骗，拒绝服务，利用漏洞以及恶意程序攻击等。

3. 计算机网络防御

计算机网络防御，是指运用多种计算机安全技术和战术手段，保护己方计算机网络系统免遭敌方干扰和破坏。作为一种全新的防御手段，计算机网络防御已成为计算机网络系统的盾牌。可以说，在现代战争中谁忽视了计算机网络防御，谁就将付出惨重的代价。计算机网络防御的主要手段有反病毒进攻、反黑客进攻和网络恢复等。

2.3.3　计算机网络攻击作战

网络攻击的过程一般可分为三个阶段：攻击准备、攻击实施和攻击善后，如表 2－2 所示。

表 2－2　网络攻击流程及其技术实现

阶段	攻击步骤	攻击目的描述	攻击技术	主要攻击手段
攻击准备	1 信息收集锁定目标	搜集目标系统的相关信息，确定攻击目标和攻击目的	目标信息收集技术	物理闯入、社会工程学、网络命令或工具
	2 探测目标弱点挖掘	挖掘目标系统存在的系统漏洞、操作系统、开放端口、开放服务等	目标弱点挖掘技术	端口扫描器、漏洞扫描器、嗅探器
攻击实施	3 获取权限侵入目标	获得目标主机的某种权限，窃取密码，侵入目标主机，隐藏身份	目标权限获取技术	会话劫持、口令破解、身份欺骗、跳板攻击
	4 提升权限控制破坏	获取目标主机的管理员权限或目标网络访问控制权限，破坏目标系统正常服务，窃取、篡改目标主机信息	攻击身份欺骗技术各类网络攻击技术	病毒、蠕虫、木马、后门攻击，逻辑炸弹、拒绝服务
攻击善后	5 创建后门巩固控制	便于渗透扩展，再次入侵，继续发动攻击，巩固控制	木马程序攻击技术	木马、后门攻击，建立隐蔽通道
	6 掩饰踪迹逃避取证	消除痕迹，隐藏攻击行为、获取对目标的长期控制能力	攻击行为隐藏技术	篡改日志、停用审计、修改检测标志

（一）攻击准备阶段

1. 信息收集，锁定目标

信息收集是攻击过程中至关重要的一个环节，也称“踩点”。攻击者首先要收集有关目标的信息，分析这些信息以形成对目标网络必要的轮廓性认识，从而为攻击做好准备。攻击者在发动攻击前需了解目标的网络结构，搜集各种目标系统的信息等。如目标网络的 IP 地址范围、拓扑结构、网关路由、防火墙、入侵检测系统等；目标网络所使用的操作系统类型及版本号；目标网络所开放的端口信息、服务信息，以寻求该主机的安全漏洞或安全弱点。攻击者获得这些信息的手段和工具也是多种多样，可以从目标系统公开的信息中搜寻，也可以使用系统命令对目标系统进行探测。

当收集到所攻击目标的一般网络信息后，攻击者应确定要攻击的对象，并制定攻击策略。一般情况下，攻击者想要获得的是一个主机系统上或者是一个可用的最大网段的根访问权限，攻击的目标往往是小型网络。另外，由于网络中主机运行的操作系统平台较多，攻击者往往只会攻击其所熟悉的操作系统平台主机。

2. 探测目标，弱点挖掘

在收集到攻击目标的相关信息之后，攻击者会探测网络上的每台主机，利用一些安全扫描器来帮助他们发现系统的各种漏洞，包括各种系统服务漏洞、应用软件漏洞、弱口令用户等，以寻求该系统的安全漏洞或安全弱点，也称“查点”。所用的工具通常是，利用安全扫描器，包括端口扫描器和漏洞扫描器，前者主要用来扫描目标主机开放的服务端口及有关的系统信息，后者可以直接检测出系统存在的安全漏洞。

一般来说，攻击者可能使用下列方式自动探测远程目标网络上的主机的安全漏洞或安全弱点：

（1）自编程序

对某些产品或者系统，已经发现了一些安全漏洞，但是用户并不一定及时使用这些漏洞的补丁程序。因此入侵者可以自己编写程序，通过这些漏洞进入目标系统。

（2）利用工具

公开的电子安全扫描程序、审计网络用的安全分析工具等，可以对整个网络或子网进行扫描，寻找安全漏洞。

（3）慢速扫描

一般扫描侦测器的实现是通过监视某个时段里一台特定主机发起的连接数目来决定是否在被扫描，这样黑客可以通过使用扫描速度慢的软件进行扫描。

（二）攻击实施阶段

攻击者探测到了足够的系统信息，并通过对系统的安全弱点进一步挖掘后就会发动攻击，当然他们会根据不同的网络结构、不同的系统情况而采用不同的攻击策略和方法手段。

1. 获取权限，侵入目标

攻击者使用扫描方法探测到目标系统的一些有用信息并进行分析，寻找到目标系统由于种种原因而存在的安全漏洞后，就可以进行攻击并试图获得系统的一定权限，这一步是实施成功攻击的关键。一旦获得访问权，攻击者就可搜索目录，定位感兴趣的信息，并将信息传输储存起来。通过这个薄弱的主机，攻击者也可以对那些与本机建立了访问链接和信任关系的其他网络计算机进行攻击。若获得目标系统的最高访问权和控制权，则可以随心所欲实施攻击了。

2. 提升权限，控制破坏

一般用户账户对目标系统只具有有限的访问权限，因在获得一般账户权限之后，攻击者会设法获取更高的权限，如系统管理账户的权限。获取系统管理权限通常有以下途径：①采用针对用户的口令攻击方法，获取系统管理员的口令；②利用系统管理漏洞，如错误的文件许可权，错误的系统配置；③让系统管理员运行一些木马程序，骗取特权用户登录口令，获得目标系统的特许访问权。

获得根访问权后，也就是在目标系统内部建立入侵落脚点或根据地，这意味着一个目标系统已被攻克。这时外部入侵者就变成系统内部人员（如系统管理员），可随心所欲地访问、控制、破坏目标系统，如毁坏重要数据，破坏整个系统的信息，造成不堪设想的后果。但攻击者往往不会就此罢手，还会以目标系统为跳板向其他系统发起攻击，这样既可以嫁祸于人，又可以隐藏自己的行踪。

一般来说，攻击者的终极目的是能够控制目标系统，窃取其中的机密文件等，但并不是每次攻击都能够达到控制目标主机的目的，所以有时攻击者也会发动拒绝服务攻击之类的干扰攻击，使系统不能正常工作。

（三）攻击善后阶段

1. 创建后门，巩固控制

一次成功的入侵通常要耗费大量时间与精力，比如有些“执着”的攻击者会连续几十小时甚至上百小时对某一目标进行攻击，直到攻破为止。因此精于算计的攻击者为了日后可以不被觉察地再次进入系统，攻击者会更改某些系统设置，在系统中植入木马或其他一些远程操纵后门，方便自己的下次入侵。后门技术通常有：①放宽文件许可权；②重新开放不安全的服务；③修改系统配置；④替换系统文件；⑤安装各种木马；⑥安装网络窃听程序，除了能截获用户口令，更重要的是几乎可以掌握整个局域网。

2. 掩饰踪迹，逃避取证

攻击者利用种种手段进入目标主机系统并获得控制权之后，也可能不会马上进行破坏活动，为了能长时间地保留和巩固对系统的控制权，而且不被管理员发现，他会篡改日志、清除记录、停用审计、修改检测标志和留下后门。攻击者也可能对被攻陷机什么都不做，只是想利用这台已经攻陷的主机继续下一步的攻击，如继续入侵内部网络，或者利用这台主机发动 DoS 攻击使网络瘫痪。

图 2－8 用流程图的形式描述了一个典型的网络攻击过程，分为 6 个步骤。

（1）刺探和网络映射

攻击者可以通过因特网或可访问公共电信设施的调制解调器（远程注册）侵入目标。

（2）渗透

首先，尝试突破登录访问控制，登录方法包括简单的口令试探、根据已知信息进行复杂的口令猜测和使用捕获口令直接访问等。然后，设法登录，取得访问权限。

（3）用户访问

一旦取得用户层访问权，就可在更大的范围内探测和映射系统的资源，包括用户名、服务类型和网络结构等。在这一层次上，可利用多层安全措施的脆弱性取得更高层次的访问权限。

（4）根访问

根访问是最高层次的访问。通过它可以得到重要的系统控制权限，从而可立即进行恶意破坏、为未来攻击捕获安全相关数据及为后续秘密访问安装

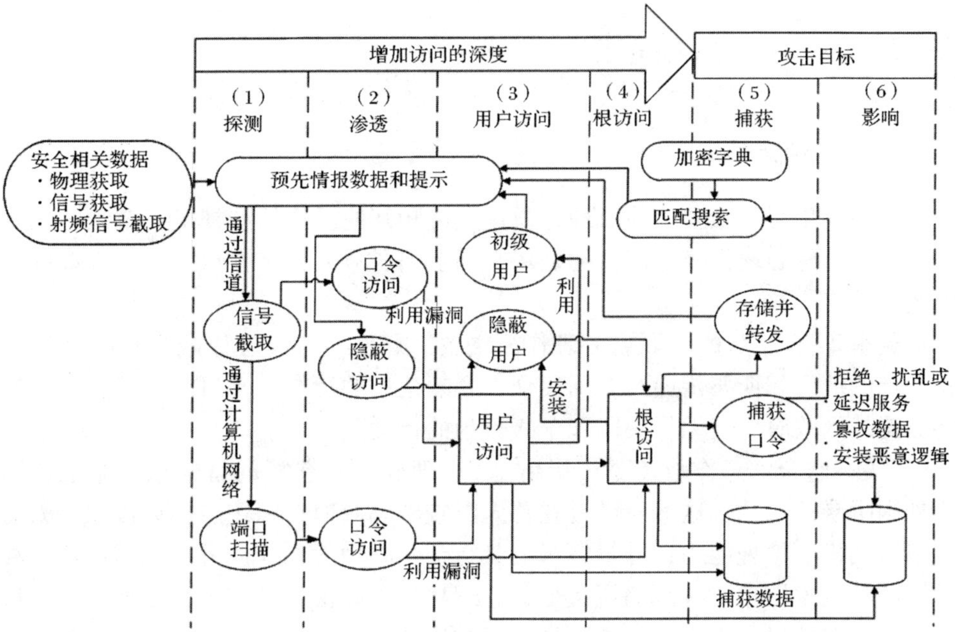

图 2－8　典型网络攻击过程图

“后门” 程序。

(5) 利用系统资源

获得根层权限后，可以利用系统中的信息为将来攻击该系统或与其联网的其他系统做准备。

(6) 侵害系统资源

最后，攻击者可能安装能够拒绝、扰乱或破坏系统内部信息或过程（用用户层或根层权限）的恶意程序，如病毒和逻辑炸弹等。

2.4　心 理 战

心理战是信息作战的重要样式，其重点不是用军事手段直接消灭敌人，而是利用人在对抗环境中的心理变化规律，运用各种手段对敌实施心理攻击，瓦解敌方士气，削弱其抵抗意志，使其放弃抵抗，逃避战斗乃至缴械投降。

2.4.1 心理战概述

（一）概念

心理战是运用心理学的原理，通过宣传和其他活动从精神上瓦解敌方的一种作战，又称心理作战。其目的是从心理上削弱敌人和增强自己，为夺取胜利创造条件。

美军2003年版的《联合心理作战纲要》认为，“心理作战是指有计划的将特定的信息和征兆传递给外国民众，影响他们的情绪、动机、客观推断，最终影响外国政府、组织、集团和个人行为的行动”。

《美军联合信息作战条令》指出，“心理战是有选择的将信息和暗示传播给外国听众的行动。这些行动旨在首先影响外国政府、组织、团体以及个人的情绪、动机、推理能力，并最终影响其行动。心理战的应用分为战略层次、战役层次和战术层次。在战略层次上，心理战是以政治、外交的宣言或公报等形式进行；在战役层次上，心理战是通过散发传单、广播宣传、前线广博和电视宣传或其他手段煽动敌军叛逃或投降，加速瓦解敌人的士气；在战术层次上，通过广播和其他手段分化敌军，引起恐慌。”

美国防部2003年颁布的《美军信息战路线图》规定心理战的目的是“在战役、战术军事行动期间，采取攻势手段改变对手行为”，在“敌对或半敌对环境”下，对军事行动提供心理战支援。根据已获准的安全合作指导方针，《信息战路线图》规定心理战还有一项支援公共外交的附带职责。

美军2010年版的《美军联合心理战条令》指出：“心理战是经过批准，用于实现美国政府政策和军事目标的行动样式之一。影响外国受众，进而影响其行为，是心理战的特定目的。”

综上，我们认为，心理战是以人的思想、意识、精神、情感等主观世界为目标，以各种形态的信息和媒介为武器，运用心理学原理，通过实施心理宣传、心理威慑、心理恐吓、心理欺骗等方法和手段，来影响、制约和改变敌人的思想、感情、动机、推理判断，最终影响其行动，同时通过心理防护和激励增强和巩固己方人员心理的作战。

（二）特点

心理战影响、制约和改变人的思想、感情和行为，具有以下特点：

1. 作战层次高

信息化条件下的心理战是信息作战中层次最高的一种作战样式，融政治、经济、科技、宗教、文化、军事于一体，突破了前方、后方、战区、非战区的界限，往往先于战争爆发，而且贯穿于战争的全过程，对敌军的思想、心理、进而对敌军的作战行动产生影响，成为可直接达成战争目的的重要手段。

2. 以认知系统为对象

心理战是针对人的心理和情感的作战，着眼于精神和心理上的征服，将敌人的认知系统作为进攻的对象，是针对人的理智、精神和情感进行的作战。敌认知系统是其指挥官了解或观察可证实的现象，并把这些现象变为可感知的现实，根据对这些现实的直感进行决策与指导行动而建立和运作的系统。信息化条件下，心理战不再单纯使用宣传工具，而大量直接地运用信息武器打击对方的认知、情绪和意志，具备了强大的作战威力。

3. 以特定的信息及其媒体为武器

心理战的主要武器是以信息媒体为基础的特定的信息武器，主要是指：一种由心理战实施者经过精心炮制、旨在对心理战对象的思想和行为发生影响作用的攻击性信息。不论采取何种手段和方式，对心理战实施者来说，精心炮制的各种信息是其最本质的武器。为适应现代战争的需要，综合运用现代科学技术，可以扩大心理战的影响，提高心理战效果。信息化条件下，心理威慑突出表现为信息威慑，造成敌方心理上的恐惧、震撼、疑虑进而意志崩溃等威慑效果；心理打击突出表现为信息打击，大量地直接运用现代仿生技术、激光技术等信息武器打击对方的认识、情绪和意志，干扰人的心理，摧毁人的精神，瓦解人的斗志，使人产生厌战情绪；心理欺诈突出表现为电子信息欺骗，通过“仿敌欺骗”和“仿己欺骗”使敌产生误判和混乱，具有很强的战场操作性。

4. 时空的非限制性

心理战具有无限制的时间和空间。就时间来说，既可以在战时使用，也可以在平时使用。对于一场战争或一次战役、战斗而言，心理战贯穿战前、战中、战后全过程。就空间来说，既可以在前方进行，也可以在后方实施。可以说，只要心理战实施者所发送的信息能被心理战对象所接受，心理战就能够进行。信息技术的进步、电子技术的发展和通信系统的更新，大大增强了信息传递的速度，增大了信息传递的渠道和流量。一个人接收外来的信息越多，信息的内容越集中，外来信息改变其心理状态的可能性就越大。现代高新技术，如广播电视、卫星传播、网络技术、隐形技术、虚拟现实技术等广泛应用于战场，使敌我双方无时无刻不面对来自各方面以及各种形式的心理战信息的刺激和影响。

5. 心理战具有“不战而屈人之兵”的能力

通过加强思想政治影响，使敌方态度改变；或制造强大的心理威慑，使敌人不敢采取军事行动和冒险行为；或通过施加心理刺激和影响，化敌为友，使敌内心降服，从而达成预定的政治、军事目的，这是心理战追求的最高境界。通过武力征服，可歼灭敌有生力量，摧毁敌战争资源，置敌于欲战无能的境地，但这只能使敌人一时屈服，而不是彻底地臣服。只有精神上被征服，才是彻底的、真正的胜利。从近期几场局部战争可以看出，现代战争的目的，不在于夺地歼敌，主要是使敌人内心屈服，消除未来战争对抗因素，推行自己主张，谋取长期利益。唯有赢得人心，才能达成不战而屈人之兵的作战目的。

（三）地位和作用

和平时期，心理战行动是我方传递意图，或与其他国家建立关系，争取合作，共同分担安全责任的理想工具。心理战行动可系统地参与塑造安全环境，整合并与其他手段综合运用，有助于阻止敌对行动、和平解决争端、稳定地区局势、推动双边合作、降低紧张状态、慑止侵略。

战争时期，心理战在主要作战行动中发挥了力量倍增器的作用。心理战能够发挥以下作用：为参战部队塑造有利的战场环境、降低威胁、组织冲突、稳定作战地域、谋取有利的战后态势。在遏制侵略和营造有力的战场环境方面，心理战可发挥重要作用。心理战可有计划的向国际受众发布精心选择的信息，表明态度，阻止局势升级，缓解利害关系，削弱敌方信息活动的潜在效力。心理战能够通过告知、引导、教育和影响目标受众等方式，增强我方战斗力，削弱敌方。有效整合心理战行动，可降低作战风险，减少附带损失及军民伤亡。心理战能够削弱敌方战斗力，减少民众对军事行动的影响，尽量降低附带伤亡，最大限度地争取当地民众的支持。

美军对近几场作战行动的评估表明，在主要作战行动中，心理战通过降低敌军部队作战效能，威慑敌方领导层，使其不敢将战争升级，极大地增强了作战效能。通过向心理战部队提供更有效的情报支援和通信装备，减少战役心理战和战术心理战间的差距、改善心理战宣传品质量，美军能够以较小的成本在主要作战行动中改善战术心理战的实施。在资源投入充足的情况下，通过提高心理战宣传品的制作和分发能力，以支援美国的公共外交政策，美军可以在主要作战行动中改善战役心理战的实施。而战役心理战与公共外交政策的结合，可以极大促进国家层级的心理战主题和宣传信息的结合，并且不会对作战行动产生消极影响。

（四）载体

心理战载体指承载心理战信息的介质，是心理战主客体产生联系的物质媒介和桥梁。它在心理战实施过程中的作用主要是将心理战信息转化为一定形式的符号，并将这些符号承载的信息在终端向对象释放。根据心理战载体客观存在的一般传播形态，通常可分为两大类：一类是印刷媒介，如报纸、杂志、书籍、传单等；另一类是电子媒介，如广播、电视、电影、网络等。各种不同的介质都有自己独特的物理特性和心理战适用范围，并在需要和环境的影响下在不同的心理战任务中相互配合和补充，扮演着不同的角色，发挥着自己的特殊作用。

1. 广播

广播无疑是世界传播范围最广的传播工具，具有传播迅速、覆盖面广、鼓动性强、限制少、自由度大、灵活生动、费用低廉等特点，其普及程度远远超过其他媒体。可以说，在所有传播媒体中，广播是最容易接触的形式之一。同样，广播也是心理战宣传中一种基本工具，在某种特定条件下，将发挥出其他工具无法替代的作用。

2. 电视与录像

电视与录像作为现代社会人们获取信息的主要工具，具有真实感强、迅速及时、艺术性强、心理效果好等特点。海湾战争后，美国一些人士在总结媒体的作用时指出，“在这场战争所进行的六个星期中，每天观看电视的人数和观看电视的时间，比历史上任何时期都多”。

3. 印刷品

印刷品包括传单、通行证、报纸、广告、书籍、杂志、招贴画以及印有宣传内容的小饰品、小礼品等，其中最常用的是传单。传单产生于第一次世界大战期间，并在后来的历次战争中都被大量使用，具有便于传播、制作、保存及宣传效果好等特点，成为现代心理战宣传的几种常用且有效的工具之一。

4. **网络**

电视、广播和报刊无疑是当今世界媒体的主力军，但新兴的网络媒体已超越所有的传统媒体，成为信息传播的最主要渠道，成为高技术条件下心理战的最有效工具。与传统媒体相比，网络具有速度快、容量大、限制少、主动性强和可直接参与等优势。

2.4.2 宣传心理战

（一）宣传心理战的概念

宣传心理战是心理战的重要武器和主要手段。随着心理战理论与实践的不断发展，现在人们已普遍认为，宣传心理战既是心理战的重要成分，也是心理战赖以实施的最为重要的手段；既可以作为一种心理战形式独立使用，也可广泛地与其他形式的心理战组合运用，在平时和战时发挥巨大的作用。

美军认为“宣传”是“支持国家目标、旨在影响任何团体的观点、情绪、态度或行为的任何形式的传播活动。其目的是使发起人直接或间接地受益”。由此可见，“宣传”的目标是人的心理以及由心理所派生出来的行为过程，而“宣传”所采取的形式则是“任何形式的传播活动”。所谓“传播”，依美军的定义，则是“信息和思想的交流”。“传播”是属概念，“宣传”是种概念。“宣传”是指有着确定的宣传对象与明确的宣传目的的传播活动。

（二）宣传心理战的原则

1. **服务大局的原则**

宣传是有预定目的或目标的活动，宣传者的意图是宣传各要素中的首要因素。宣传总是为实现一定目的服务的，宣传是心理战的重要武器和主要手段。宣传的组织、设计和实施，都要围绕心理战的大局。这既是实施心理战宣传的出发点，也是其目的和归宿，因而成为宣传心理战的首要原则。

2. **坚持真理的原则**

宣传心理战凭什么取信于人并征服人心，这是一个必须思考和回答的问题。实施宣传心理战需要具备的一个基本要求就是其可信性，即宣传心理战不仅要使对方接受信息，还必须使其对此深信不疑。从某种意义上说，客方接受信息后的信服程度，决定了宣传心理战的效果。

坚持真理，就是向对象介绍真实客观的情况，坦述真实观点，以真实赢得人们的信任和尊重。除非特殊情况，尽量不用或少用黑色、灰色宣传。因为真理的性质，决定了它容易为人所接受，有助于宣传目的达成。同时，敢于坚持这一原则，也向人们昭示了对自身事业正义性质的自信。

坚持真理原则，绝不意味着也不等同于简单的“客观、诚实”和对事实的不加选择，而是有策略地造就和利用客观真实，精心选择事实，妥善处理信息。概括为一句话就是：“假话一句不说，真话不能全说”。假话一句不说，是对宣传的基本要求，因为一旦失实的宣传被事实揭穿，宣传本身连同宣传服务的事业都会损失信誉，其负面效果难以估量。真话不能全说，就是说宣传中对事实要有所取舍。世界上每天发生的所有事实，不可能都全面加以宣传报道，要从宣传的目的任务出发：多宣传什么，少宣传什么；突出什么，忽略什么；先宣传什么，后宣传什么，等等。

3. 指向客方的原则

必须明确的一点是，宣传心理战是对人实施的，只有人接受了宣传信息才能奏效。在实施宣传心理战时，要对“客方”的重要性加以充分注意。

指向客方的原则，在宣传实践中，主要集中于两个方面：一是要尊重客方，即宣传心理战不能开罪大众，激怒对象，否则将与宣传心理战的初衷相违，也与人的心理需要相悖。二是要掌握客方，即宣传心理战不能把对象当作被动的“靶子”和“容器”，随意地进行射击和灌输，应该始终承认人们有选择信息、自主解读信息的能力，有运用理性辨别正误、真伪、好坏的能力。为此，必须对客方的情况充分了解，心中有数，包括对客方的社会生活、历史文化传统、民族思想感情等背景资料，敌、我、友各方政治、经济、军事状况等现实材料，喜欢什么、反对什么、厌恶什么、期望什么等现时的心理需要和心理定势，以及即时的心理状态和特点等。

（三）宣传心理战的策略

宣传策略是宣传者在遵循一定原则基础上常用的控制和利用信息的手段与方法。

1. 控诉暴行

在宣传心理战中，控诉暴行是一种惯用手法。任何战争都是以流血为代价的。基于此点，宣传心理战最为普遍的一种手段就是控诉暴行。战争的暴力性质，决定了暴行宣传无论真假，都极易打动人心。

2. 重复法

重复法通过宣传者反复申述某种观点、政策、口号等，加深印象。因为对于每一个人来说，其周围充满各种信息，而人的注意范围是有限的，不可能接受外界全部的信息，相当一部分信息被人所忽略或漏掉；而对于某些信息来说，也有相当一部分人暂时未能接触到。所以，宣传心理战不能仅仅传播一次，多次重复的宣传是非常必要的。

3. “一面理”与“两面理”

许多问题都有正反两面不同的论点，宣传者是只让对方知道“一面理”（宣传者希望能用来影响对象接受的论点），还是将“两面理”（包括正反两方面的道理）都告知对方呢？心理学家霍夫兰的实验表明，只说一面理，对于那些本来就倾向于同意此一面理信息的人或受教育水平低的人有效；两面理都说，则可以对本来倾向于反对此一理论的人或受教育水平较高的人更奏效。随着信息时代的来临，信息呈现个体化趋势以及民众教育文化水平的普遍提高，单方面的宣传已是“力不从心”，我们必须对宣传的传统观念进行适时适情的调整。

4. 夸大法

夸大法在宣传中过分夸张战争中的利害关系，常常通过描绘战争的崇高目标或可怕后果来进行心理影响。例如，海湾战争时期，美国宣称是为了“崭新而美好的世界秩序”而战，甚至提高到人类文明本身命运的高度来大加渲染；而在伊拉克一方，萨达姆则宣称是为一场关系阿拉伯国家“整个未来前途的斗争而战”。

5. 规避法

规避法把宣传中对己方或客方的缺陷或弱项进行低调处理，甚至避而不提。规避法运用于客方时，主要是避免伤害对方的自尊。在宣传心理战中，有时既要讲出事实，但又要避免毫无顾忌地暴露出事实的全部本质。此时规避法主要通过使用委婉语言来体现，如对“不发达国家”可称之为“发展中国家”，既掩盖了贫穷落后等阴暗面，又突出了其发展潜力等正面特色。

6. 转移法

转移法即宣传者不是简单地回避事实，而是善于用其他事实的信息引导对象的注意力，使其转移到于己有利的方面。比如对某次战斗的失利，采用大量报道积极宣传战士英勇牺牲的事迹，而对失败原因一笔带过，或只字不提。转移法的另一运用形式是干扰，即运用混淆概念等方法，干扰对象的注意力，以淡化客方对主方弱项的注意。

7. 联想法

联想法是宣传者将某一事物与对方已有明确好恶倾向的事物联系起来，使对方原有的好恶态度发生转移。如海湾战争中，美国的传媒刻意将伊拉克的萨达姆描绘成现代“希特勒”，从而使人们对希特勒的已有态度转移到萨达姆身上。

8. 反宣传法

反宣传法的目的是破坏对方的宣传，抓住敌对方宣传中的弱点，对其真实性提出质疑，进而否定和怀疑敌对方的宣传，抵消其影响。例如，海湾战争期间，美方的发言人就曾多次反复而精确地指出，萨达姆完全控制了伊拉克的新闻媒体，伊拉克的广播电视充斥了谎言，所以伊拉克人民根本无法了解事实真相，完全被蒙蔽了。

9. 防疫法

防疫法是抵御对方反面宣传的方法，是在一面理与两面理实验基础上产生的，其理论依据源于医学模式。即认为人的思想观念犹如人的机体一样，机体若成长于无菌环境，就会对细菌无抵抗力，人的思想若没有受过锻炼和考验，一旦接触到反面宣传，也会无力抵抗。心理学家多奎尔通过实验认为，对人的思想信念而言，“接种法”也是适用的，即当人们接触到攻击其基本信念的弱性的反面论证后，会形成某种通用的免疫力，并且接种法的效果远强于滋补法。

宣传心理战的策略方法当然远不止于此，变化发展的心理战实践也需要人们运用热情和灵感去不断创新，以上几种有代表性的策略和方法，可单独使用，也可结合起来运用，关键是“运用之妙，存乎于心”。

2.4.3　威慑心理战

威慑作为一种客观存在，表现在社会生活的各个方面。在人类社会进入阶级社会的漫长历史中，威慑与战争相伴而生。自从心理战作为一种新的战争样式在战争的殿堂里找到了自己的位置后，威慑就与心理战结下了不解之缘。

（一）威慑的概念

威慑是一个动态概念。在不同时代，不同的国度，人们对它的认识和理解是不同的。《现代汉语词典》对威慑一词的解释是："用武力使对方感到恐惧"。我国新版《辞海》释为："以声势或威力相慑服"。美国的《军语词典》对"威慑"的解释是："使对方由于畏惧其行动所导致的后果而不敢采取行动，威慑是由于存在着可信的难以承受的反击威胁而产生的一种心理状态。"《中国人民解放军军语》认为：威慑是指国家或政治集团之间，通过显示武力或表示准备使用武力的决心，以期迫使对方不敢采取敌对行动或使动升级的军事行为，是军事斗争的一种方式。以上这些表述，都从不同的侧面揭示了威慑的本质。

从上述关于威慑的种种解释和分析中，至少可以获得以下几点启示。

1. 威慑与心理密切相关

行为是受心理支配的。威慑所直接作用的目标是人们的心理。不管是西方人把"威慑"表述为一种"心理状态"，还是我国学者将其解释为"使对方感到恐惧"，实质都说明，威慑的攻击目标是人们的心理，它所直接影响的首先是人们的认识、情感和意志等心理因素，通过影响人的心理而实现威慑的目标，这是其一。其二，威慑信息的形成本身就是一个复杂的心理活动过程。任何有意发出和传递的威慑信息，都是人们智慧的结晶。威慑与反威慑，实质上是建立在实力基础上的敌对双方的心理对抗。任何威慑实际上都是在一定物质基础上的心理战。

2. 威慑离不开武装力量的运用

从我国关于威慑的各种解释看，"武力"、"威力"等，其实质都离不开武装力量及其运用。从西方人的解释看，"反击威胁"等也包含了武装力量及其运用的问题。武装力量及其运用始终是用于威慑的最重要的因素。一方面，威慑作为人们心理的对抗是现代心理战的重要组成部分。尽管现代威慑已扩展到政治、经济以及科学技术等更广泛的领域，但直接影响人们心理，使威慑发生作用的仍然是政治、经济、科技等转化为战争力的潜在功能。另一方面，威慑作为国家战略，也没有改变它与武装力量运用密切相连的属性。巧妙而有控制地运用武装力量，已成为当代威慑战略的精彩艺术。总之，心理威慑的实现是以强大的武装力量的存在与运用为后盾的。

3. 威慑是多种力量共同作用的结果

当今世界，一方面，经济的全球化发展，使得世界各国的利益关系错综复杂地交织在一起；另一方面，随着人类文明的发展，在国际关系中，赤裸裸地运用武力威慑的时代已经过去。高技术条件下威慑战略的实现，一般是综合运用政治、经济、军事、外交、信息等多种力量的结果。

基于以上几点认识，对高技术条件下的威慑可作如下表述：威慑是以综合国力为基础，以威胁性信息为武器，以对方心理为攻击目标的心理征服。高技术条件下威慑战略的基本立足点始终是，力图不通过战争就能达到本来需要战争才能达到的政治利益和目的。从广泛的角度来看，威慑战略属于国家安全战略的范畴，是指导国家如何运用整体力量遏制战争的方法和艺术。

（二）威慑的要素

威慑的要素，即是指构成威慑的基本因素或成份。现代威慑至少由威慑者、被威慑者、威慑实力、威慑信息等几个方面组成。

1. 威慑者

威慑者是威慑活动的主体，是威慑赖以发生的基本条件。成功的威慑者一般应具备如下条件：

（1）决心

决心是实现目标的意志表现。决心在威慑中具有重要作用。果断而富有力度的决心，可以把握住有利时机，以相对小的投入（代价）取得最佳的效果，收到较大的威慑效益。

（2）料敌

料敌即了解对手，主要是指威慑主体的主观能力，如获取情报的谋划能力，区别真伪的辨别能力，洞悉人们心理基础上的综合判断能力等。由于威慑攻击的目标是人的心理，因而料敌的重点应是对方决策者的心理特性及心理状态。有了对被威慑者心理的透彻了解和把握，才能因敌施策，形成正确的决心和方略。

（3）得法

得法即威慑者应具有建立在科学态度基础上的谋划技巧。这里的最高境界应是能够使对方在无意中受到影响，使其按照威慑主体预定的方法进行思维和决策。

以上三个方面是紧密相连，互相影响的。威慑者在三个方面都具有较高的素质，就能在威慑活动中做到游刃有余，牢牢掌握威慑的主动权。

2. **被威慑者**

在威慑活动中，威慑者同被威慑者是处于矛盾的统一体中。威慑能否达到目的，不仅取决于威慑者，同时也与被威慑者密切相关。首先，要看被威慑者是否理智。如果他不理智，对威慑者发出的各种威慑信号根本不予理睬，在这种情况下，解决问题就只能诉诸武力了。如果被威慑者足够理智，那么他就会进行两种分析对比：一是将自己的实力与威慑者的实力进行对比。如果威慑者实力大大高于自己，足以对自己一方构成严重威胁，并且有足够的勇气坚持到底，他可能会因顾虑后果而作出妥协和让步。如果威慑者实力与自己相当，或高出自己不多，对方不会冒两败俱伤的风险而动武，在这种情况下，他可能采取以牙还牙，甚至以反威慑相加于对方。二是将自己接受威慑者的要求，作出让步与坚持强硬立场的得失进行比较。当对方实力强于己方，己方让步与否都会付出代价时，会将两种选择的利弊得失进行比较，权衡得失而作出相应的反应。

3. **威慑实力**

威慑能够发挥作用，并最终实现威慑目的，靠的是实力。特别是在威慑被提升到国家安全战略高度的情况下，尤其如此。在高新技术和现代侦察手段已使彼此情况高度透明的情况下，没有实力的威慑只能成为人们的笑柄。

4. **威慑信息**

威慑信息主要表现为两个方面：一是实力信息，包括军事实力和战争潜力；二是决心信息。向对方传递威慑信息的过程实际上是向威慑对象施加心理影响的过程。信息渠道是否畅通，信息内容是否为对象正确理解，直接关系到威慑的有效性。

威慑信息一般不是自然信息，它是威慑者根据威慑目的精心选择，缜密计划的定向信息。威慑信息是实现威慑目标的关键环节，它就如同射向靶标的矢箭。纵然其他条件都已具备，但如果箭体不能发射出击，或虽已发射出去但不能击中目标，或虽然能击中目标但杀伤力不够，都不能最终实现有效威慑。

上述四种要素，在威慑活动中是一个互相联系，互相制约，互为作用的有机整体。其中一种要素的改变都会直接影响威慑效应，甚至从根本上改变整个威慑态势。因此，现代威慑是否有效，不仅取决于威慑者是否有力量有决心，而且取决于被威慑者的状况及威慑信息的策划与传递。威慑者只有全局在胸，整体把握，才能驾驭威慑的方舟，最大限度地震慑对手。

2.4.4　谋略心理战

千百年的战争实践证明，战争不仅是力与力的对抗，更重要的是智与智的角逐。先谋后事者成，先事后谋者败，“上兵伐谋”，是千古不变的真理。

（一）谋略心理战概述

谋略是一种心理较量。谋略的运用，就是根据人的心理活动规律和心理特征，通过精密筹划，向敌传递虚假、混乱的信息，以干扰、破坏、诱导敌方的知觉、思维、情感、意志等心理过程，使其造成错觉、错悟或情绪、情感、态度方面的冲动、不安和变化，定下错误的决心和采取错误的行动。施谋用计，说到底是对敌进行心理欺骗，造成和利用敌人的心理错误，使其产生错觉和不意从而产生有利于用谋者的心理状态和行为，达到不战而胜或小战大胜的目的。

任何谋略，说到底都是造成敌人的错觉，利用敌人的心理弱点，归纳起来，分为心理欺诈、心理利用两种类型。

（二）谋略心理战的心理欺诈

心理欺诈是谋略心理战的重要方面，它是采取诡诈，欺骗等手段，对敌心理施加压力和影响，促使对方心理发生变化，进而产生为我所需的行为方式的作战活动。

1. 心理欺诈的概念

“欺诈”这个词从字面理解，具有欺骗、伪装、以伪探真的意思。正确理解谋略心理战中心理欺诈这个概念，应从心理欺诈的实质和特征两个方面来把握。

心理欺诈的实质，就是欺诈主体在“真”与“伪”、“虚”与“实”之间的运作和调度，进而达到使敌人上当受骗的目的。在敌我双方的心理对抗中，“真”与“伪”、“虚”与“实”的相互重复、转换和不同组合，共同构成了欺骗、迷惑、影响对方，致敌应对错误，为己方争得利益和主动的万能魔方。

心理欺诈的特征表现在很多方面，但其最根本的特征是隐蔽企图。纵观古往今来的战争，我们不难发现，欺诈总是和隐蔽企图联系在一起的。没有隐蔽企图，就不可能达到欺诈的目的。在激烈的军事对抗中，企图一旦暴露和被揭穿，心理欺诈即刻丧失作用。

隐蔽企图包括掩饰真相和制造假象两个方面。前者代表了欺诈的消极方面，后者代表了欺诈的积极方面。隐真和示假相辅相成，但侧重点不同，功能也不一样。有些欺骗目的，仅靠消极的掩饰是不能奏效的，只有积极地造假，才能达到目的。

2. 心理欺诈效应发生的过程

心理欺诈效应的发生，大体上是经由以下三个步骤实现的。

(1) 发送信息，引起对方注意

发送欺骗性信息，引起作战对象的注意，满足敌人情报的需要，这既是欺诈效应产生的首要条件，也是欺诈效应发生的必经步骤。所谓发送信息，就是施放一定数量的，能够被作战对象感知的刺激信号，使之进入作战对象的大脑，引起条件反射，影响其心理活动，使其对面临的情况产生错觉，进而造成其思维混乱，判断错误。上述心理过程能否实现，不仅要看欺骗者是否发出了一定的欺骗信息，而且要看这些信息能否引起对方的注意。心理作战中，有些构思巧妙的欺诈计划之所以不能成功，原因之一就是示骗一方发送的种种信息没有引起对方的注意，或者根本就没有传递到对方手中。

(2) 信息接受者产生联想，形成错悟

欺骗信息被接受后，便开始发挥作用。信息接受者对所获取的信息进行分析，排除那些在他们看来不真实或没有价值的信息内容，将他们认为有价值的那部分信息加入到已有的材料和信息系统中，并通过联想等思维形式进行加工。由于其所获取的信息是不真实的，所以即使他的分析推理是正确的，结论仍然是错误的。加上在战争的特殊环境中，信息接受者的判断水平，以及思维的稳定性等都会下降，其分析推理难免出问题。这样就会使信息接受者错上加错，形成错悟。然而，由于信息接受者获取的我方信息不可能全是欺骗性信息，即进入对方大脑的，既有故意发送的欺骗性信息，也有反映我真实情况的信息。在各种信息的分析对比中，如果欺骗信息不能从质和量两个方面压倒真实信息，他们就会放弃欺骗信息而按真实信息判断。所以，发送欺骗性信息后，造成对方错悟只是一种可能，并不是必然的结果。

(3) 信息接受者形成再造定势，错误付诸行动

在欺诈信息的作用下，原有定势被冲击、被动摇、被削弱，“后入之见”渐渐压倒“先入之见”。并逐渐形成新的再造定势。这时，敌人对新的判断表现出深信不疑的自信心理。在这个基础上，敌人会继续按照习惯了的固定套路的思维进行决策，并付诸行动。至此，心理欺诈效应得以实现。

以上心理欺诈效应的三个阶段是相互联系的。其中，引起注意是前提，形成错悟是关键，付诸行动是目的。三个阶段紧密相连，构成一个完整的过程。在实施过程中，无论哪个阶段出了问题，都会影响整个欺诈目标的实现。因此，心理欺诈必须周密细致，确保每个阶段性目标的实现。同时，又要关照全局，从系统整体的角度处理好每个阶段和每个问题。不论哪个环节出现问题，都应果断采取补救措施，以确保整个欺诈目标实现。

3. 心理欺诈的原则

心理欺诈作为战争的一个特殊领域，同整个战争一样，有其自身所固有的规律。这些反映了事物本质的规律，为我们规定了心理欺诈所必须遵循的原则。

（1）合理性原则

心理欺诈的合理性，是指欺诈主体所采取的欺诈行为要合乎逻辑，能够为对方接受和相信。合理性是实现欺诈目标的首要条件。如果欺诈行为缺乏合理性，甚至有违常识和逻辑，能够很容易被识破，敌人根本不相信，就会成为无效欺诈。

（2）系统性原则

心理欺诈的系统性原则，是指要把欺诈活动看成是一个系统整体。在制定欺诈方案和实施欺诈过程中，采用系统方法，考虑到各个方面和各个环节，使系统中各要素各环节之间，尽可能保持一致，即保持欺诈行为的同一性。以完整统一的信息集群，对敌实施持续而有效的影响。系统性是心理欺诈的又一个重要原则。这是因为当敌方对我企图进行判断时，必然将通过各种渠道和方式获得的信息进行分析对比，当各种信息（至少是大多数信息）能够彼此印证，足以影响其决策时，我之欺诈措施才能收到应有的效果，系统的目标才能实现。否则，如果敌人所获取的信息先后不一，上下矛盾，左右相抵，无法确信，敌人将会从相互矛盾的信息中窥视到我之真实意图，进而将计就计，陷我于被动地位。

（3）针对性原则

心理欺诈的针对性，就是欺诈活动要从作战对象的实际情况出发，根据敌方的心理状态和特点，因敌施计用诈，有的放矢地对敌施加影响。针对性是心理欺诈所必须遵循的重要原则。心理学研究表明，处于不同条件下的团体和个人，其心理是各不相同的。同样一个刺激，作用于不同的对象，会引起迥然不同的反应，即使是同一个人，处在不同的条件下，也会对同一信息做出不同的反应。经验证明，心理欺诈的效果往往不是取决于欺诈者的主观愿望，而是取决于欺诈活动是否适合于对方的特点。空城计的得逞是由于对应司马懿生性多疑的心理特点，如果司马懿不是先前在诸葛亮面前多次失算中计而变得过于谨慎，其后果将变得不堪设想。

(4) 主动性原则

所谓主动性原则，是指欺诈者必须克服主观条件的限制，积极主动地利用各种欺诈手段影响对方。欺诈的本质是心理攻击。主动进攻是心理欺诈的内在要求。因此，必须牢牢地把主动权掌握在自己的手中，主动欺敌诈敌，致敌应对错误。在实践中，可能会由于种种原因而无法先敌用诈。一旦出现这种情况，必须对敌人的欺诈阴谋保持高度警觉。在采取各种方法破译敌人欺诈意图的基础上，将计就计，因势利导，使敌人在欺人中受骗。这种变被动为主动、借敌欺敌是心理欺诈主动性的特殊表现形式，如运用得当，往往会收到奇妙的功效。

(三) 谋略心理战的心理利用

心理利用与心理欺诈既有联系又有区别。它们都是军事斗争中谋略心理战的重要组成部分。心理欺诈离不开对欺诈对象心理特性的运用，而心理利用有时又是为了达成欺诈目的而采取的具体对策。但心理利用与心理欺诈又有着明显的不同。第一，对象范围不同。心理欺诈的对象主要是敌方人员及其同盟者，特别是敌方的指挥决策人员。相比之下，心理利用的范围要宽得多。它既可是敌方人员，也可是己方人员；既可是群体，也可是某些个体；既可是战争的当事者，又可是普通民众。总之，凡是与军事斗争有关的各种心理因素，都可以加以利用。第二，着眼点不同。心理欺诈的着眼点是使欺诈对象犯错误，为我争取主动创造机会。心理利用则是从人们的心理特点出发，区分不同情况，灵活予以处置，诱发与我有利的心理和行为。第三，使用的自由程度不同。心理欺诈可以不加限制地运用各种手段，可以不受社会规范和道德法则的约束，一切服从于军事斗争的需要。而心理利用手段的使用则是有条件的，特别是对己方人员，心理利用必须以不伤害个体身心利益为原则。

心理利用可以区分为利用心理效应、利用心理缺陷和利用心理优势三个方面。

1. 利用心理效应

心理效应是指在作战过程中，各种战场刺激强烈作用于军人，使军人心理发生的直接影响功能的变化。心理效应分为积极和消极两个方面。积极心理效应是指在一定的刺激作用下，军人心理上发生的能提高作战效能的变化；消极心理效应是指在强烈的战场刺激作用下，军人心理上发生的降低作战效能的变化。所谓利用心理效应，就是通过一定的手段和方法，促使己方人员积极心理效应的发生，消除和减弱各种消极心理效应带来的危害。同时，采取各种措施，促使敌方人员消极心理效应的发生和漫延。从而使战局向有利于我、不利于敌的方向发展。战场情况是瞬息万变的，影响心理变化的因素也是复杂的。我们这里只择其决策、态势、战果等几种普遍存在的因素对军人心理的影响作些分析。

（1）贯彻决策与心理效应

作战决策在形成后以作战决心的形式表现出来。从显示决心（决心下达）到作战过程结束，每个阶段、每个活动都对作战人员的心理产生重大的影响。因此，贯彻作战决心的整个过程中必须十分关注人们心理上的各种变化，采取各种措施促使积极心理效应的发生，控制和消除消极心理效应的蔓延，保证作战活动的顺利发展。

（2）敌我态势与心理效应

敌我态势即敌我兵力兵器部署和行动所形成的客观形势。态势有主动与被动、有利和不利之分。态势不同，在人们心理上产生的影响和效应也不相同。利用心理效应就是在各种态势下促使己方人员积极心理效应的产生，限制和消除消极心理效应的产生和蔓延，为夺取战争胜利制造条件。

所谓主动与有利是指在兵力兵器上我优敌劣，在作战方式上我攻敌守，在战争性质上我是正义之师，敌为不义之旅等。在这样的态势下，部队士气、求战心理等都会呈现积极的状态，对此，只要采取措施予以保护，就可能转化为战斗力。

敌我态势上的被动与不利是兵力兵器上的敌众我寡，或被优势兵力的敌人包围，孤立无援，处于守势等。在这样的态势下，如果控制不利，部队就会出现身心紧张、情绪波动、信心不足、意志力减弱等不良心理反应。这时除应控制谣言传播、做好稳定工作外，还要注意积极挖掘和利用如下心理效应：一是求生心理效应。处于被动不利条件下的军人，出于本能，强烈地要求摆脱不利困境，寻求一条生路。在这种情况下，如果加以引导，鼓励大家以奋勇战斗谋求生存，会使部队出现积极求战的心理状态。二是从众心理效应。实践证明，从众行为最容易在封闭条件下出现，在被动不利的条件下，一个人惊恐和慌乱极易形成连锁反应。如果指挥员或骨干处事果断，沉着冷静，表现出大无畏的英雄气概，对战斗的胜利充满自信，部队就会从中受到暗示和鼓舞，焕发出极大的战斗热情。

（3）战果与心理效应

战果是以胜败为评定标准的。胜或败所引起的心理效应是不同的。胜利，特别是那些具有决定意义的胜利，对军人具有极大的鼓舞作用，可强化作战人员的积极心理，增强战胜敌人的信心，士气高涨，心情自豪。但胜利后易轻敌，产生麻痹思想，给后续任务的完成带来困难。作为指挥员，打了胜仗后仍面临指挥部队扩大战果、续歼强敌的任务。因此，指挥员自己必须头脑清醒，加强自我控制，克服松懈和骄傲自满情绪。同时，在稳定部队、鼓舞士气的基础上引导部属总结经验，寻找不足，为新的战斗做好充分准备。将大家的信心和勇气转化为扎实有序的再战准备行为，以便使各种积极的心理效应发挥出更大的作用。

失败对士气具有减弱作用，使人情绪沮丧、低落。在一些人身上会表现出胆小怯战，悲观失望以至怀疑、否定自己的心理倾向。甚至还会产生上下级之间的互相埋怨、离心离德、军心浮动等心理反应。高明的指挥员，面对失败后的困难局面，常常不是被动应付，而是采取各种形式，引导部属败后知悔，以誓死洗雪败辱的心理与敌再决雌雄。

2. 利用心理缺陷

心理缺陷是一种消极的心理特性，它表现在认知、情感、个性等各个层面。其程度和表现具有显著的个体特性。在军事斗争中，可利用的心理缺陷很多，如嫉妒心理、逆反心理、盲从心理、害怕心理、骄横心理以及争强好胜、有勇无谋、刚愎自用、优柔寡断、见利忘义等。这里我们仅就嫉妒心理和逆反心理加以讨论研究。

（1）利用嫉妒心理

嫉妒是一种不服、不悦、自惭、怨恨的复杂心理，是一种带有破坏性的负情感。在军事群体内部，嫉妒是由嫉妒者、被嫉妒者间的差异及其位次的改变造成的。一般说来，嫉妒者多见于有点才干，争强好胜，但又心胸狭窄、极端自私的人。它主要指向与自己不相上下或强于自己的对手。这种心理活动通常表现为如下几种情况：一是被嫉妒者的优势容易引起处于劣势的主体的嫉妒；二是原处于劣势境遇的人向优势的变化，也会引起处于优势的主体的嫉妒；三是处于劣势的人的境遇不变，主体的优势境遇变坏，也会产生对别人的嫉妒。

嫉妒心理必然导致嫉妒行为的产生。嫉妒心理一旦被点燃和利用，就可不动一兵一卒而使敌垒损兵折将，精气顿失。因此，努力了解掌握敌人的心理缺陷，充分利用敌人内部的嫉妒心理，制造矛盾，使之互相倾轧；同时注意防止和克服己方的嫉妒心理，并时刻警惕被敌人利用，是谋略家们面对的不容回避的问题。

（2）利用逆反心理

逆反心理也叫反弹心理，是生活中常见的一种心理现象，是指改变人们某个动机的努力，反而强化了这些人原来的动机的心理反应。例如，想通过批评改变人的不良习惯，结果是批评越多，不良习惯越多；大众传媒点名批判某部作品，反而使一些人产生更要看看这部作品的念头等，都是逆反心理的表现。

在古今中外的战争史上，成功地利用逆反心理的战例很多。有许多经验可供借鉴。在通常情况下，应注意把握以下两点：

一是动态考察，灵活应变。逆反心理的出现并发生作用，是有条件的。它除了与当事者的个性有关外，还与战场环境，敌我态势，力量对比，以及当事者对真实情况的掌握与判断等，都有着千丝万缕的关系。作为对客观刺激的一种反应，逆反心理也会随其主客观条件的变化而有所不同。因此，利用逆反心理，必须克服主观随意性，坚持具体问题具体分析，针对其逆反心理的强度和特点，采取相应的对策；否则，就会事与愿违，甚至弄巧成拙，为对方的反利用所加害。

二是主动造势，积极诱导。逆反心理都是在一定的具体情势下产生的。因此，要利用逆反心理，就必须在一定的客观条件下人为地制造某种情势，使对象产生某种定势，然后使其在惯性作用下误入歧途，上我圈套。

2.5　实体摧毁战

信息设施是支撑现代作战体系的重要基础，对于重要信息设施的摧毁是破坏敌战场结构，割裂敌作战要素之间联系，限制敌战斗力生成的最有效手段。鉴于信息设施在现代战争中的重要作用，现代作战重心正由消灭有生力量向摧毁信息设施转移，信息设施摧毁战已成为信息作战最具彻底性的作战样式。

2.5.1　实体摧毁战概述

实体摧毁战又称信息设施摧毁战、硬摧毁战，是指使用信息作战武器装备及兵力、火力等手段，摧毁和破坏敌信息系统及相关设施，同时保护己方信息系统和相关设施免遭敌打击的作战行动。

（一）分类

实体摧毁战的分类方法是多种多样的。按毁伤程度可分为失能性摧毁和毁灭性摧毁，失能性摧毁是指毁伤敌信息系统的软件程序，造成信息设备功能紊乱，系统功能丧失，无法正常工作；毁灭性摧毁是指毁伤敌信息系统、武器控制等信息设备，造成永久性破坏。按使用手段的不同，可分为反辐射摧毁、定向能摧毁、电磁脉冲摧毁等，下面分别具体介绍。

1. 反辐射摧毁

反辐射摧毁是利用反辐射武器对敌各种雷达及相应电磁辐射源进行的摧毁。主要用于攻击敌警戒雷达、制导雷达等位置相对固定的电磁辐射设施。

2. 定向能摧毁

定向能摧毁是利用高能电磁波对电子设备进行的摧毁，主要有以下手段。

（1）高功率微波武器攻击

高功率微波武器攻击即利用高功率微波武器发射微波波段电磁波的定向能，对目标进行物理破坏，局部干扰和破坏信息系统内关键的电子系统和设备。主要用于烧毁或者破坏敌方电子系统，例如使数字系统丢失数据，使导弹中断跟踪、迷失方向，或使战术通信混乱，干扰敌人的射频接收机和雷达装备，破坏敌人的 C^4ISR 系统使之不能正常工作等。

（2）激光武器攻击

激光武器攻击是利用激光束直接毁伤目标并使之失效的摧毁方式，按杀伤范围和破坏目标可分为战术激光实体摧毁和战略激光实体摧毁两大类。战术激光武器攻击主要用于激光致盲和激光防空。激光致盲是利用波长为 0.4 ~ 1.4μm 近红外波段激光，形成高出正常可见光 10 万倍激光束损伤人眼视网膜以致盲。致盲激光摧毁在光电对抗中主要用于破坏人的视觉和光电系统瞄准具、夜视仪、测距仪、可视红外系统、侦察相机、红外地平仪、目标指示器和跟踪器等光电系统传感器。防空激光摧毁主要用于拦截空中目标，利用烧蚀、激波、辐射效应摧毁目标或使目标失能。战略激光武器攻击主要用于摧毁卫星（如侦察卫星、预警卫星等）和战略导弹。

（3）粒子束摧毁

粒子束摧毁是利用接近光速的速度向目标发射极强的高能粒子束撞击并穿过目标表面，将能量沉积于目标内部造成目标严重损坏。主要用于烧融目标、引爆目标中弹药或热核材料、破坏目标电子设备和器件等。

3. 电磁脉冲摧毁

电磁脉冲摧毁是利用投掷高功率微波器和电磁炸弹爆炸产生的强电磁脉冲，攻击摧毁敌信息系统及武器系统的信息设备。高功率微波器辐射波段较窄，主要为微波；电磁脉冲弹辐射频谱较宽（包括微波），主要用于战场一定区域内信息目标的摧毁。

（二）主要特点

实体摧毁战与传统的火力摧毁战相比，具有十分显著的特点。

1. 作战目的坚决

实体摧毁战是信息作战各种行动中目的最坚决、最彻底的作战行动。实体摧毁战的作战要求十分明确。即所使用的作战手段必须具备摧毁敌信息目标的能力，所采取的作战行动，必须能够在规定的时限内达成摧毁敌信息目标的目的。衡量实体摧毁战成败的标准是看对敌信息目标的毁伤程度，永久性彻底摧毁是最理想的作战效果。实体摧毁将致力于战场信息系统结构破坏。实体摧毁战的攻击点，不是对个体目标的局部摧毁，而是对以某一主要目标为中心的群体目标的摧毁，是对战场信息网络的结构性摧毁，而这种结构性摧毁的后果是极其严重的。如对计算机网络的恶性病毒摧毁不仅能造成大量数据丢失，硬件被毁，外设失控，而且能使整个系统严重受损甚至完全瘫痪。又如，利用定向能武器对信息系统的攻击，可以造成系统失效，甚至因无法确认武器是否受损及受损程度而不敢使用武器。

2. 作战行动受时空影响小

实体摧毁战受时空影响小，如定向能武器能以光速把高能量直接射向目标，攻击不需提前量。其射束在灵活控制下能快速扫掠战场某一特定区域，可快速改变指向同时攻击多个目标。又如强激光武器，能在 1 ~ 2 分钟之内对付上百个目标，高功率微波能烧坏波束扫过区域内大量敏感的传感器、电子元件、计算机芯片，造成电子系统的永久性损伤。可以预计，实体摧毁战的这种特点，将改变传统的作战方式，使作战组织和行动更加复杂化。

3. 作战后果具有长期性

随着信息技术的发展，越来越多的信息设备应用于军队的 C^4ISR 系统和武器系统，使 C^4ISR 系统成为现代战争的制高点和维系战争机器运转的核心。一旦信息系统受到干扰破坏不能正常运转，其军队与国家将处于无序状态，这是国家与军队暴露出一个最致命的弱点。而实体摧毁战恰恰以信息系统为目标，一旦实施攻击，其后果之严重是难以想象的。西方军界担忧："由于计算机失误，将会导致末日错误，很有可能引起核战争。"在未来信息化战场上，实体摧毁武器将大量应用，特别是实体摧毁武器高能量、大规模化以及取代部分火力武器职能的发展趋势，将对军队作战指挥、信息系统生存及社会信息资源，构成十分严重的威胁，遭受全面攻击和摧毁的一方将在相当长的时期内难以恢复元气。

4. 作战手段具有高技术性

从目前实体摧毁所用手段来看，除反辐射武器外，绝大部分是上世纪 80 年代才开始发展起来的，有些实体摧毁战手段还处于实验室研究阶段，尚未应用于战场；有些只是在战场上进行了初步尝试，正在改进完善之中。但是，这些实体摧毁武器代表着未来武器装备的发展方向，同时也代表着当今世界军事技术发展的先进水平。以电磁脉冲弹的电源为例，这种炸弹的电源包括初始电源、炸药驱动的两级磁通压缩发生器和一台升压空心脉冲变压器，在接近目标上空时启动工作，能在天线上形成几百千伏的高强度电磁脉冲对目标进行杀伤。其设计之先进、控制之精密、功能之强大，无不凝聚着现代高技术的结晶。

2.5.2 实体摧毁战主要作战方法

（一）结构破坏法

结构破坏法是指在实体摧毁战中，着眼支撑敌作战体系平衡的重心，集中精锐力量实施高强度的软硬攻击，瘫痪敌作战系统。

在实体摧毁战中运用结构破坏战法时，一要全面掌握战场情况，特别是敌情。通过掌握情况，指挥员应清楚明了支撑敌作战系统运行的战场信息资源环境，敌作战系统的结构和决策过程。

二要把支撑敌作战体系平衡的重心进行科学分解。在对关系敌总体平衡的全局重心实施攻击的过程中，应首先攻击维系敌全局重心平衡的分支重心。如对敌核心系统实施实体摧毁，必须首先破坏其防空预警系统；对敌核心计算机网络实施攻击，必须首先攻破敌外围防火墙。因此，在全面掌握战场情况的基础上，应根据敌目标的重要程度，确定优先打击次序。

三是合理使用作战力量，并赋予作战任务。在对敌要害目标实施攻击中，应灵活使用“软”“硬”打击力量，合理赋予作战任务。同时搞好“软”“硬”攻击行动的协调，既要确保瘫痪敌系统，又要避免重复打击，不致造成作战能量的无效释放。

（二）釜底抽薪法

釜底抽薪法是指在实体摧毁战中，通过攻击支撑敌作战系统运行的通信、电力和及其信息基础设施，使敌作战系统失去可靠支撑，导致其运转不灵，甚至瘫痪。

在实体摧毁战中运用釜底抽薪战法时，一可攻击敌战略纵深和战役纵深的信息网络。在作战开始之前或稍后，组织战略级或战役级实体摧毁战力量，对敌战略纵深和战役纵深的信息网络实施攻击。

二可攻击敌战场基础设施。在作战开始之前或稍后，组织“软”“硬”攻击力量对敌通信枢纽、电力网和电厂等实施攻击，破网断源，使敌作战系统失去能源和动力的支撑，直至瘫痪。

三可对敌侦察预警和远程精确作战兵器实施攻击。近期几场局部战争的实践表明，在侦察预警系统的支持下，使用远程武器实施攻击是敌之首选手段。因此，攻击敌侦察预警和远程武器，可以极大地削弱敌方的威胁。

（三）击敌关节法

击敌关节法是指在实体摧毁战中，在作战目标的选择上，应着眼敌作战系统的关节点，先打击机动目标，后打击静止目标，以达成实体摧毁战的作战目的。

在实体摧毁战中运用击敌关节战法，一可攻击敌重要机动平台上的计算机网络系统。如对敌空中预警飞机、航空母舰、机动导弹发射系统等对己方威胁较大的系统，必须给予有效攻击。

二可利用机动信息系统传输信道的开放性实施攻击。机动信息系统必然要使用空中信道进行信息和数据的传输与交换，无线信道的开放性为我入侵敌方的计算机网络提供了十分便利的条件。通过对无线信号的分析，可以发现敌计算机网络系统的基本结构、数据特征、地址分配等信息。同时，开放的信道既为计算机网络侦察提供了便利条件，也为对敌方计算机网络实施无线注入病毒攻击提供途径。

三可利用机动信息系统中断或恢复联络频繁的特点实施攻击。由于机动信息系统经常处于高度的机动状态，易受干扰和破坏，从而使机动信息系统与其他系统的联系遭到破坏。在敌计算机网络中断或恢复过程中，可以利用多种技术手段渗透到敌方的计算机网络系统中，从而打开敌计算机网络的突破口。

（四）局部造优法

局部造优法是指在实体摧毁战中，突然集中力量于关键的时域、频域和区域，形成对敌的局部优势，对敌实施高强度攻击，并由点及线、由线及网，达到“以点断脉”、“断脉破网”的目的。

在实体摧毁战中运用局部造优战法，一可集中运用实体摧毁战力量。只有通过科学筹划、周密安排，才能使各种力量形成合力，在局部形成对敌优势。二可集中运用实体摧毁战手段。通过多种信息摧毁手段的综合运用，使敌在避开己方一种打击手段的同时，又暴露在另一种手段的打击之下。

习　题

1. 说明网络战的定义。
2. 简述美国陆军 FM33－1 号条令《心理战条令》主要内容。
3. 可能出现在战场的计算机网络战会是什么样？
4. 描述一下网络对抗过程模型。
5. 心理战的三个主要方面是什么？
6. 威慑的要素有那些？
7. 谈谈情报战的类型。
8. 谈谈对计算机网络战的理解。
9. 为什么说电子战和计算机网络战是信息作战的主要形式？
10. 谈谈计算机网络攻击过程。
11. 谈谈心理战的地位及作用？
12. 解释实体摧毁战的定义？
13. 谈谈实体摧毁战的主要战法？
14. 谈谈实体摧毁战的主要特点？

第 3 章　信息获取技术

信息获取技术，是应用信息科学原理和方法，实现并扩展人类感觉器官的功能，增强感知和认识事物能力的技术。其具体任务就是把有关事物或目标的运动状态和运动方式加以记录，并以适当的形式表示出来。信息获取技术也称传感技术，运用此类技术组成的系统和装备称为传感器。

信息获取技术是信息作战的主体技术之一，是信息作战主体技术理论的重要研究内容。它是信息作战中知己知彼的关键，并为信息作战的其他技术发挥作用创造条件，因而成为增强信息作战整体实力的重点技术。

3.1　信息获取技术的组成

在信息作战中，信息获取与反获取的斗争十分激烈，成为信息作战的焦点和夺取与保持制信息权的关键。信息获取技术的种类繁多，可以从不同的角度、以不同的方式进行分类。按运用场合，可以分为：空间信息获取技术、空中信息获取技术、地面信息获取技术、水下信息获取技术等等。按信息获取过程所利用的媒质，可以分为：光电信息获取技术、无线电波信息获取技术、声波信息获取技术等等。而按照信息获取功能的实现是否有赖于专门向目标发出能量，又可分为两类：一类是有源信息获取技术，或称主动信息获取技术，是指必须由信息获取装备向目标发出能量才能获取目标信息的技术；另一类是无源信息获取技术，或称被动信息获取技术，是指信息获取装备无须向目标发出能量、只是通过接收目标自身辐射的能量来获取目标信息的技术。

（一）目标信息的分类

“人过留痕，雁过留声”。任何事物在其所在的环境中，都会以其独特的“信息特征”表现它的存在。通过获取某一目标的“信息特征”来确定其存在形状、时空位置和真伪等属性的技术手段，通常称为信息获取技术。

在信息作战中，关于某个具体目标的信息，可以分许多种类。从满足作战需求的角度，可以分为三大类：目标的外在特征信息、目标的时空信息和目标的属性信息。

1. 目标的外在特征信息

目标的外在特征信息是目标所表现出来的几何特征和包括声、光、电、磁、力等物理特征以及化学特征等特性的总称，它是目标的本质及其内在规律的外部表现。任何目标都具有能区别于其他目标的外在特征信息，如几何形状、辐射电磁波的波长和能量等，人们正是通过目标表现出来的外在特征信息来认识其本质或内在规律的。一般来说，目标的外部特征信息属于语法因素的信息。

2. 目标的时空信息

目标的时空信息反映目标的运动及其运动过程所处的时间和空间位置，包括目标的位置参数、时间参数、运动参数等，表示目标在何时、何地、怎样运动。目标的时空信息能反映目标的状态、目标之间的相互关系以及目标与外界的时空关系，是信息作战活动中重要的信息因素。一般来说，目标的时空信息属于语义因素的属性。

3. 目标的属性信息

目标的属性信息是表示人类对目标本质的综合认识，是人类对目标的内部特征信息、外在特征信息、目标的历史、功能、作用和属性等的概括。它可以是人们对目标的命名，诸如某目标是何种武器，以及它的敌我属性等。对于目标的正确认识，可以组成目标的知识库。一般来说，目标的属性信息属于语用因素的信息。

（二）信息获取技术的基本组成

信息获取技术通过对目标的搜索、探测、定位、跟踪、辨认和识别等过程，获取目标的外部特征信息、目标的时空信息和目标的属性信息。它是将目标本身具有的“本体论层次”信息，转换成观察者得到或认识到的“认识论层次”信息的过程，也是将目标的“语法信息”或“语义信息”转换成“语用信息”的过程。与以上目标的三类信息相对应，信息获取技术可划分为如下三个基本组成部分：

1. **感知技术**

感知技术是（Cognition Technology）用于发现目标并获取目标所表现出来的外在特征信息的技术。这里，“发现”是指把目标与其背景作比较，或依据周围背景的某些不连续性，将潜在的目标从背景中提取出来。由于人们可以通过搜索和探测获得目标的外在特征信息，如目标的几何特性和声、光、电、磁、热、力等物理特性及化学特性等，所以可以将搜索与探测过程中所用的技术称为感知技术。感知技术是信息获取技术的基础，是完成信息获取过程的第一个环节，是信息作战中使用范围最大、贯穿作战全过程的一项重要技术。感知是将目标的“本体论层次”的信息转换成“认识论层次”信息的过程。

2. **定位技术**

定位技术（Location Technology）是测量目标的位置参数、时间参数、运动参数等时空信息的技术。由于跟踪是对目标的时空信息进行连续的测量，所以跟踪所采取的技术也归属于定位技术之中。定位技术是信息作战中了解掌握敌我态势的基本技术。

3. **识别技术**

识别技术（Recognition Technology）是将感知到的目标的外在特征信息转换成属性信息的技术，是将目标的语法信息转换成语义信息和语用信息的技术。在信息作战中，运用识别技术确定目标的敌我属性，辨别目标的真假，区分目标的类型及其功能作用，为实施信息攻击或防御奠定基础。

在完成信息作战任务的过程中，感知技术解决目标“什么样”的问题，定位技术解决目标“在哪里”的问题，识别技术解决有关目标“是什么”的问题，从而获得关于目标的相对完全的信息。

信息获取技术物化在实际的信息装备及其系统中，如各种雷达、声呐、红外成像仪等，一般都兼有感知、定位、识别三类功能中的一种以上的功能。相应的，也可以认为信息获取技术由雷达技术、卫星侦察技术、声呐技术等组成。本节把信息获取技术组成分为感知技术、定位技术和识别技术三个方面，是为了更直接地从信息作战需求的角度，考察和分析信息获取的方法。

3.2 感知技术

感知技术（Cognition Technology）是用于发现目标并获取目标所表现出来的外在特征信息的技术，是将目标的“本体论层次”的信息转换成“认识论层次”信息的技术。感知技术是信息获取技术的基础，是完成信息获取过程的第一环节。

3.2.1 基本理论

物理学理论告诉我们，任何物体都具有向外辐射和反射电磁波的能力，同一物体对不同波长电磁波的辐射和反射能力不同，不同物体对同一波长电磁波的辐射和反射也不同。此外，任何物体都反射并在运动中向外辐射机械波，同一物体运动方式不同，辐射和反射的机械波也不同。物体的这种特性成为目标可以被感知和认识的依据。实际上，迄今对目标的感知主要是借助电磁波（包括光波）和机械波（包括声波）来实现的。因此，电磁波和机械波是信息领域的重要资源。

从电磁波理论我们知道，任何一对电偶极子之间存在电场，变化的电偶极子产生变化的电场，变化的电场又会产生变化的磁场，从而产生交变的电磁波向外辐射传播。空间中某点的电磁波能量强度称作场强。

产生辐射的单元称作天线，天线的辐射场强分布形状称为天线方向图。最基本的天线是电偶极子天线，它是线天线，其方向图在与天线垂直的平面内（称为横向）是各向同性的，因此被称为点源全向天线。线天线长度与波长的比值决定线天线的纵向方向图。

将多个基本天线排列在一起共同馈电就形成天线阵，有一维的线阵和二维的面阵。二维天线阵的辐射单元密集到一定程度就形成了面天线。典型的面天线或天线阵的方向图如图 3-1 所示。天线的辐射能量成花瓣状，主射方向是天线辐射强度最大的方向，其对应的花瓣称为主瓣，主瓣的半功率点夹角 $2\theta_{0.5}$ 称作主瓣宽度，主瓣夹角越小表示天线的方向性越好。主射方向功率与点源全向天线的功率比称天线增益。换言之，天线的增益，就其最大辐射方向上的辐射效果来说，与无方向性的理想点源相比，其把输入功率放大的倍数。

若天线阵中的每一个振子不是同相位的，则合成的方向图就会不一样。通

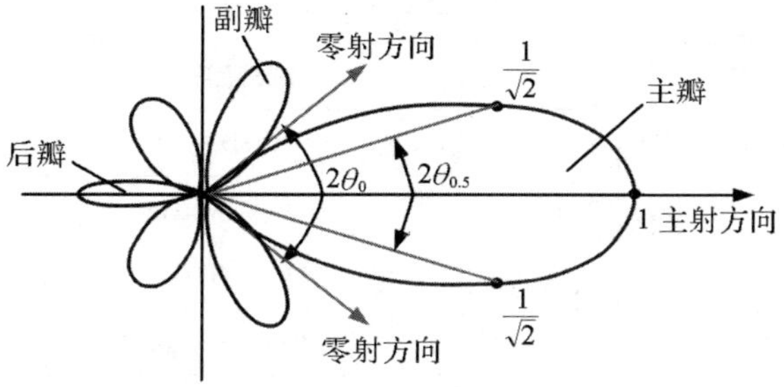

图 3 - 1　天线方向图

过调节每个振子的相位，可以改变合成后的方向图。有规律地改变振子相位，使得天线阵不动而波束发生变化，可以达到扫描的效果，这样的天线阵称为相控阵。将相控阵中的振子从逻辑上分成几个区，分区调节每个振子的相位，可实现分区扫描。这样一个相控阵面可达到几部天线效果。

天线互易性是指天线收发具有同样的方向图。

电磁波在均匀介质中传播时具有方向性和直线性。由于大气的存在，电磁波在地球上的传播有四种基本形式：

地波传播——频率在 3 ~ 30MHz 的高频电波可沿弯曲的地球表面传播；

直线传播——30MHz 以上的微波在对流层中传播路径基本是直线；

天波传播——高频无线电波直射到电离层，大部分都会被电离层反射而折回地面；

散射传播——大气或电离层的不均匀性会造成电磁波的散射传播。

电磁波在真空中的传播速度是光速 c，其波长 λ 与频率 f 的关系满足 $\lambda = c/f$。由于不同波长的电磁波有不同的特性和用途，通常按波长对电磁波进行了波段划分，如表 3 - 1 所示。

为了实现对作战目标的感知，最初采用的手段是对人类感觉器官功能的直接延伸。作为眼的功能的直接延伸，首先产生了工作于可见光波段的望远镜、照相机等光学仪器。为了实现夜暗、微光条件下的感知，出现了探照灯。感知技术发展的里程碑是第二次世界大战中雷达的应用。雷达的功能不限于感知，也可以定位，并有一定的目标识别能力。在作战需求的牵引下，脉冲压缩、相控阵天线、频率捷变、合成孔径与逆合成孔径成像雷达等各种新技术发展十分迅速。当前，雷达感知技术、电子侦察技术、可见光无源感知技术、红外和多光谱感知技术、声波感知技术等成为重要的信息获取技术。

表 3－1 电磁波的波段划分

波段名称	波段范围	波段细分	频率范围	应用场合
极长波	100 000m 以上	极低频(ELF)	3kHz 以下	
超长波	100 000～10 000m	甚低频(VLF)	3～30kHz	电报
长波	10 000～1000m	低频(LF)	30～300kHz	远距离通信
中波	1000～100m	中频(MF)	300～3000kHz	广播,通信,导航
短波	100～10m	高频(HF)	3～30MHz	广播,中距离通信
米波(超短波)	10～1m	甚高频(VHF)	30～300MHz	移动通信,电视广播,调频广播,雷达导航等
分米波(微波)	100～10cm	特高频(UHF) L 波段 S 波段	300～1000MHz 1000～2000MHz 2000～4000MHz	通信,中继通信,卫星通信,电视广播,雷达
厘米波(微波)	10～1cm	C 波段 X 波段 Ku 波段 K 波段 Ka 波段	4～8GHz 8～12GHz 12～18GHz 18～27GHz 27～40GHz	中继通信,雷达,卫星通信
毫米波	10～1mm	极高频(EHF)	30～300GHz	微波通信,雷达

3.2.2 雷达感知技术

“雷达”是英文“Radar”的译音，Radar 是 Radio Detection and Ranging 的缩写，释义为无线电探测与测距。雷达在工作时发射某种特殊波形的无线电波，接收并检验其回波信号的性质，从而发现与测定目标。雷达作为感知手段，可以发现数百以至数千公里的目标，可以不分昼夜的工作，从而为信息作战提供全天候预警能力。

（一）雷达基本构成与主要性能指标

雷达主要由天线、收发转换开关、发射机、接收机、定时器、显示器、天线伺服系统、电源等组成。其主要性能指标有：

1. **作用距离**

雷达发现目标的最大距离叫雷达的作用距离 $R_{\max}$，描述 $R_{\max}$ 与发射功率 P_t 等因素之间的关系的方程称为雷达方程，其简化方式如下：

$$R_{\max} = \left(\frac{P_t A_e^2 \sigma}{4\pi\lambda^2 S_{\min}} \right)^{\frac{1}{4}}$$

式中：A_e 为天线的有效接收面积；σ 是目标被雷达“看见”的面积，叫雷达截面积（RCS），人的雷达截面积约为 1m^2，轰炸机约为 20m^2，歼击机约为 2m^2，隐身飞机为 0.1m^2 以下；λ 为工作波长；$S_{\min}$ 为雷达接收机最小可检测信号功率。

上式在一定程度上反映了雷达的各参数对其感知能力影响程度，也反映了目标特性对于雷达感知效果的影响。

2. **感知空域**

雷达的感知空域 Ω 可用方位探测角 β，仰角探测角 ε 和作用距离之积来表示，即：

$$\Omega = \beta\varepsilon R_{\max}$$

对于警戒雷达，常以发现概率大于等于 50% 的覆盖空域定义为警戒范围。

3. **分辨率**

分辨率包括距离分辨率和角度分辨率。其中距离分辨率是指在同一方向上两个目标之间最小可区分的距离；角度分辨率是指相同距离的两个不同方向的目标之间最小可区分的角度。

4. **扫描周期与数据率**

雷达完成整个探测空域所需时间称为扫描周期 T_s，对整个探测空域内所有可能出现的目标提供一次信息所需时间的倒数称为数据率 D。两者的关系表示为：

$$D = \frac{1}{T_s}$$

雷达的指标还包括抗干扰、抗电子侦察、抗隐身和抗毁能力，以及可靠性、维修性和机动性等。

（二）雷达感知技术的发展

由于雷达在信息作战重点重要地位和作用，雷达技术一直是各国军队的发展重点。世界各国无不采取各种措施，提高雷达作用距离，扩大感知空域，提高定位精度。同时雷达在信息作战中面临的反辐射导弹、目标隐身、低空及超低空突防和先进的综合电子干扰等“四大威胁”，更促使雷达技术向更高层次发展。

1. **多普勒雷达技术**（doppler radar technology）

电磁波遇到运动目标产生反射时，电磁波的频率会发生变化，这种变化的频率叫多普勒频移率 $F_V=2V/\lambda$。这里，V 表示目标相对雷达的运动速度，λ 表示雷达工作波长。对于 200m/s 的飞机，当雷达工作波长为 10cm 时，多普勒频移为 4000Hz。利用多普勒频移检测运动目标的雷达技术称为多普勒雷达。要实现对运动目标的检测，要求雷达发射频率的稳定度非常高，同时要求发射信号与接收机本振信号频率和相位完全一致。

由于多普勒雷达具有运动目标检测能力和运动目标显示能力，可以配置于飞机和卫星上，能检测并显示出地面人员和车辆的运动情况，不仅具有探测空中目标的能力，而且增加了检测地面运动目标的能力，从而成为战场监视和侦察的重要感知手段。

2. **频率捷变技术**（frequency agile technology）

频率捷变技术是指发射频率作脉间或脉组变频的技术，它是雷达干扰与抗干扰斗争的产物，可以做到雷达几乎不受窄带干扰的影响。频率捷变方式可以按较为明显的规律变化，也可以伪随机地跃变。相邻脉间频差与雷达工作带宽相近。频率捷变技术分为非相参频率捷变和全相参捷变，其中后者是当前的主流。

3. **脉冲压缩技术**（pulse compression technology）

在脉冲雷达中，当峰值功率一定时，脉冲越宽，发射功率越大，作用距离越远，同时距离分辨率越低，这是脉冲雷达的距离分辨率与作用距离之间无法消除的矛盾。脉冲压缩技术对发射信号波形进行扩谱调制，使其发射宽带脉冲，将接收的宽带脉冲回波信号通过处理，压缩成窄带脉冲信号，从而较好地解决了距离分辨率与作用距离之间的矛盾。脉冲压缩技术具有较好的抗干扰能力，因而在雷达中得到广泛的应用。

脉冲压缩的关键技术是发射信号为扩谱信号，其扩展后的频带宽度比雷达距离分辨单元所对应的带宽宽得多，其时宽带宽积远大于 1。另外，接收的宽带回波脉冲需要进行必要的压缩处理，以获得窄带的视频回波。常用的扩谱信号有线性调频信号（LFM）、非线性调频信号（NLFM）、相位编码信号（PSK）、频率编码信号（FSK）、频相编码信号等。脉冲压缩技术的应用，可使雷达在距离上的分辨率从几百米提高到一米以下。

4. **相控阵技术**（phase-array technology）

雷达在搜索目标时，需要不断改变波束的方向。改变波束方向的传统方法是转动天线，使波束扫过一定的空域、地面或海面，称为机械扫描。把天线做成一个平面，将多个辐射单元和接受单元有规则地排列成天线阵列，利用电磁波的相干原理，通过计算机控制送往天线各阵元电磁波相位的变化，从而改变合成波束的方向，同样可以实现波束扫描，称为电扫描。以这种方式实现电扫描的技术是相控阵技术，利用相控阵技术的雷达称为相控阵雷达。相控阵雷达的天线无需机械转动，波束扫描更快、更灵活，能跟踪更多的目标。信息作战中，相控阵雷达在地面远程预警、机载和舰载预警、地面和舰艇防空系统等方面都有重要作用。

5. **超视距技术**（over-the-horizon technology）

普通雷达波是直线传播的，受地球表面曲率的影响，探测距离有限。一般地面（海面）直视距离为 80km 左右。超视距技术是一种能探测地平线以下的空中和海上运动目标的地面雷达技术。按电磁波传播途径，分地波超视距技术和天波超视距技术。地波超视距技术是利用电磁波在地球表面的绕射效应进行工作的，其工作频段为短波和超短波范围，通常应用于海岸监视，对低空飞行飞机的作用距离可达 200 ~ 400km。天波超视距技术利用大气的电离层对短波的反射特性，使电磁波在电离层和地面之间多次反射传播，接收目标的反射回波，从而可发现目标。在通常情况下，电磁波经过电离层一次反射的作用距离可达 3000km；经过多次反射，能探测到 6000km 远的目标。

超视距雷达主要用于预警，对超低空飞行的飞机、导弹的作用距离远，预警时间长，是低空防御的一种有效的目标感知手段。它还具有感知隐身目标的能力。其缺点是设备庞大复杂，抗干扰能力差，机动能力差，盲区大，精度低。

6. **双基地、多基地雷达技术**（bistatic/multistatic radar technology）

雷达主机由发射机和接收机两大部分组成，一般设置在一起。如果把雷达的发射机和接收机分别置于两个地方，则称为双基地雷达。如果一部发射机和多部接收机，或多部发射机和多部接收机都分开设置，就称为多基地雷达。这些发射机和接收机可设置在地面，也可以安装在飞机或卫星上，可以地发/地收、空发/地收、空发/空收。

多基地雷达的主要特点：

一是抗摧毁能力强。可针对高空目标的雷达发射基地设立在远离作战前沿的后方，也可设立在飞机或卫星上，构成空间多基地雷达，以避免攻击。

二是可对抗隐身飞行器。隐身技术通过改变飞行器外形设计，变电磁波后向散射为非后向散射，采用具有吸波、透波的复合材料等多种途径，使雷达反射截面（RCS）缩小2~3个数量级。而多基地雷达则可充分利用非后向散射能量来增加RCS。

三是可提高抗有源干扰的能力。因接收基地隐蔽，敌人无法侦察，并可通过两个以上接收基地的交叉测向，对干扰源定位而适时避开干扰源。多基地雷达对空间时间和信号关系要求很严格。当有多个目标时，需要消除假目标问题，使信号处理等有关技术的复杂程度增大。

7. 合成孔径（Synthetic Aperture Radar，SAR）与逆合成孔径（ISAR）成像雷达

在光学仪器中，孔径是指物镜的直径，它的大小决定透过光量的多少和分辨率的高低。雷达波是通过天线辐射和接收的，天线就相当于光学仪器的物镜，孔径越大，辐射和接收的电磁波的能量越大，雷达的作用距离越远，分辨率越高。利用雷达与目标的相对运动，把雷达在不同位置接收的目标回波信号进行相干处理，可使小孔径天线起到大孔径天线的作用，获得较高的目标方位分辨率，这就是合成孔径的含义。采用合成孔径技术的雷达称为合成孔径雷达。合成孔径雷达的分辨率理论上为0.2λ，同时利用脉冲压缩技术获得较高距离分辨率，其二维分辨率可达0.3m×0.3m。对于星载合成孔径雷达，分辨率可达5m×5m，可以显示目标的形状。

当目标不动而雷达平台运动时，称为合成孔径雷达（SAR）。当雷达平台不动而目标运动时，称为逆合成孔径雷达（ISAR）。如果将SAR和ISAR两种技术结合起来，便可在运动的雷达平台上，既对不运动目标成像，又对运动目标成像。

合成孔径雷达主要装在飞行器上，如飞机、卫星等。机载和星载合成孔径雷达具有观测面大，提供信息快，目标图像较清晰，能全天候工作，能从地面杂波中分辨出固定目标和运动目标，能有效识别伪装和穿透掩盖物等特点，广泛应用于战场侦察、资源勘测、地图绘制、海洋监视、环境遥感遥测等领域，是信息作战中实时感知的最好的技术方法。

8. 激光雷达技术（Laser Detection and Ranging，LADAR）

激光雷达感知技术的基本原理与微波雷达相同，只是用激光代替了一般雷达的微波。工作于红外波段的激光雷达通常又称为红外激光雷达。激光雷达按发射波形或数据处理方式，可分为脉冲激光雷达、连续波激光雷达、脉冲压缩激光雷达、动目标显示激光雷达、脉冲多普勒激光雷达和成像激光雷达等。

与微波雷达相比，激光的波长比微波短 3 ~4 个数量级，激光雷达波束窄，方向性好，相干性强。因此，激光雷达测量精度高，比一般微波雷达用作感知手段的分辨率高，可获得目标的清晰图像，通过采用距离多普勒雷达成像技术，可获得运动目标图像。由于光波不受无线电波干扰，激光雷达可以在电磁环境较差的信息作战战场中正常工作。

9. 雷达组网技术（Radar Network Technology）

雷达组网技术可避免单基地雷达的一些缺点与局限性，具有频率分集、空间分集与能量分集的特点，可提高雷达抗摧毁、抗干扰、反隐身和抗超低空突防的能力，可提高防空部队的快速反应能力。众多雷达的组网，需要进行数据的归一化处理和多信源融合处理，包括平滑、滤波、外推、内插、加权、求导等多种运算以及信息融合技术，以实现互相补充、互相查询和目标信息资源共享等。

雷达组网技术可以实现对不同体制、不同频段、不同极化方式的雷达进行适当布站，将网内各雷达的信息汇集至中心站融合处理，得出雷达组网覆盖范围内的情报信息和战斗态势。

雷达组网必须有完善的通信手段作保障，通过通信网络将雷达网接收的原始信号汇集起来统一处理，提高对网内目标的检测能力。这种工作方式采用多维信号处理，既可有效地抑制干扰和杂波，提高目标检测能力，又可利用信号的所有特征参数。

由于计算机与通信技术的迅速发展，雷达组网是雷达技术发展的基本趋势。它不仅能扩大雷达覆盖区域，提高角分辨力，而且具有频率分集、空间分集和能量分集的特点，网内各雷达发射时间可统一协调，甚至使其参数发生变化。因此，可应用系统论的原理进一步挖掘其反隐身、反辐射导弹（ARM）的潜力。

（三）雷达感知技术的应用

雷达感知技术主要用于战略和战术警戒以及战场监视与侦察。

雷达技术发展至今，在世界上已研制出约9000多种不同用途的雷达。如按雷达工作频段，可分为米波雷达、分米波雷达、厘米波雷达、毫米波雷达；按雷达发射或加工的信息形式，可分为脉冲雷达、连续波雷达、脉冲压缩雷达、脉冲多普勒雷达；按雷达平台，可分为地面雷达、机载雷达、舰载雷达、航天雷达、星载雷达、气球雷达、弹载雷达、便携式雷达；按雷达任务，可分为警戒雷达、引导雷达、火控雷达、制导雷达、导航雷达、测量雷达、气象雷达、测地雷达；等等。

雷达作为感知目标的手段，其典型应用有：超视距雷达用于远程警戒，成为国家战略防空和预警系统的重要组成部分。安装在预警机上的机载预警雷达，用于感知各种高度的空中（尤其是低空、超低空）飞行目标，具有良好的下视能力和广阔的探测范围。用于搜索、监视空中目标的对空情报雷达，包括对空警戒雷达、目标指示雷达和专用于探测低空、超低空突防目标的对海警戒雷达，一般安装在各种类型的水面舰艇或海岸、岛屿上。安装在飞机或卫星上的侦察与地形测绘雷达，用于侦察地面、海面的活动目标与固定目标及测绘地形。它采用合成孔径技术，具有很好的分辨率，不受云、雨、雾等气候的影响，所获得的地形图像的清晰度可与光学摄像接近。陆军侦察分队用于侦察和监视战场上敌方人员和车辆等运动目标的侦察雷达，可为前沿作战分队提供实时的远距离的情报信息。

3.2.3 电子侦察感知技术

电子侦察感知技术是侦察并接收武器装备辐射的电磁波，以获得有关电子信息的技术，主要包括无线电通信侦察技术和雷达侦察技术。

（一）无线电通信侦察技术

无线电通信侦察技术是专门用来侦察敌方无线电通信设备的工作特征、参数以及截收其信号的感知技术。截收信号与一般的无线电通信接收原理相似，主要通过信号分析装备和控制装备，判明敌方无线电通信设备的工作频率、功率以及信号形式与特征等。

无线电通信侦察的工作频率一般为0.5～1000MHz，有的接收机加装扩频器后，最高频率可达12400MHz，可同时侦测相邻的几十个频道，有的达80个频道；每秒钟可搜索几万个频道，有的达8万个频道，转换速度达微秒级；测频精度100Hz，相对误差小于万分之一；测向精度0.5°～1°；截获概率接近100%。当前，无线电通信的三个主要频段，短波频率范围3～30MHz，大约有9000频道；超短波频率范围30～300MHz，大约有3680个实用频道；分米波频率范围300～3000MHz，大约有7000个实用频道，全部被无线电通信侦察装备覆盖。

无线电通信侦察在平时主要是通过预先侦察，截获敌方电磁辐射信号，测定其技术参数，全面汇集和记录所测数据，查明敌方辐射源的技术特点、地理位置、用途、能力、威胁程度、薄弱环节等，为进行电子进攻或防护提供依据。战时进行的无线电通信实时侦察，主要是迅速查明敌方辐射源的类型、工作状态、所在位置、威胁等级和使用情况等，及时提供情报信息。

（二）雷达侦察技术

雷达侦察技术是专门用来对敌方各种雷达进行电子侦察的信息技术。它能确定敌方雷达所使用的波段、脉冲宽度、脉冲重复频率、信号波形、功率等雷达技术参数，并根据这些信息确定敌方雷达的型号、数量、用途和战术指标。

雷达侦察技术使用在警戒雷达、防空雷达中，可在远距离发现各种载有雷达的目标，实施告警；还可通过探明敌方警戒雷达与受雷达控制、制导的武器系统的部署及战术特性，为己方舰艇、飞机、导弹和部队突破敌方的警戒火力网提供情报；也可为实施雷达电子干扰和摧毁敌方雷达及其载体提供情报依据。

雷达侦察技术中的雷达告警技术，是借助设置在飞机、舰艇上的装置，能够探测敌方具有威胁性的雷达信号，如炮瞄雷达、制导雷达等信号，自动为己方人员发出告警信号。信息作战中，敌方的雷达和导弹是飞机和舰艇的最大威胁，通过告警，可以采取机动规避和电子干扰等对抗措施，或对敌威胁目标进行打击。

3.2.4　可见光感知技术

可见光感知技术，是通过接收目标辐射和反射的可见光获取信息的感知技术。也是出现最早，至今应用极广的感知技术。与其他感知技术相比，可见光感知技术的主要优点是分辨率高，直观清晰，技术比较成熟。

可见光感知技术主要有照相技术、电视摄像技术、微光夜视和微光电视技术。照相机和电视摄像机也可以安装在直升机、无人遥控飞行器、空中侦察飞机以及侦察卫星和载人航天器等空中平台上，主要执行对地面和海面目标的战术和战略侦察任务，是对作战战场情况最有效的信息获取方式。在信息作战中，绝大部分的信息情报由可见光感知技术获得。可见光感知技术的缺点是在黑夜和气候恶劣时不能使用，不能识别伪装目标。

可见光照相是最早出现的感知技术之一。可见光照相在160km的高空，可分辨地面小于1m的物体，高空视角广，可以直接感知整个战场作战态势，提供战场地图等。

电视摄像作为获取活动目标图像的感知技术，对于满足信息作战需求具有重要的作用。电视摄像主要有反束光导摄像和可见光电荷耦合器件（Charge Couple Device，缩写为CCD）摄像两种，其中CCD摄像是主要发展方向。CCD摄像是空中和太空侦察平台常用的信息获取技术，主要特点是实时性好，可将目标的彩色或黑白图像实时地传回地面，使指挥人员及时掌握动态的信息变化，缺点是分辨率比照相低。

微光夜视和微光电视是在只有星光、月光或大气辉光的低亮度下，观测夜间目标的可见光感知技术。微光夜视仪主要由象增强管、光学系统和电源组成。目标反射的微光通过物镜在象增强管的光阴极上成像，所激发的光电子使荧光屏产生可见光，将微弱目标图像中增强为可观测的明亮图像。微光夜视仪是光、机、电相结合的仪器，目前已有三代产品相继问世。第一代微光夜视仪采用三级级联式增强管，观察距离可达1500~3000m。第二代采用微光通道板相增强管，体积有所减小。第三代采用砷化镓光电阴极的薄片管，提高了灵敏度和分辨率，观察距离可达5000m。微光电视是微光夜视和电视摄像技术相结合的产物，主要由摄像机、显示器和控制器等组成。其中摄像机采用象增强技术，被观察的目标首先通过物镜成像在微光管的光电阴极面上，通过两次光电转换，再通过光学纤维面板，传递到高灵敏度摄像管的光电阴极上，激发相应的光电子，变换成增强的电荷图像，再经放大，送至监视器，也可传输到远方多点收看。在良好的天气条件下，摄像作用距离可达10km以上。微光电视与红外夜视的配合运用，是信息作战夜战需要的重要手段。

3.2.5 红外和多光谱感知技术

红外感知技术是通过目标热辐射产生的中远红外波，实现感知的技术，包括红外成像技术和红外非成像探测技术。红外光是比红光的波长更长的光波。

任何温度高于绝对零度（-273.15℃）的物体，总是不断地以电磁波的形式向外辐射能量，称为热辐射。一般军事目标的温度多在-15~100℃之间，其辐射的峰值波长λ_{max}为9~11μm，属于中远红外。红外感知技术的发展主要由于黑暗环境中感知目标的需要，受气候影响小，并有反伪装能力，是重要的信息作战技术。

（一）红外成像技术

红外成像技术是根据物体辐射红外线的强度和波长的差异，形成可见图像的技术。这是目前最先进，也是重点发展的夜视技术。

红外成像技术的第一代为光机扫描仪型，至今使用较多。第二代采用红外CCD焦平面阵列（FPA）芯片，有扫描型与凝视型之分，作用距离比第一代分别增大40%和100%。红外CCD有两种，一种是混合式电荷耦合器件，由红外敏感器件和硅电荷耦合器件两部分组成，技术比较成熟，应用较广。另一种是单片式红外耦合器件，红外敏感器件和信号处理电路制作在同一底衬上，构成阵列，形成红外焦平面阵列。阵列中的每一点将感知的红外辐射光线转换成电荷，并以一定的顺序以信号形式转移出去，再通过视频技术显示为可视图像。这种器件具有较好的技术性能，像元数可达4000×4000以上，是红外成像的重要发展器件。

成像电荷耦合器件兼有摄像和信号传输的功能，具有功耗低、体积小、重量轻和性能强等优点，广泛应用于红外跟踪、红外制导、夜视、预警等。红外成像装备在信息作战的夜战中，是不可缺少的武器，主要有红外成像仪、红外夜视仪、红外照相机和红外扫描照相机等。

红外成像仪是用二维扫描方式摄取目标红外图像并转换成可见光图像的仪器。它借助目标自身的红外辐射，是一种无源感知设备。可透过烟雾、尘埃、雨、雪等屏障探测目标，可昼夜工作；探测距离远，比电视摄像机远2~3倍，可达2~20km；分辨率高，其图像质量可与优质电视媲美；具有远距离目标识别能力，反隐身、识别伪装和抗干扰能力强，与雷达配合，可大大提高抗电子干扰能力。KH-12侦察卫星采用红外成像技术，其地面分辨率可达0.1m。红外成像仪可以根据图像中目标的明暗差别（即温度的高低），判断车辆或飞机等运动目标是正在发动还是刚刚停止，还可以通过运动目标留下来的“热影子”，发现运动目标的行驶路线和以前的位置。红外成像仪不仅能感知目标的实时信息，而且能感知目标的过去信息。

红外前视仪是一种安装在飞机、直升机和战车前方的红外成像系统。它向运载平台的前方或下方扫描，把地物和热目标图像转换成电视图像，直接显示在飞机、直升机和战车驾驶员的前面，提供实时的导航和目标信息。它可以在夜间发现几十公里以外的目标，大大提高武器平台的夜间作战能力。

红外照相工作在波长小于 1.36μm 的近红外区，主要用于发现飞机、导弹、火箭等高能武器。红外扫描照相可将红外信号转换成显像信号后再进行照相，它主要用于卫星和航空照相。

（二）红外非成像感知技术

红外非成像感知技术是利用红外敏感元件感受红外辐射，并将红外辐射信息转换成可用数据信号的感知技术。载有核弹头的洲际导弹打击 8000 ~ 13 000km以外的目标，从发射到击中目标只需 30 分钟左右。弹道导弹预警卫星的红外探测装置，通过探测导弹发射时喷出尾焰的红外辐射，感知目标并进行预警。地面红外探测器可感知视角扇面 20m 以内的人员、50m 以内的车辆目标，通常布设再监视区附近。用于打击飞机的地空导弹和空空导弹也大部分采用红外非成像感知技术寻的。

（三）多光谱感知技术

多光谱感知技术是将目标辐射或反射的各种波长的电磁波或分成若干波段（光谱带），在同一时间内，用几种感知技术分别在各个不同波段上对同一目标进行感知，所得到的信息可以是图像形式，也可以是数字形式，对这些信息进行加工、融合、处理和识别，达到鉴别目标类型和真伪的目的。彩色摄像就是一种典型的多光谱感知技术，它以红、绿、蓝三种可见光波同时摄像，从而得到目标的彩色图像。

根据物质的电磁波频谱特性，不同物体的频谱特性不同，千差万别，这种特性是对目标进行感知和认识的主要依据。采用微波、红外、可见光以及紫外光等多种波段的感知技术，能获得目标的更全面的信息，它在军事领域具有很大的应用价值。目前，主要有多光谱照相、多光谱电视和多光谱扫描。其中多光谱照相是在可见光照相的基础上，增加红外和紫外感光技术，使获得的照片既有可见光的信息，也有目标的红外和紫外光的信息。多光谱电视不仅具有红、绿、蓝三种颜色的摄像，而且有红外摄像，既可以白天观察目标，也可在黑夜和恶劣气候条件下观察目标。多光谱扫描是利用光学机械扫描的方法，接受地面目标景物辐射和反射的电磁波，通过多个光片将这些电磁波按不同的波长分成若干波段，分别聚焦在半导体敏感元器件上，转换成电信号，传输给信息情报中心。多光谱扫描可感知紫外、可见光、近红外、中红外、远红外等大范围光波波段，可将光波分成 24 个波段或者更多，如果加上微波波段，感知目标的信息则更全面。

3.2.6　声波感知技术

声波感知技术是利用声波获取目标信息的感知技术。它包括有源声波感知技术和无源声波感知技术。

（一）有源声波感知技术

有源声波感知技术是通过向目标发出声波，再接收并检测其回波以获得目标信息的感知技术，例如声呐。“声呐”是英文 Sound Navigation And Ranging 的缩写 SONAR 的译音，释义是声波导航与测距，是利用水声传播原理，对水中的目标实现感知的技术手段。声呐又称回声声呐，主要由换能器基阵、发射机、接收机、收发转换装置、终端显示设备、系统控制设备和电源等组成。其工作原理是利用换能器实现电信号与声波之间的转换。从发射机送来的电信号，经过换能器变换成声波向外辐射；从目标反射回来的或目标本省发出的声波，经换能器变成电信号送入接收机，通过放大、滤波，从杂波中检出目标信息。声呐中广泛采用脉冲压缩技术、多光谱技术、相控阵技术等先进技术。

在人类所接收的信息中，有 90% 以上是通过视觉器官获得的，有近 10% 的信息是通过听觉器官获得的。声呐就是利用声波资源，实现感知功能的技术。声波可以在空气和水中传播，在水中的传播速度约为 1450m/s 以上。在水中引爆 300 磅炸药，20 000km 以外的水下仍可以探测到其爆炸的声波信号。因此，声呐作为感知技术，主要应用于水下，以水下舰艇、鱼雷和水障等为目标。

（二）无源声波感知技术

无源声波感知技术是通过接收目标变化或在运动中发出的声波获取目标信息的感知技术。主要包括利用空气声波的炮声传感器和窃听技术，利用水声感知的听水器，利用大地震动声波的震动传感器。

震动传感器是一种能够灵敏感知地面震动信息的设备。目前使用较普遍的地面传感器，可以感知 30m 以内的人员活动和 300m 左右的行驶车辆。

窃听器是一种能够接收敌方谈话内容并记录下来或转发出去的设备，主要功能是将声波转换成电信号，具有体积小，伪装性强等特点。如激光窃听器，可利用激光对门窗的照射，通过感知声波引起的门窗的震动，窃听谈话内容。

3.3 定位技术

定位技术（Location Technology）是测量目标的位置参数、时间参数、运动参数等时空信息的技术。在信息作战中，双方作战力量在陆海空天电一体化的广阔空间行动，机动速度快，变化频繁，准确及时地掌握敌我双方部队及武器装备的时空信息，对于正确指挥至关重要。因此，定位技术是信息作战的重要技术之一。

定位技术主要有雷达定位技术、电子侦察定位技术、全球卫星定位技术和声呐定位技术。

3.3.1 雷达定位技术

雷达定位技术是定向对被测目标发射信号，测量回波信号与发射信号之间的时间差，通过方位角和俯仰角的测量来确定目标空间位置的技术。雷达定位技术的主要意义不仅是发现目标，而是可以精确测量目标的距离，对目标实现精确定位。特别是能对远距离的敌方目标实现定位和跟踪，为信息作战提供最好的预警、侦察、监视、引导，是信息作战中发展最快、应用最广、使用最有效的定位技术。

（一）雷达定位技术基本原理

目标的位置总是相对于某个参照系而言的。雷达测定目标的位置，所取参照系是以雷达自身所在位置为原点的球坐标系，如图 3－2 所示。在该坐标系中，目标的位置由目标的斜距 r、方位角 β，和俯仰角 ε 三个参数确定。斜距 r 是目标和雷达之间的直线距离，方位角是目标同雷达之间的连线在水平面上的投影与基准方位之间的夹角，目标的俯仰角是目标所同雷达之间的连线与水平面之间的夹角。

雷达与目标的直线距离，即斜距 r，可通过测量雷达从发射电磁波至收到回波所经历的延迟时间 t 来确定。

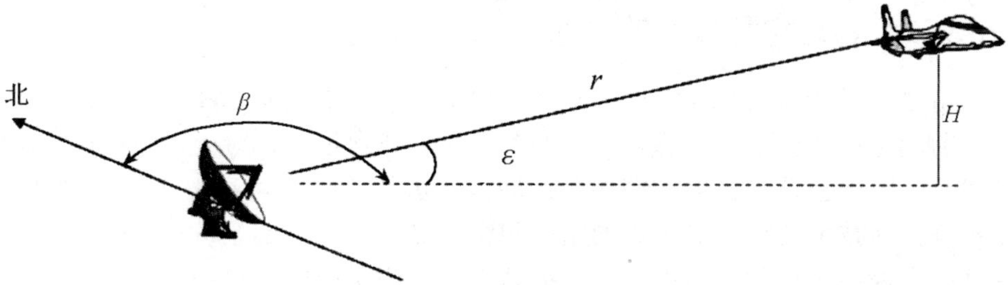

图 3-2　目标的相对位置坐标

$$r = \frac{ct}{2}$$

式中 c 为电磁波传播速度，在自由空间，其值约为 $3 \times 10^8 \mathrm{m/s}$。

由此可见，对距离的测量可转换为对电磁波传播延时的测量。根据雷达发射信号形式的不同，测定延时的技术通常有脉冲测距、频率测距和相位测距三种。脉冲测距技术最为常用，采用脉冲测距的雷达称为脉冲雷达，一般雷达均属此类。雷达以脉冲方式发射电磁波再接收回波，通过快速电子扫描，将发射信号的脉冲波形与回波信号及两者的时间关系显示在荧光屏上，通过荧光屏上的标尺来确定目标的距离。脉冲雷达测距误差约几十米到几百米，最小可测距离一般为一百米以上。

采用调频测距技术的雷达，发射的探测电磁波是等幅、频率随时间有规律变化的连续波，通过测量目标回波信号与发射机信号之间的频率之差，确定目标的距离。其最小可测距离小至几米，测量精度可在一米以下，但不能对多个目标测距，一般应用于飞机的测高雷达。

相位测距技术也采用连续波形式的探测波，通过测量发射机信号与回波信号之间的相位差来确定目标的距离。其测距精度更高，但距离受限，主要应用于精确测量。

雷达测角的物理基础是电磁波在均匀介质中传播的直线性和雷达天线的方向性。当雷达天线的指向按一定规律变化，波束指向也随之变化，称为天线（波束）扫描。在扫描过程中，当天线对准目标，即波束对准目标，显示在荧光屏上的回波信号幅度达到最大。以此为标志，此时天线的方位角和俯仰角数值，就是目标相对于雷达的方位角和俯仰角。这种测角方法称为最大信号测角技术。此外，还有最小信号测角技术和等信号测角技术。

（二）雷达定位技术的发展

雷达技术发展的实际情况表明，一项重要的技术进展，往往兼有多方面效果。前面论述的提高雷达感知能力的若干新的技术进展，对于提高雷达定位的技术水平同样也是重要的。例如多普勒雷达可用于测定运动目标的运动速度；相控阵雷达技术使雷达对目标的定位和跟踪更为灵活、迅速，可以用于机载和舰载的火控系统；脉冲压缩技术能提高雷达的测距精度；双基地、多基地雷达技术可以提高雷达的定位精度，并可用于武器制导；合成孔径与逆合成孔径雷达技术能够获得更高的目标方位分辨率和距离分辨率，不仅可实现雷达成像，还可用于火控、制导和导航；雷达组网采用多信源融合处理技术，可以综合各雷达的目标航迹数据，提高测量和跟踪精度。由于激光的方向性非常好，其波束发散很小，因而激光雷达定位技术比其他雷达定位技术精度高 2 ~ 3 个数量级，目前得到迅速发展。

雷达定位技术在信息作战中，主要用于各种精确武器的制导与火控，还用于目标引导与导航以及气象探测等。导弹制导雷达用于引导和控制各种战术导弹飞行，有地面型、机载型、舰载型和导弹载型。炮瞄雷达用于连续测定目标坐标的实时数据，通过射击指挥仪控制火炮瞄准射击，有地面型和舰载型两种。安装在战斗机上的机载火控雷达，用于搜索、截获和跟踪目标，并控制炮、火箭和导弹瞄准射击。弹道导弹跟踪雷达用于连续测定弹道导弹的坐标、速度，并能精确预测其未来位置。安装在飞机上的航行雷达用于观测飞机前方气象情况、空中目标和地形地物，以保障飞机安全飞行与准确航向。安装在舰船上的航海雷达，用于观测岛屿和海岸目标，以确定舰位，并根据所提供的航路情况，引导、监督舰艇航行。安装在飞机上的地形跟随与地物回避雷达，用于保证飞机低空、超低空飞行的安全，与航行雷达等机载设备相结合，可使飞机在飞行过程中保持一定的安全高度，自动避开地形障碍物。在复杂气象条件下，着陆引导雷达用于引导飞机安全着陆或着舰，通常架设在飞机场或航空母舰甲板跑道中部的一侧，通过飞机飞行航迹与正常航迹的比较引导飞机着陆（舰）。地面、机载、卫星载、气球载的各种气象雷达，包括测雨雷达、测云雷达、测风雷达等，用于探测空中的云、雨等气候情况，测定云层的高度和厚度，测定不同大气层内的风向、风速和其他气象要素。

激光测距的测距精度一般为 ±10m 或 ±5m，有的可达 ±0. 15m，其最大作用距离可达 30km。连续激光测距的精度更高，在作用距离为 1 ~ 3km 时，测距精度可达 ±2mm。激光测距与激光测角结合，可对目标进行精确定位。激光测距技术还广泛应用于地炮、高炮、坦克、飞机、舰艇等作战武器瞄准中，主要有地炮激光测距、高炮激光测距、坦克激光测距、机载激光测距、舰载激光测距等。

3.3.2　电子侦察定位技术

电子侦察定位技术是以敌方无线电设备为目标，通过接收目标辐射的电磁波信号计算目标的方向，并通过多点测向确定目标的位置的技术。主要有测向定位技术、测时差定位技术和测向测时差混合定位技术等。

（一）测向定位

测向定位是应用最早、最多的一种定位技术，其定位基础是先测向再定位。在信息作战中，应用较多的是相位测向技术及其定位方法。

1. 单站相位测向

单站相位测向是利用多个天线所接收电磁波信号之间的相位差进行测角。如图 3－3 所示。

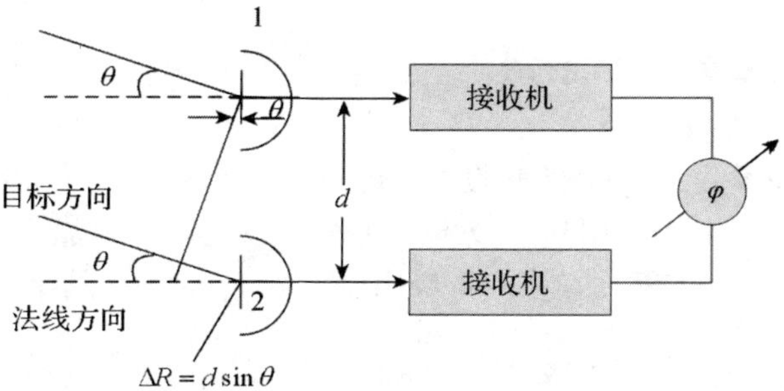

图 3－3　相位测角的示意图

设 θ 方向存在一个距离较远的目标辐射电磁波源，则到达接收点的目标电磁波近似在一个平面上。由于两天线之间距离为 d，故两个天线接收到的信号之间存在一个相位差 φ。相位差 φ 是由于目标与两天线之间存在距离差 ΔR 产生的，同一点的接收机的两个天线，目标的方向不同，距离差 ΔR 不同，接收信号的相位差 φ 不同。它们的关系式如下：

$$\varphi = \frac{2\pi\Delta R}{\lambda} = \frac{2\pi d\sin\theta}{\lambda}$$

其中 λ 是接收电磁波信号的波长。利用相位比较测出信号的相位差 φ，从而可

以确定目标方向 θ。

利用单站相位测向技术，能较快、较准地测出目标地方向。将多个天线复合成较复杂的天线盘，可同时工作在多个频段，对多个电子设备测向。

2. 多站测向交差定位

多站测向交差定位是利用高精度的测向设备，在两个或两个以上的观测点对辐射源进行测向，然后由各个观测点的测向数据及观测点之间的距离，通过三角运算处理，确定辐射源空间坐标位置，达到定位目的。

从原理上讲，测向交差定位较容易，两点可以确定目标的二维坐标，三点（不在一个平面）可以确定目标的三维坐标。测向交差定位既可用于多站多点定位，也可单站机动到多点对目标进行定位。一般情况下，测向交差定位的定位精度比较低。

（二）测时差定位

测时差定位是利用目标辐射源到达多个接收站点的时间差，确定目标位置的技术。这种技术既可应用于空对地，也可以应用于地对空，是一种较好的定位技术。

3.3.3 卫星定位技术

卫星定位技术是利用太空中的卫星进行测时和测距，从而确定地面或空中目标精确位置的技术。采用这一技术的代表性系统是美国建立的全球卫星定位系统，简称为 GPS（GPS 是英文 Global Positioning System 的字头缩写词）。

（一）卫星定位基本技术

卫星定位是在空间技术、大地和大气测量技术、数字通信和计算机技术基础上发展起来的现代定位技术。卫星定位过程可分三步来实现：已知卫星在某指定坐标系的坐标；测得用户相对卫星的位置；计算用户在指定坐标系中的坐标。在实际操作中，通常是对卫星的角度、距离、距离差、距离和以及速度进行测量，用这些参量表示用户对卫星的相对位置。为了进行三维空间定位，必须测出三个导航定位参量，相应得到三个位置面。两个曲面相交得到一条交线，这条交线再与第三个曲面相交得到一个交点，这个交点就是用户位置。卫星定位技术是一项涉及多个领域的高技术，其基本技术主要包括星上信号技术、观测量和数据提取技术、卫星定位计算技术等。

1. **星上信号技术**

GPS 卫星信号包含有三种信号分量：载波、测距码和数据码。时钟频率选用 10.23MHz，利用频率综合器产生所需要的频率。

GPS 使用 L 波段，配有两种载频：

L_1 载波：$f_{L_1}=154\times f_0=1575.42\text{MHz}$，波长 $\lambda_1=19.03\text{cm}$；

L_2 载波：$f_{L_2}=120\times f_0=1227.6\text{MHz}$，波长 $\lambda_2=24.42\text{cm}$。

C/A 码（Coarse/Acquisition）是用于粗测和捕获的伪随机码，由两个 10 级反馈移位寄存器构成的 *G* 码产生。*P* 码（Precise）是卫星的精测码，码率为 10.23Hz，由两个伪随机码 $P_{N1}(t)$ 和 $P_{N2}(t)$ 的乘积构成。导航电文格式是主帧、子帧、字码和页码。每主帧电文长度为 1500bit，传送速度为 50bit/s，每主帧包括 5 个子帧，每子帧时长 6s，共含 300bit。

2. **观测量与数据提取技术**

用户接收机在接收 GPS 信号时，利用改变本机伪随机码产生器的时序，使其与相应卫星的跟踪和锁定，得到伪距观测量和导航电文。利用 GPS 信号的多普勒频移，作为多普勒观测量。利用 GPS 信号与接收机的本地信号之间的相位差，作为载波相位观测量。对上述任一观测量进行计算，就可求解出地面点的坐标。卫星电文的提取，由软件实现，常用的有 5 通道芯片，8 通道芯片，能够输出星历、位置、伪距和相位观测量。

3. **卫星位置计算技术**

利用 GPS 定位必须首先计算出卫星的位置，然后根据卫星的位置和观测量计算测点的位置。卫星位置的计算以导航电文中给出的参数计算。

4. **接收机位置计算技术**

接收机观测到并计算出四颗卫星的位置后，即可结合四个径向距离，解联立方程得到接收机的位置坐标，同时也能得到卫星时钟，起到定时作用，如图 3-4 所示。

（二）差分 GPS 定位技术

差分定位技术是在一个以上测站和一个以上观测量之间求差，从而消除公共误差和其他误差的技术。在卫星定位过程中存在着卫星时钟误差、星历误差、电离层误差、对流层误差、传播延迟误差、通道延迟、多径效应等，利用差分技术，可有效地消除或减少误差，提高定位精度。差分 GPS 定位技术主

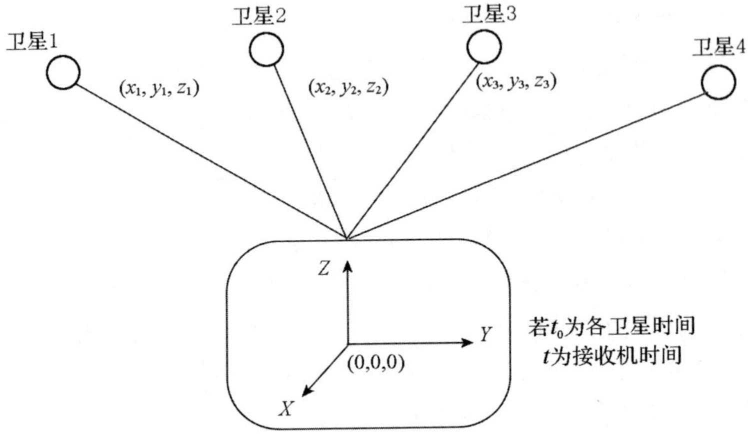

$$((x_1-x)^2+(y_1-y)^2+(z_1-z)^2)^{1/2}+c(t-t_{01})=d_1$$
$$((x_2-x)^2+(y_2-y)^2+(z_2-z)^2)^{1/2}+c(t-t_{02})=d_2$$
$$((x_3-x)^2+(y_3-y)^2+(z_3-z)^2)^{1/2}+c(t-t_{03})=d_3$$
$$((x_4-x)^2+(y_4-y)^2+(z_4-z)^2)^{1/2}+c(t-t_{04})=d_4$$

求解未知数

$(\underbrace{x,\ y,\ z,}_{\text{定位}}\ \underbrace{t}_{\text{定时}})$

图 3－4　GPS 定位计算

要包括位置差分技术、伪距差分技术、相位平滑伪距差分技术、载波相位差分技术等。

1. 位置差分技术

基准站上的 GPS 接收机首先进行三维定位，解算出基准站的实测坐标 X_0、Y_0、Z_0。由于存在着轨道误差、时钟误差、SA 影响、大气影响、多径效应以及其他误差，解算出的坐标 X_0、Y_0、Z_0 与基准站的已知坐标是不一样的，存在误差。基准站用已知坐标与实测坐标对比推算出坐标改正数 ΔX、ΔY、ΔZ，然后发送出去。用户站接收后对其解算的实测坐标进行改正，得到用户点的精确坐标，这种方法就是位置差分技术。

2. 伪距差分技术

基准站上的 GPS 接收机得到它与可见卫星的准确距离，并将计算出的距离与含有误差的测量值进行比较。利用一个 $\alpha-\beta$ 滤波器将此差值滤波并求出偏差，然后将测距误差传输给用户，用户利用此测距误差改正测量的伪距。最后，用户利用改正后的伪距求解出本省的位置，就可消去公共误差。这种方法就是伪距差分技术，是目前用途最广的一种技术。

3. 相位平滑伪距差分技术

GPS 接收机除了可提供伪距测量外，可同时提供载波相位测量。用户在运动中的载波相位变化情况通过载频多普勒计数测量反映出来。利用载波相位测量对伪距测量进行平滑，求解出用户的准确位置，这种方法就是相位平滑伪距差分技术。

4. 载波相位差分技术

基准站实时将其载波观测量及站坐标信息一同传给用户。用户接收 GPS 卫星的载波相位与来自基准站的载波相位，组成相位差分观测值进行实时处理，便能实时给出准确的定位结果。这种方法就是载波相位差分技术，又称为 RTK 技术（Real Time Kinematic），是建立在实时处理两个测站的载波相位基础上的，它能实时提供观测点的三维坐标，并达到厘米级的高精度。

（三）GPS 应用

用户设备一般亦称 GPS 接收机，采用无源工作方式，通常按照选择卫星、搜索和跟踪被选信号、测量伪距离和进行修正、定位计算等步骤定出用户的位置。用户设备是一个庞大的家族，目前已有数百种不同型的 GPS 接收机。值得提出的是，美军在使用精密定位业务时，使用了保密模块（PPS－SM）技术，解决频率抖动和星历数据扰乱问题，且对外保密，限制出口。

GPS 定位系统是美国建立的，可以满足各种不同用户的需要，代表了全球卫星定位技术的方向。前苏联也发展了全球卫星定位系统，称为 GLONASS，其基本技术体制与 GPS 相似。此外，还有我国研发的“北斗”双星定位系统。

3.3.4　声呐定位技术

声呐定位技术是利用声波在水中以固定速度传播的性质，测量声波在水中的传播时间来计算目标的距离和位置的技术。

声呐的换能器发出的声波没有方向性，为了把声波汇集成能量集中且具有方向性的波束，可采取两种方法：一是把换能器置于喇叭形的反射体的中心线上，发出的声波经过反射汇聚成波束朝正前方传播，转动发射体便可以改变波束方向。二是采用相控阵方法，把多个换能器按一定方向排列组合，构成换能器基阵，应用波的干涉原理，在阵面中心线方向的波束因声波的相互叠加而增强，其他方向的波束因相互抵消而愈来愈弱直至为零，换能器在对准目标的方向接收的信号最强，其他方向较弱，这样就可以测定目标的方向。

声波在水中的传播速度为1450m/s，由此采用脉冲技术通过测量声波传播的时间差确定目标的距离。声呐在水下的定位距离达10km左右。

3.4 识别技术

识别技术（Recognition Technology）是利用感知技术所感知到的目标外在特征信息证实和判断目标本质的技术。目标识别过程是将感知到的目标外在特征转换成属性信息的过程，即将目标的语法信息转换成语义信息和语用信息的过程。识别技术的重要作用是确定目标的敌我属性、区分目标的类型、辨别目标的真假及其功能等。

实现对目标本质的认识必须利用感知系统获取目标部分外在特征信息，通过各种不同的识别技术，对目标属性的某些特定方面和特性部分分别进行识别。识别技术主要有协同识别技术、非协同识别技术和信息融合技术。

3.4.1 协同式识别技术

协同式识别技术是需要被识别目标进行协同合作而完成识别的技术。通常被识别目标装有应答机或各种相应设备进行协同配合，完成敌我识别任务。协同式识别技术主要包括雷达询问识别、毫米波识别、GPS定位识别、激光识别、红外热成像识别、被动识别等技术方法。

（一）雷达询问识别

雷达询问识别采用询问编码信号调制雷达，通过雷达的发射信道发射询问信号，目标应答机用宽带接收机检测雷达发射的询问信号，进行译码判决处理后，通过应答机发回应答信号，完成目标识别。雷达询问识别主要用于空空和空地目标识别，当前的关键技术是解决敌我识别与一次性雷达综合化中的信号、数据互联技术，克服相互干扰、相互影响的电磁兼容问题。

（二）毫米波识别

在毫米波频段，选用大气损耗比较小的频段，称为“传输窗口”，采用扩频技术、时间同步技术、加密技术、选址询问技术、兼容技术等，完成目标识别。目前，毫米波通常选在 35GHz。每个应答机编一个地址，装在飞机、坦克、装甲车等机动目标中，询问机第一次按选址询问信号样式发射询问信号，应答机回答地址号；询问机第二次按应答机地址号进行点名询问，确认己方目标。

（三）GPS 定位识别技术

GPS 定位系统既可用于导航定位，也可用于识别。GPS 接收机检测出自己装载平台的位置信息，通过保密通信传输给指挥中心和其他有关识别网络，每个网内成员都可以接收到所有己方目标的位置信息并填入数字式地图中，完成对己方目标的识别。

（四）激光识别

研制先进的编码激光器/反射器，用编码激光器照射装有激光接收机和发射机的坦克、装甲车等目标，激活激光接收机，由激光发射机发回编码激光脉冲，提供目标识别。

（五）被动式识别

被动式敌我识别装置在以往战争中发挥过重要的作用，如灯光、布板、信号弹等。目前，采用新技术和新材料制成的被动式敌我识别装置不断发展并配备给部队使用。例如反射式黑色标志带，这种标志带人眼能看到，通过夜视眼镜或热成像装置观察时，标志带成黑色，与热的呈白色的车辆表面形成明显的反差，作用距离达 0. 8 ~ 1. 6km。

海湾战争期间，美军坦克、装甲车在其炮塔后部及车体两侧安装倒 V 字形的氧化镍标志带，进行敌我识别。又如红外信标灯，用热成像装置观察时，能在 16km 远处看见它；装在坦克、装甲车上使用时，能产生 200mW 的非相干光，供空中飞机识别。

3.4.2 非协同式识别技术

非协同式识别技术是不需要目标合作，而是通过分析目标的唯一特征完成目标识别的技术。它是世界各国都在加强研究，但多数尚未进入实际应用的前沿技术，具有代表性且已进入实用的是模式识别技术。

模式识别（Pattern Recognition）技术是通过数学模型模拟人类对目标类别识别的技术。它是人们在工程技术领域中对于人脑智能识别的学习和模仿，是与现代电子技术特别是计算机技术、人工智能技术密切相关的一种高新技术。信息作战环境中，不仅使用光学信息和声学信息，更主要的是使用整个电磁波频谱信息和电子信息，利用各种各样的传感器采集更多、更准确、更迅速的信息，通过模式识别技术自动完成对目标的识别任务。

模式识别的过程是：被识别目标描述，包括所有与信息作战有关的领域内目标全体描述，形成标准特征模式数据库；由各传感器采集大量来自未知目标的信号、数据；通过预处理从相关数据中提取具有表征的特征数据库；利用已有特征数据库，使用适当算法和判决准则对信号进行分类处理，推断目标类别；估计识别概率，识别置信度等；将识别结果放入识别数据库以备用。模式识别技术主要分为以模式的特征矢量表述为基础的统计模式识别技术，以模式的图形基元和链语言表述为基础的句法结构模式识别技术，以模式的目标间关系的框架或语义网络表述为基础的人工智能模式识别技术和以模糊数学为基础的模糊识别技术。其中，统计模式识别技术、句法结构模式识别技术、模糊识别技术已达到实用程度，应用于信息获取设备中。目前，在雷达探测、水声探测、卫星侦察中都已运用。在雷达对抗模式识别、通信对抗模式识别研究上，已进入实用阶段。

3.4.3 信息融合技术

信息融合技术（Information Fusion Technology）是协同利用多源信息，对同一事物或目标的各种特征信息进行综合处理，从而达到更客观和更本质地认识目标的技术。信息作战中获取到的目标和环境信息种类多样，信息量剧增，复杂性加大，而允许指挥员作出有效的作战决策的时间却很短，人工方法汇集信息已显无能为力。而信息获取技术的发展，特别是同计算机处理相结合，推动了数据汇集和信息融合向着自动化技术方向发展，使信息融合技术层次逐步提高。信息融合技术已成为目前各国在信息作战中最为重视的识别技术。

（一）信息融合技术分类

信息融合技术有很多种类。按技术原理区分，可分为假设检验型信息融合算法、滤波跟踪型信息融合算法、聚类分析型信息融合算法、统计模式识别型信息融合算法、人工智能型信息融合算法等。按检测方式区分，可分为硬判决型信息融合算法、软判决型信息融合算法等。按传感器组成方式区分，可分为同类传感器信息融合算法、异类传感器信息融合算法等。按多传感器信息融合处理方式区分，可分为集中性信息融合、分布式信息融合、现场式信息融合等。按提供相关处理的信息融合层次区分，可分为像素级信息融合、特征级信息融合、决策级信息融合等。

（二）信息融合处理技术

信息融合处理技术有以下三种：集中性信息融合处理、分布式信息融合处理和现场总线式信息融合处理。

1. 集中性信息融合处理技术

集中性信息融合处理技术即每个传感器获得的观测数据都被不加分析地传送给上级信息融合中心。信息融合中心借助一定的准则和算法对全部初始数据执行联合、筛选、相关和合成处理，一次性地提供信息融合结论输出。

2. 分布式信息融合处理技术

分布式信息融合处理技术即每个传感器都需要一个预处理器，预处理器先对原始观测数据作初步分析处理，作出本地初步判决结论。把这种本地判决结论及其有关信息，或经初步分析认定可能存在某种结论但又不完全可靠的结论及其有关信息，向信息融合中心呈报。其后再由信息融合中心在更高层次上集中多方面信息，作进一步的相关合成处理，获取最终判决结论。

3. 现场总线式信息融合处理技术

现场总线式信息融合处理技术即微处理器与传统传感器一起组成具有信息融合能力的智能传感器，其智能传感器输出不是测量参数，而是包括测量参数等在内的初步结论性信息。实际上是将分布式融合方式中的传感器与预处理器相结合，不同的是智能传感器与信息融合中心之间是双向信息传输，这一特性使智能传感器在进行信息融合之前，可以从信息融合中心获得其他传感器的信息，从而使智能传感器输出初步结论性信息的可信度大大提高。由于智能传感器具有现场信息融合能力，且输出具有双向总线结构，故称为现场总线式信息融合处理技术。

（三）信息融合技术的分层

信息融合技术分为三个层次，即像素级信息融合、特征级信息融合、决策级信息融合。

1. 像素级信息融合

像素级信息融合也叫数据融合，直接对未经充分加工的多个传感器原始观测数据进行综合和分析。

2. 特征级信息融合技术

特征级信息融合技术亦称文件级融合技术、情报融合技术，是比像素级融合更高一级的融合。它是对已经经过传感器初步预处理之后，在传感器实现基本特征提取、提供文件报告的基础上执行的综合分析处理。

3. 决策级信息融合技术

决策级信息融合技术是在各低层信息融合中心已完成威胁目标分类判断的基础上，借助一定准则或算法对战区全面态势执行综合评判，直接为指挥员提供决策依据的技术。这一层次的融合自动化程度低，智能性最强，甚至可以说是一种知识融合。它要集中各个方向要素的对策和建议，判别和分析态势，判定和分发计划，指导和监督作战，并要从这三个方面帮助指挥员认清态势的变化并作出反应。因此，决策级融合的规范性最差，难度也最大，与人的交互作用最多，需要更多的人工智能技术的支持。

习　题

1. 怎样综合利用各种信息侦察力量？
2. 怎样充分发挥卫星在信息作战中的作用？
3. 谈谈反隐身技术和战术。
4. 谈谈水声波的特性和声呐定位技术。
5. 谈谈雷达感知技术和电子侦察感知技术。
6. 介绍光（热）感知技术和方法。
7. 谈谈多普勒雷达技术及其应用。

8. 谈谈频率捷变雷达技术及其实现。

9. 阐述雷达波长的特点及技战术性能。

10. 谈谈脉冲雷达及其脉冲压缩技术。

11. 谈谈合成孔径雷达技术及其实现途径。

12. 论述红外成像技术。

13. 谈谈无源声波感知技术。

14. 叙述多基地雷达技术。

15. 论述卫星侦察种类及军事应用。

16. 谈谈敌我识别技术。

17. 阐述雷达测距原理。

18. 谈谈 GPS 系统概况。

19. 叙述 GPS 系统的定位原理。

20. 介绍无线电侦察的定位方法和原理。

21. 分别了解“北斗”卫星定位系统、GPS 卫星定位系统、“格罗纳斯”卫星定位系统、“伽利略”卫星定位系统，并比较四大系统。

22. 谈谈“北斗一号”的卫星定位方法。

23. 我军能利用 GPS 进行导航定位吗？为什么？

第 4 章　信息传递技术

成功的作战行动依赖于有效的指挥与控制。为此必须要有准确、及时、可靠、有效的信息传递技术，也可称为通信技术，是信息作战的基础。本章主要论述信息传递技术的构成与作为信息网络主体的信息传递网络。

信息时代，军事信息活动范围扩大，节奏加快，信息作战空间多维和多变，对信息传递技术提出了更高的要求。信息传递技术按网络构成分，主要由信息传输技术、信息交换技术、信息终端技术和信息传递网络技术构成。

信息传输是构成信息网络的链路，信息传输技术是信息传递技术的主体。随着信息技术的迅猛发展，信息传输技术向多手段、宽频带和高质大容量方向发展。按传输媒质不同信息传输技术可分无线电传输技术、有线电传输技术、有线光传输技术、无线光传输技术。无线电传输技术，主要有卫星传输技术、微波接力传输技术、散射传输技术、流星余迹传输技术、短波传输技术、超短波传输技术、毫米波传输技术等。有线电传输技术，主要有电缆、架空明线和被复线传输技术等。有线光传输技术，主要有光纤传输技术。无线光传输技术主要有大气激光传输技术、空间激光传输技术、水下蓝绿激光传输技术等。

信息交换是信息的“转换中心”，完成对传输链路和信息业务量的汇集与分配。信息交换技术按交换方式分有电路交换技术、分组交换技术和 ATM 交换技术等。

现代通信网是信息社会及信息作战的基础设施，其硬件部分主要由终端设备、传输设备和交换设备组成。目前，通信网的类型很多，标准不一，结构各异，但最终的发展方向是综合在一起，构成一个数字化、宽带化、综合化、智能化、个人化的全球通信网，信息网络技术涉及面极为广泛，有网络硬件技术、网络软件技术、网络集成技术等。

4.1　基础技术

信息传输是构成通信网络的“链路”。信息作战中，只有依靠多手段、多业务、高速率、高抗毁、大容量的信息传输系统，才能形成无缝隙的连接能力，确保高效地指挥与控制。现代信息传输技术覆盖面甚广，这里简述若干主要和关键的基础技术。

4.1.1　信道和信号

通信的目的是为了有效并可靠地传递和交换信息，传递信息所需的一切技术设备的总和称为通信系统。通信系统的一般模型如图 4 – 1 所示，由信源、发送设备、信道、接收设备和信宿等五个部分构成。

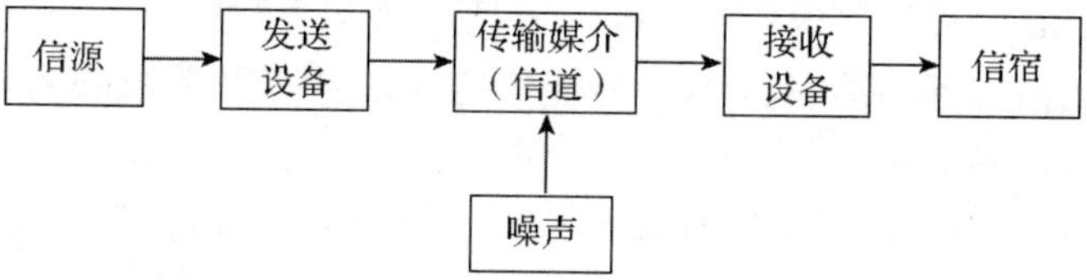

图 4 – 1　通信系统的一般模型

信源指需要传输的消息，如语言、文字、图像、数据等。发送设备的作用则是将信源的消息转换为电信号，如将声音通过麦克风转化为电信号，将文字通过计算机转换为电信号等，对其进行调制、放大等处理，变换为适合在信道中传输的射频信号并发射出去。接收设备的作用与发送设备相反，将接收到的射频信号还原为基本信号，最后变成可接受的消息交给信宿。信道分无线信道和有线信道两大类。信号在传播过程中会受到干扰和噪声的扰乱。

信源产生的信号通常都是随时间变化的信号，根据信号理论可知，任何时变信号都有一个频域函数与之对应，称为信号的频谱，二者可用傅里叶变换一一对应。信号频谱占用的频率范围称为信号的频带宽度，简称带宽，由于绝大多数信号的理论带宽都是无限的，工程上常采用半功率点（ – 3dB）带宽概念，即把功率谱与最强功率谱相比在高于 – 3dB 以内的频率范围定义为信号带宽。

信道带宽是通信信道能够有效传输的频率上界与下界之间之差，是介质传输能力的度量，是信道频谱宽度。要传输时间变化快的信号，就需要较高的信道带宽。工程中同样用半功率点之间的频率差表示信道带宽。对数字信道，数据速率与频谱带宽成正比，也更能反映其传输能力，所以常用数据率来表示数字信道的带宽，单位为 bps（bit/s）。

4.1.2 调制技术

调制的主要作用是进行信号频谱的迁移，使信源信号的频谱与传输媒质的通信频带相匹配。此外，调制还可实现多路信号的复用及有效性和可靠性的互换。选择不同的调制方式，可得到不同性能的通信系统；某种新的调制方式的出现，往往又使通信系统产生质的变化。

调制按调制信号的不同可分为模拟调制与数字调制两大类。按调制方式可分为调幅、调频、调相三种。

数字通信系统采用数字调制，最基本的数字调制方式有幅移键控（ASK）、频移键控（FSK）和相移键控（PSK）三种。数字调制中，为满足不同的有效性和可靠性的需求和适应各种不同类型信道传输特点及兼顾设备简单与经济，又出现了多种调制方式，并不断发展。主要有：适用有线话路信道的差分移相键控（DPSK）、振幅相位混合调制（APK）部分响应单边带（PR-SSB）、残留边带调幅（VSB-AM）等。适用短波信道的非相干移频键控（NCFSK）、时间差分移相键控（TDPSK）、频率差分移相键控（FDPSK）、时频键控（TFSK）等；适用微波信道的八相相移键控（8PSK）、最小频移键控（MSK）、平滑调频（TFM）、正交部分响应键控（OPRK）、正交调幅（QAM）等。

单边带调制是军事通信装备中常用的一种调制方式，图 4-2 是单边带调制示意图，图中（a）表示普通调制后未滤波前的信号频谱，任何信号的频谱都是以调制中心频率对称分布的，分别被称为上边带和下边带，根据这个特性，如果只传送一个边带的信号，接收端收到后也能还原完整的原始信号；图中（b）表示用高通滤波器只保留上边带的滤波器特性和信号频谱；图中（c）表示用低通滤波器只保留下边带的滤波器特性和信号频谱。单边带调制通信的意义在于可降低一半的发射功率而得到同样的接收谱密度，可节约电源使用，在战术通信中常用。

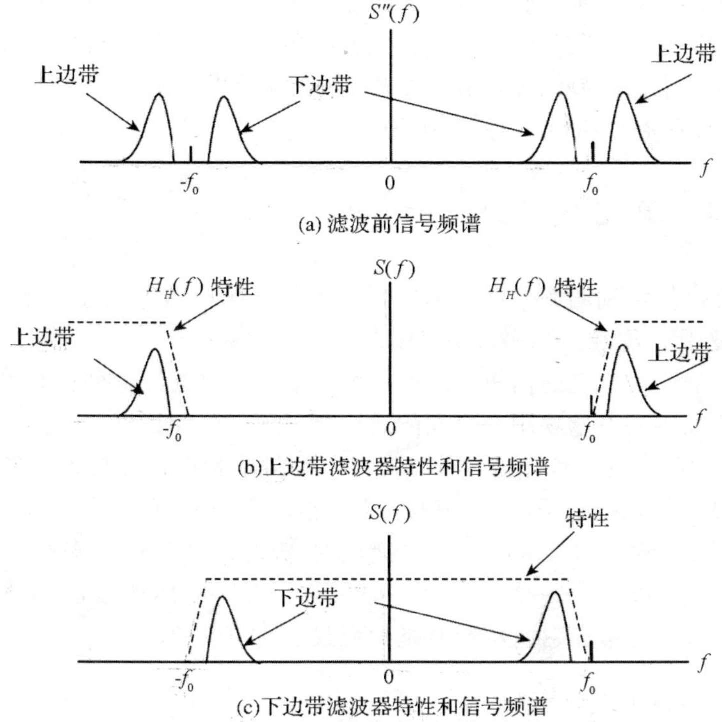

图 4－2　单边带调制

4.1.3　差错控制技术

实际信道上传输数字信号时，由于信道传输特性不理想及噪声的影响，所收到的数字信号不可避免地会发生错误。为在已知信噪比的情况下达到一定的误码率指标，首先应合理设计基带信号，选择调制、解调方式，采用均衡技术等使误码率尽可能降低。但若误码率仍不能满足要求，则必须采用信道编码，即差错控制编码，将误码率进一步降低，以满足指标要求。随着差错控制编码理论的完善和数字电路技术的发展，差错控制技术已成功地应用于各种通信系统中，而且在计算机、磁记录和存储中也得到日益广泛的应用。

差错控制编码的基本方法是：在发送端被传输的信息序列上附加一些监督码元，这些多余的码元与信息码元之间以某种确定的规则相互关联（约束）。

接收端按照既定的规则检验信息码元与监督码元的关系，一旦传输过程中发生差错，则信息码元与监督码元之间的关系将受到破坏，从而可以发现错误，乃至纠正错误。常用的差错控制方式主要有：检错重发（简称 ARQ）、前向纠错（简称 FEC）和混合纠错（简称 HEC）。

4.1.4 复用及多址技术

为了提高信道利用率，使多路信号共用一个信道传输而互不干扰的技术，叫“多路复用”技术，简称为复用技术。

在卫星通信和移动通信等无线通信系统中，用户的位置分布面很广，而且可能随时移动。为了建立用户之间的通信，必须区分和识别动态用户地址，这就引出了“多址”这个术语。所谓多址通信是指处于不同地址的多个用户共享信道资源（如无线电频谱）实现各用户之间相互通信的一种方式。

多路复用和多址技术都是为了共享通信资源，这两种技术有许多相同之处，但是它们之间也有一些区别。一般来说，多路复用通常在中频或基带实现；而多址技术通常在射频实现，是远程共享通信资源。

（一）复用技术

常用的复用方式有三种：频分复用（FDM）、时分复用（TDM）和码分复用（CDM）；频分复用主要适用于模拟通信系统，时分与码分复用适用于数字通信系统。

1. 频分复用

一般的通信系统的信道所能提供的带宽往往要比传送一路信号所需的带宽宽得多。因此，如果一条信道只传输一路信号是非常浪费的。为了充分利用信道的带宽，提出了信道的频分复用。频分复用就是在发送端利用不同频率的载波将多路信号的频谱调制到不同的载波频段，以实现多路复用。频分复用的多路信号在频率上不会重叠，合并在一起通过一条信道传输到达接收端后，可以通过中心频率不同的带通滤波器将它们彼此分离开来。

2. 时分复用

时分多路复用是通过相应的时序逻辑电路让各路数字信号轮流占用信道，从而使各路信号在同一信道上占有不同时间间隙进行通信。图 4－3 表示了 30 路 PCM 话音信号经时分复用方式通过同一信道传输。图中将 125μs（理论分析已证明只要 125μs 内将一路信号的一个抽样值送出，接收端即可还原信号）分为 32 个时隙 $Ts_0 \sim Ts_{31}$，其中 $Ts_1 \sim Ts_{15}$ 与 $Ts_{17} \sim Ts_{31}$ 分别被 30 个话路占用，为了收端能找到各路的顺序以便正确分路，在 Ts_1 时隙前的 Ts_0 时隙放一组特殊的码，叫帧同步码，接收端只要找到了帧同步码，也就找到了各路的顺序。并将各路的信令（如振铃、拨号音等）放在 Ts_{16} 时隙传送。这 32 个时隙称为 1 帧，各路 PCM 数字信号每一帧传送一组 8 位码（代表一抽样值），这样一帧一帧传输出去。PCM30/32 路的传输速率为 2.048Mbps。

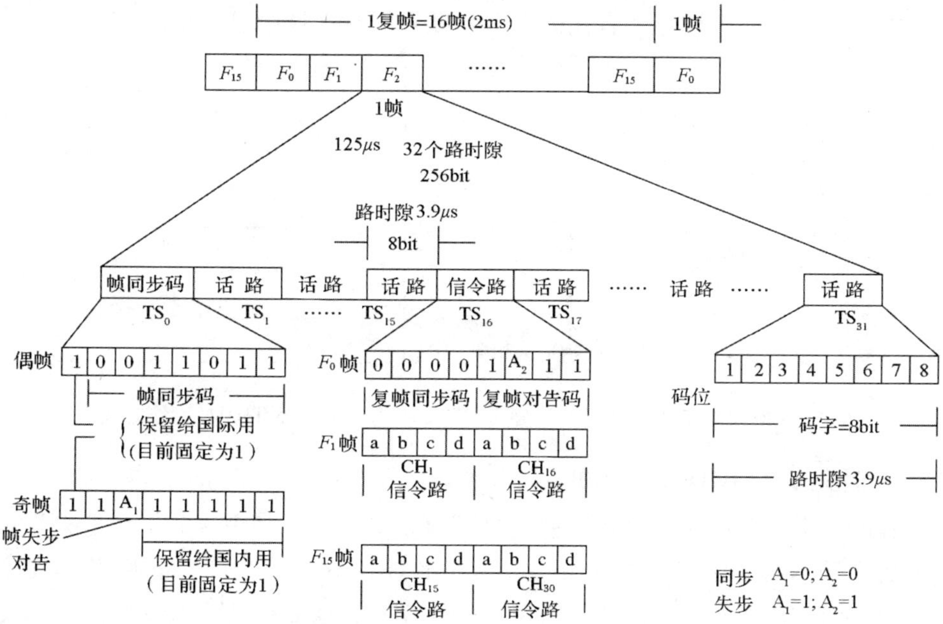

图 4-3　PCM30/32 路系统帧结构

时分多路复用对信道的要求不高，抗干扰性强，但要求有精确的同步技术。

3. 码分复用

"码分复用"原理是：在发送端让各路信号分别与一组互相正交的码序列 $S_1(t)$、$S_2(t)\cdots S_n(t)$ 相乘，然后合路送出；接收端收到合路的总信码后，只需让它分别与码序列 $S_1(t)$、$S_2(t)\cdots S_n(t)$ 再相乘，即可区分不同用户的信号。例如将总信码与 $S_1(t)$ 相乘，就得到发端与 $S_1(t)$ 相乘的那一路信号，从而实现多路复用。这一技术在后面所述的扩展频谱通信技术中得到广泛采用。

（二）多址技术

频分多址（FDMA）、时分多址（TDMA）、码分多址（CDMA）和空分多址（SDMA）是无线通信系统中几种主要多址技术。

1. 频分多址（FDMA）方式

在频分多址中，通信系统的总频段被划分为若干间隔的频道，分配给不同用户使用，所有用户可以同时发射信号，如图 4－4 所示。在 FDMA 中，任何两个用户的信号在频域不能有任何重叠，即它们在频域中是正交的。

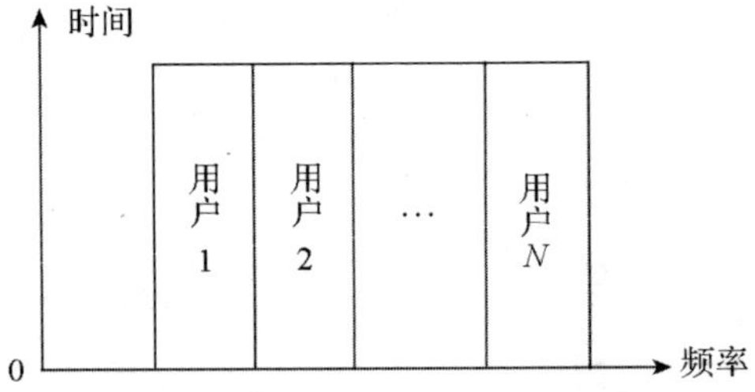

图 4－4 FDMA 工作方式

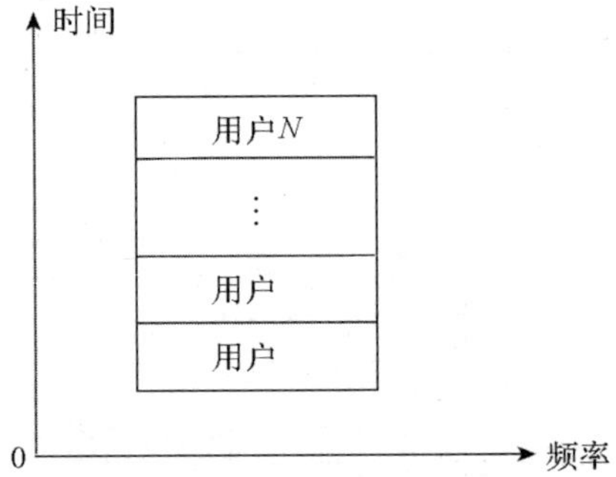

图 4－5 TDMA 工作方式

2. 时分多址（TDMA）方式

在时分多址方式中，各用户的信号不再是按不同载频来区分，而是按分配给各用户的不同工作时隙来区分。在每个时隙，只有一个用户允许发射或接收。这些时隙用一种循环的方式分配给每个用户，所有用户都共享相同的无线电频谱，如图 4－5 所示。同步是 TDMA 系统正常工作的前提。由于通信双方只能在规定的时隙中发送和接收信号，因此必须有严格的帧同步、时隙同步和比特同步。在 TDMA 中，任何两个用户的信号在时域不能有任何重叠，即它们在时域中是正交的。

3. 码分多址（CDMA）方式

CDMA 方式又称为“扩展频谱多址联接方式”（SSMA），它是根据扩频通信原理实现的，即各用户分别用各不相同的、相互正交的伪随机码（地址码）将发送的信号进行扩频调制。这样，即使各站发射的信号在频率、时间、空间上相互重叠，也不会出现相互干扰，如图 4－6 所示。这种按分配给各用户的地址码的不同来区分地址的方式，称为码分多址。目前应用较多的是直接序列

扩频码分多址（CDMA/DS）和跳频码分多址（CDMA/FH）

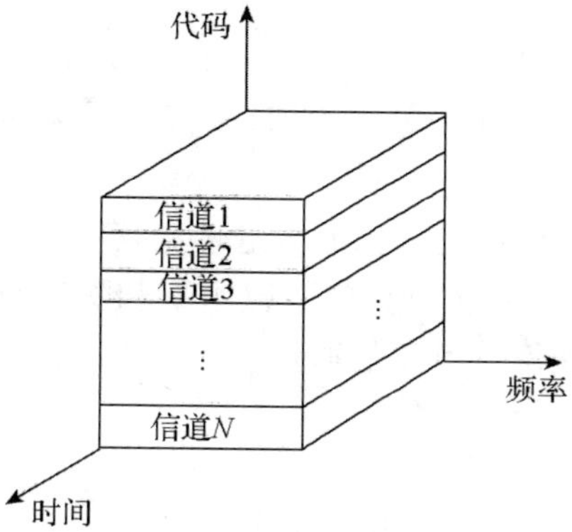

图 4－6　CDMA 工作方式

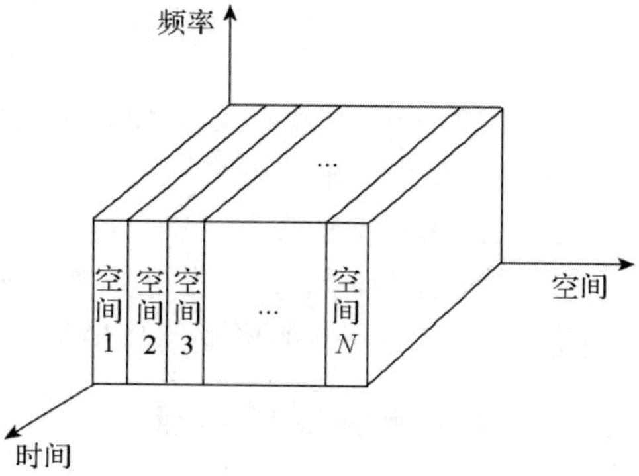

图 4－7　SDMA 工作方式

4. 空分多址（SDMA）方式

若天线有多个点波束，分别指向不同的空间区域，则在不同区域的用户之间，由于所处空间不同而可以区分开。这种利用天线的不同空间指向来区分不同区域用户信号的多址联接，称为空分多址，如图 4－7 所示。空分多址方式在卫星通信，蜂窝移动通信中得以采用。

4.1.5　扩展频谱技术

扩展频谱通信技术简称扩频通信，是抗敌电子干扰的一种最有效的传输技术。国外自 1940 年代末期开始研究，但到 1980 年代才广泛应用于各种战略和战术通信系统中。信息作战中，扩频通信技术将广泛应用于通信系统及跟踪、导航、定位、雷达、遥控等领域。

（一）扩频通信的基本原理

扩展频谱通信是指将待传输的消息信号频谱，用某个特定的扩频函数扩展成为宽频带信号，经信道传输后，再以相应手段将其频带还原，从而获得所传消息的通信方式。这里的扩频函数与所传的消息本身无关，一般是伪随机码（也称为扩频码）序列，扩展后的传输信号带宽主要由它决定。传输信号带宽即射频带宽，远远大于被传送的原始消息带宽，前者可以是后者的几倍、几十倍甚至几千倍以上。

扩频通信的理论基础，是信息论奠基人仙农（Shannon）给出的著名的信道容量公式：

$$C = B\log_2\left(1 + \frac{S}{N}\right)$$

式中 C 是信道容量(单位为 bps)，B 是信道带宽（单位为 Hz)，S 是信号的平均功率，N 是信道的高斯白噪声功率。

该式说明对于任意给定的信噪比 S/N，可用足够大的传输带宽获得以任意小的差错概率和不超过 C 的速率来传输信息。甚至在信号被干扰和噪声淹没的情况下，只要相应的增加信息带宽，也能保持可靠的通信。

（二）扩频通信的特点

扩频通信的主要特点是：

（1）抗干扰性强。扩频通信对非人为的信道干扰（包括加性干扰和乘性干扰，特别是多径衰落干扰）具有良好的抗干扰能力。如果结合采取自适应对消、自适应滤波技术，则效果更好。这对移动通信等十分重要。扩频通信对诸如宽带干扰、窄带瞄准式干扰、中继转发式干扰等人为干扰，也具有很强的抗干扰能力。

（2）传输信号功率谱密度很低，有利于信号隐蔽，防止被测向和消息被截获。

（3）可实现码分多址通信，有利于解决一般通信中存在的电波拥挤的难题。

（4）由于采用码周期很长的伪随机码，经它调制（扩展频谱）后的信号即使被截获，窃听者因很难确知所用伪随机码的种类、码长、初相等，故也难从所截获的信号中获得原始消息信号。也即扩展频谱通信本身就具有一定的保密性。

（三）扩频通信方式

扩频通信有直接序列扩频（DS-SS）、跳频（FH）、跳时（TH）和线性调频等四种基本方式。前两种应用更为广泛。

1. 直接序列扩频

直接序列扩频（DS-SS），就是将传输信号频谱，直接用扩频码扩展。经传输后，再用相应手段进行相关解扩还原，从而得到原来消息信码的通信方式。

直接序列扩频有较强的抗单频干扰、窄带干扰与多径干扰能力，信号隐蔽性与保密性好，并能实现码分多址通信和精确的测距定位。其缺点是；同步技术难度大、“远近问题”较严重。

2. 跳频

跳频（FH）是用一定码序列进行选择的多频率频移键控。也就是用扩频码序列去进行频移键控调制，使载波频率不断地跳变。简单的频移键控只有两个频率，分别代表传号和空号。而跳频系统则有几十个，甚至上千个可选频率，由所传信息与扩频码的组合去进行选择控制，不断跳变。图 4 – 8 上部为跳频通信系统的基本组成框图。发端原始信息首先要变换为数字信息，该数字信号与扩频码（伪随机码）发生器产生的扩频码序列组合以后按照不同的码字去控制频率合成器。其输出频率根据码字的改变而改变，形成了输出频率的跳变，故称跳频。从图 4 – 8 下部中可以看出在频域上输出频率在一宽频带内随机地跳变。在收端，为了解跳频信号，需要有与发端完全相同的本地扩频码发生器去控制本地频率合成器，使其输出的跳频信号能在混频器中与接收信号相差出固定的中频信号，然后经中频带通滤波器及信息解调器输出恢复的数字信号。从上述过程也可以看出，跳频系统占用了比信息带宽要宽得多的频带。

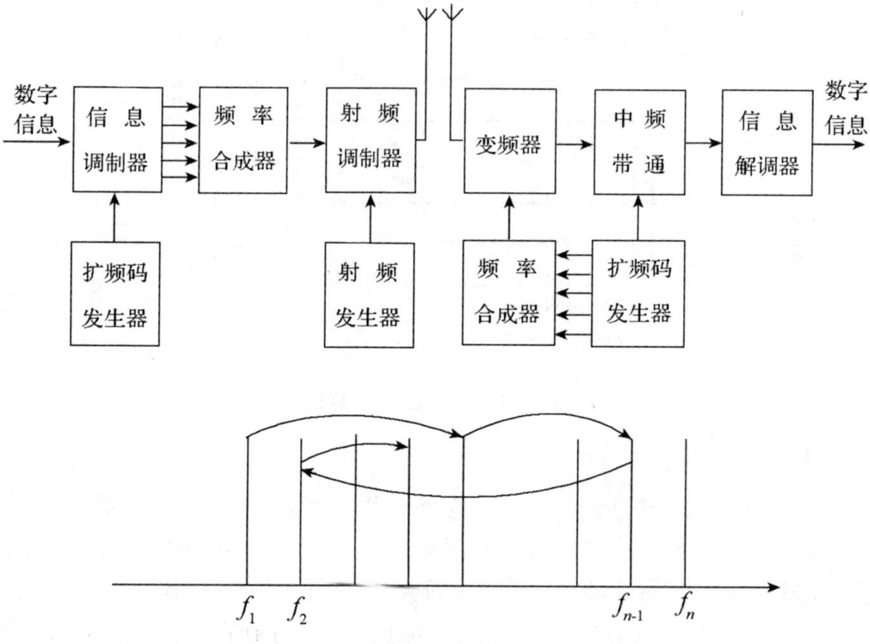

图 4 – 8　跳频通信系统组成框图

对一个跳频系统来说，跳频带宽越宽，跳频的频率数目越多，跳频的频率跳变越快，跳频码的周期越长，跳频系统的同步时间越短，它的抗干扰能力就越强，隐蔽性能越好，抗截获能力越强。跳频通信重要的技术问题：一是跳频图案、跳频频率表与伪随机码序列。跳频系统工作时，发送信号的载频伪随机地跳变，从而发送信号的瞬时频谱在频率轴上的位置也随之跳变。频率依赖于时间的这种函数关系称为跳频图案。跳频图案的随机性越大，抗干扰能力越强；跳频图案的频率范围与时间之乘积越大，可以构成的不同图案就可能越多，抗干扰能力也越强。一个跳频系统的跳频带宽即整个系统工作的频率范围、可供跳变的频率（频道）数目以及各个可用跳变频率的具体频率值，可根据电波传播条件、一般的电磁环境条件及敌方干扰情况等因素来确定，据此制定一种或若干种频率表。跳频图案的伪随机性，取决于所采用的伪随机码。跳频系统的同步是关系到跳频通信能否建立的关键。同步是指收发两端跳频频率表与跳频图案对应一致，收发两端载频跳变的起始时刻和该时刻的频率值对应一致。图 4 -9 是跳频图案示意图，阴影部分表示某时隙采用的频率。

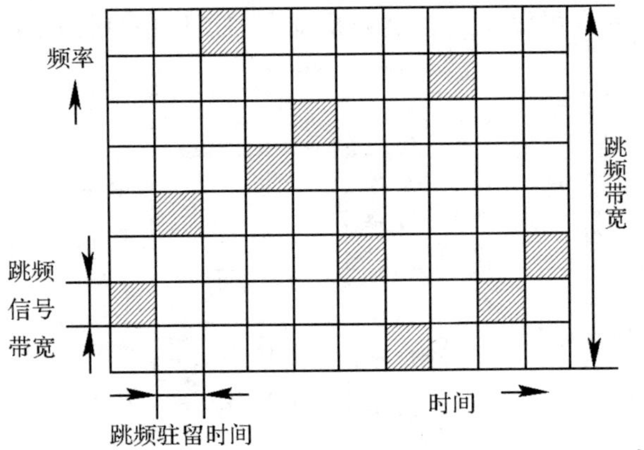

图 4 -9　跳频图案示意图

3. 跳时

跳时（TH）方式扩展频谱，就是将称为一帧的一段时间分成许多时片；在每一帧中以某一个时片的短暂时间发射一个信码。不同的帧究竟在帧中的哪一个时片发射信码，由伪随机码序列控制。一个信码是在远比一帧时间为短的一个时片中，以高的峰值功率突发式传输的，相对而言，信号频谱也就展宽了。收信端在相应的时隙内接收信号并解调。跳时技术能使信号的占空比减小到接近 50%，因此可用以减小时分复用系统各信号间的干扰。跳时技术通常不单独使用，而是与其他扩展频谱方式（例如跳频方式）结合，组成混合方式使用。

4. 线性调频

在线性调频方式中，发信端在信码脉冲周期内使射频信号频率随时间呈线性变化，其频率由信码决定。收信端则用色散滤波器将收到的脉冲信号进行解调，使该脉冲前后经过不同时延而同时到达输出端，从而把每个信码脉冲信号压缩为瞬时功率高的窄脉冲，提高了信噪比。这是一种不需要特殊码介入的扩展频谱方式，主要用于雷达，在通信中也有应用。

实际的扩展频谱通信系统，往往采用上述四种基本方式中的两种或多种组成混合方式。最常用的混合方式有FH/DS、TH/FH和TH/DS等，还有更为复杂的DS/FH/TH系统。采用混合方式的好处是能使不同基本方式优点互补，从而得到更接近理想的系统。

4.1.6　信源编码及压缩技术

对于数字通信来说，首先要解决的问题是：当信息源发出的是语音、图像等连续消息时，在发送端设备中要将其对应的模拟信号变换为数字信号（称为信源编码）然后进行传输；为了充分利用信道，节约信道开销，往往还对信源编码采用压缩技术使数据量变小。在接收端再将数字信号解压还原成模拟信号（称为信源译码）。通常将编码与译码的全过程简称为编码。

信源编码按消息类型分，主要有语音编码、图像编码、视频编码及数据压缩几种。

（一）语音编码

在数字通信中常用的语音编码方式有脉冲编码调制（PCM）、增量调制（ΔM）、自适应差值脉码调制（ADPCM）、MP3等。

脉冲编码调制（Pulse Code Modulation）简称PCM。在PCM方式中，发送端模拟信号变为数字信号是由抽样（对模拟信号等间隔取瞬时值，得样值脉冲）、量化（用有限电平取值近似表示样值）、编码（用一组二进制数码表示量化信号值）三种功能单元完成的。接收端，数字信号还原为模拟信号是由解码（编码的反变换）和重建两个功能单元完成。PCM方式的主要优点是：信息质量高，技术成熟，已广泛应用于电缆、微波中继、卫星、光纤等各种数字传输系统和公共通信网中。其缺点是：采用PCM方式将模拟话音信号转换为数字话音信号，其单路数字话音的传输速率为64kbps，因速率高，故占用频带宽。

通常，人们把低于64kbps数码率的语音编码方法称为语音压缩编码技术。语音压缩编码方法很多，如差分脉码调制（DPCM）、子带编码（SBC）、变换域编码（ATC）、多脉冲激励线性预测编码（MPLPC）、参数或波形矢量编码（VQ）以及码激励预测编码（CELP）等等。大量的研究和实践表明，自适应差分脉码调制（ADPCM）是语音压缩编码中复杂程度较低且效果良好的一种方法，它能在32kbps数码率上达到符合PCM64kbps数码率的语音质量要求，也就是符合长途电话的质量要求。

MP3是一种适用于语音和音乐的有损压缩编码方式，可以大大降低数据率，由于运算量较大，以前多用于非实时通信中，近年由于器件的发展，已可用于实时语音通信。

（二）图像编码

图像信息约占人们日常所获得全部信息的70%左右，它与语音信息相比，具有直观性强、信息丰富的特点。因此，图像通信不论在民用还是军用领域都具有极大的应用价值。

和语音信号的数字化类似，图像的数字化一般包括抽样、量化和编码三个步骤。首先将模拟图像的空间位置通过抽样实现离散化，即将一幅图像空间划分成M(行)×N(列)个小区域，一个小区域称为一个像素（取样点），一幅图像由$M \times N$个像素描述，像素的位置用（x，y）坐标定位；然后将抽样值（灰度和色彩）离散化，即将原本是连续变化的样本值量化，通常用Z位二进码描述灰度和色彩值，从而，一幅均匀量化数字图像数据量为$M \times N \times Z$bit。例如，一幅中等分辨率（640×480）彩色图像（每像素24bit）的数据量约为7.37Mbit；若采用25帧/秒刷新率，则一秒钟活动视频画面数据量约占22.12MB，视频信号的传输速率约需184Mbps。如此大的数据量和传输速率，即使以现在的技术水平，存储、处理和传输也是比较困难的。

因此，对图像数据进行实时编码压缩和解压缩是非常必要的。数字图像编码的方法有很多，如：自适应预测编码（ADPCM）、离散余弦变换（DCT）编码、最佳量化和矢量量化（VQ）编码、变长字编码（VLC）、帧间预测运动补偿（MEP）编码、子带编码（SBC）以及模型基编码（MBC）与分形基编码（FBC）等。目前应用最广泛的图像编码方案是GIF和JPEG等。

（三）视频编码

视频虽然可看作是多幅图像拼接而成，但由于视频中相邻两幅图像有很大的相关性，故视频编码不能简单移植图像编码。目前应用最广泛的视频编码方案有 MPEG，MPEG2，MPEG4，H264，VC–1 等。

（四）数据压缩

除了前述对声音、图像、视频采取编码及压缩，以节约传输开销外，对其他种类的数据同样也可采取压缩技术，一般采用无损压缩方式。例如，计算机中常见的 ZIP，RAR 都是无损数据压缩格式。

4.2　传输技术

从信息传输技术角度看，信息传输技术主要是解决在给定“链路”传输媒质的条件下，提高信息传输的有效性和可靠性问题。而从实际运用角度看，则更关心综合考虑传输技术和传输媒质两方面因素的具体通信手段，更需研究在不同传输媒质基础上形成和发展的各种通信系统的传输速率、传输质量以及其应用特点。因此，本节论述的重点在于各种传输技术的组成、特点及其应用。

4.2.1　无线电台传输技术

无线电台通信历史最为久远。它建立通信迅速、便于机动，能同远距离运动中的、方位不明的及被敌人分割或自然障碍阻隔的部队通信联络。在很长的一个时期，一直是重要的、甚至有时是唯一的通信手段，特别是实现远距离通信的主要手段。其中尤以短波、超短波无线电台应用最为广泛。

（一）短波电台组成与信道特点

短波通信指波长为 10 ~ 100m（频率为 3 ~ 30MHz）的无线电通信，又称高频通信。军事上广泛用于传输电报、电话、数据和静态图像。短波通信系统由发信设备、收信设备及信道组成。

短波通信的性能在很大程度上取决于短波信道的特性。短波信道是一种典型的随机参量信道，它靠天波和地波两种方式传播，地波传播较稳定，但在传播过程中，电波能量不断被吸收，工作频率越高，吸收越严重，其传播距离一般在数十公里以内。中远距离通信，依靠电离层反射的天波传播，电离层特性是随时间、空间及无线电波的频率随机变化的，因此短波信道的参数及其对信号传输的影响也是随机变化的。太阳的活动、地磁场的影响、电子浓度随高度的变化等因素，引起诸如多径延迟、幅度衰落、相位起伏、多普勒频移、电磁扰动等传播现象，使信道变化难测并强烈地影响着短波通信的质量和可靠性，严重时甚至造成通信中断。故短波无线通信的主要传统应用是模拟话音通信。

以这样信道条件进行的数据通信，平均误码率在 $10^{-3} \sim 10^{-2}$ 数量级，与卫星通信通常 10^{-5} 的误码率相差甚远。在通信体制加速数字化的总趋势下，短波信道的这一缺陷更显突出。此外，信道的可靠性差，为确保对误码率的要求，传输速率也就难以提高。如，在短波电离层反射信道上，最大多径迟延可达 5 ~ 8ms，为了避免符号重叠干扰，若取符号持续时间 5ms，通信的速率最高也只能达 200B。在很长一个时期，多数短波调制解调器的数传速率不超过 200bps，这充分表明短波信道有效性的局限。近几十年来短波通信新技术的发展正是围绕解决上述问题展开的。

（二）超短波电台组成与信道特点

超短波通信又称为甚高频通信，其工作频率通常为 30 ~ 300MHz。超短波通信系统也是由终端设备、超短波电台、天线等组成。工作原理与短波通信类似。

超短波和微波波段的电波，由于频率高，电波沿地面传播时衰减很大，遇到障碍时绕射能力又很弱，因此不能利用地波传播方式。而高空电离层又不能将其反射回地面，因而又不能利用天波传播方式，所以这一波段的电波只能使用视距传播方式和对流层散射传播方式。视距传播是指在发射天线和接收天线间能相互“看见”的距离内（地面一般为几十公里）电波直接从发射点传播到接收点（有时包括有地面反射波）的一种传播方式，又称为直射波或空间波传播。

超短波通信系统的主要特点是：

（1）超短波的频率范围比短波的频率范围宽的多，可以容纳大量的电台，在一定程度上解决了电台拥挤问题，也可传送速率较高的数据业务；

（2）超短波电台体积更小、重量更轻，既可背负，又可装载于飞机、坦克、汽车等移动体上；

（3）传播性能比短波稳定，超短波信道的平均误码率在$10^{-5}\sim10^{-4}$数量级，比短波信道好；

（4）通信距离一般不超过几十公里，且通信两点间不能有大的障碍物。

超短波通信系统成为野战用的主要战术通信手段，主要用于距离较近、级别较低的团以下部（分）队之间的通信，并广泛应用于步兵与坦克、步兵与炮兵、陆上与空中以及空空间的协同通信，陆地移动通信和近距离海上及航天移动通信也可应用超短波电台进行通信。因此，目前世界各国师以下部队都装备了大量超短波通信装备。现代的超短波通信装备也大量采用了扩展频谱、保密等现代通信技术。

（三）无线电台传输的新技术

1. 频率自适应技术

频率自适应技术，就是针对信道特性随时间、空间和工作频率而随机变化这一最重要的特点，使通信系统实时地或接近实时地选用最佳工作频率，以适应信道的变化，克服多径衰落影响和回避邻台干扰及其他干扰，这对于提高无线通信的可靠性和有效性具有关键意义。

2. 短波数据传输技术

短波数据传输技术，是为适应对数字保密话和高速数据通信业务需求的增长，和通信体制数字化的大趋势而不断发展的，最主要的发展有：从多音并行传输体制到单音串行传输体制的转变，以及自适应均衡的应用等。与此相关联的技术有：

自适应调制解调技术。根据信道当时的特点来变换调制解调方式。如信道相位稳定时采用PSK，否则用其他调制制度；也可根据具体情况在同一硬件上采用单音串行传输或多音并行传输方式；视多径时延的长短来升降数据率；出现带内的窄带干扰时改变当前的调制频率等。

自适应差错控制技术。使它与当前信道条件相匹配，在前向纠错（FEC）方式中，采用依信道参数而变的编码和不同的码长，在可靠保护信码的前提下使信号冗余度尽可能小；在检错重发（ARQ）方式中，根据信道条件的好坏改变数据分组的长短，使重发的数据量尽可能小。

自适应信源编码技术。根据不同的信道条件而改用不同的信源编码方法。如在用短波做数字话音通信过程中，当信道噪声大时可采用相关编码再加保护。

3. 通信抗干扰技术

所谓抗干扰，一是对付信道本身固有特性所造成的干扰，特别是多径效应造成的乘性干扰；二是对付敌方的故意干扰，并包括抗御敌方测向、截收、侦听等通信电子防御的其他内容。这方面的主要技术有：

（1）跳频和自适应跳频，以及直接序列扩频等扩展频谱技术。

（2）差错控制与自适应差错控制技术。

（3）分集接收与自适应分集技术。理论分析和实践表明，恰当地运用分集技术，能使信噪比显著提高。采用适当的多种方式和多重组合分集，可取得更好的效果。所以有人把分集接收、自适应均衡和编码技术并列为抗多径衰落的三大技术。针对短波信道的随机时变特点，采用自适应分集技术，效果更好。

（4）猝发通信技术。猝发通信或称瞬间通信（instantaneous communications），也称突发通信，用于快速传递数字数据信号。用户终端发出的数据进入短波通信设备后被贮存起来，当信道出现良好传播条件时，以高速比特流形式在某一瞬间完成发送。这种猝发方式具有很大的短暂性和（对敌人而言的）随机性，所以不易被敌截获或干扰。但这种方式不能进行实时通信。目前猝发通信多采用 FSK 调制，设备制成终端部件的形式。

（5）自适应天线技术。重要特征就是应用信号处理的理论和方法以及自动控制技术，解决天线权集优化问题。即根据敌我信号在幅度、编码、频谱或空间方位的不同，通过信号处理机对各阵元进行自适应加权处理，自动控制和优化天线阵的方向图，使天线的增益在我方信号方向最大，在干扰方向增益最小（零增益），实现空间滤波（让我方信号通过，将敌方干扰抑制掉）。

（四）无线电台传输技术的应用

采用了自适应跳频等一系列新技术的无线通信系统，将以高质量、高可靠性，在未来的信息作战中发挥重要作用

1. 作为战略通信网的应急手段

在信息作战中，短波、超短波无线通信作为战略通信网的应急手段，将发挥重要的作用。

2. 应用于专用通信与战术通信网中

无线通信系统建立通信迅速（收、发信机对准频率即可通信）、机动性强（设备重量轻、可装载于汽车、飞机、舰艇），既可用于近距离通信、又可用

于远距离通信，既可用于点对点的固定通信，又可用于移动通信，非常适用于信息作战诸军兵种分层式与非分层式指挥控制的各种专用通信和联合通信，特别是战术通信的组网应用。外军装备的 Link16 等数据链系统就是采用超短波无线电通信。

3. **大量装备于小分队与士兵**

为实现无缝隙信息传递，给每个士兵都配置一部价格昂贵的微型卫星地球站将是不现实的。随着大规模、超大规模集成电路技术的发展，无线电台的体积不断减小，重量不断减轻，成本不断降低，可以预料，抗干扰能力强的无线通信装备将大量装备于小分队与士兵，成为未来最重要的指挥与控制系统的远程通信手段。

4.2.2　卫星传输技术

卫星通信自问世以来就在军事通信中扮演着重要角色。目前，军事大国均拥有自己的军用卫星通信系统，美军长途通信约70%~80%由卫星传递。随着空间技术的发展，卫星通信在军事通信中将起着愈来愈重要的作用。

（一）卫星通信系统基本组成、主要技术参数与特点

1. **系统基本组成**

一个卫星通信系统应包括通信和保障通信的全部设备，由空间分系统、通信地球站、跟踪遥测及指令分系统和监控管理分系统四大部分组成，如图4-10所示。

（1）空间分系统

空间分系统指通信卫星，通信卫星主要是起无线中继站的作用。它是靠星上的转发器（微波收、发信机）和天线来完成的。一个卫星的通信系统可以有一个或多个转发器，能同时接收和转发多个地球站的信号。显然，当每个转发器所能提供的功率和带宽一定时，转发器越多，卫星通信系统的容量越大。

（2）通信地球站

通信地球站是微波无线电收、发信台（站），用户通过它们接入卫星通信线路。典型的地球站由天线伺服跟踪分系统、发射分系统、接收分系统、信道终端设备、保密终端设备、电源等设备组成。

由于卫星通信系统工作于微波波段，所以地球站天线是面天线，例如抛物

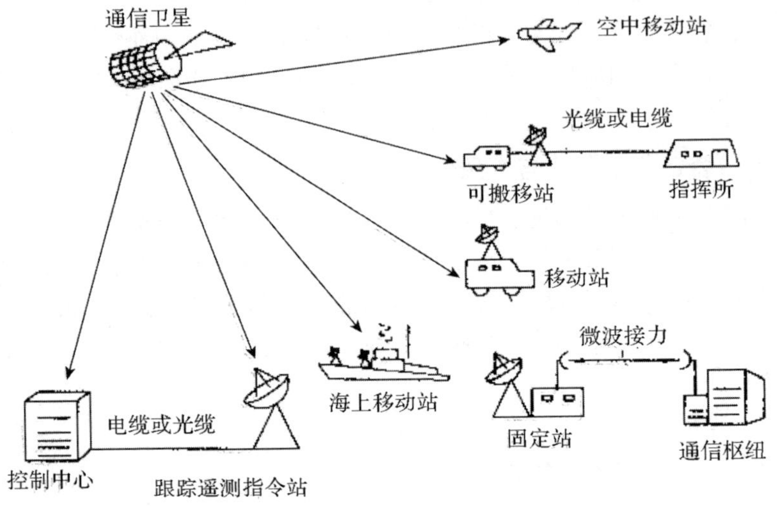

图 4－10　卫星通信系统的基本组成

面天线、喇叭天线等。通常地球站的天线是收、发共用的，因此要有双工器。天线增益是表示天线定向辐射能力的一个参数，是一个重要指标。频率一定时，天线主反射面直径越大，其增益越高。天线口径大小由地球站的具体用途决定，地球站系列往往以天线口径来划分。

发射设备的主要任务是将已调制的中频信号向上变频到射频信号，并放大到一定的功率电平，经波导送给天线，向卫星发射。功率放大器可以单载波工作，也可以多载波工作，其输出功率一般为数瓦至数千瓦。

接收设备的主要任务是把接收天线收集的由卫星转发器发来的有用信号，经加工变换后，送给解调器。通常，地球站接收设备入口的信号电平极其微弱。为减少接收机内部噪声干扰影响。提高灵敏度，接收设备必须使用低噪声放大器，并且，为减少馈线损耗影响，该放大器一般安装在天线馈源入口处。由低噪声放大器输出的射频信号，要经过下变频器变为中频（一般为 70 兆赫）信号，以便信道终端解调器进行解调。

信道终端设备的基本任务是在发射端处理用户送来的信息，变成适合在卫星信道上传输的信号；在接收端则是将到达接收站的信号恢复为原来的信息。

2. 卫星通信特点

(1) 通信距离远，通信覆盖面积大

卫星通信单跳传递的最远距离可达 18 000km，一颗静止通信卫星就能覆盖地球总面积的 40% 左右。

（2）具有多址联接特性，通信灵活性大

卫星通信系统具有同时实现多个方向、多个地球站之间直接通信的特性，使卫星通信不受地理条件的限制，具有高度的机动灵活性。

（3）可用频带宽，通信容量大

卫星通信工作在微波波段，可用频带宽，通信容量大，适合传送大容量电话、电报、数据及宽带的电视等多种业务。

（4）传播稳定可靠，通信质量高

卫星通信利用微波传播，能直接穿透大气层，且所经路径绝大部分是在稠密大气层以外的空间，差不多处于理想的真空状态，属于自由空间传播，因此，电波传播稳定，几乎不受天候、季节变化的影响，就是在发生磁暴和核爆炸的情况下，线路仍能畅通无阻。卫星通信线路的畅通率通常都在 99.8% 以上。

（5）通信卫星的使用寿命较短

一颗通信卫星由几万个零部件组成，发生故障的可能性很大；加之静止轨道上的恶劣环境，容易诱发故障。一旦出了故障，难以修复。为控制通信卫星的轨道位置和姿态，需要消耗推进剂。而通信卫星的体积和重量是有限的，所以能够携带的推进剂也是有限的。一旦用完，卫星就失去了控制能力，而沦为“太空垃圾”。通信卫星的使用寿命一般仅为几年、十几年。

（6）卫星通信有较大的传输时延

由于静止通信卫星与地球站之间的距离平均为 40 000km，因此，电波在地球站—卫星—地球站之间传播需要 270ms。双向通话延迟时间为 540ms。所以通过通信卫星打电话时，声音要延迟半秒钟（540ms）左右，才能听到对方的回音。有较高实时性要求的通信则不宜使用卫星通信。

（二）卫星通信体制

卫星通信系统的性能（如通信质量的好坏、传送信息量的大小等）和具体的设备组成，与其所采用的通信体制有着密切的关系。

1. 基带信号的传输方式

（1）基带信号形式

卫星通信系统既可传送模拟信号，也可传送数字信号，因此，其基带信号形式可以是模拟制也可以是数字制。

（2）多路复用方式

基带信号可以单路（SC）传输，也可以多路复用后再传输，多路复用方式有频分多路复用（FDM）和时分多路复用（TDM），前者用于模拟制，后者用于数字制卫星通信系统。

（3）对基带信号的其他处理

如加密、差错控制编码、数字话音内插、扩频编码等。

2. 中频（或射频）信号的调制制度

在模拟制卫星通信系统中，如电视转播，一般采用调频（FM）制，因为调频制可以改善信噪比；对于数字信号的传输，卫星通信中多用 2 或 4 相移相键控（PSK）。但为了节省信道频带和增强抗干扰能力，也有一些其他数字调制制度逐步应用于卫星通信中；如 OQPSK（交错四相移相键控）、MSK（最小移频键控）、SFSK（正弦移频键控）、TFM（平滑调频）等。

3. 多址联接方式

卫星通信一个基本优点是能实现多个地球站之间同时通信（多址联接）。但要使各站信号不相互干扰，必须采用一定的多址联接方式，本章前面所述的频分多址、时分多址、码分多址、空分多址都有所采用。

（三）卫星传输技术的应用

目前，卫星通信广泛应用于战略与战术通信中，各军事大国都建有若干军事卫星通信系统，信息作战中，卫星通信系统已成为信息传输最重要的支柱。

1. 利用卫星通信构建全球信息传输链路

可利用卫星通信建立全球信息传输链路，以确保在全球任何位置的信息作战人员均可获得安全、高品质的声音、数据以及清晰的图像通信服务。

2. 利用卫星通信作为区域通信的无线主干链路

信息作战诸军兵种联合作战部队将在整个作战区域快速、频繁地机动。要求通信系统必须具有灵活性、移动性、与民用网及战略网的互连性，以及能传输各种业务的宽带通信能力和较强的覆盖性。为此，应运用卫星通信作为无线主干链路。

4.2.3 光纤传输技术

光纤是光导纤维的简称，光纤通信是以光波为载频，以光导纤维为传输媒质的通信。在信息作战中，光纤通信是高速通信网的重要支柱。

（一）光纤通信系统基本组成、传输特性及特点

1. 基本组成

光纤通信系统的基本组成如图 4－11 所示，由光发送机、光纤、光中继器和光接收机以及电发送机、电接收机等组成。

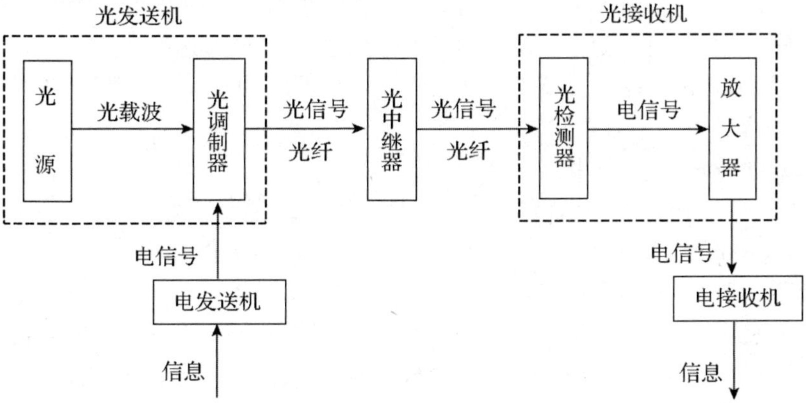

图 4－11　光纤通信系统示意图

在发送端，信息通过电发送机转换成电信号，对光源的光载波进行调制。经过调制的光信号耦合到光纤内，通过光纤传输到接收端，经光接收机的检测转换成电信号，由电接收机恢复出原信息。为了补偿光纤线路的损耗和消除信号的畸变及噪声的影响，每隔一定距离需接入光中继器。图 4－11 只画出了单向传输的方框示意图，为了进行双向通信，每端都要有光发送机、光接收机和电发送机、电接收机。在实际应用中，光发送机和光接收机安装于同一机架，成为光传输终端设备，简称光端机。电发送机和电接收机组合起来则称为电端机。光纤是信号的传输媒质。光纤之所以能够很好地导光，是利用了纤芯的折射率比包层折射率略高的特点。这样，落于数值孔径圆锥角内的光线将被约束在纤芯内部传输而不泄漏，构成类似水管一样的光导管。实际的传输线路是由多根光纤组成的光缆，其中有一些是备份光纤。为了便于光端机与光缆的连接、便于光纤线路的调度、调整光功率的分配、进行光的多路传输等等，还须使用光连接器、光衰减器、光分路器、光耦合器、光分波器、光滤波器、光开关等。实际的光纤通信系统中，为便于操作、维护和管理，还要有监控设备等。

光纤传输系统，按光源分，有激光光纤通信系统和非激光光纤通信系统。

按光纤中的电磁场分布分，有多模光纤通信系统和单模光纤通信系统。按光波波长分，有短波长、长波长以及超长波长光纤通信系统。

2. **光纤通信的特点**

(1) 容量大、中继距离远

目前使用的光波频率比微波频率高 $10^3 \sim 10^4$ 倍，通信容量约增 $10^3 \sim 10^4$ 倍。一对光纤的传输能力理论值为 20 亿路电话和 100 万套电视节目，能满足信息作战传输大量信息包括宽频带多媒体信息的要求。速率为 1Gbps 的光缆中继距离为 84km，速率为 445Mbps 的光缆中继距离为 134km。随着各种新技术和新材料的采用，中继距离还将不断扩大。

(2) 重量轻，有利于快速开设和撤收

光纤的直径很小，只有 0.1mm 左右，而光纤通信系统又主要采用数字体制，故光缆和光纤通信设备体积小、重量轻，有利于作战中快速开设和撤收。军事轻型光缆每公里仅 5kg 左右（随着技术的发展将更轻），一个架线兵就可携带 10km 左右的轻型野战光缆；用于野战条件下抢通光缆的、可多次重复使用的临时连接盒已研制成功；加之野战光缆价格低廉，信息作战部队转移时，可视情不撤线。

(3) 不受电磁干扰，保密性好

光纤属非金属的介质材料（如玻璃），它不受电磁干扰，无电磁泄漏，保密性好，抗腐蚀能力强。

(4) 成本低，制造相对较易

原料丰富，用料少，只用数克石英就可制出 1km 长的光纤，且重量轻、终端机也简便。使用寿命长，一般为 25 年以上。

(5) 缺点

缺点是架设线路困难，不能作移动通信用，多址通信能力差，只限于建线两点间的通信。在通信距离远、地理条件差、通信密度又不高的情况下，其建设和应用比卫星通信相对困难。

（二）光纤传输技术的应用

光纤通信技术的日趋成熟，为其在信息作战中的应用开辟了广阔的前景。有的军事专家预测，未来信息作战将主要在以光纤传输为主体的信息网络上展开。

1. **国防通信网的主要传输“通道”**

光纤通信将成为国防通信网的主要传输方式，光纤在长距离、本地网中将全面取代电缆。

2. **战场信息网络的重要传输链路**

光纤通信将作为战场信息网络的重要传输链路。野战光缆及设备体积小，重量轻，架设兵、车辆和飞机可快速敷设，作为野战综合通信系统干线节点间、固定用户群与节点间的连线，确保系统传输信息的畅通；可用作指挥、控制、通信、情报系统间的重要传输链路。

4.2.4　微波接力传输技术

微波是指频率在 300MHz－3000GHz 内的无线电波。利用微波可进行大容量的通信。目前利用微波进行远距离通信的方式主要有：卫星通信、地面微波接力通信和对流层散射通信。这里论述地面微波接力通信。

因为微波主要靠空间波直射传播，而地球表面是弯曲的。即使在平原地区，传播距离仍然有限。在收发双方天线高度一定的情况下，传播距离只能在视距范围内，一般仅为几十公里。如果考虑地形地物的影响，通信距离就更有限。要实现远距离通信，必须在两个终端站之间建立若干个中间站，以接力方式逐站依次传递信号。这种利用地面中间站转发微波信号的超视距、多路无线电通信，称为微波接力通信。

（一）数字微波接力通信系统的组成

数字微波接力通信系统的构成如图 4－12 所示。线路上的微波站，按工作性质与任务不同，可分为微波端站、微波中继站和微波分路站三类。

1. **微波端站**

微波端站是指处于线路两端的微波站，其主要功能是：发信时，由数字终端机把各用户信号变换为时分多路数字信号，经信道机中的发信机调制变频后，通过天线发射出去。收信时，由天线收到的微波信号经收信机解调，再经数字终端机分路，分出各用户信号。

2. **微波中继站**

微波中继站是线路中间只完成信号接转而不上、下话路的微波站。通常采用基带转接方式，即对接收的微波信号经下变频与解调，得到数字基带信号，对其整形再生后，再上变频发射出去。采用这种转接方式，可在中继站中消除信号的干扰和畸变，从而避免失真和噪声逐站积累。

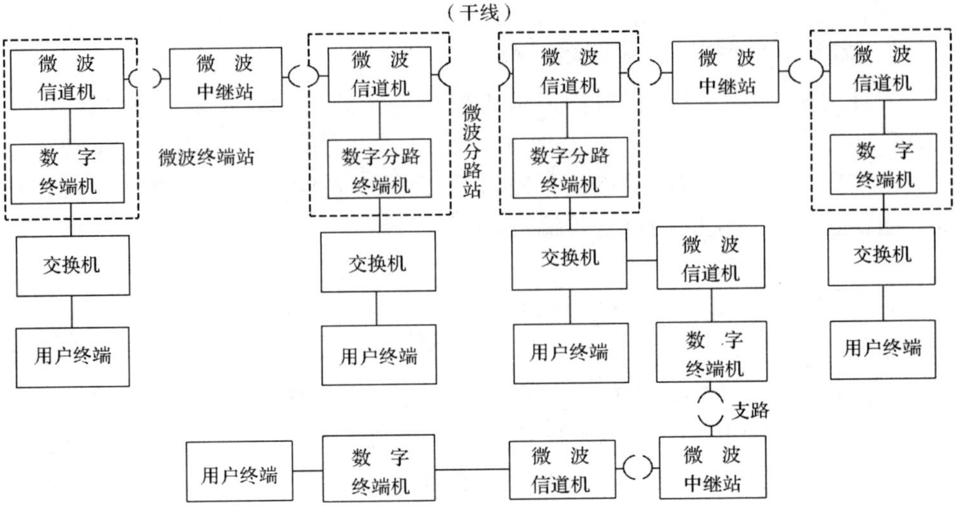

图 4－12　数字微波接力通信系统组成

3. **微波分路站**

微波分路站是线路中间需要上、下话路的微波站，它将天线接收到的微波信号通过微波收信机进行下变频与解调，经数字分路终端机从中分出一部分话路，并可插入部分新话路，再经对另一方面的微波发信机进行调制与上变频，由天线发射出去。微波分路站既能转发又能分出或插入话路，分出的话路可通过交换机接至用户或至数字微波接力通信支线。

（二）微波接力通信的应用

微波接力通信具有多种优点：能提供远距离、大容量、高质量的传输信道；可传输话音、图像、数据多种消息，能够过道有线电路难于通过的地区，机动性强；抵抗洪涝、台风、地震等、自然灾害的能力较强，可靠性高。因此，它是目前各国战略网与战术网重要的地面无线宽带传输手段。它不仅用于长途通信，而且还发展到用于卫星地面传输线路，以及一些专用军事通信网中。

4.2.5　其他传输技术

除上述主要的传输技术外，下面简述几种适应不同战场环境的军事信息传输技术。

（一）地下通信

地下通信是指收发信设备及其天线全部设置在地下（坑道、掩蔽部或矿井内）的无线电通信，有两种类型。

1. 互不连通且相隔一定距离的坑道或地下掩蔽部之间的通信

按电波传播路径的不同，可分三种模式："透过岩层"模式、"地下波导"模式、"上—越—下"模式。

（1）"透过岩层"模式

在"透过岩层"模式中，发信天线与收信天线伸到低电导率岩层之中，电波透过位于覆盖层下面的低电导率岩层传递信息。为降低衰耗，使用较低频率（通常用甚长波或长波），通信距离较近，当通信机功率为 100～200W 时，通信距离只有数公里。

（2）"地下波导"模式

在"地下波导"模式中，采用频率很低的兆瓦级大功率发信机，电波可在覆盖层下缘与热电离层上缘之间来回反射传播，通信距离可达 2000km。但此种模式尚处于探索阶段。

（3）"上—越—下"模式

在"上—越—下"模式中，天线在地下水平架设，电波由天线辐射向上穿出地层，经折射沿地面传播，在接收地域再经折射向下透入地层，到达接收天线。其工作频率通常在中波或长波波段。用小功率或中功率电台，通信距离十余公里至百余公里。还可利用天波传播，频率宜用短波低端，天线浅埋地下 1～2m，通信距离可达数百公里。

（4）三种模式的特点

"透过岩层"模式和"地下波导"模式的主要优点是：不受外界干扰，传输稳定可靠，通信保密隐蔽；主要缺点是：传输衰减大，要获得较远通信距离，须用很大的发射功率，通信速率很低。"上—越—下"模式在稳定、可靠、保密方面不如前两种模式，但可用较小功率获得较远的通信距离，天线可在坑道内铺设，不必另打深井，因此，早已进入实用阶段。

2. 地下指挥所坑道内部的无线电通信

常用的方法是在坑道内架设漏泄电缆，利用电缆漏泄的电磁波，使电缆与无线电台的天线相互耦合进行通信。此种方式通常工作于米波或分米波段。在深层地下指挥所内部还可利用中波、长波或甚长波，穿透岩层进行近距离的通信。

（二）水下通信

水下通信是指通信双方或一方在水下的通信，广泛应用于潜艇间、潜艇与水面舰艇间，潜水员间、潜水员与水面舰艇间的通信，以及岸台对潜艇的单向发信等。水下通信按传输信道的不同，可分为水下电缆通信、水声通信、水下无线电通信和水下激光通信等。

1. 水下电缆通信

主要用于水面舰艇与潜水员之间的电话联络，使用简单，但活动范围有限。

2. 水声通信

是利用声波进行的水下通信，可通报文和话音。通话可分为直接话音式（简单，但通信距离一般只有几十米）与音频载波式（通信距离在较好水文条件下可达数十公里）。

3. 水下无线电通信（甚低频与极低频对潜通信）

利用甚低频（VLF）或极低频（ELF）进行的水下通信。由于海水对无线电波的衰减率与频率成正比，要使潜艇能在相当的深度以下进行对外通信，只能使用甚低频或极低频以减弱海水对电波的吸收。在通信中通常将甚低频或极低频大功率电台及天线设在岸上，电波由天线辐射后，在电离层底部与地面（或海面）之间形成的球形波导中传播，一部分向下透入海水，为水下目标接收。此种方法主要用于岸台对远洋潜航的潜艇的单向发信。发信机还可装在飞机上利用拖曳天线向水下潜艇发射无线电信号。

甚低频通信存在的主要问题是信号穿透海水的深度最多9m，通信时潜艇不能下潜到安全深度。国外采用浮力装置如拖曳天线或浮标天线来接收信号，潜艇可下潜较深，但也达不到60m的安全深度。采用拖曳天线时，潜艇离海面18m，可以以10海里速度航行；如下潜深度达到45m，则航行速度需降到仅4海里左右。

极低频对潜通信能使潜艇在最佳深度和速度航行时收信，并能以低数据率向水面下几百米的航行潜艇发送简短、预先拟好的报文，通信距离可达几千海里。

甚低频与极低频对潜通信的关键技术是：①特大功率的发射机；②占地极大工程复杂的天线装置；③将报文排队、编码和加密等处理技术；④对接收信号进行解密和滤除海洋的影响并补偿传播时延的技术；⑤抑制大气噪声和舰船动力噪声处理技术。

4. 水下激光通信（蓝绿激光对潜通信）

海水对 500nm 左右的可见光衰减小，存在一个允许该波段光线通过的"窗口"，蓝绿激光的波长即处在这"窗口"之中，因此，可用蓝绿激光作为对潜通信的手段。在通信中可利用机载激光器向水下发射蓝绿激光，或由地面激光器向空间发射蓝绿激光，再经卫星反射镜反射到水下，对在水面下数百米的潜艇进行单向发信。由于它既有很强的穿透海水的能力，入海深度较深，又有极高的通信速率和较好的抗电磁干扰能力以及保密能力，因此受到了普遍的重视。

（三）对流层散射通信

由于大气结构的不均匀性，当超短波或微波无线电波射向空中时，不仅存在着折射和反射现象，而且遇到大气媒介中的某些不均匀体时，除大部分电波分量继续沿原传播方向传播外，还有一小部分电波分量则会改变传播方向，而朝其他方向传播，这就是散射传播现象。

所谓散射通信，就是利用大气媒介中的不均匀体对电波的散射作用而实现的超短波和微波超视距无线电通信。发射端向空中定向辐射的电波，通过收发天线波束交叉区中的不均匀体（常称为散射体）的散射，有一小部分电波分量传到接收端，从而实现超视距通信。可见，收发天线波束交叉区中的散射体，就相当于空中的无源接力站。根据所利用的散射体的不同，散射通信可以分为对流层散射通信和电离层散射通信；但后者传输频带很窄，不稳定，很少应用。

对流层散射通信，是指利用对流层大气不均匀体对超短波、微波无线电波的散射作用而实现的超视距通信。对流层散射通信常用的工作频段为 0.2～5GHz，单跳距离为 100～500km，可传输电话、电报、图像、数据等信息，应用较为广泛。

对流层散通信主要有以下特点：

（1）单跳跨距远。一般微波视距接力通信单跳距离仅为 50km 左右，而对流层散射通信的单跳跨距达 100－500km，甚至可达 1000km。同时，还可采用接力方式，建立更远距离的多跳线路或散射网。它可跨越沙漠、山地、湖泊、海湾、沼泽等自然障碍。

（2）通信容量较大。可传输多达几十路甚至几百路电话，还可传输图像、数据等信息。

（3）保密性较好。由于所用天线增益高，方向性强，天线波束宽度很窄，因而不易被截获。在数字对流层散射通信系统中，信号易于加密。

（4）可靠性较高。对流层散射通信基本上不受极光、磁暴、电离层扰动、太阳活动和雷电的影响，尤其是不受核爆炸的影响（只要这种爆炸不伤及散射站本身）。

（5）缺点是设备庞大、复杂、成本高。

4.3 交换技术

在任何结构形式的通信网中，两条以上支路相连接的节点，都需要由交换设备来完成对传输链路和通信业务量的汇集和分配。在通信网硬件的三个组成部分中，交换设备通常是用户看不见的，但就提供业务而言，却是最重要的一个组成部分，是通信网的“信息转换中心”。

4.3.1 电路交换

电路交换是最早的交换技术，电路交换也称可为线路交换。

（一）电路交换方式

电路交换可使通信双方在整个通信期间始终保持一条“端到端”的专用通路，保证双方进行实时对话，故非常适合作为话音（电话）交换方式。电路交换方式有一个呼叫建立过程。当完成呼叫接通后，在主叫用户与被叫用户间暂时地建立并保持一条“端到端”的专用通路，以供通话、通报或数据传输，直到通信完毕拆除通路。

电路交换方式的主要特点是：

（1）最初接续电路时，需要花费时间且若呼叫时没有空闲的电路，这次呼叫就不能建立而造成“呼损”。

（2）实时性强，信号经交换不产生明显时延，并允许以双工方式进行实时的对话。

（3）信道利用率低（不能均衡业务量）。

（二）程控数字电话交换

程控数字电话交换机同一般的电子交换机一样，主要由话路部分和控制部分两大部分组成。话路部分的核心是交换网络，其基本功能是：在控制部分的控制下，建立主叫用户与被叫用户之间的连接通路，并满足许多对用户同时通话的需要。程控，是指将对交换机的控制先按一定逻辑要求设计成软件，存放在计算机中，然后由这台计算机来控制交换机完成必须的操作。程控交换机，实质上就是计算机控制的交换机。空分和时分是交换接续的两种不同实现方法。一般空分制只能采用模拟交换（交换接续的是模拟信号），而时分制主要采用数字交换（交换接续的是数字信号）。程控数字电话交换机是指采用计算机程序控制的，对数字话音信号进行时分接续的交换机。

程控数字交换机是现代通信技术、计算机技术和大规模集成电路技术相结合的产物，与传统的交换机相比，有许多优越的性能。其主要优点为：

（1）用改变程序的方法可以改变交换机的功能。这使得它能适应不同的需求，可通过各种不同的中继线连接各种不同的对端交换机，并可提供话音之外的非话业务和其他新的服务功能。

（2）可靠性高，维护管理方便。由于大量采用 VLSI，可靠性高，布线简化，并可充分利用软件进行故障处理、故障诊断等。

（3）体积小、重量轻、功耗低、安装开通快。

（4）交换网络阻塞率低，服务质量高。

（5）容量范围宽，扩容方便，适应性强。

4.3.2　分组交换

分组交换是随着数据通信与计算机网络而发展的交换技术。

（一）分组交换方式

电路交换方式也可以用于数据业务的交换，在通信开始时，发信方首先指出收端终端的号码，向交换机提出接续要求，交换机完成接续后，两终端便可通信。电路交换方式用于数据业务的交换时，可使数据流原封不动地从一端传到另一端，通信中的实时性强，其缺点是信道利用率低，对非实时的数据通信，它并不是最合适的。

对于非实时数据通信，交换机可以将收到的信息暂时存储起来，等接收端线路空闲时再把它转发出去。这种交换信息的方式叫做存储转发交换，存储转发交换又分为报文交换和分组交换。

在报文交换方式中，用户终端发出的报文消息先由交换机全部完整地接收，如果没有空闲电路，即将其存储并进行排队，等到有空闲电路时发往另一节点的交换机。在下一节点，交换机按同样方式进行存储—转发。如此可经多个节点，直到收信终端。报文交换方式的缺点是报文大小不一，造成存储管理复杂，大报文造成存储转发的延时过长，中断后整个报文需全部重发。

分组交换也称包交换，如图 4－13 所示。它将用户终端发出的数据连同控制信息，按一定格式和长度划分成若干个有序的“分组”（packet）。再以“分组”为单位，按存储—转发方式发往其他节点。由于每个分组前面的分组头，指明了该分组发往何处，交换机可根据每个分组的地址标志，将它们朝目的地转发。故各“分组”在通信网内不一定按顺序传送，也不一定经由相同的路径到达最终收信节点。在到达最终收信节点后，由分组交换机将各个“分组”按原顺序重新组合，恢复原消息，送往用户。分组交换的优点是对转发结点的存储要求比报文交换低，甚至可以用内存来缓冲分组，速度快；转发延时小，可适用于交互式通信；某个分组出错可以仅重发出错的分组，效率高；各分组可通过不同路径传输，容错性好。因而，分组交换已逐渐成为公用数据通信网的一种主要交换方式。图 4－13 的示例表示用户 A 的报文被分成 4 各分组，经不同的路径传到用户 B。

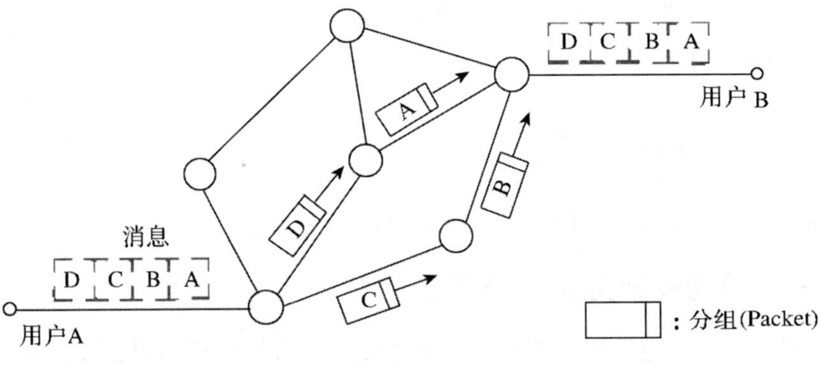

图 4－13　分组交换方式示意图

（二）分组交换机

分组交换机是目前数据交换机的主流，是分组交换网的核心，就其控制方式和交换信号而论，仍属于程控数字交换，现往往简称交换机。其主要功能包括支持分组交换的基本业务及补充业务；进行路由选择；进行流量控制；完成维护、管理、计费与统计功能。

分组交换机有不同的类型，根据其在网中的位置不同，分组交换机可分为二种。一种是转发交换机，这种交换机容量大、线路端口数多，具有路由选择功能，主要用于交换机之间互连；另一种是局部交换机，这种交换机通信容量小，只具有局部交换功能，不具备路由选择功能。

4.3.3　ATM 交换

ATM 可用单一的交换方式，灵活有效地支持从窄带话音、数据传输到宽带的高清晰度电视视频等各种业务。ATM 技术被普遍认为是支持新一代通信网的关键技术而受到极大关注。

ATM 是异步传输模式（Asynchronous Transfer Mode）的英文缩写。按 ITU－T 的定义，它指的是“以信元为信息传输、复接和交换的基本单位的传递方式”。也就是说，使用信元是 ATM 的基本特征。ATM 信元（cell）是一种固定长度的数据分组，其长度为 53 个字节，由信元头和信息域两部分组成。信元头（也称标题）占 5 个字节长度，包含目的地和检纠错等控制信息。信息域占 48 个字节长度，包含具体的用户信息或网络管理信息，用户信息可以来自任何信息源。

信元不断在网络中流动，空信元以一定的速率出现，发送站只要获得空信元即可把信息插入到信元中发送。因信息插入位置无周期性，故称为异步传输模式。ATM 数据传输方式如图 4－14 所示。图中用户数据被分割成 6 个数据块，然后把这些数据块插入到经过该节点的空白信源流中传输出去。

图 4－14　ATM 数据传输方式

ATM 节点的主要工作是读信元头，并根据信元头的内容快速地将信元送往要去的链路上或本地吸收。而且节点上的这件工作，主要用硬件来完成，因此 ATM 交换的速度非常快，可以和光纤的光传输速度相匹配。

ATM 采用固定长度的信元，并通过信元头指定目的地和虚路径的带宽，可适应各种业务传递速率，并能根据业务类型、速率的需要动态地分配有效容量。ATM 根据需要改变传递信息速率，对高速信息信元传递频次高，对低速信息信元传递频次低，按照统计复用的原理进行传输和交换。可以说，ATM 是高速性、灵活性与有效性的结合。

面向固定长度（53 字节）信元的 ATM 处理机构，简化了规程，可以省去许多不必要的检验，通常不必用软件处理，加快了处理速度（可达 150 ~ 600Mbps），有效地提高了交换与复用效率，也使 ATM 比较容易解决时延问题。另外，ATM 不需要全网范围内有同步控制机构。

4.4 网络技术

本节重点研究信息传递网络技术—通信网络技术。通信网络是在两个或多个规定点间提供连接，以便在这些点间建立通信业务的节点与链路的集合。通信网络是维系指挥控制众多子系统的信息纽带。

4.4.1 通信网的构成

通信网由传输系统、交换系统、终端设备等硬件以及网络结构、编号计划、信号方式、网络管理、体制标准等软件两大部分组成，所以通信网络技术可以说是通信领域诸方面技术的集中与综合体现。前面几节已分别研究了传输、交换与终端涉及的技术问题。这里将研究通信网的结构技术。

（一）网络结构

网络结构在军事通信网中常指它的拓扑结构。拓扑结构是指网络中通信线路和节点的几何排列关系。这种排列关系既表示了网络的整体概貌，也反映了各结点间的结构关系，它影响着通信网的战术和技术性能。

通信网的基本结构，大致可分为星型、树型、环型、分布型和总线型五种，各有其优缺点。在实际应用中，较大规模的通信网，其拓扑结构往往是几种基本形式综合而成的较复杂的形式。在作战中要根据战术和技术的要求，各通信要素的情况等，选择合适的网络拓扑结构，以最大限度地满足网络的可靠性、灵活性、有效性等方面的要求。现多采用栅格状网络结构，见图 4－15。这种网的特点是转接点密，移动用户与转接点的距离不大，易实现可靠通信。而且可能的转接路由很多，抗毁性强，不容易完全中断。

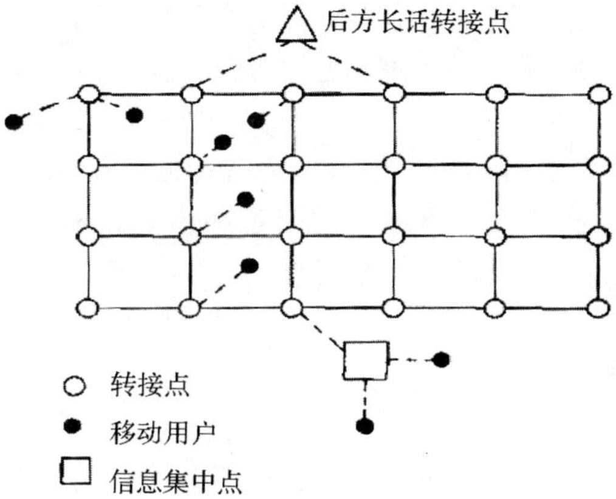

图 4－15　栅格状网络拓扑结构示意图

（二）网络协议及网络体系结构

为了做到在通信网络结点间有条不紊地交换信息，每个结点必须遵守一些事先约定好的规则。特别是在计算机通信网中，由于通信的双方是机器，就必须由这些规则明确规定所交换数据的格式以及有关的同步等问题。这些为进行网络中的信息交换而建立的规则、标准或约定称为网络协议。由此可见，网络协议是通信网络不可缺少的组成部分。

对于复杂的网络协议，其结构采用层次式。通信网络的各层及其协议的集合，称为网络的体系结构。换言之，网络的体系结构就是这个网络及其部件所应完成的功能的精确定义。需要强调的是：这些功能究竟是用何种硬件或软件完成的，则是一个遵循这种体系结构的实现的问题。可见，体系结构是抽象的，是存在于纸上的，而实现则是具体的，是真正运行在硬件和软件上的。

目前通行的网络体系结构是国际标准化组织 ISO 的开放系统互联 OSI 参考模型，并记为 OSI/RM，或简记为 OSI。OSI 模型中，一个开放系统分为 7 层，由下至上是物理层、数据链路层、网络层、传送层、会话层、表示层和应用层，其协议也由 7 层构成。

（三）网络管理与综合网络管理

随着通信网络的发展，用户往往需要在异构互联网的环境下进行通信，这就使得当今的网络管理与过去相比复杂得多，并成为通信领域中最热门的研究课题之一。

网络管理的目的是使网络资源得到更加有效的利用，使整个网络能更加经济地运行，并能提供连续、可靠和稳定的服务。在技术文献中常把网络管理的内容归纳为 OAM，即运营（Operation）、管理（Administration）和维护（Maintenance）所需的各种活动。综合网络管理的最终结果可以减少对管理人员技能需求，减少管理多个网络增加的困难和错误，增加网络管理的灵活性。对各个网络进行综合管理是互联网络发展的必然趋势。

4.4.2 综合业务数字网

ISDN（ISDN，Integrated Services Digital Network）是以电话 IDN 的概念为基础发展而成的网络，它提供端对端的数字连接性（指用户端到用户端的数字连接），用来提供包括话音和非话音在内的多种业务。用户能够通过一组标准多用途的用户/网路接口接入到这个网路。

ISDN 首先要在技术上实现传输和交换的数字化，形成电话 IDN，从而实现交换局至交换局间的数字化，使网络充分发挥数字技术的优点。然后在电话 IDN 的基础上，使用户线实现二线双向数字传输，以及各种话音和非话音业务综合进网，即把来自各种信息源的电信业务（电话、电报、传真、数据、图像等）综合在一个网内传送和处理，并可在不同的业务终端之间实现互通，也就是数字技术的综合和电信业务的综合互相结合起来，就构成了综合业务数字网（ISDN）。如图 4－16 所示。

ISDN 是一个全数字化的通信网络。在这个网络中，一切信号都以数字形式进行传输和交换。这就是说，不论原始信号是语言、文字、数据还是图像，都先在终端设备或用户网络接口设备中转换成数字信号，然后通过数字用户线将信号送到 ISDN 网络。

ISDN 所能提供的商用业务有两种速率。一种是基本速率 192kbps，可以提供话音、数据、用户传真、交互型可视图文、静止图像、慢扫描图像以至某些较低速率模式的可视电话与电视会议等业务。另一种是 2.048Mbps 或 1.544Mbps 基群速率，主要用于连接用户交换机（PABX）及计算机等大信息

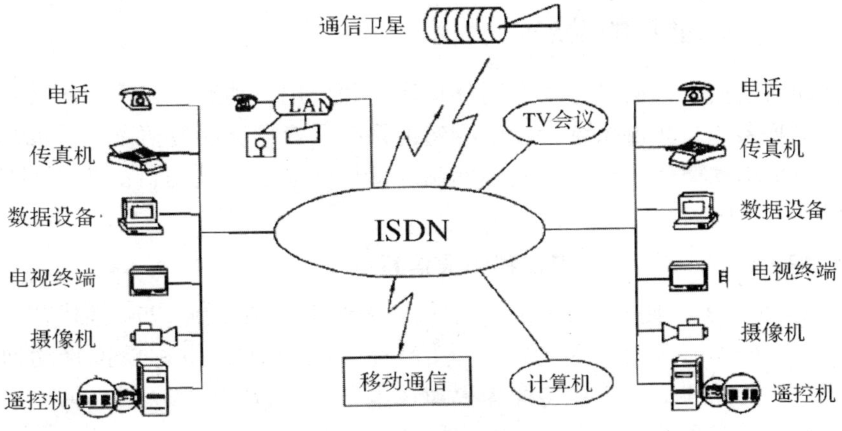

图 4-16　综合业务数字网

量信源，可以提供较高速率的可视电话和会议电视等业务。所有上述各种业务，都是以 64kbps 速率为基础的，最高速率不超过 2.048Mbps。我们把只能提供此类业务的 ISDN，即前面所介绍的 ISDN，有时称为窄带 ISDN（N-ISDN）。

窄带的即通常所说的 ISDN 仍不能满足更高速率、更宽频带业务的要求。例如，一路高清晰度电视（HDTV）信号，经压缩后的数码率仍为 140Mbps 左右。高质量的可视电话与会议电视，以及宽带可视图文和多媒体终端业务等，也都要求类似量级甚至更高的数码速率。由此提出了对具有更高速率、更宽频带的 ISDN 的需求。更高速（更宽带）的业务需由宽带综合业务数字网（B-ISDN）提供。

4.4.3　移动通信网

移动通信是指通信双方或一方处于运动状态中的无线电通信。现代移动通信几乎集中了无线电和有线电通信的所有技术成果，不仅可传递话音信息，而且可像公用电话网一样实现自动交换，有些移动通信系统甚至可以提供数据传输，图像传输等服务，并且正在向移动综合业务数字网（MISDN）方向发展。因此，移动通信和卫星通信、光纤通信一起被列为现代通信领域中的三大新兴通信手段，在世界各地都得到了迅速发展和应用。

（一）移动通信的发展

移动通信按服务面可分为专用移动通信和公用移动通信；按所用技术手段可分为寻呼系统、集群系统、无中心选址系统、蜂窝移动通信系统、无绳电话系统、卫星移动通信系统等。其中商用蜂窝移动通信系统到目前为止经历了4代的发展。

1. **第一代（1G）——模拟移动通信系统**

从1946年美国使用150MHz单个汽车无线电话开始到1990年代初，是移动通信发展的第一阶段。因为调制前信号都是模拟的，也称模拟移动通信系统。第一代移动通信的主要特征为模拟技术，可分为蜂窝、无绳、寻呼和集群等多类系统，每类系统又有互不兼容的技术体制。

2. **第二代（2G）——数字移动通信系统**

这一代移动通信系统的主要特征是采用了数字技术。数字蜂窝移动系统有GSM、DAMPS、CDMA三种不同体制，数字无绳电话有DECT、PHS等几种，高速寻呼有FLEX、APCO、ERMES三种。三种不同的数字蜂窝系统标准，即北美的IS-54、欧洲的GSM、日本的JDC（后改为PDC），都在1990年代初生产出了实际的商用系统。1991年7月GSM系统开始投入使用。1992年美国提出了CDMA技术的蜂窝系统的建议并随后投入商用。

3. **第三代（3G）——多媒体移动通信系统**IMT-2000

3G移动通信支持话音和多媒体数据通信，它可以提供前两代产品不能提供的各种宽带信息业务，在用户静止时最大数据率为2Mbps，在用户高速移动时最大支持144Kbps。第三代移动通信系统的通信标准于2000年确定，共有WCDMA，CDMA2000和TD-SCDMA三大分支，共同组成一个IMT-2000家庭，成员间存在相互不兼容的问题。中国于2009年开始3G商业运营。

4. **第四代（4G）——宽带移动通信系统**IMT-advanced

4G标准在2012年确定下来，国际上主流的4G技术主要是LTE-Advanced和802.16m两种技术。4G标准最显著的技术特征是提供最大100Mbps的数据下载速度及最大20Mbps的上载速度。

（二）移动通信系统组成与工作原理

典型的移动通信系统如图4-17所示。系统由移动台、基站分系统、交换子系统、操作和维护分系统几大部分组成。

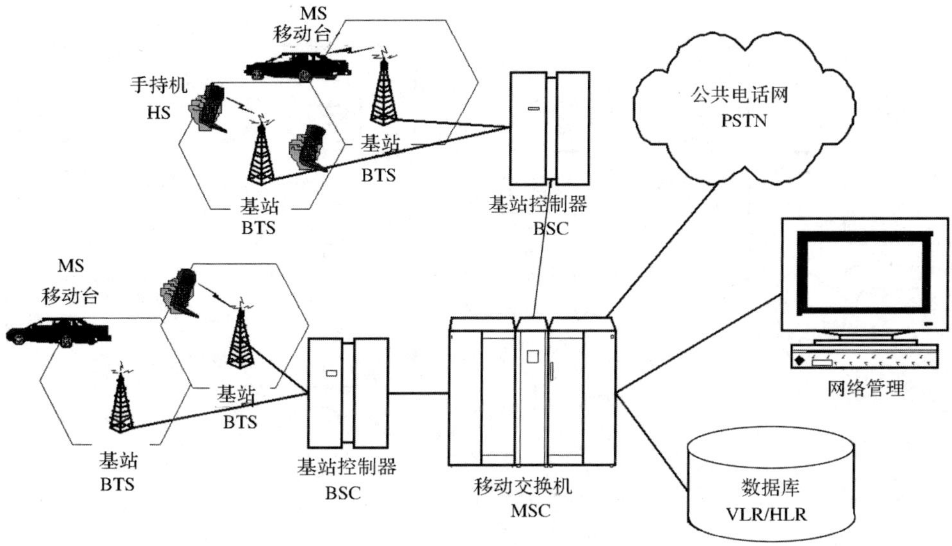

图 4－17　移动通信系统示意图

（1）移动台（MS）是移动系统中直接由用户使用的移动设备，并分为“手机”和车载台两种。移动台执行接入无线网、控制与处理主被叫通信，提供人—机接口。移动台具备用户识别号码，并由电话局一次性注入相应移动台。内置包括用户信息的 SIM 卡（Subscriber Identity Module）。

（2）基站分系统（BSS）由基站台（BTS）和基站控制器（BSC）组成，是无线移动网的通信部分的所有地面基础设施。BSS 通过无线接口与移动台连接，通过基站控制器（BSC）与移动交换中心连接，BSS 完成无线发送、接收和管理功能，还接受网管系统控制。

（3）交换子系统（MSS）包括移动交换中心（MSC）和存储用户数据和移动管理信息库 VLR/HLR。MSS 还管理移动网中用户与其他通信网的通信。

（4）操作和维护分系统以电信管理网 TMN 的概念规定管理目标，网内所有操作维护设备形成一个完整的系统，对网内业务控制设备进行全面管理。

移动通信系统的逻辑组成如图 4－18 所示。

在军用移动通信系统中，有些基站是车载的，以保证一定的机动灵活性；在这种情况下，基站与控制交换中心需用微波信道相连接。此外，许多移动通信系统还通过中继线与有线电话系统相连接，使移动用户可与市话用户甚至长途用户通信。

为解决频率资源有限与众多用户之间的矛盾，移动通信系统往往采用蜂窝

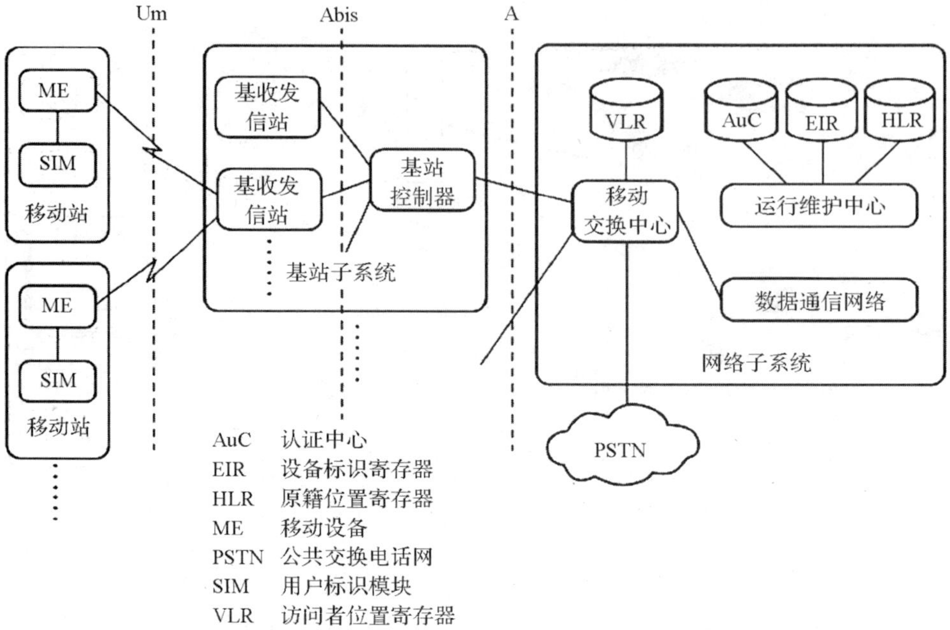

图 4－18　蜂窝移动通信系统逻辑组成

无线组网方式进行空间布局，以实现频率重用。每一个基站台是一个蜂窝，又被称作小区，图 4－19 是几种不同的小区组网图案，不同的数字表示不同的中心频率。故移动通信又被称作蜂窝移动通信。

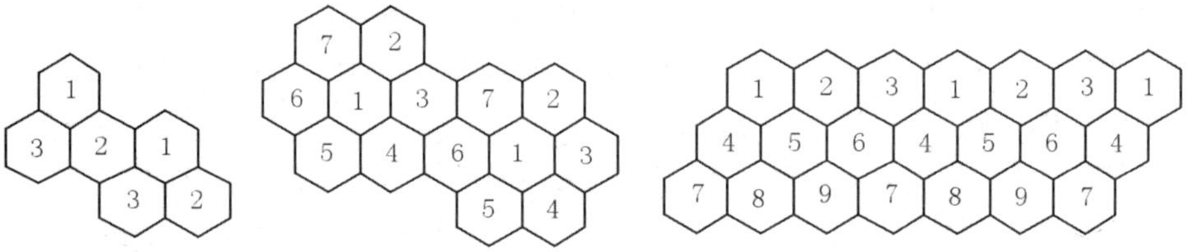

(a) 3频率组网方式　(b) 7频率组网方式　(c) 9频率组网方式

图 4－19　几种蜂窝移动小区组网图案

同一个小区内的移动终端则采用码分多址（CDMA）方式加以区分，故同一小区内能同时通话的终端数量是有限度的。在通信繁忙的地区（如机场、车站等）就要通过缩小蜂窝及小区分裂等方式增加容量。

我国陆地公用蜂窝数字移动通信网 GSM 通信系统采用 900MHz 频段，其中上行（移动台发、基站收）为 890～915MHz，每个信道间隔 200kHz；下行

（基站发、移动台收）为935～960MHz，收、发频率间隔为45MHz，可有效地进行隔离，故通信是全双工的，收发互不影响。随着业务的发展，已向1.8GHz频段的DCS1800过渡，其中1710～1785MHz上行，1805～1880MHz下行。如图4－20所示。

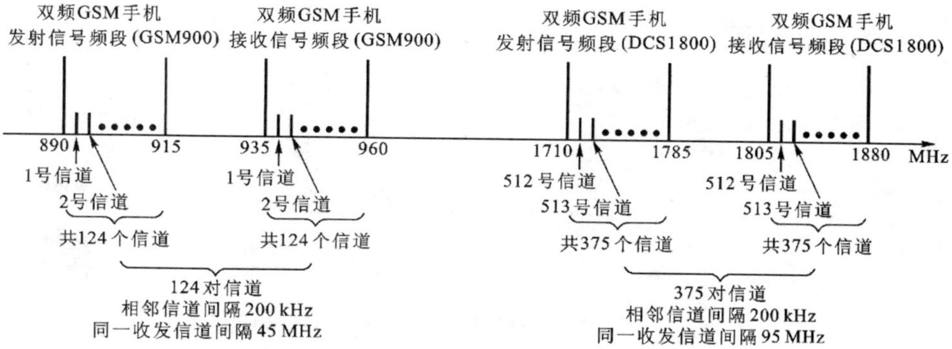

图4－20 我国公用蜂窝数字移动通信网频段划分

移动通信应用模式的一个重要特点是用户终端可以移动，可能从一个基站范围移动到另一个基站，也可能从一个注册地移动到另外一个注册地（称为漫游）。作为移动通信系统必须要能掌握这种情况，而这就是由系统中的HLR（原籍位置寄存器，即号码注册登记处）和VLR（访问者位置寄存器）来实现的。当用户终端移动到一个新的基站范围后，基站收到终端的信号及SIM卡中信息，即将信息上报到本地移动交换中心存储到VLR中，同时将定位更新消息发到该终端的HLR，该HLR通知原VLR取消该终端的定位消息，然后将定位更新确认信息发到新VLR，最后发送到终端上，完成位置更新。

图4－21是固定电话拨打已漫游的移动电话的呼叫建立过程示意图。大致要经过以下10个步骤：

（1）固定电话拨打移动电话号码；

（2）电话网辨识出是移动号码，于是将呼叫号码转到本地移动交换中心；

（3）由于本地VLR中没记录，移动交换中心查询用户的HLR；

（4）HLR中有漫游记录，于是HLR查询现漫游地VLR；

（5）漫游地VLR确认，于是本地移动交换中心确认了用户现在的MSC；

（6）本地MSC把呼叫转到终端MSC；

（7）终端MSC查询VLR以确认用户当前小区等信息；

（8）VLR返回信息；

（9）开始向移动终端呼号；

（10）移动终端响应，MSC 把响应信息一直传回固定电话，呼叫建立完毕。

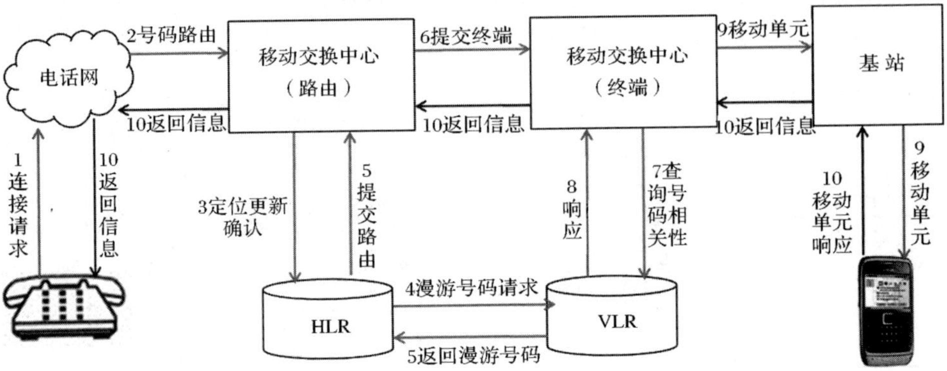

图 4－21　已漫游移动电话的呼叫建立过程示意图

4.4.4　战术互联网

战术互联网是战术无线电传输设备与计算机的有机集合，通过各种路由器，构成多路由、自组织、自恢复、自适应的通信网络。战术互联网是数字化部队建设的基础设施，通常应用于师、旅及旅以下部队通信的无缝链接，其主要功能是承载数据业务，完成战斗单元动态组网与协调通信。

战术互联网主要由 SINCGARS 分组网、EPLRS 数据网、各种作战平台的通信设备组成，依靠 IP 协议和路由器，战术互联网可以和移动用户设备/战术分组网以及其他网络互联，它们通过网关形成了完整的无缝信息系统。战术互联网可以利用商用互联网协议来交换 VMF 文电。由于野战环境和战术应用的特殊性，使得战术互联网还具有如下特点：

（1）通信网络和用户的移动性，要求通信网络具有动态拓扑变化和动态路由，实现数据和话音的“动中通”。

（2）无线信道带宽受限，信息传输速率不高，业务容量小。

（3）无线信道要求适应野战恶劣环境，必须具有信道抗干扰能力和信源加密措施。

战术互联网的体系结构通常按照三层结构设计。第一层是无线分组子网层，主要由单工战术电台和单工跳频电台组网；第二层是无线干线网层，由宽带数据电台及其终端构成通信网络，用于提供广域网连接；第三层是宽带数据网层，由系统综合车、指挥控制车、战斗指挥车等车载宽带数传设备组成，为师、旅及旅以下陆军作战指挥系统与其他系统之间提供数据和图像通信链路。图 4－22 是一个美军使用的战术互联网的典型结构。

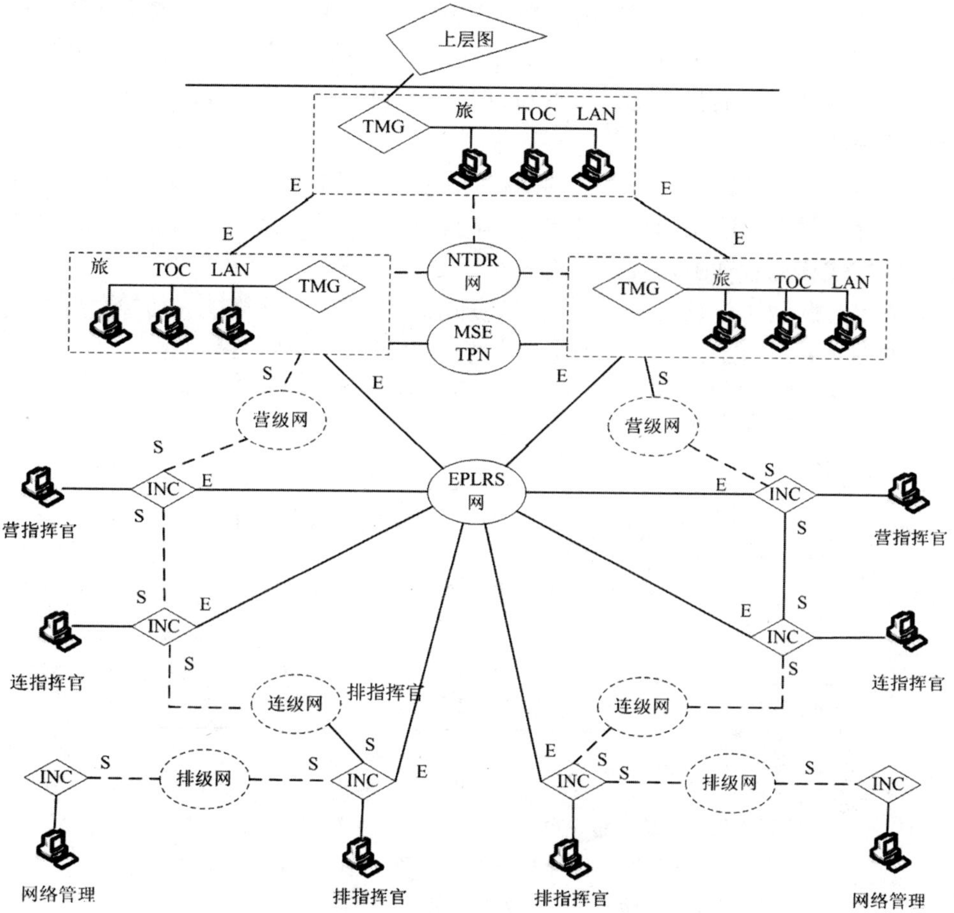

TMG——战术多网网关，LAN——局域网，NTDR——近期数字电台，
MSE——移动用户设备，ING——互联网控制器，TOC——战术作战中心，
S——SINCGARS（单信道地面与机载无线电系统），
E——EPLRS（增强型定位报告系统），TPN——战术分组网

图 4－22　战术互联网的典型结构

战术互联网的设计目的是使其通信要素能支持旅和旅以下作战人员，实现指挥官、参谋、士兵和武器平台对指挥控制数据共享，又可以为部队提供近实

时的态势感知。

战术互联网在应用上分为旅及旅以下部分和旅以上部分两层。旅以上部分传输的信息量较大（2Mbit/s 以上），大多采用点对点链路形式传输。旅及旅以下部分由于带宽限制，多采用无线电广播通信方式，对移动性要求较高。图 4－22 中 EPLRS 网络是旅及旅以下网络的骨干传输网络，为战术互联网提供高速广域网链路，主要传输态势感知数据；而 SINCGARS 无线电网络主要传输指挥控制数据。

战术互联网结构本身是一个复杂的系统，它同时有数百个射频发射机工作。此外，战术互联网的拓扑结构总是随着时间发生变化，所有节点都能够以任意的方式移动和动态连接，没有一个固定形式。

战术互联网协议结构分为五层：物理层、链路层、网络层、传输层和应用层，如图 4－23 所示。每层都有独立的功能并具有对上、下层的接口。

<table>
<tr><td>应用层</td><td>BGP4</td><td colspan="2">SNMP</td><td colspan="4" rowspan="2">OSPF2</td></tr>
<tr><td>传输层</td><td>TCP</td><td colspan="2">UDP</td></tr>
<tr><td>网络层</td><td colspan="7">IP</td></tr>
<tr><td rowspan="3">链路层</td><td rowspan="3">PPP</td><td colspan="2" rowspan="3"></td><td colspan="2">IP</td><td>IP</td><td rowspan="4">802. 3</td></tr>
<tr><td colspan="2">X. 25</td><td rowspan="2">188－220B</td></tr>
<tr><td colspan="2">IP</td></tr>
<tr><td>物理层</td><td colspan="2">RS423</td><td colspan="2">RS422</td><td colspan="2">X. 21</td></tr>
</table>

BGP4—边界网关协议，SNMP—简单网络管理协议，OSPF2—优先开放最短路径协议，TCP—传输控制协议，UDP—用户数据报协议，IP—互联网协议，PPP—点对点协议，188－220B—美军数字信息传输设备互操作标准

图 4－23　战术互联网协议结构

战术互联网由多个自主系统组成，在每个自主系统中可以划分一个或多个寻由区。在一个自主系统中采用相同的路由策略。为了适应战术互联网拓扑的动态变化，在自主系统中采用优先开放最短路径协议第二版（OSPF2）与静态路由相结合的策略，提供寻由服务。在自主系统之间采用边界网关协议第四版本（BGP4）实现寻由。由于 BGP4 需要传输控制协议（TCP）的支持，所以必须在高速链路上使用；否则，低速链路会导致 TCP 协议的大量重传而使网络失效。OSPF2 直接建立在 IP 协议之上，是一种面向非连接的协议，如果能

找到合适的参数，就可以在较低速的链路上使用。

4.4.5 公共信息传输平台

（一）公共信息传输平台的功能

信息作战中，公共信息传输平台是未来信息作战中保障国家、军队和所有作战力量，在各种复杂的情况下遂行信息作战任务的全球信息系统网（美军称为国防信息系统网）的核心内容。

公共信息传输平台的初期目标，是通过网关把各军兵种和各业务局的独立网进行综合集成，通过这种综合使早期应用软件和烟囱式系统大大减少，从而对实现 C4ISR 系统产生巨大推动作用。进一步的目标是以开放式系统标准为基础，提供话音、数据、视频、遥测、图像和网络增值业务及综合业务，建立一个可伸缩的，高达几千兆比特/秒的全球栅格网，把全球通信和信息业务扩大到所有的信息作战部队。

平台具有抗毁、保密、顽存（利用军民混合传输介质保证全球作战）、互操作（战术系统和其他系统的互操作），端到端网络管理、优先序（首先保证信息作战行动）等独特的能力和特点。

（二）公共信息传输平台的体系结构、连接与管理

公共信息传输平台由本地与基地级网（含局域网 LAN）、区域网或城域网、广域网（WAN）等组成，用军民卫星系统、陆上传输系统（如同步光纤网、微波中继系统等）等手段综合互联，并使业务迅速扩展到战术层次，构成覆盖全球的公用信息网络，诸军兵种部队均可入网互通。随着技术的发展，民用和军用通信系统将完全综合，以提供可靠、灵活、宽带、综合业务的传输网络。并根据信息作战信息获取、定位、处理和特殊的军事要求，提供适当组合的传输网。

网络连接由固定式和移动式两部分组成，通过广域网和局域网把两部分连接起来。广域网也分固定和移动两部分，局域网的固定和移动用户单元分别接入广域网的固定与移动网络。在广域网内和广域网与局域网之间均采用 ATM，实现高速交换，传输速率达到 1 ~ 10Gbps。

随着发展，公共信息传输平台为确保其互操作性、集成性和应用的可移植性，将通过具有同步光纤传输网（SONET）接口的 ATM 组网技术来合并其他

高速网络，并应用信元中继技术。网络管理采用分级方式进行统一管理。第一级提供全球监视与指导；第二级提供远程网络管理和控制；第三级提供区域或基地级网络管理和控制；全网管理引入了系统管理中心（SMCS）的思想。随着发展，为实现更可靠的网络操作和网络管理，将广泛采用集中与分布式的人工智能思想，这样将更有效地提高网络性能。

（三）公共信息传输平台提供的业务种类

公共信息传输平台提供的业务种类主要有：

（1）信息管理业务。保障简单数据和复杂信息的储存、控制、转发、管理和分配。

（2）综合网络管理业务。在网络级和用户级综合控制网络的资源，综合和自动控制信息系统的资源，以及自动维修系统。

（3）网络业务。提供传输和接口标准，保障物理通信和逻辑通信。

（4）用户接口业务。为用户提供可视的功能，交互的人机接口业务。

（5）操作系统业务。管理硬件和软件资源，包括应用程序的分发和所有软件接口。

（6）保密业务。提供信息作战力量个人的、受保护的以及集完整的信息库、网络和计算设备于一体的保密业务。

（7）编程业务。指导应用程序的开发和运行。

（8）信息交换标准业务。在保持所有各种类型的信息格式、内容和形式的情况下进行传输。

习　题

1. 什么是信息传递技术？其四个方面分别是什么？
2. 卫星传输方式有什么特点？
3. 短波传输方式有什么特点？
4. 超短波传输方式有什么特点？
5. 光纤传输方式有什么特点？
6. 为什么战术通信网往往采用无线电台传输方式？
7. 调幅调频调相各有什么特点？
8. 蜂窝移动通信的窃听方法及途径？

9. 阐述通信反窃听的相关技术。
10. 阐述通信反干扰方面的技术。
11. 介绍卫星通信体制及技术发展。
12. 叙述数字微波接力通信技术。
13. 探讨利用公用信息网进行军事通信的可行性。
14. 扩频通信有什么优缺点?
15. 介绍扩频通信的若干方法及其原理。
16. 跳频通信的原理及其优势有哪些?
17. 谈谈 CDMA 的原理及特点。
18. 水下通信都有些什么方式?
19. 阐述信息传递技术在军事上的应用。
20. 谈谈数字通信逐步取代模拟通信的作用和意义。
21. 简述信息传递技术在信息战中的地位和主要作用。

第 5 章　信息对抗技术

信息对抗技术就是用于信息对抗领域的各种技术的总称。信息对抗技术就其总体而言，属于信息作战综合应用技术，是信息作战技术水平的集中表现。信息对抗技术是指阻挠或破坏敌方信息系统正常地获取、传递、处理和利用信息，保证己方信息系统正常地获取、传递、处理和利用信息的各种技术的总称。

信息对抗技术直接导致了信息作战方式的产生。从无线电通信最初在军事上应用之时起，就开始有了早期的无线电侦察和信息截获行动及相应的技术，随之有了某些反侦察、反截获的技术，稍后又发展了干扰与抗干扰技术，如此等等。在雷达、水声以至计算机网络等领域，情况也类似。信息对抗技术是直接关系信息作战胜负的一个关键因素。因为信息对抗是信息作战最直接、最尖锐的表现，而信息对抗技术又是信息作战技术水平的集中表现。信息对抗技术及其正确、有效的运用，对于信息作战的胜负具有关键意义。

信息对抗技术由信息攻击技术和信息防御技术两大部分组成。前者包括信息对抗侦察技术、信息干扰技术、计算机网络攻击技术、破密技术以及对信息系统的摧毁技术。后者则包括信息反侦察技术、信息反干扰技术、计算机网络防御技术、保密技术以及信息系统反摧毁技术。

5.1　信息侦察与反侦察

信息侦察技术主要包括两个方面：一是采用信息获取技术对战场进行侦察监视，这个已在本书第 3 章有述，本节不再讨论；二是为进行信息对抗而对特定对象进行侦察所采用的技术，故称为信息对抗侦察技术。信息反侦察技术则是指己方为使敌之信息系统不能够获取我方信息所采用的技术。

5.1.1　信息对抗侦察技术

信息对抗侦察技术主要包括通信对抗侦察技术、雷达对抗侦察技术、光电侦察告警技术、声呐侦察技术以及反隐身技术。

（一）通信对抗侦察技术

通信对抗侦察技术是指利用无线电收信设备或其他接收设备，通过截获、分析和识别敌方信号，以获取敌方通信装备所在的空间位置以及工作频率、功率、信号形式与特征等信息的技术，亦可简称为通信侦察。

通信侦察系统通常由接收天线、接收机和终端设备三部分组成。用于测量信号频率的接收机称测频接收机，按测频方式不同可分为搜索接收机和非搜索接收机。用来测量信号到达方向的接收机，称测向接收机，可由测频接收机兼任，与定向接收天线共同完成测向任务。为了对敌方无线通信装备进行定位，所采用的技术主要有测向定位技术、测时差定位技术和测向测时差混合定位技术。

通信侦察一般包括信号搜索与截获、信号测向定位、信号参数测量、信号特征识别等侦察过程。

信号搜索与截获。截获信号必须具备三个条件：一是频率对准，即侦察设备的工作频率与信号频率要一致；二是方位对准，即侦察天线的接收方向要对准信号的来波方向；三是信号电平不小于侦察设备的接收灵敏度。由于敌方信号的频率和来波方向是未知的，所以，在寻找信号时，需进行频率搜索和方位搜索。

信号测向定位。利用无线电测向设备测定信号来波的方位，并确定目标通信系统的地理位置。测向定位可以为判定通信系统的属性和通信网组成、引导干扰和实施火力摧毁提供重要依据。

信号参数测量。不同通信体制或原理的信号技术参数的种类不完全相同，但它们共有以下几种参数：信号载频、信号电平、信号频带宽度、信号调制方式、电波极化方式。通信信号参数的实时测量对通信对抗侦察尤为重要。当不能实时测量时，可利用音频录音、视频录像、射频信号存储等手段进行记录，以便事后作进一步分析和处理。

信号特征识别。信号特征包括技术特征和通联特征，技术特征是指信号的波形、频谱结构、调制参数及电台的位置等方面的特征，通联特征（通信联络特征）包括信号使用的目的、时间、频度、流程等规律性特征。分析信号特征可以判断敌方的通信体制和通信系统的性能，判断敌方通信网的数量、功能和地理分布等。

先进侦察系统的终端设备已经大大超出了传统的终端设备的概念，它主要包括以中央处理机为主构成的信息处理系统、控制系统以及显示、记录设备。

对跳频信号的截获比对常规通信信号的截获要难得多，其核心问题是速度，即要实现快速截获。目前用得比较多的具有截获跳频信号能力的接收机主要有：信道化接收机、压缩式（微扫）接收机、声光接收机及数字式 FFT（快速傅里叶变换）接收机。

信道化接收机是一种具有快速信息处理能力的非搜索式多路超外差接收机，接收机设置多个并行的信号通道，每个通道只传输和变换一个频率的信号。

压缩式接收机是一种频率快搜索的超外差接收机，它能以很高的频率分辨力，将处在一个宽的射频频段内的所在信号瞬时地分选出来，因而具有瞬时测频能力。

声光接收机是一种用声—光衍射器件（通常称为布拉格器件），把射频技术、超声技术和激光技术结合起来，具有体积小、频带宽、分辨力高、可瞬时测频的新型接收机。

数字式 FFT 接收机利用快速傅里叶变换，可实时分析、处理数兆赫带宽内的多径混叠信号等同态信号。

（二）雷达对抗侦察技术

雷达对抗侦察技术是指利用雷达侦察机接收敌方雷达辐射的信号，以发现敌雷达或带雷达的目标，从而获得敌方雷达的空间位置和技术参数的技术。

1. 雷达对抗侦察系统的组成与工作原理

雷达对抗侦察系统由测频天线、测向天线或天线阵、接收机、信号处理器和终端设备等五部分组成，其中终端设备包括显示器、分析器和记录器，测向接收机控制天线波束转动，进行方位搜索，并将天线的方位数据送至信号处理器，以指示雷达所在的方向，如图 5－1 所示，信号处理器还可将得到的数据输出到对抗设备。

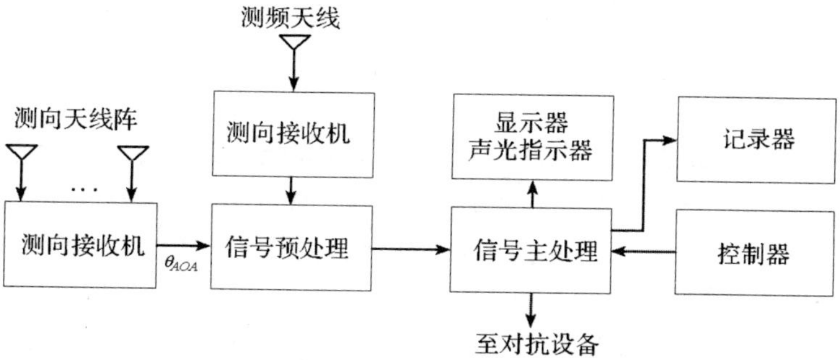

图 5－1　雷达对抗侦察系统示意图

2. 雷达侦察的特点

与普通雷达的工作相比，雷达侦察有以下特点：

(1) 作用距离远

雷达接收的是目标回波，信号极其微弱，而雷达侦察机接收的是雷达发射的直射波，可以在雷达作用距离之外就能提早发现带雷达的目标。如果采用高灵敏度的超外差接收机，可以实现超远程侦察，监视敌雷达控制的远程导弹的发射。

(2) 获取目标的信息多

雷达根据目标回波只能获得目标距离、方位等数据。雷达侦察设备不仅可以对雷达信号参数测定，准确地判定敌雷达的类型，还可利用雷达参数的微小差异，区分出带有同型号雷达的不同目标，直接指出被发现目标的相关属性。

(3) 预警时间长

由于雷达侦察机发现雷达的距离比雷达发现目标的距离远 1.5 ~2 倍以上，所以在敌方雷达发现己方目标之前，能有几分钟至几十分钟的时间提前发现敌方雷达。另外，在防止敌方导弹袭击时，由于导弹飞行速度很快，用雷达监视和跟踪导弹是不能胜任的，而用雷达侦察机监视导弹基地的雷达活动，就可以在几十分钟甚至几小时前获得敌方发射导弹的征兆。

(4) 隐蔽性好

雷达探测目标必然要发射强功率信号，从而暴露自己。而雷达侦察机本身不发射电波，靠接收雷达的信号发现带雷达的目标，因而有高度的隐蔽性。

(5) 只能测向，不能测距

获得情报完全依赖于雷达的发射，只能测向，不能直接测距。如果敌方采取雷达“静默”、不工作或缩短开机时间，侦察机就不能发现目标而无法获得情报。

（三）光电侦察告警技术

光电侦察告警是指利用光电技术手段对敌方光电制导武器和侦测器材辐射或散射的光信号进行探测截获、识别，并及时提供情报和发出告警的技术。光电侦察告警技术包含激光侦察告警技术、红外侦察告警技术和紫外侦察告警技术。

激光侦察告警技术通过测量和识别激光参数判断装备种类并作出威胁告警。主要针对激光制导武器或光电火控系统中的激光测距机，利用来袭激光照射进行逼近告警，向所保护的平台发出警报，并能指示威胁方位。激光告警设备主要由激光光学接收系统、光电传感器、信号处理器、显示与告警装置等部分组成。激光侦察告警通常具有如下特点：接收视场大，能覆盖整个警戒空域；频带宽，能测定敌方所有可能的军用激光波长；低虚警、高探测概率、宽动态范围；有效的方向识别能力；反应时间短；体积小、重量轻，价格便宜。

红外侦察告警技术通过探测飞机发动机、导弹尾焰等产生的红外辐射特征实现对来袭飞机、导弹的告警，并可提供威胁源的方位、距离等告警信息。红外侦察告警系统包括红外探测单元、信号处理单元和示警及控制单元。

（四）声呐侦察技术

声呐侦察技术是指获取敌主动声呐或来袭鱼雷主动声制导信号的方位、工作频率和信号形式等参数，以便避开对方声呐的探测，或采取相应的干扰措施的信息侦察技术。

声呐侦察系统（也称侦察声呐）是一种被动声呐系统，通常称为收听系统，本身不产生声波，而只接收主动声呐辐射的声信号，该信号经海水传播，由水听器接收，将声能转换为电能，电信号经放大、处理，送至终端听测或显示。由于敌方主动声呐信号是未知的，所以声呐侦察设备的频带宽达 1～80kHz，且要报警距离远，能在一个来袭脉冲内进行测频、测向、测脉宽等。因此，计算机技术、数字信号处理技术在侦察声呐中广泛使用。为在信息作战中提高水声对抗的作用，侦察声呐应是优先研究的对象。

（五）反隐身技术

由于目前隐身技术应用的重点是各种隐身飞机、隐身导弹等隐身飞行器，而这些飞行器所采用的主要是反雷达探测的隐身技术，所以雷达反隐身技术是目前反隐身技术的一个主要组成部分。

1. **扩展雷达的工作频段**

目前研制的隐身飞行器一般是对抗工作频率为 0.2～29GHz 的分米波和厘米波雷达的。如果雷达工作频率向两端扩展超出此范围，使用米波和毫米波雷达，则可实现反隐身目的。

使用米波雷达，既可跳出隐身飞行器现在采用的隐身吸波材料的吸收波段，又可使飞行器外形设计和吸波涂层厚度难以达到吸收米波的要求。米波雷达发展较快的是超视距雷达，其工作频率为 5～28MHz，适于搜索海域上空的目标，具有探测隐身巡航导弹的能力；但由于要经过电离层长距离反射，超视距雷达不能探测 900km 半径以内的目标；此外，超视距雷达天线庞大，设备笨重，成本昂贵。

频率 30GHz、94GHz、140GHz 的毫米波在目前隐身技术所能对抗的波段之外，同时毫米波雷达具有天线波束窄（发散角仅为 0.1°～1°）、分辨率高、频带宽等特点，因而具有反隐身能力。毫米波雷达具有成像能力，并具有体积小、机动性、隐蔽性好等优点。但由于毫米受大气衰减影响大，因此毫米波雷达探测距离有限。

2. **改进雷达的探测性能**

对常规雷达采用大时宽脉冲压缩、功率合成、脉冲多普勒等先进技术，可以提高雷达的发射功率、作用距离及分辨力，因而可使雷达具有一定的反隐身能力。另外，将雷达探测设备安装在空中平台或卫星上进行俯视探测，可提高对低空突防的隐身目标的探测概率。因为现在隐身飞行器的隐身技术主要是针对地面的仰视雷达，目标迎面的雷达散射面积比较小，但其上部的隐身性能则较差，所以只要从目标的上方和侧方探测，就能起到反隐身效果。

3. **探索新技术体制雷达**

为探测隐身目标，可采取双（多）基地雷达、超宽带雷达、多频信号雷达、谐波雷达及无源雷达等新技术体制雷达。

（1）双（多）基地雷达

双（多）基地雷达是将发射机和接收机分别安装在相距较远的两个或多个站址上。设在不同地址的多个接收机可接收到来自目标不同部位的反射回波，因而总能发现目标。所以，双（多）基地雷达具有探测隐身目标的能力。

（2）超宽带雷达

超宽带雷达的频率覆盖范围特别宽，可从极低的频率到几千兆赫，因而从理论上讲，这种雷达具有探测隐身目标的能力，因为任何隐身目标所能有效隐身的频率范围总是有限的。但超宽带雷达要解决探测功率低、作用距离近的问题。

(3) 多频信号雷达

多频信号雷达是一种能产生多种不同频率信号的雷达。当用不同频率的多个连续信号同时照射隐身目标时，每个频率的反射信号由独立的通道接收和处理，因而可探测到那些使隐身目标不能有效隐身的频率信号。

(4) 谐波雷达

谐波雷达是一种可接收金属目标散射的谐波能量信号的雷达。隐身飞行器虽然采用了雷达吸波材料，但属于人造金属物，从理论上分析会产生谐波再辐射。但谐波的辐射能量很小，在技术上要解决的问题是如何利用很小的能量来发现隐身目标。

(5) 无源雷达

无源雷达又称被动雷达，它不发射电磁信号，而是通过接收目标的电磁辐射信号来探测目标的位置。隐身飞行器上的通信、导航、敌我识别、雷达等电子设备会辐射一定的电磁信号，无源雷达接收到这种信号，就可对隐身飞行器进行探测和定位。

4. 综合反隐身

由于隐身技术还包括反可见光探测和反红外探测的隐身技术，因此也将发展与之相应的可见光反隐身技术和红外反隐身技术。

对于可见光隐身目标的探测，可利用目标的结构体和表面的光反射，发动机喷口的喷焰、尾流和烟迹，灯光以及照明光为主要亮度源，还可利用飞行器的运动构件如飞机旋桨的闪光等信息。

对于红外隐身目标的探测，可利用目标自身的红外辐射和目标对环境红外辐射的反射作为辐射源进行探测。如喷气式飞机红外辐射包括喷气发动机的辐射、喷气束的辐射、机身气动加热及机身对太阳光的反射和散射等。

需指出的是，由于隐身武器装备大都综合采用了多种隐身技术措施，与之相对抗的任何单一的反隐身技术都不太可能增大对目标的可探测性，因此只有综合运用能探测隐身目标的各种探测设备，汇集多个探测器的信息，才能获得最佳的反隐身效果。目前可采用的反隐身目标的综合技术途径有：首先用超视距雷达发现远距离的隐身目标；当超视距雷达发现目标来袭区域（一般在国境线外）后，即派预警飞机飞至该区域定位并跟踪目标；当目标进入国境线以后，用各种不同频段的地面雷达组成雷达网从不同视角进行探测，并可采用红外、可见光等探测装置，则隐身飞行器的隐身能力就会失效。

5.1.2　信息反侦察技术

信息反侦察技术包括信息系统反侦察技术和武器装备反探测（隐身）技术。信息系统反侦察技术主要包括通信反侦察技术、雷达反侦察技术及声呐反侦察技术。

（一）通信反侦察技术

通信反侦察技术是为防止敌方通过通信侦察获得己方通信信息和设备使用情况而采用的技术，是信息防御技术的组成部分。通信反侦察技术主要有新频段通信技术、猝发通信技术、扩频通信技术、自适应通信技术及窄波束通信技术等。

1. 新频段通信

研制和采用新的通信频段的通信设备，向更高或更低的频率发展，如使用激光通信、极低频通信等，使通信频率超出敌方通信侦察接收设备的频段范围。

2. 猝发通信

猝发通信就是先将所要传送的信息存储起来，适当时机以高速发出。使用短波单边带电台、无线电接力机配高速数据传输终端可以实现。流星余迹通信是一种可实现远距离通信（单跳距离可达 2000*km*）的猝发通信方式；由于以瞬间猝发方式工作，且电波方向性强，因而敌方难以截获和测向。

3. 扩频通信

采用快跳频通信及跳频与直接序列扩频通信相结合，可以提高处理增益，增强抗截收和抗检测能力。

4. 窄波束通信

采用毫米波通信和激光通信等窄波束通信相结合，可以提高通信抗截获性。毫米波通信具有天线方向性强、传输速率大等优点，电磁隐蔽性好。激光通信的波束很窄，一般激光束传播 10km 只散开 4 ~ 5m，加上其数据率高等优点，因此不易被截收。

（二）雷达反侦察技术

雷达反侦察技术是指为防止雷达的性能、特征及部署被敌方侦察而采用的各种技术。雷达反侦察技术主要有新频段雷达雷达技术、功率管理技术、压低天线旁瓣技术及信号参数随机变化技术等。

1. 新频段雷达

如采用短波、毫米波、激光雷达，并使雷达的脉冲宽度工作在纳秒数量级上，给敌方进行雷达侦察带来很大的困难。

2. 功率管理技术

采用功率管理技术，可控制雷达发射信号的功率、方向、发射时间等。

3. 压低天线旁瓣

天线旁瓣的辐射，使雷达易被侦察。因而，压低天线旁瓣对雷达反侦察具有很重要的意义。一般采用旁瓣抵消和旁瓣消隐技术。

4. 雷达信号参数随机变化

如采用频率捷变、脉冲重复频率捷变、天线波束捷变、极化捷变等，可以使我方雷达的性能参数和类型等不被敌方所侦察。

（三）声呐反侦察技术

声呐反侦察技术是指为防止主动声呐或带主动声制导的鱼雷等武器装备的水下辐射声能被侦察而采用的各种技术。主动声呐及鱼雷发射的探测脉冲可采用多变的频率、脉宽和信号形式，并按一定的编码加以组合，以防止被敌方侦察。计算机技术目前正越来越广泛地用于声呐和鱼雷，使其具有较强的综合自适应能力和反侦察能力。通过声呐反侦察，可防止己方主动声呐或带主动声呐制导的鱼雷的工作频率被敌侦察声呐测得，从而可避免敌方进一步采取有效的声呐干扰手段。

（四）隐身技术

反探测技术（又称隐身技术、低可探测技术或目标特征控制技术）是通过降低武器装备等目标的信号特征，使其难被发现、识别、跟踪和攻击的技术。由于战场上的侦察探测系统主要有雷达、可见光、红外及声波等探测系统，因此隐身技术也相应地发展了反雷达探测、反可见光探测、反红外探测和反声波探测等隐身技术。

1. 反雷达探测隐身技术

雷达是最重要的探测装置之一，因此反雷达探测技术也就成了一种最重要的隐身技术。反雷达探测隐身技术主要有：

（1）隐身外形技术

隐身外形技术即合理控制目标的整个外形，采用多面体或多角体结构，避免出现两面体、角反射器的矩形槽等凹状强反射结构等。

（2）隐身材料技术

隐身材料技术主要采用雷达吸波材料，增强对雷达波的吸收，是反雷达探测隐身技术的关键技术。

（3）对消技术

目标本身产生与雷达反射波同频率、同振幅但相位相反的附加电磁辐射，与反射波发生相消干涉，从而消除散射信号。

目前的反雷达探测隐身技术主要是针对厘米波雷达，覆盖的频率范围有限。面对雷达探测工作频段的扩展，反雷达探测隐身技术也应向短波、毫米波等新波段扩展。

2. 反可见光探测隐身技术

反可见光探测隐身技术，是通过减少目标与背景之间的亮度、色度和运动的对比特征，达到对目标视觉信号的控制，以降低可见光探测系统发现目标的概率。反可见光探测的隐身技术措施主要有：改进目标外形的光反射特征，以减少太阳光反射的角度范围；控制目标的亮度和色度，使目标与背景的亮度匹配；控制目标发动机喷口和烟迹信号；控制目标照明和信标灯光；控制目标运动构件的闪光信号。

3. 反红外探测隐身技术

由于红外探测能力的提高，因此反红外探测隐身技术的重要性仅次于反雷达探测隐身技术，其主要技术措施有：改变红外辐射波段，使目标的红外辐射波段处于红外探测器的响应波段范围之外，或者使用目标的红外辐射避开大气窗口而在大气层中被吸收和散射掉，从而达到隐身的目的；降低红外辐射强度，这是红外隐身的主要技术手段；调节红外辐射方向，有效抑制红外探测器威胁方向的红外辐射特征。

4. 反声波探测隐身技术

反声波探测隐身技术是控制目标的声频特征，降低声波探测系统探测概率的技术。降低目标向周围介质传播噪声的主要技术措施有：改进发动机和辅助机的设计，降低噪声；应用吸声和阻层材料；采用减振和隔声装置；减小旋桨运动对介质的扰动噪声。

由于现代侦察探测系统应用了多种探测技术，因此，要想使目标达到理想的隐身效果，只依靠某一单项隐身技术或仅在某一方向进行隐身是不行的，必须综合运用各种隐身技术进行全方位、多手段隐身，即不仅要综合运用反雷达探测、反红外探测、反可见光探测、反声波探测等隐身技术，而且在运用每项隐身技术时也要综合采用多种技术手段。目前已研制出采用的隐身技术的隐身飞机和隐身导弹。隐身技术的发展与应用研究还扩展到地面坦克、战车、火炮、水面舰艇及水下潜艇等武器。随着隐身技术研究的深入，各类隐身武器的隐身性能还将逐步提高。

5.2 信息干扰与反干扰

信息干扰技术是信息对抗技术中的软杀伤性信息攻击技术，其作用是削弱、破坏敌方信息系统和信息武器的信息获取、信息传递、信息处理及信息控制等功能。信息反干扰技术就是信息系统和信息武器为防止敌方信息干扰而采用的各种技术，属于信息对抗技术中信息防御技术的重要组成部分。

信息干扰技术与反干扰技术在信息作战中具有重要作用。由于信息的获取、传递等是以电、光、声的形式进行的，因此信息干扰也是围绕电、光、声而展开，可以按技术领域分为电磁（无线电波）干扰、光电（光波）干扰及水声（声波）干扰。与信息干扰相对应，信息反干扰也可分为反电磁干扰、反光电干扰及反水声干扰。

5.2.1 信息干扰技术

信息干扰主要包括电磁干扰、光电干扰及水声干扰三个技术领域。

（一）电磁干扰技术

电磁干扰又叫射频干扰。根据干扰的对象区分，电磁干扰主要包括通信干扰、雷达干扰、导航干扰、制导干扰、引信干扰及敌我识别干扰等。通信干扰就是在无线电通信传输过程中引入射频干扰信号，以扰乱或破坏敌方无线电通信；雷达干扰是利用有源和无源干扰破坏雷达对真正目标的探测和跟踪；导航干扰即对无线电导航系统如雷达导航系统进行的干扰；制导干扰是指干扰无线电指令遥控制导和微波寻的即雷达制导系统；引信干扰是对敌方武器的无线电近炸引信的干扰；敌我识别干扰一般是利用模拟敌方的回答信号进行欺骗干扰。虽然电磁干扰种类很多，但其基本思路是相同的。

电磁干扰的基本方式按其产生方法可分为有源干扰和无源干扰。

1. 有源电磁干扰

有源电磁干扰也称积极干扰或主动干扰，即主动发射或转发电磁能量，扰乱或欺骗敌方信息设备，使其不能正常工作或被欺骗造成错觉。有源干扰按其作用性质分成压制性干扰和欺骗性干扰。

压制性干扰即使用大功率的干扰设备对敌方电子信息设备施放强大的电磁能，来扰乱敌方信息设备对信号的正常接收和处理，使规则的信号变得模糊不清或完全淹没在干扰信号里。欺骗性干扰也称模拟式干扰，主要是把假信号送进被干扰的设备，造成敌方判断错误。

(1) 压制性干扰

因为发射机功率会受到电源功率、发射机体积和功率器件的限制，并不容易提高。当干扰机发射功率一定时，要增强干扰效果，应该使干扰功率谱尽量的窄，将功率谱集中在被干扰信号频率附近，同时利用天线的方向性将能量集中到目标附近。依据频率引导方式的不同或根据干扰信号的频谱宽度不同，压制性干扰又分为瞄准式干扰、阻塞式干扰、半瞄准式干扰及扫频式干扰等方式。

1) 瞄准式干扰：指干扰载频（中心频率）与信号载频相符，干扰和信号的频谱宽度基本相同，干扰功率利用率高，针对性好，干扰效果好。瞄准式干扰一般需要频率引导设备，且同一时间只能干扰一个频带上的信号，要求较高的引导精度和引导速度。图5-2为引导式干扰模型。

2) 阻塞式干扰：又称拦阻式干扰，其干扰频带很宽，能同时干扰在其频段覆盖范围内所有接收设备。阻塞式干扰的优点是实现干扰快、能同时压制频带内多个信号，引导设备简单甚至不需要引导设备。缺点是干扰功率分散、利用率低，所需发射功率比瞄准式大得多，而且施放阻塞式干扰时，落入干扰频带内的已方信号也将受到干扰。

3) 半瞄准式干扰：与瞄准式干扰相比，其干扰信号频谱与敌方信号频谱没有完全重合。通常干扰信号频谱比被压制的信号频谱宽一些，能全部或大部分通过敌方接收机的频率选择回路。这种方式可在敌方信号出现时间短，来不及准确瞄准时使用。

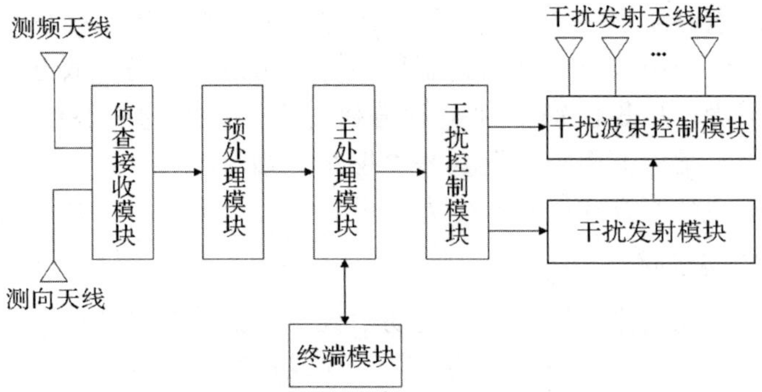

图 5-2　引导式干扰模型

4）扫频式干扰的干扰频率能在较宽的频段内周期性变化，从而对扫频范围内的信号形成干扰。它具有干扰反应时间短、管理方式自动化等特点，是宽频段电子调谐器件出现以后产生的一种干扰方式，本质上仍属于瞄准式干扰。

（2）雷达干扰

雷达干扰是利用干扰设备或器材向敌雷达发射干扰电磁波或反射、吸收敌方雷达辐射的电磁波，对敌方雷达实施压制性或欺骗性干扰，以破坏或削弱敌方雷达对目标探测和跟踪能力的一种电磁干扰行动。干扰机和被保护目标可以在一起，也可以不在一起，多数情况下都不在一起。图 5-3 为雷达干扰工作方式，干扰功率往往是从雷达的旁瓣进入雷达。

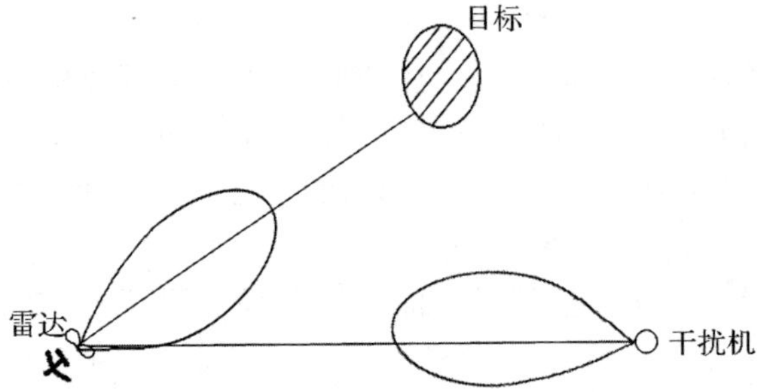

图 5-3　雷达干扰方式

雷达干扰按作战使用方式分为自卫式干扰和支援式干扰。自卫干扰是目标自身携带干扰设备和干扰器材施放干扰掩护目标自己，可采用欺骗干扰或遮盖干扰。自卫干扰是现代作战飞机、舰艇、地面重要目标等必备的干扰手段。支援干扰通常是由专用的运载平台（如电子战飞机）携带干扰设备或器材，对敌方雷达进行干扰，掩护己方的作战行动，保障作战兵力、兵器的安全。支援干扰又可分为远距离支援干扰、近距离支援干扰和随队支援干扰等战术。

1）远距离支援干扰（SOJ）：干扰机远离雷达和目标，通过辐射强干扰信号掩护目标。它的干扰信号主要是从雷达天线的旁瓣进入雷达，一般采用遮盖性干扰。图 5－4 为远距离支援干扰示意图，通过干扰压缩对方雷达探测距离，从而形成一个走廊。

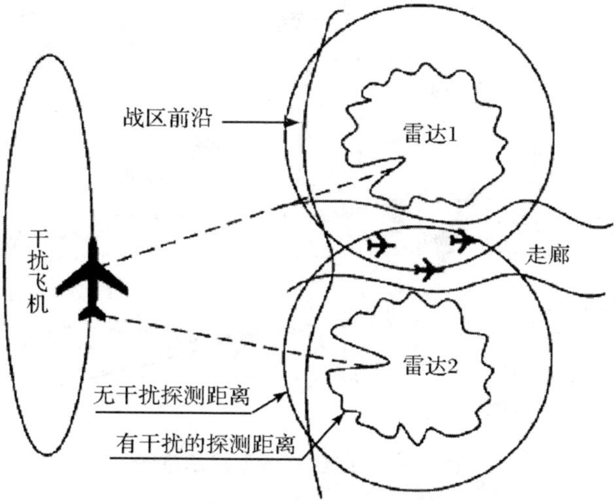

图 5－4　远距离支援干扰示意图

2）近距离干扰（SFJ）：干扰机到雷达的距离领先于目标，通过辐射干扰信号掩护后续目标。由于距离领先，干扰机可获得宝贵的预先引导时间，使干扰信号频率对准雷达频率。其主要采用遮盖性干扰。距离越近，进入雷达接收机的干扰能量也越强。由于自身安全难以保障，SFJ 主要由投掷式干扰机和无人飞行器担任。

3）随队干扰（ESJ）：干扰机位于目标附近，通过辐射强干扰信号掩护目标。它的干扰信号是从雷达天线的主瓣（ESJ 与目标不能分辨时）或旁瓣（ESJ 与目标可分辨时）进入接收机的，一般采用遮盖性干扰。掩护运动目标的 ESJ 具有同目标一样的机动能力。空袭作战中的 ESJ 往往略微领先于其他飞机，在一定的作战距离上还同时实施无源干扰。出于自身安全的考虑，进入危险区域时的 ESJ 常由无人驾驶飞行器担任。

另外，实际作战时，攻击的一方往往将各种干扰设备、干扰方式、有源无源结合使用，这样可增大干扰范围，提高干扰强度，给对方更彻底的干扰压制。图 5－5 给出了一种综合支援干扰的示意图：多架远距离支援干扰机位于火力射程以外的空域实施远距离、长时间、大区域有源干扰，同时散布箔条和投掷式干扰机形成干扰走廊进行无源干扰，掩护攻击编队突防。同时一侧，佯动干扰机对防空雷达实施欺骗性电子干扰。攻击编队在随队式干扰机的掩护下再从干扰走廊中进行突防，在火力区还可实施自卫干扰。

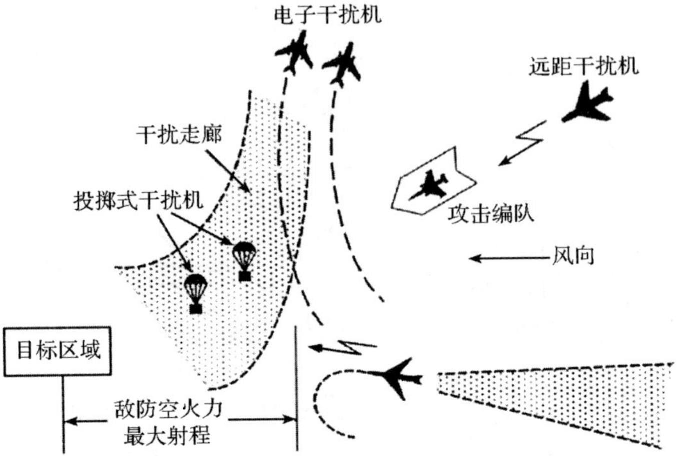

图 5－5　综合支援干扰示意图

（3）通信干扰

通信干扰是利用通信干扰设备发射专门的干扰信号，破坏或扰乱敌方无线电通信正常工作的一种电磁干扰。通信干扰的有效作用对象是敌方的通信接收机而不是发射机，由于接收机不产生辐射，故对其定位很难，这也是通信干扰的难点所在，但幸运的是大多数军事通信都是收发双工的。图 5－6 是通信干扰的示意图，通信干扰的效果除与通信技术体制有关外，干扰机离接收机物理距离越近或离接收机天线主瓣越近，效果越好，干扰机发射功率及天线增益越高，效果越好，接收机天线方向性越好及处理增益越高，则抗干扰效果越好。

通信抗干扰的途径之一是构造通信网络，使单点或几点失效不至于影响通信，以体系对抗来抗干扰破坏。途径之二是采用新的通信技术体制，例如扩频通信就是抗敌电子干扰的一种有效的传输技术。扩频通信将使干扰难度加大。

2. 无源电磁干扰

无源电磁干扰也叫消极干扰，即干扰器材本身不发射无线电波，而是靠反射和吸收敌方的电子设备发射的电磁波来干扰其工作。无源干扰主要作用于雷达、雷达制导等以接收反射电波来工作的各类电子设备，它也有压制性干扰和欺骗性干扰两类。如由专门飞机或投射系统在空间大规模高密度地投放干扰丝

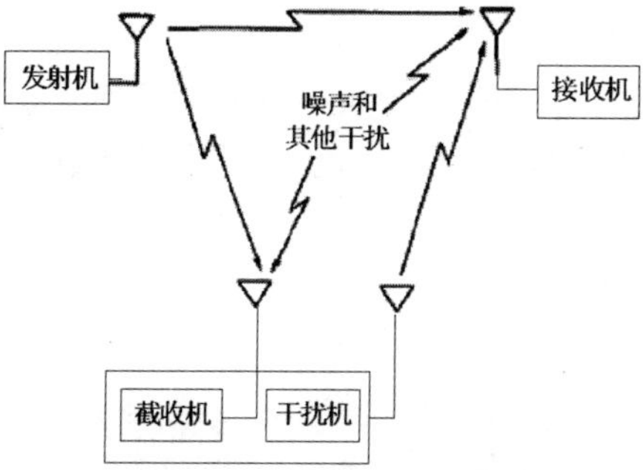

图 5－6　通信干扰示意图

（箔条），形成长宽数公里以至数十公里的干扰“走廊”、干扰云，就属于压制性干扰。各种飞机自身进行点投的干扰丝或反射器，形成比飞机还强的反射回波以摆脱雷达的跟踪，则是欺骗性干扰。

（1）箔条

箔条主要是指具有一定长度和频率响应特性，能强烈反射电磁波，用金属或镀敷金属的介质制成的细丝、箔片、条带的总称。常用的效费比较高的箔条材料是镀铝玻璃丝和铝箔。

金属箔条干扰雷达的原理是：由物理学中电磁感应原理可知，如果将导体薄片置于变化的外磁场中，薄片上将产生感应电流，感应电流的磁场要阻碍外磁场的变化，屏蔽照射过来的电磁波，雷达所发射的电磁波就无法照射到金属箔条云后面的飞机上，也就无法获得飞机的回波信息。同时，根据波的反射原理，箔片又对电磁波有反射作用，因此大量的金属箔条形成的云团所反射回来的电磁波就会充满整个雷达荧光屏，从而使雷达无法发现目标。

（2）角反射器

角反射器是一种普遍使用的反雷达伪装器材，能将各个方向来的雷达波沿原方向反射回去，如图 5－7 所示。其优点是结构简单，产生的雷达反射截面大，回波强，主要用于伪装，也可以掩护空中、水面、地面目标。除角反射器外，龙伯透镜和等离子体也能用于雷达无源干扰。

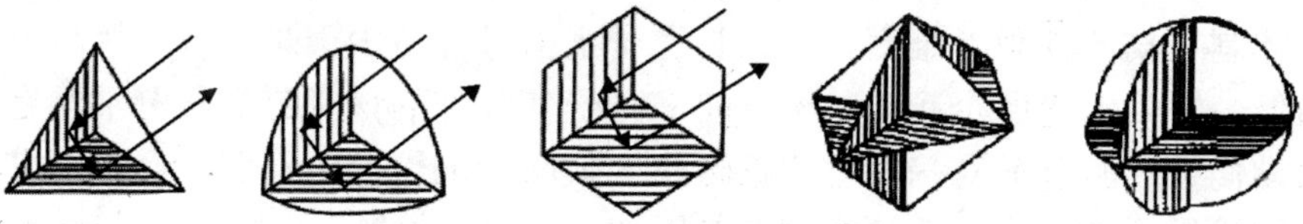

图 5－7　角反射器

3. 针对对抗干扰通信的干扰

在信息作战中，无线电通信是极其重要的通信手段，发展趋势是采用具有抗干扰能力的跳频或直接序列扩频等体制。为有效干扰跳频通信，至少要干扰20%或更多的跳频信道。对跳频通信的干扰技术主要有引导式跟踪瞄准干扰、跟踪阻塞式干扰、宽带转发式干扰等。

（1）引导式跟踪瞄准干扰

引导式跟踪瞄准干扰使用快速变频的直接式频率合成器和并列滤波器进行快速搜索，再利用差分技术识别跳频通信信号，并及时测出瞬时跳频信道的频率，立即遥控干扰系统施放干扰。跟踪瞄准干扰若干扰跳频通信频率集达75%，驻留时间达50%，就可达到干扰效果。一部跳频速率为100跳/s，频率范围为30～80MHz的电台，在每个固定频率上约工作10ms。采用引导式干扰就要在10ms内对30～80MHz频段的信道搜索一遍，最好要在不超过8ms的时间内完成对信号的侦收，并开始施放干扰，以补偿干扰信号远距离传输所需的时间。引导式干扰是对慢速跳频通信进行干扰的有效技术。当跳速提高时，跟踪瞄准式干扰将很难奏效。目前的技术还没有能跟上1000跳/s以上的跟踪瞄准式干扰机。

（2）跟踪阻塞式干扰

跟踪阻塞式干扰的宽频带特性适宜干扰跳频信号，不论跳速多快，每个跳频周期都会自始至终受到干扰。这种干扰无需进行各跳频信号的分选，只要干扰跳频通信三分之一以上频带，就可达到干扰目的，比跟踪瞄准式干扰在技术上易实现，所以是现代通信干扰技术中具有优势的技术。目前跟踪阻塞式干扰主要采用锯齿波宽带调频和噪声窄带调频的混合体制，一部干扰机可产生宽频带均匀梳状干扰频谱。阻塞式干扰无需复杂的侦察分析设备，且干扰机简便，关键时刻可突然主动施放干扰；缺点是功耗高，自身易暴露，还可能影响己方通信。

（3）宽带转发式干扰

宽带转发式干扰由于干扰机宽带接收，因此无需频率调谐和瞄准，始终保证干扰频率和信号频率相同，且干扰反应快，能及时对跳频通信实施干扰。但此种体制在技术实现上难度较大，且在密集信号环境中很难有效干扰敌重要跳频通信。因为它对各个频道的干扰功率是受侦收到的该频道信号电平左右，易受佯动信号欺骗，而对一些重要信号由于侦收到的信号电平弱，仅分配到较小比例的输出干扰功率，无法实现有效干扰。

为有效干扰直扩信号，可采用全面阻塞式干扰、扩频码相关性干扰等方法。全面阻塞式干扰可干扰某频段内所有通信（包括定频通信、跳频通信、直扩通信和混合扩频通信等）。但全面阻塞式干扰所需干扰功率较大。

（二）光电干扰技术

光电干扰是在光电侦察探测的基础上利用光电技术和光电器材，压制、欺骗和扰乱对方光电设备，使其不能正常工作或完全失效。光电干扰的基本方式也分为有源干扰和无源干扰两大类。从光电干扰对象所应用的信息技术领域来说，则可分为红外干扰、激光干扰和可见光干扰。

1. 有源光电干扰

有源光电干扰是采用强光束或干扰信号，直接进入敌方光电传感设备，使之失去正常工作的能力。它既可使用像激光那样的相干光波，也可使用照明弹、灯光、陶瓷加热体等所发生的不相干辐射波实施干扰。其工作方式也可分为压制性干扰和欺骗干扰。

（1）光电压制性干扰

光电压制性干扰的主要方法有激光压制性干扰和红外压制性干扰。激光压制性干扰就是采用激光束对敌方武器系统的激光传感器进行照射，使其产生光饱和而失灵，图5－8为激光干扰系统组成及干扰原理示意图。红外压制性干扰即采用强烈的红外线光源向敌方红外自动寻的制导武器发射强大的红外线脉冲，使寻的器的信号处理功能发生混乱，丧失对目标的跟踪攻击能力。

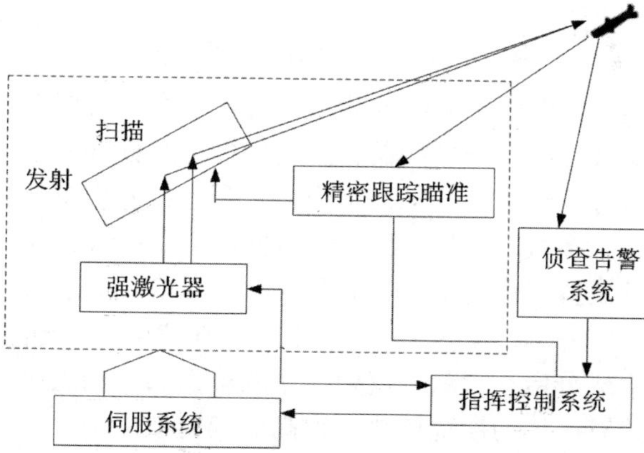

图5－8　激光干扰系统组成及干扰原理示意图

（2）光电欺骗性干扰

光电欺骗性干扰的主要手段有回答式干扰、诱饵式干扰和光斑干扰等。光电回答式干扰与雷达回答式干扰类似，当收到敌光波信号后，发射一个或数个经过虚假信息调制的信号应答，从而使敌光电装备收到错误信息。图 5－9 为激光欺骗性干扰示意图。诱饵式干扰是用假目标使来袭光电制导武器偏离正确的方向而失效。光斑干扰是在干扰机的载体如飞机和舰艇等的两端设置强有力的红外光源，使其按适当的速率，像闪光灯一样交替闪光，使敌导弹的飞行方向产生大幅度摇摆而难以命中目标。

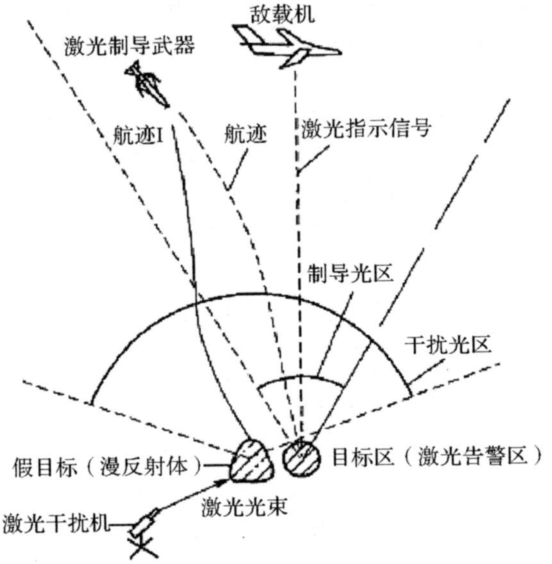

图 5－9　激光欺骗性干扰示意图

红外诱饵弹通过辐射强大的红外能量，制造一个与所要保护的目标相同的红外辐射源，诱骗敌方红外制导武器脱离真目标，又称红外干扰弹、红外曳光弹。红外诱饵弹可分为烟火型红外诱饵弹、复合型红外诱饵弹和燃料型红外诱饵弹。红外诱饵弹大多数为投掷式，燃烧时能产生 1～6μm 波段强烈的红外辐射，正在红外寻的装置工作的 1～3μm 和 3～5μm 波段范围内，其有效辐射强度比被保护目标的红外辐射至少大 2 倍。图 5－10 为红外诱饵弹燃烧示意图。

最常用的烟火成分由粉末状的镁粉和聚四氟乙烯树脂组成。这是一种具有很高能量的燃料，有固体的燃烧产物和很高的辐射效率。在隔绝空气的燃烧条件下，反应通常为：

$$2Mg + C_2F_4 \rightarrow 2MgF_2 + 2C + \text{热量}$$

红外干扰弹的成分按过量的镁燃料来配制，过量的镁与空气中的氧反应生成氧化镁和热能。在发光区，热的燃烧产物通过与大气混合和辐射而释放热

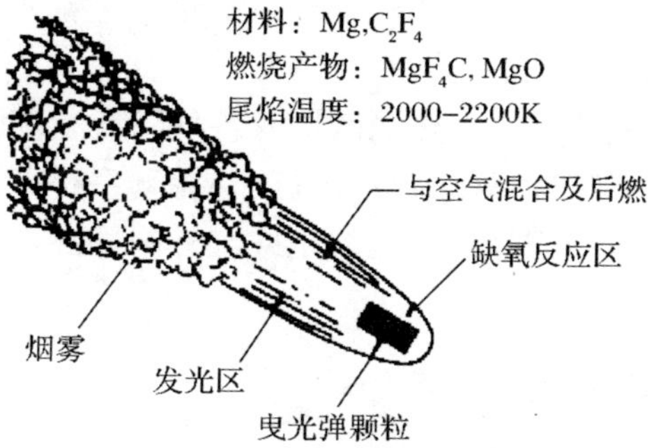

图 5－10　红外诱饵弹燃烧示意图

能，其辐射波长在 1.5μm 处最强，按指数衰减，到 6μm 以上就很弱了。

2. 无源光电干扰

无源光电干扰是利用本身并不产生光频辐射的干扰物，反射或吸收敌光电信号来达到干扰敌光电系统的目的，实质上也是一种反光电探测和反摧毁手段。无源干扰的效果比较好，方法简单，技术上容易实现。它主要实施欺骗性干扰，其干扰方式可分为涂料伪装、烟幕遮蔽、箔条诱骗及热量抑制。

（1）涂料伪装

涂料伪装即在被掩护目标上涂以吸收性较强的涂料，使目标光电回波信号十分微弱，从而使敌光电系统无法探测目标或无法引导武器对目标进行攻击。

（2）烟幕遮蔽

烟幕遮蔽即利用烟雾对红外和可见光波长激光的影响，在目标遇到激光照射危险时，立即施放烟幕、喷射水雾或撒布化学气熔胶，隔断目标与武器，使敌光学制导武器无法命中目标。

烟幕弹的原理是通过发烟剂化学反应在空气中造成大范围的化学烟雾，像黄磷、四氯化硅和四氯化锡等都可充当发烟剂。当烟幕弹被发射到目标区域，引信引爆炸药管里的炸药，弹壳体炸开，将发烟剂抛散到空气中。例如黄磷一遇到空气，就立刻自行燃烧，进一步与空气中的水蒸气反应生成偏磷酸和磷酸，这些酸液滴与未反应的白色颗粒状 P_2O_5 悬浮在空气中，不断地生出滚滚的浓烟雾来，“烟”是由固体颗粒组成，“雾”是由小液滴组成。同理，四氯化硅和四氯化锡等物质也极易水解，它们在空气中形成酸雾。

（3）箔条诱骗

箔条诱骗即投放涂有发热涂料的金属箔条或镀膜箔条，在空中形成“热云”和激光“反射云团”，因这些箔条可以强烈地反射光电系统发射的红外线和激光束，所以可以引诱跟踪的红外制导和激光制导导弹。

（4）热量抑制

热量抑制即采取隔热材料、热消散器等各种降低温度的方法屏蔽或改变己方装备的热辐射能量或特性，以减少敌方红外探测系统或改变己方装备的热辐射能量或特性，以减少敌方红外探测系统或红外制导武器获得己方目标红外辐射信息的可能。

（三）水声干扰技术

水声干扰是运用多种干扰手段压制或欺骗敌方各种声制武器或武器载体上的声呐等水声信息设备，掩护己方目标脱离危险区域或保证己方水中兵器正常发挥作用。水声干扰与射频干扰、光电干扰的工作方式基本相同，也可分为有源干扰和无源干扰两类。

1. 有源水声干扰

有源水声干扰通过发射声波干扰信号或模拟己方目标的回声及噪声信号，以压制和欺骗敌方水声探测装置。它也可分为压制性干扰和欺骗性干扰。

（1）压制性水声干扰

压制性水声干扰主要采用水声干扰器（或称噪声干扰器）发射大功率宽频带水声杂波信号，以淹没、遮盖敌方声呐设备收到的目标信号，使其不能正常工作。其干扰对象主要是敌方主动式声呐、被动式声呐和声制导鱼雷。它一般由水声侦察告警装置、信息处理装置和水声干扰发射装置组成。

（2）欺骗性水声干扰

欺骗性水声干扰主要是通过模拟舰艇的噪声、尾流和磁场变化等，诱骗敌方声呐，使之探测失误，使声制导鱼雷偏离其预定目标。其干扰设备包括回声重发器、噪声模拟器、潜艇模拟器和水声诱饵等。

2. 无源水声干扰

无源水声干扰是指本身不发射任何声波，而通过对声波的反射与吸收对敌水声探测与制导武器进行干扰。它也可看成是一种反水声探测和反声制导武器摧毁手段。根据其对声波的不同作用，可分为反射型和衰减型两种。反射型水声干扰是通过向水中投放干扰物质，对声波进行反射，扰乱敌方水声装置的信息探测与制导能力。衰减型水声干扰是采用消声和吸声措施来减少舰艇自身的噪声辐射和对主动式声呐声波的反射，以降低敌方水声探测和制导装置效能。

气泡幕是潜艇常用的一种无源水声干扰手段，属反射型无源干扰。它通过向水中喷撒化学物质，经与海水发生化学反应，在海水中产生大量的不溶或难溶于水的气泡，并漂浮在一定范围的海域内，形成大片气泡“云”或气泡“幕”。气泡幕内的这些气泡体积通常是不相等的，其中直径较大的气泡上浮到水面的速度较快，而直径小于 0.2cm 的气泡则滞留在水中的时间较长或上浮速度缓慢，一般每秒几十厘米以下。那些半径在 0.01 ~ 0.1cm 范围内的气泡谐振频率，正好在声呐和声自导鱼雷的主要工作频段间。气泡幕反射能力较强，即使非常强劲的主被动声呐也经常无法识别真伪。气泡幕能起到两种干扰作用：一是气幕层能反射鱼雷的主动声自导信号，形成假目标，起到欺骗和迷惑作用；二是气幕层能起到屏蔽目标的辐射噪声，同时又可衰减主动寻声波的能量，使主被动声自导鱼雷的探测性能降低。

气幕弹则是用发射装置发射的作用与气泡幕类似的化学物质，由于其形成的气泡幕与舰艇有一定的距离，因而可使敌方更难以判断舰艇的准确位置。

悬浮金属颗粒也是潜艇使用的一种无源干扰物，其反射的声波信号可模拟潜艇的形态，以形成一个假目标，对敌进行欺骗性干扰。

5.2.2　信息反干扰技术

信息反干扰是信息防御的重要组成部分，按技术领域可分为反电磁干扰、反光电干扰及反水声干扰。

（一）反电磁干扰技术

反电磁干扰技术是为保证通信、雷达、导航等在射频工作的信息系统正常发挥效能而采用的技术。主要包括以下几种：

1. 空间选择法

空间选择法是利用干扰和信号在空间特性上的差别，从而减少甚至消除天线对能量接收的技术。具体地说有高增益、窄波束天线技术；旁瓣消隐技术及极化选择技术等。

2. 频率选择法

频率选择法是利用干扰信号与己方信号在频率上的不同而实现反干扰的技术。如直接序列扩频、跳频等扩频技术，实时选频技术，频率分集发射技术等。

3. **时间选择法**

时间选择法是利用干扰信号与己方有用信号在时间上的差距而进行反干扰的技术。如猝发通信技术、雷达信号选择技术等。

4. **功率选择法**

功率选择法是根据干扰电平的高低来调整发射机的输出功率，使输出信号电平自适应地随干扰电平变化的技术，这样既可节省功率，又能抗干扰，也可降低对友邻电台的干扰。

5. **最佳接收法**

最佳接收法是防止接收机在强干扰条件下过载，保证其对信号的传输能力，解决在噪声背景中提取微弱信号的技术，采用最佳接收技术可提高接收系统的抗干扰性能。

信息干扰技术的发展既对信息反干扰提出了挑战，同时也促进了信息反干扰技术的发展。以跳频抗干扰技术的发展为例：为争夺通信领域制信息权，发达国家从20世纪60年代开始进行跳频通信的技术研究，70年代末研制了每秒几十跳的慢速跳频电台，并于80年代初开始装备部队。但慢速跳频电台仍不足以抵抗跟踪瞄准式干扰和转发式干扰，由此推动了跳频电台的跳速提高到每秒几百跳水平。随之又出现了采用快速扫描接收机和快速响应干扰的通信侦察/干扰系统，能对500跳/s以上的跳频通信实施干扰。因此跳频通信又进一步向1000跳/s以上的方向发展。为对付宽带阻塞式干扰，跳频通信又采用全波段跳频以及采用FH/DS混合扩频方式，使干扰机难以侦收和干扰。总之，跳频通信技术是针对跳频干扰技术的发展而发展的。高速跳频频率合成技术是最主要的也是发展最快的一项技术，此外跳频同步技术、跳频调制与编码技术及跳频通信收发信机宽带输入/输出电路技术等，也是发展跳频通信的关键技术。

（二）反光电干扰技术

反光电干扰技术就是光电武器装备所采用的以对抗光电干扰为目的的各种技术。主要有：

1. **编码技术**

即对光电设备输出信号的振幅、相位、频率和脉冲宽度等进行编码处理，使敌方难于掌握规律，从而难以实施干扰的技术。

2. 多光谱技术

采用多个光谱波段都正常工作的光电设备，则在各个波段都同时受到严重干扰的概率相对减小。

3. 滤波技术

利用目标的光源与背景光谱及干扰信号光谱的构成及来向差异，采用空间滤波技术和光谱滤波技术，可有效地消除背景或人为干扰的影响，获得所需的目标信息。

4. 复合制导技术

使一种装备同时兼有红外、激光等多种制导技术，当一种制导方式因受干扰而失效时，可由其他方式的制导信号来保证。

5. 防护镜技术

防护镜可用于对抗激光致盲武器的干扰。

（三）反水声干扰技术

由于水声干扰的主要对象是声呐和鱼雷，因此反水声干扰主要是指声呐及鱼雷采取的各种反水声干扰的技术。其中有：

1. 目标识别技术

目标识别技术是以目标噪声特性和反射特性为基础，通过对噪声频谱结构进行分析，并对分析结果与预先建立的噪声数据库（如各种舰艇频谱）进行人工或自动比较，实现在强噪声背景下识别欺骗性干扰。

2. 信号频谱处理技术

主动声呐或鱼雷发射的主动探测脉冲可采用多变的频率、脉宽和信号形式，并按一定的编码加以组合，使诱饵及回声重发器难以进行检测和作假回波的模拟。

3. 回波信号识别技术

即在回波信号的识别过程中，加入目标回波的前后沿陡度、形状、回波宽度、距离门、幅度和回波频率成分判决力逻辑，进行相关性检测，从而避开干扰，使主动声呐或鱼雷能有效地抑制点频干扰、扫频干扰、宽带干扰及随机脉冲干扰等。

4. 噪声干扰抑制技术

即合理控制接收波束的指向性，有效抑制各向同性噪声的干扰，硬件电路采用有源波束形成器、窄带滤波器和数字处理电路等。

5.3 网络攻击与防护

网络攻击技术和网络防护技术是计算机网络对抗中采用的技术。计算机网络对抗是发生在信息处理、存储、利用等方面的对抗。

5.3.1 网络攻击技术

网络攻击的手段很多，随着计算机和网络技术的不断发展，网络攻击的实现技术也在日益变化。常用的攻击技术有身份窃取，网络欺骗，拒绝服务，利用漏洞以及恶意程序攻击等。

（一）身份窃取攻击

在计算机系统中，合法使用者的身份是由用户名及其口令来标识的，因此身份窃取攻击即通过窃取系统的有效用户名（也称账号）和口令，来冒充某用户获得对系统控制权的攻击。身份窃取的方法有信号截击、嗅探、网络监听、账号文件窃取等，获得后再辅以口令破解技术获取用户身份。

1. 信号截击

攻击者往往采用在通信链路中途截击的方法，获取登录过程中在网络中传输的用户账号和密码。有些登录协议根本就没有采用任何加密或身份认证技术，用户账号和密码信息都是以明文格式传输的；有些虽采用了加密措施，但加密方法可能是采用了别人的（例如开发工具提供的）；有些用户安全意识不强，口令设置属弱口令。

2. 嗅探

嗅探（Sniffing）的目的是利用计算机的网络接口截获其他计算机的数据报文。借助网络分析仪，攻击者可以嗅探网络上的通信信息。嗅探程序可用来收集登录信息，收集访问规律以及分析传输中的数据等。

3. 网络监听

使用网络监听工具可以监视网络的状态、数据流动情况以及网络上传输的信息。攻击者用得最多的是截获用户的口令及获取其他有用数据。但监听器只能监听同一个网段上的计算机传输的信息，即一台计算机只能监听经过自己网络接口的那些信包，令监听范围受限。

4. 账号文件窃取

利用漏洞或前期植入目标主机的木马，窃取保存在目标主机中的账号文件。

（二）网络欺骗攻击

欺骗可发生在 TCP/IP 协议系统的所有层次上，物理层、数据链路层、IP 层、传输层及应用层都容易受到影响。如果低层受到损害，则应用层的所有协议都处在危险之中。下面是一些欺骗手段：

1. 硬件地址欺骗

许多网络接口卡是可配置的，允许主机软件为其标识一个源地址，而该地址可与制造商分配的地址完全不同，这种可配置特性可被用来进行源地址欺骗。

2. ARP 欺骗

ARP（地址转换协议）是以太网及某些网（例如令牌环网）将硬件地址与 IP 地址相关联的协议的一部分，其映射存储在缓存中。网段上的主机接收到 ARP 请求包后，将请求包中的源 IP 和源 MAC 取出并刷新缓存；同时接收到 ARP 响应时，也会刷新缓存。但 ARP 本身不携带任何状态信息，当主机收到 ARP 数据包时，不会进行任何的认证就刷新缓存，利用这一点可以实现 ARP 欺骗，造成 ARP 缓存中的地址映射是错误的，达到欺骗效果。

3. 路由欺骗

路由欺骗是指通过伪造或修改路由表来误发非本地报文以达到攻击目的的攻击方法。它通常有以下几类：基于 ICMP 的路由欺骗，基于 RIP 的路由欺骗，基于源路径的欺骗等。

4. DNS 欺骗

DNS（域名服务器）完成 IP 地址到域名之间的相互转换。从 DNS 服务器返回的响应一般为 Internet 网上所有的主机所信任。攻击者控制了一个 DNS 服务器，就可以欺骗一个客户机使其连接到一个非法的服务器上去。攻击者也可在服务器验证一个可信任的客户机域名的 IP 地址时，欺骗服务器。

5. **信息篡改攻击**

信息篡改攻击就是在网络信道检测的基础上，通过对所获目标信息的格式、长度等属性进行分析，掌握规律，再以同样的方式将信息篡改并注入信道，从而达到攻击的目的。

（三）拒绝服务攻击

拒绝服务攻击就是一个用户占用了太多的服务资源，使其他用户没有资源可用，则其服务请求只能被拒绝。网络对拒绝服务攻击的抵抗力很有限，攻击者将阻止合法的用户使用网络和服务。

1. **服务过载**

当大量的服务请求发向一台计算机中的服务守护进程时，就会发生服务过载。这些请求可以通过多种方式发出，而且许多是故意的。在分时机制中，这些潮水般的请求，使得计算机十分忙碌地处理这些不断到来的服务请求，以至于无法处理常规的任务。同时，由于没有足够的空间来存放这些请求，许多新到来的请求被丢弃。如果攻击的是一个基于 TCP 协议的服务，那么这些请求包还会被重发，结果更加加重了网络的负担。

2. **消息流**

消息流发生于用户向网络上的一台目标主机发送大量的数据包，来延缓目标主机的处理速度，阻止它处理正常的任务。这些请求可能是请求文件服务、要求登录或者仅仅是简单的要求响应包（例如 PING）。无论是什么形式，这些潮水般的服务请求，加重了目标主机的处理器负载，使目标主机消耗了大量的资源来响应这些请求。极端的情况，这种攻击可以引起目标主机因为没有内存来做缓冲，以存放到来的请求，或者因为其他错误而当机。这种拒绝服务的攻击主要针对网络服务器。

3. **分布式拒绝服务**

分布式拒绝服务技术（DDoS）把我们上面介绍的拒绝服务（DoS）又向前发展了一步。DoS 攻击需要攻击者手工操作，而 DDoS 则将这种攻击行为自动化。攻击者首先控制多个主控端，主控端是已经被黑客入侵并完全控制的运行特定攻击程序的系统主机（也称为肉机），然后再由主控端主机去控制多个攻击端。每个攻击端也是一台已被入侵并运行特定程序的系统主机，攻击端的程序由主控端的攻击程序来控制。在这种情况下，就会有一股拒绝服务的洪流冲击网络，并使其因过载而崩溃。DDoS 过程可以分为 3 个步骤：

（1）入侵并控制大量主机从而获取控制权。

（2）在这些被入侵的主机中安装 DoS 攻击程序。

（3）利用这些被控制的主机对攻击目标发起 DoS 攻击。

分布式服务攻击的特点是：危害性大，可在很短的时间内达到理想的攻击效果，并且目前还没有比较有效的方法来防范该攻击手法；追查难度高。

（四）利用漏洞攻击

软件漏洞攻击就是利用存在于网络操作系统、协议软件和网络应用软件中的程序设计漏洞实施的系统攻击。

1. 缓冲区溢出攻击

缓冲区溢出是一个在各种操作系统、应用软件中广泛存在的非常普遍、非常危险的漏洞。缓冲区溢出的原理是：向一个有限的缓冲区中写入了过长的数据后，它可以带来两种后果：一是过长的数据覆盖了相邻的存储单元，引起程序运行失败；二是利用这种漏洞可以执行任意指令，甚至可以取得系统特权。

缓冲区溢出是程序设计或编写错误所带来的 BUG（漏洞）。在许多应用程序中，都假定缓冲区的长度是足够的，它的长度肯定大于要拷贝的数据的长度。然而，事实并不总是这样。当程序出错时或者当恶意的用户故意送入一个过长的数据时，便有许多意想不到的情况发生。

2. 端口扫描

扫描器可以说是攻击者的基本武器。扫描器并不是一个直接的攻击网络漏洞的程序，它仅仅能帮助发现目标机的某些内在的弱点，而这些弱点可能是破坏目标机安全的关键。所以，许多网络入侵是从扫描开始的。

扫描器是一种自动检测远程或本地主机安全性弱点的程序，分为端口扫描器和漏洞扫描器。端口扫描器通过选用远程 TCP/IP 不同的端口的服务，并记录目标给予的回答，可以不留痕迹地发现远程服务器的各种 TCP 端口的分配及提供的服务和其他各种有用的信息（比如：是否能用匿名登录；是否有可写的 FTP 目录；是否能用 TELNET），从而能够间接地了解到远程主机所存在的安全漏洞。漏洞扫描器更为直接，它检查扫描目标中可能包含的大量已知的漏洞，并报告给扫描者。

（五）恶意程序攻击

恶意程序攻击是指利用恶意编制并伺机植入的有害程序破坏敌方计算机及网络系统，主要包括计算机病毒、特洛伊木马程序、逻辑炸弹等。这些有害程序一般通过移动介质、终端、网络和人工植入等途径进入计算机网络系统。

1. 病毒攻击

病毒攻击是指利用计算机病毒入侵对方计算机及其网络系统，破坏计算机系统的硬件、软件和数据信息，造成其系统不能正常工作甚至瘫痪。病毒的危害非常严重。一个很小的病毒可以在计算机系统上造成极大的破坏，从原来单机病毒到现在的网络病毒，病毒的种类繁多，传播速度越来越快，攻击的威力也越来越大。

2. 特洛伊木马程序攻击

特洛伊木马程序是隐藏在操作系统或正常合法程序中的一段非法程序，它完成系统或用户不知道、不希望的功能。这些由特洛伊木马程序提供的、未经授权的功能，往往是有害的或破坏性的。特洛伊木马程序虽然破坏力很大，但程序本身无法自我复制，这是与普通病毒的一点区别。

3. 逻辑炸弹攻击

逻辑炸弹是在满足特定条件时按某种不同的方式运行，对目标系统实施破坏的恶意计算机程序。其中，在特定时间发作的逻辑炸弹又称为时间炸弹。

5.3.2 网络防护技术

从技术层面上讲，网络防护主要包括防火墙技术、入侵检测技术、计算机病毒防护技术、数据加密技术。其他技术还包括容灾备份、快速恢复等。

（一）防火墙技术

防火墙（firewall）是一种保护计算机网络安全的技术措施，也是目前使用最广泛的一种网络安全防护技术，属于被动防御技术手段。防火墙是用以加强网络与网络之间访问控制的硬件或软件系统，或者硬件软件综合系统。防火墙通常位于内部网络和外部网络之间，通过限制网络外部用户对网络的访问权，减少对网络安全的破坏威胁。由防火墙防护的网络称为可信网络，其他的网络就都被称为不可信任网络。防火墙就是设置在它们之间的屏障，起着双向的安全作用：一方面，防止来自不可信任网络的非授权访问，对信息流进入可信网络进行控制；另一方面，限制可信网络内部的用户对外部网络的访问。使用防火墙可以关闭不安全的端口，阻止外来的DOS攻击，封锁特洛伊木马等。

根据防火墙的防范方式，防火墙所使用的技术主要有数据包过滤技术和代理服务技术两类。

1. 数据包过滤技术

数据包过滤（Packet Filtering）技术是通过在网络层和传输层对数据包进行过滤，达到对内部网络进行保护的目的。其实现原理是先建立系统内设置的过滤逻辑，被称为访问控制表，访问控制表是以收到的数据包头的信息为基础而建立的。当一个数据包满足过滤表中的规则时，就允许数据包通过，否则，禁止数据包通过，这样，防火墙就可以达到禁止外部不合法用户对内部网络的访问，也可以禁止访问某些服务类型。目前采用的数据包过滤技术又可以分为静态数据包过滤技术和动态数据包过滤技术。

静态数据包过滤技术仅仅是依据数据包头的信息对数据包进行过滤。这种技术具有速度快和易于实现的优点，但可能会被假冒报文源地址的报文所欺骗。

动态数据包过滤技术建立在静态数据包过滤的基础上，它针对特定的网络应用服务协议使用指定的数据过滤逻辑，并在过滤的同时，对数据包进行必要的分析、登记和统计，形成报告。可以同时考虑到网络中用户已经建立的传输状态，可以根据它建立的一张连接表，来监视会话的状态，从而实现更加有效的监控。

2. 代理服务技术

代理服务（Proxy Service）技术是另一种在防火墙中广泛使用的技术，它是针对数据包过滤技术存在的缺点而引入的。所谓代理服务，实际上就是运行在防火墙主机上的一些特殊的应用程序或者服务器程序。外部计算机在访问内部网络时，是将请求发给防火墙主机上的应用程序，由其验证请求的合法性后，再转发给内部网络的计算机。代理服务往往可以对过往的数据进行分析、注册登记，形成报告，同时当发现被攻击迹象时会向网络管理员发出警报，并保留攻击痕迹。

与包过滤技术相比，采用代理服务技术的防火墙具有以下两大优点，一是它工作在网络体系结构中较高的层次上，因此可以收集有关注册、存取和控制等更加详细的信息，可以较好地对高层的安全需求进行设置，因此能够比包过滤防火墙更大程度地提高安全性。二是对于外部的用户而言，它能够看到的只是防火墙主机，因此将内部网络的信息很好地隐藏起来。

（二）计算机病毒防治技术

计算机病毒的防治是一项长期而全面的工作，首先要建立、健全法律和管理制度，加强教育和宣传，并采取一些有效的技术措施来提高系统的安全性，如进行软件过滤和文件加密、注意生产过程控制和后备恢复以及其他有效措施。目前主要的反病毒技术主要有：计算机病毒检测、计算机病毒消除。

计算机病毒检测软件是一种通过检测程序主动或被动地发现和判断系统程序、文件中或者它们特定的区域中以及在计算机网络中传输的信息中是否有计算机病毒的程序。计算机病毒检测软件是常驻内存运行的，可以时刻监视系统和网络中的活动的软件。计算机病毒消除软件则可消除系统中的计算机病毒。

反病毒程序通过将已知病毒的特征或标志与被检测软件对比来搜索和发现病毒；或者用某种算法将文件特征进行处理并保存其结果，而后以此为准、定期或不定期地对该文件进行检验，如有差异即报警，指出该文件或数据段的完整性已遭破坏。大多数反病毒程序不仅能检测和发现病毒的存在，判明其类型，还能够杀毒，使被病毒感染的软件恢复正常。

依靠反病毒软件的病毒静态扫描功能、内存扫描功能、启发式扫描功能以及行为监视功能等，只要及时更新反病毒程序，绝大多数的病毒程序将会被查杀。

（三）入侵检测技术

入侵检测技术是利用专门软件工具检测来自网络外部的入侵和内部用户非法活动的技术。所用的软件工具通常称为入侵检测系统 IDS（Intrusion Detection Systems）。

1. 入侵检测系统的功能

入侵检测系统工作在计算机网络系统中的关键节点上。入侵检测系统所完成的功能主要包括：

（1）监视系统的运行

入侵检测系统可以监视系统或网络的运行情况。它能够检测和分析用户和系统的活动；能够实时地识别来自内部成员或外部入侵者对计算机系统的非授权使用、误用以及滥用，并及时做出响应，包括切断网络连接、记录事件和报警等。

（2）审计系统配置，发现系统的脆弱性

入侵检测系统可以检查系统的配置，发现系统中存在的安全漏洞，并评估关键系统和数据文件的一致性

（3）对非正常的活动进行记录、统计和分析

入侵检测系统可以提供审计功能，对合法或非法用户对系统的各种操作进行记录。收集并记录关键点的信息，为事后对非正常活动的模式进行统计和分析，发现入侵迹象并留下对系统进行攻击的证据。

2. 入侵检测系统的实现技术

入侵检测系统的实现技术可以简单地分为基于特征的检测和基于异常的检测。基于特征的检测技术又可分为模式匹配和协议分析两种检测方法。

（1）模式匹配

模式匹配就是将收集到的信息与已知的网络入侵和系统误用模式知识库进行比较，以发现入侵行为。这种检测方法只需收集相关的数据集合和维护一个知识库就能进行判断，检测准确率和效率也相当高。但是，该技术需要不断进行升级以对付不断出现的攻击手法，并且不能检测未知攻击手段。

（2）协议分析

相对于模式匹配技术而言，协议分析是一种新的入侵检测技术。它首先捕捉数据包，然后对数据包进行解析，包括网络协议分析和命令解析，在解析的代码中快速检测某个攻击特征是否存在。协议分析技术大大减少了计算量，即使在高负载的高速网络上，也能逐个分析所有的数据包。

（3）异常检测

基于异常的检测技术有很多，例如采用统计模型、专家系统等技术来实现。它首先要对系统的行为进行统计，获得系统正常使用时的统计性能，如访问次数、操作失败次数和延时等。统计性能被用来与网络、系统的行为进行比较，当观察值在正常值范围之外时，IDS 就会判断有入侵发生。异常检测的优点是可以检测到未知入侵和复杂的入侵，缺点是误报、漏报率高。

5.4　保密与破密

在信息对抗中，为了防止敌方理解侦收和窃听信息的含义，可以考虑对信息进行加密。而破密是为了理解侦收和窃到的敌方加密信息。保密技术经历了从手工加密到机械加密再到电子加密，从传统密码体制到现代密码体制的发展过程。本节主要讨论现代密码体制的构成、加（解）密技术的应用和密钥管理技术问题。

5.3.1　密码体制

现代密码技术是以现代数学为基础，采用电子计算机实现加密、解密算法的技术。加密就是通过密钥把明文变为密文；解密就是把密文恢复为明文。现代密码学的一个基本原则是：一切秘密寓于密钥之中。按密码算法所用的加、解密密钥是否相同，现代密码体制可分为对称密码体制（加、解密密钥相同）和公开密钥密码体制（加、解密密钥不同，加密密钥可以公开，而解密密钥则由用户自行秘密保存）。

按照明文加密方式的不同，对称体制又可分为序列密码和分组密码两类。序列密码体制是以明文的比特为加密单位，其关键技术是要设计出伪随机序列发生器。分组秘码体制是以数据块为加密单位，在分组密钥的控制下将一个明文分组转换为一个密码分组。图 5 - 11 为对称密码体制示意图。

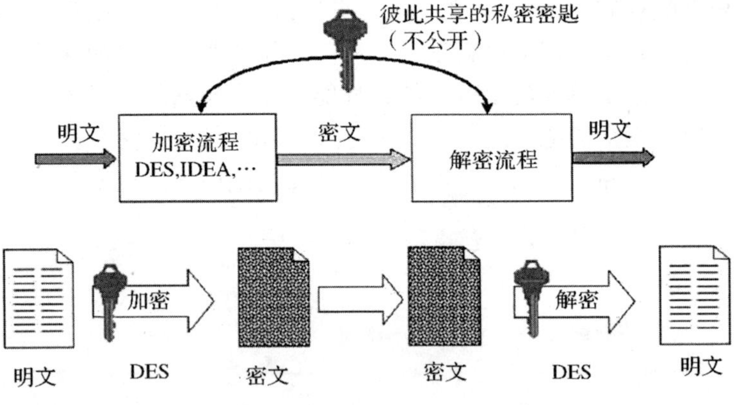

图 5 - 11　对称密码体制示意图

（一）序列密码体制

序列密码体制如图 5－12 所示。这种体制是用一个伪随机序列作为密钥，与明文进行模 2 加运算，从而得到一个伪随机的密文序列。如果伪随机序列的周期很长，则只有在相当长的周期后才可能出现反复，因而对加密可以做到一次一密。

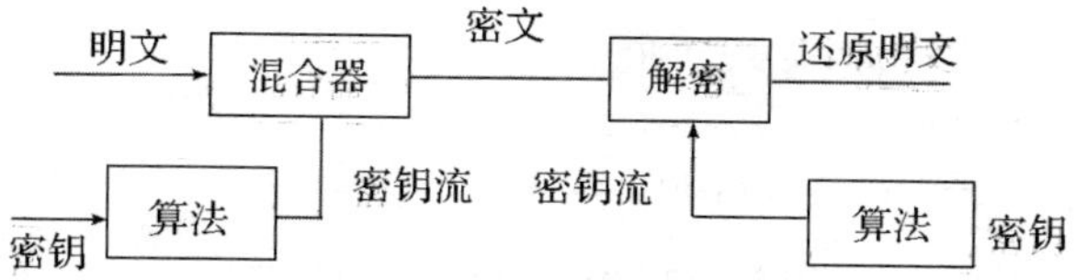

图 5－12　序列密码体制示意图

一个 n 级线性移位寄存器能产生的伪随机序列最大周期长度是 $L=2^n-1$。此时密钥长是 2^n-1 比特，一般这是一个长度很短的密钥，由用户保管，也叫用户密钥。用户密钥的作用是决定了该寄存器的初始态，所以也就决定了其输出的伪随机序列。为了获得更好的保密性，可采用非线性移位寄存器产生的伪随机序列。

序列密码体制的特征是每一比特数据的加密都与消息的其余部分无关，即使一个码元发生错误也不会影响整个信息，即错误不会扩散，这种特征在消息冗余度比较大的情况下显得更为优越。现代数字保密机主要采用序列密码体制。

（二）分组密码体制

在有的情况下，如在计算机通信网中，常常不允许发生一个错误。因为信息从远程终端送入，再经过加密变换传输到中央处理机。在中央处理机内进行解密，然后存入文档。信息可能长时间不受查询，而原始信息源在此之前可能早已不存在。如果数据采用序列加密并只发生一个错误，那么接收者便可能不会发现这个错误。为此要使用分组密码体制，首先将明文分成长度相等（x 比特）的组，然后与密钥一起送到加密算法中进行加密，不同的组采用不同的加密算法。

最著名的分组密码体制是美国国家标准局 1977 年公布的数据加密标准（DES），其基本原理如图 5－13 所示。

输入信息按 64 比特一组分开，首先进行初始移位变换 A，分开左右两个

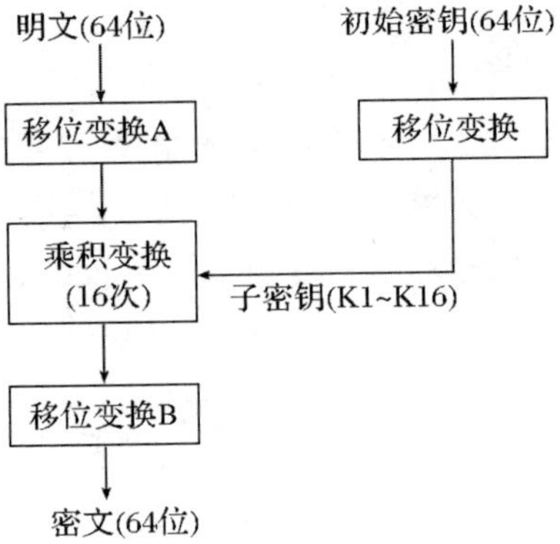

图 5－13　DES 体制加密流程

码组各 32 位，输出给乘积变换；乘积变换是加密工程的核心，其连续进行 16 次操作，每次更换一组密钥，第 16 次乘积变换的输出仍然是 64 位的数据，它输出给移位变换 B；移位变换 B 是移位变换 A 的逆变换，二者变换原理相同，最后输出 64 位的密文。图中初始密钥是一串 64 位的随机序列，经过反复的移位变换，产生 16 组子密钥（K1～K16），每一组子密钥用于一次乘积变换。由于每 64 位数据块都是独立地加密和解密，因而可独立传送和随机访问，保密性良好。

序列密码体制和分组密码体制都是对称密钥密码体制，这种体制存在的问题是：加密方将密钥传送给解密方的过程中，密钥易泄露；在网络通信中，n 个人进行两两加密通信需要使用 $n(n-1)/2$ 个密钥，量太大，难以管理；无法满足互不相识的人之间通信的保密性要求；难以解决对数据的签名验证问题。鉴于上述原因，密码学家提出了公开密钥体制。

（三）公开密钥体制

图 5－14 是公开密钥体制示意图。加密算法 E 和加密密钥 KE 都是公开的，解密算法 D 和解密密钥 KD 是保密的，只有用户自己知道。加密算法 E 是个单向函数，由加密算法 E 和公开密钥 KE 无法推导出解密算法 D 和秘密密钥 KD，从而起到了保密作用。由于公开密钥不同于保密密钥，所以公开密钥体制又称为非对称密钥体制和双密钥体制。

这种体制有以下几个特点：密钥分发简单，加密算法和加密密钥可以像电话号码本那样公开发行；需秘密保存的密钥量减少；可满足互不相识的人之间通信的保密性要求；可完成数字签名。

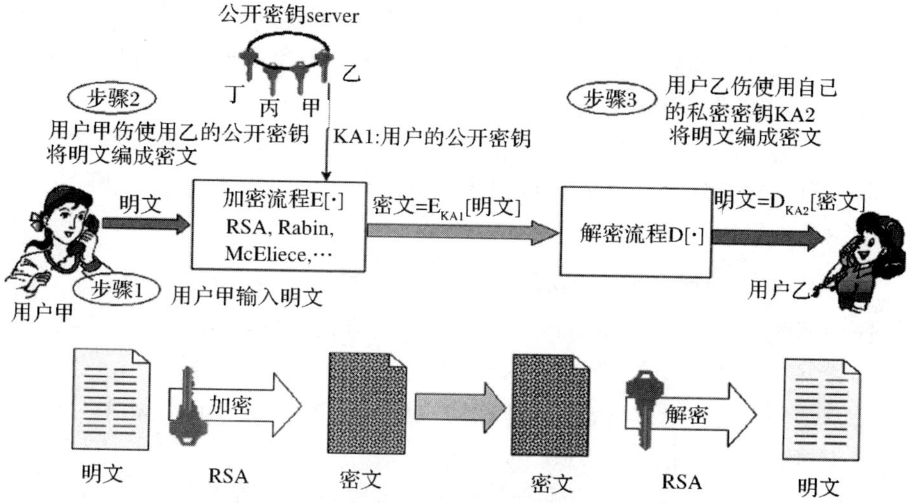

图 5－14　公开密钥体制示意图

RSA 公钥密码算法是一种公认十分安全的公钥密码算法。由三个创始人 Rivest、Shami 和 Adelman 字头命名。RSA 公钥密码算法是目前网络上进行保密通信和数字签名的最有效的安全算法。RSA 算法的安全性基于数论中大素数分解的困难性，所以，RSA 需采用足够大的整数。因子分解越困难，密码就越难以破译，加密强度就越高。

RSA 既能用于加密又能用于数字签名，在已提出的公开密钥算法中，RSA 是最容易理解和实现的，这个算法也是最流行的。其公开密钥和私人密钥是一对大素数（100～200 个十进制数或更大）的函数。从一个公开密钥和密文中恢复出明文的难度等价于分解两个大素数之积。

5.3.2　加密解密技术

（一）通信系统加（解）密

1. 数字加密技术

话音通信是一种比任何其他通信方式都方便和实时的通信手段。在野战通信中尤其如此。但话音通信的保密问题也是战场信息对抗不可不重视的问题。话音信号的特性，尤其可懂度，是由它的频谱、幅度和时间关系所决定的。在这三个要素中，只要改变一个要素，就会改变话音信号的可懂度，从而达到保密的目的。即话音通信可采用频域变换、幅度变换及时域变换等模拟置乱技术来取得加密效果。如果是数字电话通信，则可采用数字加密体制如序列加密体制进行加密，数字加密保密度较高。

数字加密体制的基本思想是把话音信号数字化，如通过脉冲编码调制、增量调制或声码器方式等，然后再对数字化后的码元实行加密变换。实际上数字加密采用的就是序列密码体制。

2. 通信系统的加（解）密方式

通信系统的加（解）密可以采用用户加密方式（或称端至端加密）、线路加密方式（也称链路至链路加密）和二者兼备的双重加密方式。

用户加密的加（解）密变换是在用户处进行的，用户间可采用对称加密方法或不对称加密方法。

线路加密可以对单个信道进行加密，也可以对群信道进行加密，这时称为群路加密。在单信道加密时，每个用户端都配备有保密机，用户使用比较方便，且加密可靠，但成本高。群路加密时，用户与第一中继站及每段链路站间多采用不同的密钥，虽然这种方式设备利用率高，但由于沿途经历了若干次解密过程，在一定程度上增加了泄密的可能性，这就要求保密机及通信中心要设保密区。

双重加密是用户加密和线路加密的结合。

（二）计算机系统加（解）密

计算机系统在信息传输、存储和使用过程中都可以采取加密防范手段。加密技术就是防止敌方获取有用信息的重要手段。

1. 传输加密

计算机系统的传输加密技术与通信加密技术类似，在加密方法上分为链路加密和端端加密两种。

链路加密是对相邻节点（包括端节点和相邻节点之间）对通信链路上传输的数据进行加密，它既可以发生在网络七层结构的物理层，也可以发生在数据链路层。要想防止入侵者对网络业务流进行分析，以及要对网络口令、控制信息进行保护，只有进行链路加密才能达到目的，因为这些信息属于网络第 1 层和第 2 层中特有的信息，在其他层次加密都不能对它们起到保护作用。

端端加密即发文终端在报文发送前，对正文内容进行加密，不论是在物理线路上还是在中间节点主机上，信息本身都始终处于加密状态，直至达到相应的终端用户由终端用户解密。端端加密是在网络七层结构的表示层或应用层上进行加密，即信息在进入通信子网之前就已加密。采用这种方式，不用担心信息在传输过程中被人窃取，同时也不必对中间节点及中间节点上的操作人员提出特别要求。但是，由于编址信息和一些必要的控制信息，如路由信息、信息帧的格式等，是以明文方式出现在通信线路上，从而不能避免入侵者对信息流的分析和篡改报文路由之类的信息。

这两种加密方式各有特色。对于敏感信息的传输，应当把端端加密和链路加密方式结合起来使用。端端加密对信息本身提供保护，链路加密则保护控制信息、路由信息及网络命令，防止非法用户改变路由、破坏信息正常传输及业务量和信息流的推断分析。

2. 存储加密

存储加密包括对计算机系统内的文件数据和数据库数据进行加密。通常文件数据的加密比数据库数据的加密容易实现。文件加密是以文件为单位进行加密。可把文件看成数据明文，采用现代加密体制的某种方法产生密文，文件按密文形式存储，使用时先通过解密还原成明文再执行。

数据库加密一般有软件加密和硬件加密两种方式。软件加密又有库外加密和库内加密两种方法。硬件加密是在物理存储器（一般指磁盘）与数据库系统之间加装一硬件装置，对存入盘中的数据进行加（解）密。数据库加密一般采用分组加密算法，因此它易检测出存储在数据库里的信息篡改。数据库是计算机系统中数据最密集的地方，因此必须对重要数据，尤其是敏感数据采取有效的加密保护手段。但对数据库内大量数据全部加密将使系统开销过大（占用系统资源过大），所以要从技术上解决既要加密，又要开销适当，且不影响系统的原有功能（如查询、检索、修改、更新）等问题。

5.3.3　密钥管理技术

密码技术一般是采用加密算法实现的，而加密算法则必须由密钥来控制。加密算法可以公开，密码设备可以丢失，但密钥不可丢失。根据密钥管理的途径来窃取信息要比破译密码算法的代价小得多。因此密钥管理对保密来说是至关重要的。密钥管理是项综合性的技术，涉及密钥的产生、检验、分配、传递、保存、使用、销毁等全过程。其中密钥的分配是密钥管理中的难点问题，因为密钥要经常更换。目前密钥管理主要采用密钥分层保护体制和公开密钥分配体制两种技术。

（一）密钥分层保护体制

密钥分层保护体制是建立在对称加密体制的基础上的，其基本思想是用密钥来保护密钥，即密钥分为高低多层，最高层密钥叫主密钥或一级密钥，上层密钥保护下一层密钥，最下一层密钥保护信息。这样，除主密钥由人工装入外，其他各层密钥均可由密钥管理系统实行动态的自动维护，包括密钥的分配、更换、动态刷新、销毁等过程。主密钥存储在密码装置中，而数量很大的加密数据的密钥（也称工作密钥或对话密钥）存储在限制访问权限的密钥表中，这样既保证了密钥的安全性，又利用大量数据加密密钥的管理，也便于检索和修改。这种体制是目前普遍应用的一种密钥管理体制。

具体实现密钥分配时，如果是点对点通信，可由发收两端的密码装置先后自动生成主密码。当用户 A 提出发信要求时，首先在其密码装置内自动生成数据加密密钥，再用主密钥对其进行加密，并送到收信方 B 的密码装置内。收信端用主密钥对加过密的数据加密密钥进行解密，便恢复出数据解密密钥，双方就可用它进行保密通信。

如果是网络通信，一般采用三级密钥方案进行保密通信。即要在各通信节点上设立密钥分配中心（KDC），该中心内存储有为各用户终端一一配对的基本密钥。如果要为某用户终端送去一组加密数据所需的工作密钥，则中心先用该用户对应的基本密钥对这些工作密钥进行加密，然后将其发送给该用户终端。当终端收到加密的密钥后，就用自己的基本密钥解密，从而得到所需的加密数据的密钥。这样一对终端就可建立保密通信（包括计算机通信）了。各节点需要保存与其他节点通信的基本密钥，而这些基本密钥是用主密钥进行加密存放的。

（二）公开密钥分配体制

采用公开密钥分配体制分配密钥时，网上每个用户都需要一对密钥：加密密钥（公开密钥）和解密密钥（秘密密钥）。如果用户 A 想与用户 B 进行保密通信，则用户 A 可用用户 B 的公开密钥对所需的工作密钥进行加密，发送到用户 B；用户 B 用自己保存的秘密密钥解密，就可得到需要的工作密钥。其他用户虽然也知道用户 B 的公开密钥，但不知道相应的秘密密钥，因此就得不到相应的工作密钥。所有用户的公开密钥是由 KDC 统一管理和分配的，用户可以通过 KDC 获得任何其他用户的公开密钥。

下面简略介绍一下公钥基础设施 PKI。PKI 是 Public Key Infrastructure 的缩

写，是一个用非对称密码算法原理和技术实现的、具有通用性的标准的密钥管理设施。它为基于 PKI 技术的密码应用提供密钥和证书管理。PKI 证书管理设施主要由密钥管理中心 KMC、证书颁发机构 CA、注册审核机构 RA、证书库和应用接口系统五部分组成。

（1）密钥管理中心（KMC）：密钥管理中心向 CA 服务提供相关密钥服务，如密钥生成、密钥存储、密钥备份、密钥恢复、密钥托管和密钥运算等。

（2）证书颁发机构 CA：CA 是 PKI 公钥基础设施的核心，它主要完成生成/签发证书、生成/证书撤销列表（CRL）、发布证书和 CRL 到目录服务器、维护证书数据库和审计日志库等功能。

（3）注册审核机构 RA：RA 是数字证书的申请、审核和注册中心。它是 CA 认证机构的延伸。在逻辑上 RA 和 CA 是一个整体，主要负责提供证书注册、审核以及发证功能。

（4）证书库：证书库是公开的信息库，用于证书和证书撤销列表（CRL）的集中存放，供用户查询其他用户的证书和公钥。通常采用 LDAP 技术建设。

（5）应用接口系统：应用接口系统为外界提供使用 PKI 安全服务的入口。

习　题

1. 叙述雷达侦察的特点。
2. 叙述无线电通信对抗方法手段的组成。
3. 叙述雷达对抗方法手段的组成。
4. 叙述光电对抗方法手段的组成。
5. 通信对抗侦察的主要任务是什么？
6. 雷达对抗侦察的主要任务是什么？
7. 电子对抗情报工作的一般过程是什么？
8. 叙述信息对抗技术及其构成。
9. 什么是通信侦察技术？
10. 什么是雷达侦察技术？
11. 无源光电干扰有哪些措施和手段？
12. 无源水声干扰有哪些措施和手段？
13. 介绍通信反侦察技术及其发展方向。
14. 综述射频干扰技术。

15. 阐述光电干扰反干扰技术。
16. 综述隐身与反隐身对抗技术。
17. 综述雷达反隐身的措施和手段。
18. 总结、评价各种各样的干扰技术。
19. 论述烟幕在信息作战中的作用。
20. 论述 RSA 加密技术体制及其应用。
21. 论述计算机网络攻击技术及其发展。
22. 怎样采取综合措施防御网络攻击?
23. 举例说明计算机的“拒绝服务攻击”方法。
24. “嗅探器”在网络战中会起到什么作用?
25. 谈谈网络防火墙技术及攻击方法。

第 6 章　信息作战武器

信息作战武器是指以信息技术为核心研制的武器装备，是信息作战的物质基础，本章节选一些典型的信息作战武器装备进行介绍。

6.1　信息作战武器分类

信息作战武器的分类，可以从信息作战武器的杀伤效果、作战功能、作战对象、装载平台、技术体制、运用范围等不同的角度对其进行分类。无论从什么角度划分信息作战武器，都必须符合信息作战武器构成的客观规律、内在联系和形式逻辑。

（一）按杀伤效果区分

按杀伤效果，信息作战武器可分为非杀伤性信息作战武器、软杀伤性信息作战武器和硬杀伤性信息作战武器。

1. 非杀伤性信息作战武器

非杀伤性信息作战武器是指对敌方目标本身不具有直接杀伤、摧毁、破坏和干扰作用，但可用于获取和利用信息，可用于支援、保障己方作战力量和作战武器系统对敌实施作战行动的信息作战武器装备。主要包括探测类武器装备，传输与控制类武器装备以及综合性信息系统与平台。

2. 软杀伤性信息作战武器

软杀伤是指对敌方目标的物质实体不具有直接的杀伤、摧毁和破坏作用，而对其功能起干扰、削弱和压制作用。其作战对象是敌方的信息作战武器与系统以及信息化武器，主要包括有源、无源和专用电子干扰武器、光电干扰武器、其他干扰性武器以及定向能武器。

3. **硬杀伤性信息作战武器**

硬杀伤性信息作战武器是指对敌方目标及其功能具有直接杀伤、摧毁、破坏作用的信息作战武器。其作战目标既包括敌方的信息性目标，也包括非信息性目标及人员。最主要和使用最多的硬杀伤武器是反辐射武器和高功率定向能武器。

（二）按作战功能区分

如果按作战功能的不同进行划分，信息作战武器从总体上可由信息防御与保障武器装备、信息侦察武器装备、信息对抗武器装备和信息设施摧毁武器装备四大类武器装备构成。本章后续内容将大致依据这一分类展开。

1. **信息防御与保障武器装备**

信息防御与保障类武器装备是用于支援、保障己方信息作战力量对敌实施信息作战行动的武器装备的总称。这大类武器装备主要包括信息防护类、通信传递类、处理控制类、安全防护类信息作战武器装备。

2. **信息侦察武器装备**

信息侦察类武器装备是对敌方的信息、信息装备、信息系统进行侦察的各种武器、器材、装备与系统的总称。主要包括雷达、电子侦察、声呐及光电探测告警装备等。

3. **信息进攻武器装备**

信息进攻类武器装备是指对敌方的信息、信息装备、信息系统进行干扰、破坏的各种武器、器材、装备与系统的总称。主要包括干扰武器和计算机网络武器等。

4. **信息设施摧毁武器装备**

信息设施摧毁武器装备是指专用于摧毁敌信息源、信息系统、信息节点、信息作战武器平台等信息设施的武器装备。主要包括反辐射武器和高功率定向能武器等。

（三）按作战对象区分

信息作战武器按照作战对象不同，主要分为雷达对抗武器装备、通信对抗武器装备、光电对抗武器装备、水声对抗武器装备、网络对抗武器装备以及其他特种对抗武器装备等。

（四）按主体技术区分

信息作战武器按照其采用的主体技术原理的不同以及作战运用方式的不同，主要分为探测告警武器装备、干扰武器装备、反辐射武器装备、定向能武器装备、网络攻击武器装备以及传输处理武器装备等。

6.2 信息侦察武器装备

信息侦察武器装备种类很多，按照采用的技术原理，主要有雷达、电子侦察和光学侦察武器装备；按照装载平台，可以分为空间侦察类、空中侦察类、地面侦察类以及水中侦察类。本节按照平台进行展开。

6.2.1 空间侦察与监测

空间侦察与监测也称航天侦察与监视，其特点是速度快、范围广、限制少。主要包括以下几种方式。

（一）成像侦察卫星

成像侦察包括光学成像侦察和雷达成像侦察两大类。光学成像侦察卫星在各种侦察卫星中发展最早、发射数量最多，是空间侦察任务的主要承担者。雷达成像侦察卫星是 1980 年代末发展起来的一种新型侦察卫星。

典型的侦察卫星有美国的 KH－12 “锁眼” 光学照相侦察卫星、“长曲棍球” 雷达成像侦察卫星。KH－12 装备多光谱数字成像机、热红外成像仪、CCD 相机等设备，对地面进行光学照相侦察，可实现图像实时传输，还具有轨道机动能力，其轨道工作寿命 8 年，地面分辨率达 0.1m。“长曲棍球” 系列雷达成像卫星，主要装备高分辨率合成孔径雷达，分辨率为 1m。

（二）电子侦察卫星

电子侦察卫星利用搭载的无线电接收机搜集地面目标辐射、反射或散射出的电磁波信号，可侦察敌方雷达、电台等的位置、使用频率等性能参数。通过对电子侦察卫星所获情报的分析，还可进一步提示敌方军队的调动、部署乃至战略意图。

“大酒瓶”是美电子侦察卫星的一种，是超大型静止轨道电子侦察卫星，最重的已达9.97t，测频范围为0.1～20GHz，装备雷达、通信等电子侦察设备，可截获敌方雷达脉冲、话音通信、数据链和电子辐射信号，定位并查明其性能。

（三）导弹预警卫星

导弹预警卫星的主要任务是监视地面弹道导弹的发射情况。

美军导弹预警卫星，又称“国防支援计划”（DSP）卫星，主要装备红外探测器、电视摄像机、核辐射探测器等，在轨5颗，3颗工作，2颗备用，分别定位在印度洋、太平洋和南美洲赤道上空的地球同步轨道上，可以对俄罗斯和我国等保持不间断的监视。用于战略、战术弹道导弹的预警，通过探测导弹发射主动段（上升段）和发动机尾焰的红外辐射特征来监视和发现导弹的发射情况，从而获得导弹袭击的预警信号。只要导弹一发射，卫星上的红外探测器在90s时间内就能测出导弹尾焰产生的红外辐射信号，加上中间传递过程，仅需要三四分钟时间，便可以将预警信息传到指挥中心。对洲际弹道导弹可取得25min的预警时间，对潜射导弹可取得15min的预警时间。该卫星将逐步被更先进的天基红外系统（SBIRS）卫星代替。

（四）海洋监视卫星

海洋监视卫星主要用来对海上舰船和潜艇进行探测、跟踪、定位、识别并监视其行动，以获取军事情报，包括电子侦察型和雷达型两种。电子侦察型卫星监视水中舰船发出的无线电信号，雷达型监视卫星上装有合成孔径雷达，可以不依赖对方的发射信号而主动搜索目标，其精度比电子侦察型更高。

例如美国“白云”系列海洋监视卫星，在轨4组16颗，轨道高度1092～1128km，装备无线电接收机、毫米波辐射计、红外扫描仪、电视摄像机等，用于监视海面舰只和水下潜艇活动，侦察舰艇雷达信号和无线电通信信号。

6.2.2 空中侦察与监测

现代航空侦察与监测设备，包括有人驾驶侦察机、侦察直升机、无人驾驶侦察机和预警机，也包括侦察气球和飞艇等。

（一）有人驾驶侦察机

有人驾驶侦察机是航空侦察的主力，它可以携带可见光照相摄像机、红外传感器、雷达、电子侦察设备等。有人驾驶侦察机反应灵活，机动性好，能及时、准确地完成对战场情况侦察，能为信息作战指挥员提供作战指挥所需的大面积、远纵深的情报。例如，美空军装备的 RC－135、TR－1 侦察机，TR－3A、“极光”（曙光女神）隐身高空侦察机，美海军装备的 EP－3 侦察机。

RC－135 战略侦察机是由 C－135 型运输机改装而成，是战略空军用于搜集电子情报的侦察机。装备有：AD/ALD－5 电子对抗引导探测系统，AN/ALQ－70杂波干扰机，AN/ASD－1 电子情报系统，AN/ASR－5 自动侦察系统，AN/USD－7 电子侦察监视系统，AN/ALA－6 脉冲分析测向机，AN/APR－17侦察接收机，ORC－259 电子快速扫描接收设备。

TR－1 是 U－2 高空战略侦察机的改进型。TR－1 型侦察机装有现代化电子对抗设备、机载侧视雷达、高分辨率的合成孔径雷达系统，能在防空区外远距离取得高质量图像，并传送给地面图像处理分队。

TR－3A 是一种三角形隐形侦察机，采用隐身设计及使用雷达吸波材料，其翼尖呈圆形，喷口左右各有两个小型垂直尾翼。飞行速度 5～6 马赫。

“极光”（曙光女神）高超音速侦察机，是美国继 SR－71 战略侦察机之后新一代战略侦察机。“极光”侦察机全机长为 32m，高为 7m，全载重为 83t，其中三分之二以上是燃料，设计最高巡航速度为 6 马赫左右，巡航高度 30～40km。

EP－3 电子侦察机，最大时速 761km，巡航时速 608km，巡航高度 7620m，实用升限 8625m，续航时间 17h，载重量 9.071t。装载有：APS－115 对海搜索雷达，ALQ－76 电子对抗吊舱，ALR－132 红外干扰机，ALR－52 瞬时探测系统，ALR－60 战术电子支援设备等。

（二）侦察直升机

直升机能在狭小的场地，如林中空地、舰艇甲板等处起降，能紧靠指挥员驻扎，便于进行实时侦察；能在很低的高度（距地面 10～15m、距海面 1m）上实施侦察，且飞行速度不快，有利于对地面进行细致、准确的观察，从而提高了所获情报的可靠性；能够悬停于空中，便于从己方区域对敌整个战术纵深内的活动目标进行跟踪。用直升机进行空中侦察的主要设备有电视设备、红外设备、雷达设备及无线电技术侦察设备。

（三）无人驾驶侦察机

无人驾驶侦察机能携带可见光相机、电视摄像机、前视红外遥感器及侧视雷达等。可见光照相机可进行高空及低空摄影；电视摄像机能及时把侦察图像传送回地球站；侧视雷达能在距敌一定距离的情况下进行侦察，可全天候使用。典型的无人侦察机有美军的 RQ－1B“捕食者”、RQ－4B“全球鹰”等。

“捕食者”是一种中空、长航时型无人侦察机，主要用于一般威胁地区的侦察、监视和近实时获取目标信息。最大飞行高度为 7925m，最大时速 222km/h，巡航时速 130km/h，最长续航时间 60h，主要装备有合成孔径雷达、光电和红外传感器，也可携带电子战、通信中继等其他设备，通过卫星系统向联合作战中心或联合情报中心传输实时侦察情报。“捕食者”已向侦打一体化发展。

“全球鹰”是一种高空、长航时、全天候的无人侦察机。“全球鹰”载有合成孔径雷达、电视和红外探测装置，飞行高度可达 21 600m，巡航时速为 635km/h，留空时间长达 42h，能为作战指挥官提供实时战场图像和信息。

（四）预警机

预警机是空中侦察与监视系统的重要组成部分，通常由机载以及监视雷达、数据处理、数据显示与控制、敌我识别、通信、导航和无源探测等电子系统组成，具有低空性能好、监视范围大、生存能力强、指挥控制能力强和灵活机动等特点，能够集预警和指挥、控制、通信功能于一体，起到活动雷达站和空中指挥中心的作用。典型的预警机有美国空军的 E－3B/C 和 E－8C 和美国海军的 E－2 等。

E－3B/C 预警机是美军空中指挥、控制与通信中心和预警与控制机。该型号预警机的计算机系统处理能力强，干扰效果好，能同时处理 600 个不同目标信息，引导上百架飞机进行作战。最大时速 853km，实用升限大于 8850m，续航时间 11h。雷达为 AN/APY－1/2 型 S 波段脉冲多普勒雷达，导航设备：AN/ASN－199 惯性导航系统，AN/ARN－120 导航系统；另装备有 AN/APX103敌我识别器，CC－1/2 高速计算机，AN/APN－213 多普勒测速仪。

E－8C 预警机由波音 707 机体改装而成，该型机主要担负地面监视、目标搜寻和战场管理任务，作用距离 200km 以上，一次飞行任务可覆盖 $1\times10^6 km^2$，每分钟可跟踪数千个目标，可精确探测战场纵深地域地面、低空活动和静止目标，并将目标位置实时传递到地面指挥员和空中攻击飞机，指挥引导火力攻击。

E－2C预警机主要担负航母编队空中预警与控制的任务，其在8000m高空以500km/h巡航时，机载雷达可分别在480、360和270km左右的距离内发现低空来袭的轰炸机、战斗机、海上舰船和巡航导弹，可同时跟踪、识别300个以上空中目标，并引导30～40架飞机进行空战。最大时速598km，实用升限9390m，巡航高度9150m，续航时间6.1h。主要雷达：APS－139一座，APS－145预警搜索雷达一座，APN153导航雷达3座。导航设备：ASN92导航设备一套，ASN50航向姿态参考系统一套。电子对抗设备：ALR－73电子对抗设备一套。收发信机：ARC158超高频收发信机、ARQ34高频收发信机、ARC51收发信机各一套。

6.2.3　水面侦察与监测

水面侦察与监测包括水面及水下部分。

（一）水面舰艇舰载雷达

在水面舰艇上装有用于侦察监测的雷达，主要有警戒雷达、侦察雷达和识别雷达。警戒雷达的任务是监视敌方的飞机、导弹和舰船等目标，为舰船提供准确的海空与海面情报。警戒雷达功率大，作用距离远，覆盖范围广，对海能探测数十公里，对空则能探测数百公里。如ANISPY－1A多功能相控阵雷达分系统是美舰艇“宙斯盾”作战系统的心脏。

侦察雷达是被动雷达，本身不发射电磁波，专门接收别的雷达所发出的电磁波，并从中分析、判断目标的情况。其发现目标的距离比敌方雷达探测的距离一般要远半倍到1倍，可以先敌发现目标。

（二）声呐

声呐广泛装备于大、中型水面战斗舰艇、潜艇、反水雷舰艇和某些勤务舰艇，主要用于搜索潜艇和水下障碍，对敌方的鱼雷攻击进行警戒或诱惑。一艘水面舰艇上往往装有几部不同类型的声呐，如远程搜索目标的搜索声呐、拖曳线列阵声呐等。

潜艇声呐的目标主要是水面舰船、潜艇和水雷等。潜艇上通常装有多种类型的声呐。拖曳线列阵声呐是潜艇探测远距离目标的较好的水声探测设备，其阵长可达数百米，拖曳深度可达300m，作用距离可达70～100海里以至数百海里。

机载声呐是海军反潜直升机和反潜巡逻机的主要反潜探测设备。分为吊放式声呐、拖曳式声呐和声呐浮标系统。吊放式声呐装备于反潜直升机，一般采用跳跃式逐点搜索。机载拖曳式声呐是由直升机拖曳的拖曳式声呐，收放方便，阻力小，搜索效率高。声呐浮标是由直升机投放的具有水声探测能力的浮标，通过无线通信将探测到的水下信息发送给飞机。它是一次性产品，一般工作几十小时或几十天。

固定式声呐设置在近岸海域或岛屿上，可以用于海峡、基地、港口、航道和近海水域对潜警戒，并引导岸基或海上的反潜兵力实施对潜攻击。

除了上述几种手段外，为了寻找潜艇的踪迹，有专门探测由潜艇引起的磁场变化的磁性探测仪，或者探测由于潜艇散热引起的水温变化的红外探测设备等。

6.2.4 地面侦察与监测

地面侦察与监测由各种雷达、各种侦察设备、可见光感知、红外感知和成像技术设备以及各种地面传感器，组成立体的情报获取网，获取信息作战有关的目标信息。

（一）电子侦察

无线电侦察通过对所接收的各种信号进行分析和处理，破译和了解敌发射台和部队的有关情报，如台、站的方位和坐标，指挥所、部队和其他军事目标的配置等。所用设备有无线电通信侦察、雷达侦察机、无线电测向机以及信号的记录、分析、破译设备。美军1990年代投入使用的侦察车主要有N113型装甲侦察车、LRAS3侦察车、“打击者”侦察车和M1114型“悍马”轻型侦察车等。

（二）雷达侦察

陆基雷达按功能可划分为用于警戒和引导的雷达，用于武器控制的雷达，以及用于侦察的雷达等。

1. 弹道导弹预警雷达

弹道导弹预警雷达是远距离搜索雷达，用于发现洲际、中程和潜地弹道导弹，测定其瞬时位置、速度以及发射点和弹着点等参数，为信息作战指挥机关提供弹道导弹来袭的情报。弹道导弹预警雷达通常架设在国土边缘地区，一般是超视距雷达，并用若干部雷达组成预警网。美军部署的 AN/FPS－115（铺路爪）全固态大型相控阵雷达就是这种雷达。

2. 对空（海）警戒雷达

对空警戒雷达又称对空搜索雷达或称对空情报雷达，是用于搜索、监视与识别空中目标，并确定其坐标和运动参数的雷达。它所获取的情报，主要用于发布防空警报，引导歼击机截击敌方航空兵器，为防空武器系统指示目标等。

对海警戒雷达用于探测、监视水面舰艇和低空、超低空飞行的目标，与舰艇雷达识别系统相配合判定目标的敌我属性，给火控雷达提供目标指示。

3. 跟踪（引导）雷达

跟踪雷达主要用于对目标的精确测量，为武器系统或后续作战行动连续提供准确的敌目标位置和运动参数。例如弹道导弹跟踪雷达是一种远距离跟踪雷达，主要用于搜索跟踪真假来袭弹道导弹目标，连续测定其坐标和速度，识别真假弹头，引导反弹道导弹等。引导雷达用于连续向防空火力系统或歼击机提供空中目标的准确位置，以引导攻击。

4. 地面侦察雷达

地面侦察雷达大致可分三类：第一类是短距离（3～5km）单兵使用雷达，可以人背或支在三脚架上，重量不足 10kg，携带方便，探测近距离范围的车辆，一般作为报警装置，测距误差小于 50m。第二类可由几人携带或安装在车辆上，重量几十公斤，能探测 5～8km 处的车辆。第三类是远距离（20km 左右）炮位侦察雷达，能跟踪打来的两发炮弹，用计算机算出弹道，并根据两条弹道的交会点，算出炮阵地位置。新的炮位侦察雷达，只要测出一发炮弹的两个点，就能算出弹道和炮位。这种雷达重量达 200kg，多用车载，作用距离为 20～30km。

（三）光电侦察

激光测距仪是以激光为光源来对目标进行距离测量的装置，是现代坦克的必备装备。

夜视器材主要有红外夜视和微光夜视两大类。

主动红外夜视仪从二战开始，安装在枪械及坦克等车辆上，作为夜间瞄准器具。主动红外夜视仪由于携带红外光源去主动照射目标，容易暴露自身，自 1970 年代以来逐步被微光夜视仪和红外热成像仪所取代。

微光夜视仪由于工作方式是被动的，隐蔽性好、不易暴露，而且体积小、重量轻、消耗能源也少（有的装两节5号电池便可工作十多个小时），所以受到普遍重视，是目前产量最大、装备最多的一种夜视器材。

热像仪在军事上的应用范围较主动红外夜视仪和微光夜视仪更广，可用于战术与战略侦察、武器的瞄准和制导，各种战斗、运输车辆的夜间驾驶，并可用于飞机在夜暗中起飞、着陆等，且性能更为优越，是一种较为理想的夜视器材。目前热成像夜视仪的应用形态主要有：观察仪、手持观察仪、夜视眼镜、武器瞄准具、车辆仪、装甲战车潜望式驾驶仪、装甲战车瞄准具、潜艇潜望镜、飞机前视红外系统等等。

（四）自动地面传感器侦察

自动地面传感器是一种辅助性战术侦察器材，可用飞机空投、火炮发射，可人工埋设到交通线上和敌人可能入侵的地段，用来执行预警、目标搜索、目标监视等项任务。这些传感器可在一定地域组成无线传感器网络。常用的自动地面传感器有六种基本类型：音响传感器、震动传感器、磁传感器、红外传感器、压力传感器和扰动传感器。

1. 音响传感器

音响传感器的工作原理与麦克风和调频发射机的工作原理相同。它将目标的声音信号转换成电信号，发送给监控中心，再还原为声音。例如，一种可悬挂在树上的被称为“音响浮标”的装置，探测距离300～400m，接近人的听觉范围。

2. 震动传感器

震动传感器主要用来接收由于人员或车辆活动而造成的地面震动信号，可探测到30m远处行走的人员或300m远处行进的车辆。目前使用的震动入侵探测装置，可对灵敏度进行调整，能有效探测距离约1300m的人员活动引起的震动，且能在5分钟内设置完毕。侦察巡逻队可在距离1800m远的位置上监控震动传感器，经过训练后，可以收到相当好的探测效果。

3. 磁传感器

磁传感器又称“遥控电磁传感器”，当由黑色金属制成的物体，步枪、车辆等进入磁传感器的探测范围时，传感器便发现、报警，其探测范围一般为15m。如美陆军装备的AN/TRS－2型排用预警系统，可供远程侦察巡逻队使用，运输和操作都很方便，可用于加强警戒，以及在伏击行动中用于发出早期预警信号，发射距离可达 1500m。

4. 红外传感器

红外传感器分为有源式和无源式两种。有源式红外传感器发出的红外光线被切断，传感器便被启动，同时监控站的警报器报警。直视探测距离约为 1000m。当温度发生突然变化时，无源式红外传感器便被启动。这种装置较灵敏，在 15m 范围内，人的正常体温足以启动该装置。

5. 压力传感器

压力传感器仅在被侦察目标对传感器探头产生一定压力的情况下才产生作用。例如，一种压力传感系统包括两个注满水的软管，将其埋设在约 50cm 深的地下，当附近地面产生压力时，监控站的警报器便报警。

6. 扰动传感器

扰动传感器被移动或受到干扰时，传感器将会发出警报。有一种叫做“无声微型炸弹”的军用扰动传感器，外观像石头或树枝，当这种传感器被移动 0. 8mm 时，便发出无线电信号，向监控站报警。还有一种被称为“守夜者”的扰动传感器，体积很小，在需探测的地区设置一根极细的金属线，当金属线被拉断时，便会使监控器报警。上述传感器将探测到的信号用无线电波发送给远处的地面站或中转设备（飞机、船只、空投的转发器等），最后传给监视站，通过显示、记录和整理分析，判明目标类别和活动规模。

6. 3　信息对抗武器装备

本节的信息对抗武器装备是对信息防御和信息进攻武器装备的合称。信息防御装备提供告警和信号隐匿，与上一节所述信息侦察装备又有所不同。信息对抗武器装备主要包括电子战武器和网络战武器。电子战以干扰作为主要攻击手段，其武器装备包括干扰装备、干扰弹和干扰器材几个方面。

6. 3. 1　告警装备

雷达告警机是设置在飞机、地面、舰艇上，能够探测敌方具有威胁性的雷达信号，自动为己方人员发出警告信号的电子侦察装置。雷达告警机在接收到敌方警戒雷达、炮瞄雷达和导弹制导雷达的电波信号后，便向己方飞机、舰艇人员发出警告信号，以便采取机动规避和电子干扰等对抗措施。在现代飞机和舰艇上，雷达告警机往往与电子干扰设备及反辐射导弹共同组成电子对抗系统。

美国现有雷达告警接收机70多种，其中ALR－46和ALR－69广泛用于空军的作战飞机，ALR－45和ALR－67则广泛用于海军的作战飞机，而海空军通用的基本使用型是ALR－74和ALR－56C/M。图6－1为ALR－67的组件。

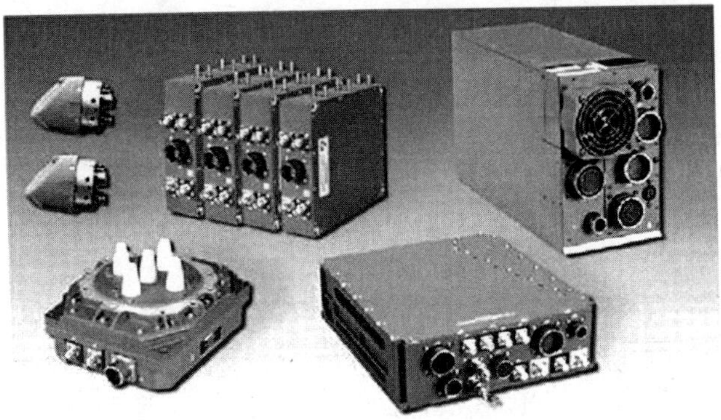

图6－1　ALR－67的组件

美国的AN/ALQ－153是一种有源导弹逼近告警系统，采用脉冲多普勒雷达体制，有很好的测距和测角精度，并能从严重地物杂波背景中分离出运动目标。系统能计算来袭导弹的到达时间，并精确控制载机上的有源干扰机和无源干扰箔条/红外诱饵弹投放器实施对抗。ALQ－156A、ALQ－154和ALQ－199脉冲多普勒雷达系统都是典型的有源导弹逼近告警系统。

光电告警装备能够探测威胁激光、红外及紫外信号并提供告警。美国的AN/AVR－2激光告警机，AN/AAR－44机载红外告警装备。美国的AN/AAR－47系统，它是紫外告警机，由光学传感器、信号处理器和控制器组成，4个光学传感器探测来袭导弹的喷火尾焰，提供360度全向告警。另一种紫外型导弹逼近告警系统是AAR－54（V）系统，它具有优于1度的测向精度和区分导弹与虚假紫外源的能力，对背景噪声和杂波干扰的敏感度要比红外系统低得多。美国AN/AAB－57通用导弹告警系统将成为“标准”系列导弹的逼近告警系统，是一种可重编程的系统，能提供自动的无源导弹检测、告警，并对载体上的对抗设备提供引导信息，主要用于F－18E/F飞机，也可用于其他各种飞机。美军B－52轰炸机装备有AN/ALQ－153尾部告警设备、AN/ALR－20全景干扰雷达告警接收机、AN/ALR－46数字告警接收机。

6.3.2　干扰装备

（一）电子干扰

美军地面雷达电子战系统主要有 AN/MSQ－103“队组”电子战支援系统、AN/TSQ－109 地面雷达电子战侦察系统、AN/ULQ－14 地面雷达电子战系统等。

美军地面通信电子战系统主要有 AN/TSQ－112，AN/TSQ－114A“开路先锋”甚高频通信侦察测向系统，AN/TLQ－17/17A 地面通信干扰系统，AN/TLQ－15地面通信干扰系统，LQ－101、LQ－102 摆放式一次使用通信干扰机等。AN/MLQ－34 是车载的通信干扰系统，机动性好，能快速展开和撤收，可监视和干扰敌方的甚高频通信，工作频率 20～200MHz，干扰功率 300～4000W，可同时干扰 3～4 个频率信号，装备陆军师属电子战部队，是美陆军主力战术通信干扰系统。如图 6－2 所示。

图 6－2　美军 AN/MLQ－34

美国海军巡洋舰上的主要电子战系统是 AN/SLQ－32（V）3 电子战系统和 MK36 无源干扰发射系统。航母装备了 AN/SLQ－29 电子战系统，它由 AN/WLR－8（V）电子监视接收系统和 SLQ－17 大功率干扰机组成。美国海军驱逐舰、导弹护卫舰均装备了 AN/SLQ－32（V）2 电子战系统以及 MK36 无源干扰发射系统。核潜艇的电子战系统除 AN/WLR－8 外、还有 AN/WLQ－4

(V) 1 电子情报系统、AN/WLR－10 雷达告警接收机、WLR－12、WLR－17 水声侦察接收机、AN/WLY－1 水声对抗系统和 MK2 鱼雷水声诱饵等。

机载 AN/ALQ－99 电子干扰系统是美国海军的 EA－6B“徘徊者”电子干扰飞机上装备的一种大型先进的机载战术噪声干扰系统，该系统由 5 个外挂吊舱组成，每个干扰吊舱内装有 2 部超大功率干扰发射机，1 部跟踪接收机及其配套的天线，1 部用于供电的冲压涡轮发电机。根据干扰的要求，机上 5 个外挂吊舱可以单独使用或更换其他组件以覆盖所需的指定频段；也可将 5 个外挂吊舱组合一体使用，使飞机能覆盖相同的频段或者不同的频段。EA－6B 飞机上装备的 ALQ－99 干扰系统可以根据战区环境和作战要求，选择瞄准式干扰、双频干扰、扫频干扰和噪声干扰等多种干扰方式。

美空军的专用电子战飞机有 EC－130H，EA－18G，EF－111A 和 B－52J 等。美国的 F－15、F－16、F/A－18 等主要战斗机通常都分别装有 ALQ－126B、ALQ－131、ALQ－135、ALQ－184 等 ALQ 系列干扰机、ALE 系列无源箔条/红外弹投放器。ALQ－161、ALQ－184 等采用了相控阵/多波束干扰技术，一部干扰机可同时干扰几十部雷达。AN/ALQ－165 自卫干扰系统是美军新一代自卫干扰机的典型代表，雷达威胁告警和干扰均由计算机控制，只要改变软件编程即可对抗新出现的电磁威胁。图 6－3 为 AN/ALQ－211 电子干扰套件。

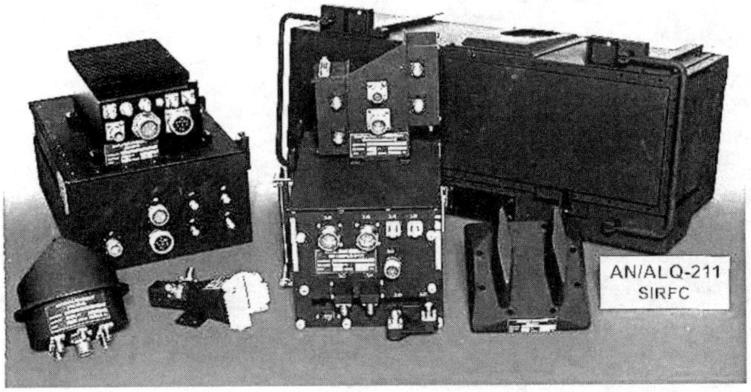

图 6－3　AN/ALQ－211 电子战套件

美国空军的电子战系统广泛采用吊舱的形式，吊舱的好处是配置灵活，战斗机挂上电子战吊舱就能充当电子战飞机。美国的机载电子干扰吊舱型号比较多，主要有 AN/ALQ－101 电子干扰吊舱、AN/ALQ－108 干扰吊舱、AN/ALQ－119 电子干扰系统、AN/ALQ－131 电子干扰吊舱、AN/ALQ－164 欺骗式干扰吊舱、AN/ALQ－167 电子干扰系统和 AN/ALQ－184 电子干扰吊舱等。表 6－1 为美军典型的电子干扰吊舱比较。

表 6－1　典型的电子干扰吊舱比较

时　间	典型设备	性能特点
60 年代	ALQ－87	电压调谐磁控管，2.6～3.1GHz，50～100W，噪声阻塞干扰
70 年代	ALQ－119	宽带双模行波管，3～12GHz，连续波 100W，脉冲 400～500W，瞄频噪声干扰和同答欺骗共用
80 年代	ALQ－131	为 ALQ－119 改型，具有功率管理能力，能对同波束内的几个目标实施干扰，积木式结构，软件可编程
90 年代	ALQ－184	第一个机载多波束干扰吊舱，具有功率管理能力，能对不同方位上的多目标实施干扰，干扰功率空间合成，有效辐射功率高

美国机载 AN/ALQ－167V 是一种模块化的噪声与欺骗式干扰系统，目前有 4 种不同的吊舱，即采用噪声干扰的 D 波段吊舱、噪声干扰的 E/F 波段吊舱、噪声和欺骗干扰的 G/H/I 波段吊舱以及采用噪声和欺骗干扰的 J 波段吊舱等。其中 I 波段的有效辐射功率为 4kW，而 G 波段的有效辐射功率只有 2kW。

AN/ALQ－167V 系统的干扰信号通过多级高频行波管放大后，可以在 0.25～40GHz 频率范围内分别提供高脉冲功率和连续波功率等干扰信号，以连续不断地覆盖飞机的前、后方并采用微处理器进行威胁识别、电子干扰方式控制及系统的总体控制等。其中噪声式干扰有：连续瞄准式干扰、间歇瞄准式干扰、扫频幅度调制干扰、连续阻塞式干扰、间歇阻塞式噪声干扰、频扫幅度调制和频扫噪声干扰以及快速瞄准式干扰等。欺骗式干扰包括：多频率转发器及其扫频幅度调制干扰、速度门欺骗干扰、速度门欺骗与转发器扫频幅度调制相结合的干扰、线性调频门欺骗干扰、窄带转发器噪声干扰及随机多普勒与噪声多普勒干扰等。

AN/ALQ－184 电子干扰吊舱是为对付地空导弹、雷达制导火控系统和机载拦截武器提供有效干扰手段进行设计的。AN/ALQ－184 是在 ALQ－119V 基础上改进的，大大提高了电子干扰功率和系统的可靠性，大幅降低了系统的反应时间，采用数字式可编程操作，有效地提高了系统的作战灵活性。图 6－4 为 AN/ALQ－184 电子干扰吊舱。

AN/ALQ－184V 干扰吊舱的关键技术是采用罗特曼透镜多波束天线系统、中功率小型行波管、晶体视频接收机和信号处理器，并在干扰吊舱的前、后两端各装有 1 套相同的干扰机，每套干扰机均配有 8 只行波管用作功率发射机，由罗特曼透镜天线完成空间功率合成，控制天线辐射元的相位，快速改变干扰

图 6－4　为 AN/ALQ－184 电子干扰吊舱

波束的指向，并同时形成多个波束以干扰多个目标；若敌方雷达的反干扰能力很强，则集中干扰 1 部雷达的信号。AN/ALQ－184V 干扰吊舱的有效干扰频率范围可以覆盖 1～18GHz，干扰带宽则能达到 1GHz。

（二）光电干扰

光电干扰武器，是指专门用于破坏和干扰敌方光电武器装备、并使之失效的一种武器装备。从光电干扰对象所应用的信息技术领域来分类的话，则可分为红外线干扰、激光干扰和可见光干扰。光电干扰武器也可作同样的划分。

1. 红外干扰

红外干扰机是一种有源红外对抗装置，能发出经过调制精确编码的红外脉冲。目前国外已装备部队的红外干扰机多采用 0.4～1.5μm 的非相干光源，主要有强光灯型、加热型及燃油型 3 种：

（1）强光灯型

强光灯型如铯灯、氙弧灯和蓝宝石灯等。AN/ALQ－204“斗牛士”（Matador）干扰机是洛拉尔公司研制的，已装备在美国总统专机、英国王室座机和其他国家的首脑/要人专机上。它采用脉冲调制灯、复合干扰码。基本系统包括能够同步工作的多部发射机和控制器单元，每部发射机具有 4～12kW 的红外辐射能力。MIRTS 型红外干扰系统为诺斯洛普公司所生产，采用一个多头蓝宝石灯，模块化结构，既能机内安装，又可吊舱安装，工作波长 3～5μm 和 8～14μm，全方位干扰。

（2）加热型

加热型是由电加热或燃油加热红外辐射元件而产生所需的红外辐射。在载机电源功率有限的情况下，采用燃油加热可大大降低电力消耗。AN/ALQ－144，AN/ALQ－146，AN/ALQ－147 这 3 种型号都是桑德斯公司生产的，用以保护中型直升机和小型固定翼飞机。ALQ－144 具有一个被高效调制系统环绕的圆柱形电加热陶瓷红外辐射源，安装在发动机排气管前上部，以全向干扰红外导弹。它能非常精确地模拟载机发动机排气的红外光谱，可有效干扰 6 种红外制导的地空、空空导弹。

（3）燃油型

当目标受威胁时，由发动机喷出一团燃油，延时一段时间后发出与发动机类似的红外能量。这种方法介于红外干扰机与红外诱饵之间，所以也有人称这种方法为红外诱饵。典型装备有美国的 AN/ALQ－132.

“定向红外对抗”（DIRCM）系统采用 0.4～1.5μm 波长的非相干光光源，将红外干扰能量集中于狭窄的光束中，以高强度的红外波束对准来袭的红外制导导弹实施有效干扰。美国和英国共同开发研制的 AN/AAQ－－24（V）“复仇女神”定向红外干扰系统，用来防护飞机，是第一个可供作战部署的定向红外干扰系统。诺斯罗普公司早期制造的 QRC－84－02A 红外导弹干扰机已用在特种部队的 C－130 飞机上。对红外特征强的飞机，采用新研制的 ARC－84－02B“萤火虫”DIRCM 进行保护。

2. 激光干扰

激光致盲装备是由激光器、侦察/告警定位设备、精密瞄准跟踪设备等组成的武器系统。如美国陆军 AN/VLQ－8“魟鱼”激光致盲装备，美军的 AN/PLQ－5 手提式激光致盲装备。

6.3.3　干扰弹

（一）电子干扰弹

电子干扰弹是主要用于战术目的的投射式电子干扰弹药，主要有通信干扰弹和雷达干扰弹。

通信干扰弹是通过安装在弹丸上的干扰装置施放电子干扰信号，破坏或切断敌人无线电通信联络，使其通信网络产生混乱的信息化炮弹。它由火炮、火箭、导弹等运载工具发射，有的采用子母弹形式。弹丸内装有一个或多个一次性使用的宽频带通信干扰机。干扰弹被发射到目标区上空后，逐个抛撒出干扰机，干扰机通过降落伞缓慢降落或以一定速度直接落地至既定深度，然后各自展开天线，分别实施悬浮式空中干扰和落地式干扰。

通信干扰弹有以下五个方面优点：第一，在敌通信设备附近施放干扰，能以较小的干扰功率获得较高的干扰幅度和较好的干扰效果，用一部阻塞式干扰机就可以同时抑制某一频段内的所有电台。第二，在敌我双方电台功率及通信距离相同的情况下，对我方电台影响小，便于作战使用。第三，干扰机采用迫击炮、加榴炮、火箭炮等投放平台，可选择遮掩阵地，发射后又能迅速转移，具有较强的生存能力。第四，便于掌握干扰区域、干扰方向和干扰时间，可根据作战需要灵活使用，如在反恐、营救人质和小规模武装冲突中，动用大型装备受时间、地点等诸多条件的限制，小巧的干扰弹则更简便、灵活、快速、有效。第五，在局部战争中，情况瞬息万变、战机稍纵即逝，为取得局部的甚至小到几百平方米的制电磁权，更需小型投掷式干扰弹的有力补充。

20 世纪 70 年代，美国仙童韦斯顿系统公司与美陆军通信电子局共同研制了 XM867 式 155mm 通信干扰弹，内装 6 部电子干扰机，如图 6－5 所示。这种干扰机造价低廉，能够承受火炮发射时的冲击力，属于宽频带阻塞式干扰发射机，频率覆盖范围 2～1000MHz。干扰弹用 155mm 口径火炮发射，最大射程 17.7km。干扰弹外形为短圆柱体，高 88.9mm、直径 127mm。每部干扰机有一个消旋翼片和一根飘带。母弹到达目标区上空约 1000m 高度时，6 部干扰机依次抛出，借消旋翼片和飘带作用垂直下降，以 40m/s 的速度着地，钻地 25～75mm 深，随即天线沿地面展开，几秒钟后启动干扰机对敌指挥通信实施阻塞式干扰。

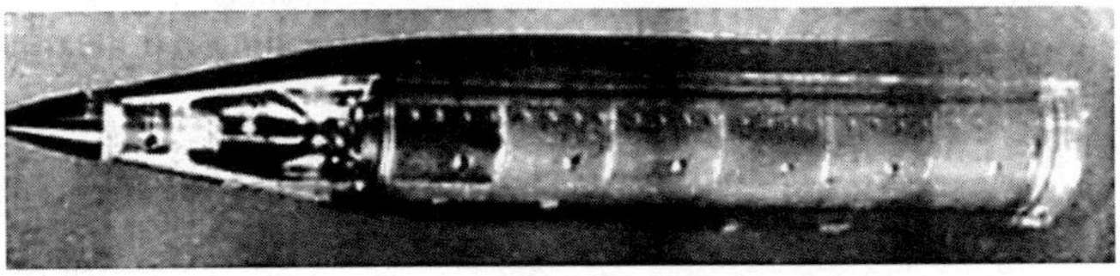

图 6－5　美 XM867 式 155mm 通信干扰弹

美国的 XM982 式 155mm 远程子母弹，内装有 4 个电子干扰器，构成远程通信干扰弹。干扰器上安装有降落伞，离开母弹后降落伞展开，使干扰器飘到目标区上方，实施悬浮干扰并将传感器信息发回到手提式地面显示器上。俄罗斯研制的 3HC30 式 152mm 高频、甚高频通信干扰弹，重 43.56kg，射程达 22km。弹丸内装有 1 个 8.2kg 重的电子干扰装置，发射频率范围为 1.5～120MHz，可在 700m 的有效作用半径内工作一个小时。

（二）红外干扰弹

红外干扰弹广泛地应用于飞机、舰船的自卫，主要对付敌方全向红外寻的导弹和双色红外制导导弹。红外干扰弹通过辐射强大的红外能量，制造一个与所要保护的目标相同的红外辐射源，诱骗敌方红外制导武器脱离真目标，又称红外诱饵弹、红外曳光弹。

红外干扰弹可分为烟火型红外干扰弹、复合型红外干扰弹和燃料型红外干扰弹。红外干扰弹大多数为投掷式，燃烧时能产生 1 ~6μm 波段强烈的红外辐射，正在红外寻的装置工作的 1 ~3μm 和 3 ~5μm 波段范围内，其有效辐射强度比被保护目标的红外辐射至少大 2 倍。红外干扰弹能快速形成高强度红外辐射源，它必须在离开导弹寻的器视场前点燃并达到超过目标辐射强度的程度；红外干扰弹具有很高的效费比。红外干扰弹结构简单，成本低廉，可以多载多投，是红外对抗中的重要技术手段。

例如，美军 F -22 “猛禽” 战斗机的 7 个电子战子系统之一就是对抗控制器和投放器单元，主要投放 MJU -7 和 MJU -10 标准红外干扰弹、专门为 F -22 研制的 MJU -39 和 MJU -40 红外干扰弹以及 RR -170 和 RR -180 箔条弹。

1997 年，美国提出“先进战略与战术一次性干扰器材”（ASTE）计划，目的是为战术飞机研制可对抗先进红外导弹的新型红外干扰弹。该计划包括 MJU -47B 和 MJU -48B 弹，以及 MJU -50B 和 MJU -51B 弹。MJU -47B 是一种运动型红外干扰弹，它采用改进的 MAGTEF 颗粒作为烟火材料。这种烟火材料既产生诱使敌方导弹远离飞机的红外能量，同时也起推进剂的作用，能产生足够的推力，使干扰弹跟随飞机飞行而不会迅速下落。MJU -47B 的尺寸为 50mm ×62. 5mm ×200mm，可从美国空军的标准投放系统，如 AN/ALE -47 上投放。MJU -48B 采用了两种材料产生红外辐射，除了传统的 MAGTEF 材料外，还使用了合金表面公司发明的自燃材料。这种自燃材料通过氧化而不是通过燃烧产生红外辐射。MJU -50B 是为运输机、战斗机和直升机应用而研制的，它采用自燃材料，在发射甚至点火前完全密封，当氧化金属薄片从圆筒中弹出后与空气接触就迅速氧化并辐射热量。在生效持续时间上，MJU -50B 与标准燃烧式诱饵弹相差无几，但它辐射热量时不会产生可见光。该弹尺寸为 25mm ×25mm ×200mm，可与美国空军的标准投放系统配用，装备 A -10、C -130、F -16 飞机及若干直升机。MJU -51B 是为战斗机应用而研制的，它也采用了自燃材料，产生的红外辐射特征可很好地覆盖承载战斗机的发动机红外频谱区，其尺寸为 25mm ×50mm ×200mm。

6.3.4 干扰器材

干扰器材指的是用干扰扰乱敌方雷达或光电设备对目标探测和跟踪的制式器材，主要包括箔条、反射器、假目标、伪装网、迷彩服、隐身涂料、烟幕弹、气泡幕和气幕弹等。干扰器材一般是无源的。

（一）箔条弹

箔条弹是一种在弹膛内装有大量箔条以干扰雷达回波信号的信息弹药，它在敌方目标上空从弹体底部抛出箔条块，箔条块释放后裂开，箔条散布成云状并低速降落，对敌方雷达信号产生散射。图 6－6 为箔条和箔条弹。

箔条弹最主要的投放方式是飞机，当飞机受到雷达跟踪时，在飞机所处的分辨单元里利用箔条布设雷达诱饵，利用已知的雷达工作频率，选用合适的金属薄片长度，以使其产生共振，并使得箔条云的雷达截面积大于飞机的雷达截面积。箔条云的出现使雷达跟踪点偏离飞机，飞机借此迅速飞出该雷达分辨单元，摆脱雷达的跟踪。

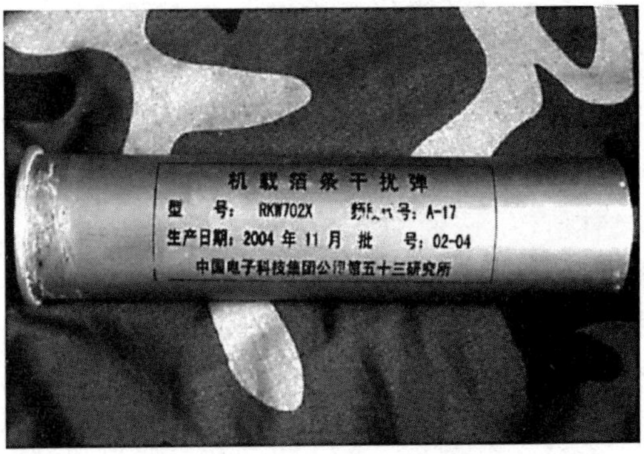

图 6－6 箔条和箔条弹

金属箔条大量投放在空中、占有一定空域（有一定长度、宽度、厚度）而形成干扰走廊，以掩护飞机、舰艇和地面武器突防。可单机铺设，也可多机铺设。可用外挂吊舱，也可用机内投放设备。如美国空军 AN/ALE－43 箔条切割机可采用常规箔条和特制箔片混合投放，增加箔条在脉冲分辨单元内的密度，在超宽频带进行有效的掩护。AN/ALE－47 是具有威胁自适应能力的干扰物投放装置。

图 6 – 7 舰艇箔条弹发射装置及发射干扰弹的情景

美国的 SRBOC 系统是美国的舰载无源干扰设备，用于大型战舰的自卫。SRBOC 系统由发射架、控制器、诱饵弹、备弹箱和电源组成。每座发射架有 6 个发射管，分 2 排。射程分 5 档，根据需要而定档，最大射程 4km。采用的干扰弹有超级箔条星、超级海尔姆Ⅲ和超级海尔姆Ⅳ、超级双子座和超级 LRBOC。类似护卫舰这样大型军舰，只需发射 1 或 2 枚超级箔条星，就可得到保护，而不需机动。超级海尔姆Ⅲ型的技术性能比超级海尔姆Ⅳ型更为先进。单枚超级双子座产生的雷达截面积足以保护护卫舰大小的军舰，其红外输出足以模拟大型舰只的辐射强度。超级 LRBOC 的离舰距离为 2. 5km，以进行迷惑干扰。图 6 – 7 为舰艇上装备的箔条弹发射装置及发射干扰弹的情景。

（二）烟幕弹

烟幕弹主要由引信、弹壳、发烟剂和炸药管组成，配装在坦克、装甲车以及舰艇上，也有专门的烟幕弹车。图 6 – 8 为烟幕弹炮车和坦克烟幕弹。

图 6 – 8 烟幕弹炮车（左）和坦克炮塔旁的烟幕弹（右）

现代烟幕弹不仅可以隐蔽目标物理外形，而且烟雾还有躲避红外激光和微波的功能，达到隐身的目的。

6.3.5 网络武器

网络武器主要有扫描器、恶意程序及网络飞行器等。其中扫描器完成对目标的探测。

（一）恶意程序

以网络攻击手段中的恶意程序为例列出一些网络武器，如图 6-9 所示。

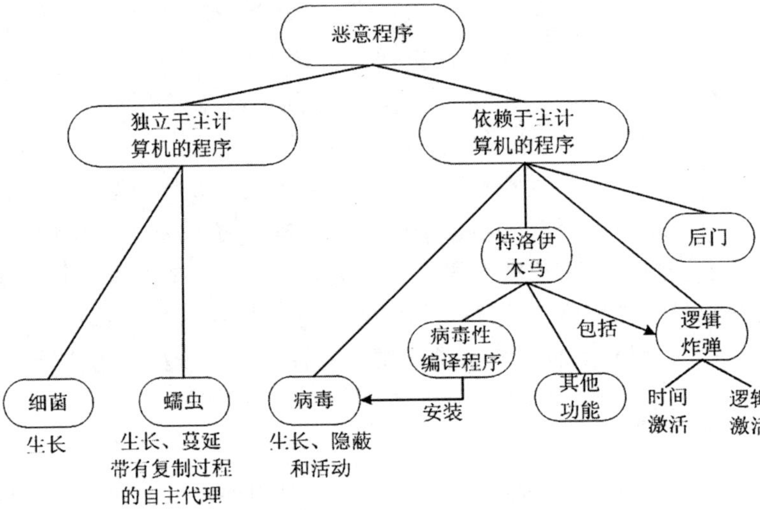

图 6-9　恶意程序

1. 细菌

细菌（Bacteria）是一种独立的可自我复制的代理程序，可以在一台机器里进行多次自我复制，从而增占存储空间和处理时间。这种几何式增长夺取资源的特点使之能够拒绝对合法用户的服务。“细菌”程序与病毒不同的是，它不需要依附于主计算机的程序。

2. 蠕虫

蠕虫（Worst）也是独立的可进行自我复制的代理程序，可以在网络上从一台计算机向另一台进行扩散，以一台计算机为起点，向其他主计算机蔓延，建立通信链路，并将蠕虫传递到新的计算机上。蠕虫可以像细菌一样在网络上呈几何方式增长，同时消耗资源，从而达到拒绝服务的目的。

3. 病毒

病毒（Virus）是一种需要依附于（或隐藏在）主计算机程序中的非独立的、可自我复制的代理程序。这种程序一旦进入了“干净”的系统就依附于主计算机程序上，但病毒只有在其目标程序开始运行时才能起作用，主计算机程序一旦执行，就会“感染”（将其自身的拷贝插入到）其他主程序。

4. 特洛伊木马

特洛伊木马（Trojan horse）是一段精心编写的程序，是特指隐藏在正常程序中的一段具有特殊功能的恶意代码，即隐藏在一个合法程序中的非法程序，简称木马程序或木马，并不传染。木马程序一般分为客户端和服务器两部分，被攻击者是服务器端。与传说中的木马一样，它们会在用户毫不知情的情况下悄悄地进入用户的计算机，进而反客为主，窃取机密数据，甚至控制系统。

5. 逻辑炸弹

逻辑炸弹（Bomb）由时间或者逻辑条件激活后可以实施欺骗、干扰或破坏性功能。

6. 后门

后门（Backdoor）这个“门”中安装的逻辑只有攻击者知道，会使用，它提供了隐蔽的信息信道和系统访问权，故也称隐蔽通道。设计者一方可以通过这个通道窃取用户的资料或投放攻击性程序。

（二）网电飞行器

面对网电空间这一全新的作战领域，美空军试图以全新的作战理念和武器再次在网电空间内赢得先机，网电飞行器（CyberCraft）正是美空军研究实验室正在开展的一项革命性研究计划。正如获取空中优势需要战斗机、获取海上优势需要航空母舰、获取地面优势需要坦克一样，美空军认为网电飞行器可以为美军获取网电空间优势。

网电飞行器概念最初是由美空军研究实验室（AFRL）信息处研究人员Phister 等人在其 2004 年发表的文章中提出：它是一种在网电空间域工作的网络平台，执行与常规平台（如无人机）相似的作战任务，其特点为：能从网络平台发射，能在平台内嵌入控制指令，能通过网络进行远程控制，能在经过验证后自我毁灭，能几乎不留痕迹地执行任务，能集结到一起协同工作。目前，网电飞行器研究计划是美空军研究实验室主动开展的一项研究计划。网电飞行器一词是指美空军未来的网电空间武器系统的集合，而不是具体的武器。美空军实验室开展网电飞行器研究的目的是建立未来的网电飞行器接口标准规范，并确保网电飞行器是可信任的平台，能够相互协作，为美军提供网电空间优势，类似于飞机为美军提供空中优势和航天器为美军提供空间优势。

网电飞行器与现有的常规作战飞机如侦察机、预警机、攻击机等在概念上相似，可以执行侦察、探测、监视、预警以及实施攻击等作战任务，所不同的是网电飞行器的作战空间是在网电空间中。单个网电飞行器可以达到的作战效果是有限的，只有将大量的网电飞行器组织起来形成一个网络化的集群，通过相互之间的配合、协同，才能够达到更好的作战效果。

6.4 信息设施摧毁武器装备

信息设施摧毁武器装备是指能对信息设施造成“硬杀伤”破坏的武器。主要有反辐射导弹，反辐射无人机，激光武器，电磁脉冲武器，高功率微波武器等。

6.4.1 反辐射导弹

（一）反辐射导弹的结构

反辐射导弹（ARM）是一种精确制导武器，又称反雷达导弹，是指利用敌方雷达或电台的电磁辐射进行导引，从而摧毁敌方辐射目标及其载体的导弹。反辐射导弹除了具有一般导弹都有的战斗部、火箭发动机、控制舵等部件外，还有一个被动式雷达导引头（PRS），其 PRS 捕捉和跟踪目标，并引导导弹飞向目标，直至命中目标。

PRS 是反辐射导弹最关键的部件，它截获敌方目标雷达信号并实时检测出导弹与目标雷达的角度信息，输送给控制系统，导引导弹实时跟踪直到命中目标。图 6 – 10 为某型号导引头结构示意图，其四单元的微波天线和相应的波束形成器形成四波束，产生方位差和俯仰差。

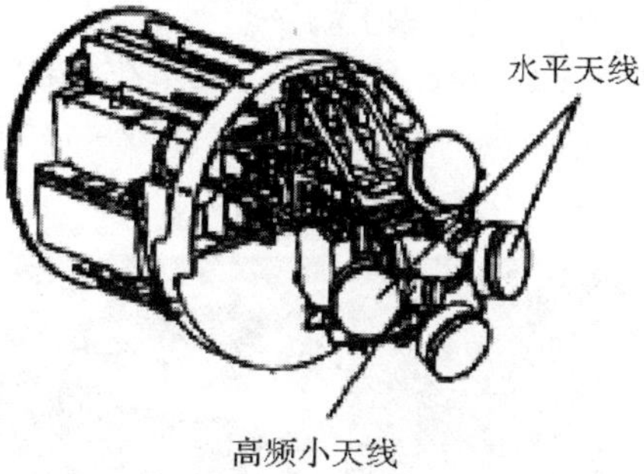

图 6 - 10　某型号导引头结构

（二）典型的反辐射导弹

美国、苏联/俄罗斯、法国、英国等国家先后研制和装备了多种型号的反辐射导弹。美国在役和在研的反辐射导弹型号众多，下面是比较有代表性的几款。

1. “百舌鸟”（SHRIKE）AGM - 45

“百舌鸟”是 1960—1970 年代美国主要的反辐射导弹，属第一代反雷达导弹。最大射程 45km，有效射程 12 ~ 16km，发射质量 177kg、战斗部装药 25kg，制导方式为被动直检式比幅单脉冲雷达跟踪引导法，为翼下吊架发射。

2. “标准”反辐射导弹（HARM）AGM - 78

“标准”AGM - 78 是美国第二代反辐射导弹，共研制 AGM - 78A/B/C/D 四个型号，主要装备于 F - 4G 和 A - 6B 飞机。其射程最大 55km、速度 2.5 马赫、发射高度 3 ~ 6km、弹长 4.57m、弹径 343mm、翼展 920mm，发射质量 315kg。战斗部为高爆破片杀伤战斗部，质量 98kg。动力装置为双推力固体火箭发动机。导引头增加了目标位置和频率记忆功能，即使目标雷达关机，该弹仍能按照关机前记忆的目标位置继续飞行，一旦目标雷达重新开机，它便可再次捕捉目标。

3. “哈姆”高速反辐射导弹 AGM - 88

AGM - 88“哈姆”反辐射导弹是美国空军和海军 1972 年开始联合研制的第三代高速反辐射导弹，采用被动雷达制导系统。弹长 4.19m，弹径 0.25m，翼展 1.14m，弹重 366kg，战斗部为 66kg 高爆破杀伤弹，采用超音速巡航，射程大于 16km。该型导弹主要装备于担负压制敌防空系统的 F - 16 战机。“哈姆”已经发展了 AGM－88A/B/C/D 四个型号，其主要特点是发射范围广、视界宽、反应快、射程远、威力大、精度高、抗干扰性能好，不受载机发射速度和机动性限制，敌方雷达停机时仍能攻击。图 6－11 为“标准”和“哈姆”反辐射导弹实物照片。

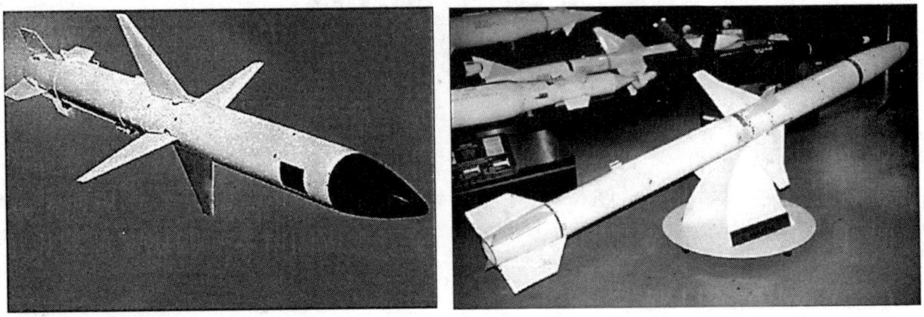

图 6－11 “标准”（左）和“哈姆”（右）反辐射导弹

4. **先进反辐射导弹** AARGM

先进反辐射导弹由 ATK 导弹系统公司 2003 年开始开发，是美军的第四代反辐射导弹。超声速 AARGM 导弹将接替美军的 AGM－88 高速反辐射导弹，它使用 AGM－88 导弹的翼、弹头和火箭发动机，添加了一个新的多模式导引头部分和 GPS/INS 系统。它的新型导引头部分包括 1 个更灵敏的数字化反辐射自动寻的接收机和 1 部主动毫米波雷达，前者可以提供更精确的目标地理位置信息，后者用于发射后目标雷达关机时的末制导。当出现目标关机时，AARGM 的 GPS/INS 系统保持将弹头导向目标的最后已知位置，而毫米波雷达开始主动搜索以发现目标。

5. **防空压制导弹**（ADSM）

防空压制导弹是直升机载“毒刺” ATAS 的改型，主要装备 OH－58C“基洛瓦”、OH－58D“空中侦察兵”、OH－60“黑鹰”、AH－1S“眼镜蛇”、AH－64A“阿帕奇”、AH－1W“超级眼镜蛇”等。射程大于 4km、弹长 1.77m、弹径 70mm、尾翼展 91.4mm、发射质量 15.8kg、制导方式为被动射频/红外复合制导，战斗部为高爆破片杀伤战斗部，质量 4.76kg。动力装置为固体火箭助推器和固体主发动机。ADSM 主要用于攻击机载雷达和地面火控雷达。

6. **俄罗斯的** AS－11 **和** AS－17

俄罗斯的 AS－11 和 AS－17 是两种独具特色的反辐射导弹。其中 AS－11

是世界上第一种对付相控阵雷达的反辐射导弹，其最大射程为 160km。AS－17 导弹的弹体后部加装了一个火箭冲压组合发动机，使其射程比 AS－11 明显提高，最大可达 200km。不仅如此，AS－17 导弹还配备有多种导引头，战斗部装药 90kg，使之既可以攻击“爱国者”ANMPQ－53 相控阵雷达，又可以攻击 E－3A 等预警机。AS－17 装上改进型导引头后，还可作为反舰导弹使用。

AS－11“凯尔特”是一种大型固体燃料反辐射导弹，装有万向导引头，具有多目标记忆和锁定功能，主要装备在苏－24M、苏－24MP、米－25BM 等专用防空压制飞机上。该型导弹共有 3 种型号，各型号的不同之处在于装备了不同的导引头。AS－11A 加装了一个备用集束炸弹战斗部，增大毁伤威力，用来对付包括雷达天线与指挥车分开配置的雷达。

6.4.2　反辐射无人机

反辐射无人机由无人驾驶飞机上配装被动雷达导引头和战斗部而构成。它通常在目标区域上空盘旋巡航，当目标雷达开机时，机载导引头便立即捕获目标并实施攻击。反辐射无人机的导引原理与反辐射导弹的导引原理是一致的。

反辐射无人机的攻击目标并不仅仅局限于雷达，还可以用来攻击通信电台及其他辐射源。高速反辐射无人机加装复合制导装置和其他必备的辅助设施，还可用于攻击敌预警机和专用电子战飞机。

美、欧、以色列和南非等国都曾研制过或正在研制反辐射无人机，其中典型的是以色列的“哈比”、美国的“默虹”、德国的“达尔”和南非的“云雀”。

“哈比”无人机是以色列研制的一种多用途无人攻击机。翼展长 2.1m，机身长 2.6m，高 0.35m，发射质量 125kg，由火箭助推器发射，可保持续航飞行。最高飞 3048m，能以 1829m 高度飞行 1500km，巡航速度 167 ~194km/h，俯冲速度 482km/h。“哈比”的发射和俯冲如图 6－12 所示。

“哈比”无人机由木材和铝材做成，表面使用了复合材料，成本低、性能高。采用 4 个直接侧力发生器，使攻击机可作无倾斜水平转弯，导航精度 250m。雷达导引头可搜寻 2 ~ 18GHz 的电磁辐射源，能感知前方和下方 ±30°范围内的雷达辐射信号。战斗部装有 6kg 烈性炸药，可将地面雷达摧毁，精确度误差 5m。

“哈比”无人机作战系统由“哈比”无人机和地面发射平台组成，一个基本火力单元包括 54 架无人机、1 辆地面控制车、3 辆发射车和辅助设备。每辆

图 6－12　“哈比”的发射和俯冲攻击情形

发射车装有 9 个发射装置，发射箱按照三层三排布置，每个发射箱可装 2 架无人机，因此一辆发射车装载 18 架无人机。图 6－13 为“哈比”无人机及其装载车。

图 6－13　“哈比”无人机（左）和“哈比”无人机装载车（右）

美国的反辐射无人机有 Brave（“勇敢者”）和 Tacit Rainbow（“默虹”）高速反辐射无人机等。

“勇敢者”反辐射无人机由波音公司 1979 年开始研制，安装有 AN/ALQ176 雷达干扰机，可以从地面、车辆或者舰艇上发射，属于一次性使用的无人机。“勇敢者”200 的升限 3000m，速度 225km/h，续航时间 5h，寻的器工作频率 2000～35 000MHz；“勇敢者”3000 的升限 7500m，速度750km/h，续航时间 2～3h。

“默虹”亦即 AGM－136，20 世纪 80 年代初开始研制，是一种携带被动寻的导引头和战斗部的骚扰式反辐射无人机，如图 6－14 所示。机长 2.54m，翼展 1.56m，航速为高亚声速，巡航距离达 1000km。续航时间 3～4h，寻的器工作频率 2～35GHz。

典型的反辐射无人机系统的作战过程是由十余架或几十架的无人机群体作战，造成对敌方雷达网的压制态势。

图 6－14　美国 AGM－136 无人机

反辐射无人机以其自身导引头的雷达侦察测向设备为截获装置，当以巡航速度和高度到达与敌雷达一定距离时，无人机根据一定条件判断实施导引头开机，对雷达方位进行探测，并向着所侦察到的雷达方向逼近飞行（考虑测向时的误差）。如果雷达关机，则按照前一个步长的侦察方位飞行。无人机到达离雷达较近的俯冲点时，开始加速俯冲。俯冲过程中仍然需要在每个步长不断重新侦察雷达方位，以便修正方向，减少误差。俯冲时如逢雷达关机，而无人机高度在最低要求点之上，则以俯冲速度将无人机上拉，回到距雷达一定距离处，绕雷达站盘旋飞行，每个步长重新检测雷达工作状态，如雷达关机，继续盘旋；开机就向雷达俯冲。如果俯冲时检测到雷达关机，而无人机生存时间接近极限或高度超过可以拉起的最低要求，则无人机向雷达关机前的侦察方位俯冲，到达地面时起爆。如图 6－15 所示。

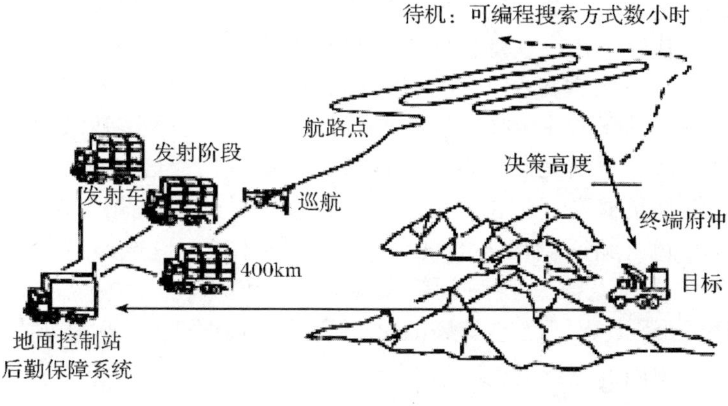

图 6－15　典型的反辐射无人机系统与作战方式图

6.4.3 激光武器

（一）原理与组成

激光武器也称高能激光武器或激光炮，它是利用高能激光束摧毁飞机、导弹、卫星等目标或使之失效的定向能武器。激光束不仅应直接命中目标，而且还要在目标上停留一段时间，以便积累足够的能量，使目标破坏。按能量高低可分为三类：低能量的激光能迷惑敌方，阻止敌方有效利用传感器；稍高能量的激光能破坏或摧毁敌方观察系统的光学和探测装备；更高能量的激光则将造成敌方武器结构破坏。

激光武器主要由高能激光器、精密伺服跟踪瞄准分系统和光束控制发射分系统等组成。高能激光器是高能激光武器的核心，是产生杀伤破坏作用的关键部分，迄今研制的高能激光器主要有 CO_2 激光器、化学激光器、自由电子激光器（FEL）和二极管泵浦的固体激光器（DPSSL）。

（二）毁伤机理

激光武器的毁伤机理是使目标构成材料的特性和状态发生变化，如温升、膨胀、熔融、汽化、飞散、击穿和破裂等，其毁伤作用主要为热作用破坏、力学破坏和辐射破坏。

1. 热作用破坏

试验数据显示，当激光功率密度小于 10^3W/cm^2 时，目标材料在吸收大量激光能量后会升温，还会在加热区外传热；当激光功率密度为 $10^3\sim10^6$W/cm^2 时，材料局部区域的温度会升高到熔化温度；如果激光功率密度达到 $10^6\sim10^8$W/cm^2，吸收激光能量的材料就可能经历一系列过程达到汽化，当激光强度超过汽化阈值时，激光照射将使目标材料持续汽化，这个过程称作激光热烧蚀。当激光强度足够高、汽化很强烈时，将发生材料蒸汽高速喷出时把部分凝聚态颗粒或液滴一起冲刷出去的现象，从而在材料上造成凹坑甚至穿孔。导弹、飞机和卫星的壳体材料一般都是熔点在 1500℃ 左右的金属材料，功率 2MW～3MW 的强激光只要在其表面某固定部位辐照 3～5s，就容易将它烧蚀熔融、汽化，使内部的燃料燃烧爆炸。

2. 力学破坏

当激光功率密度达到 $10^8\sim10^{10}$W/cm^2 时，目标材料不仅发生汽化，而且蒸气会通过自由电子的逆韧致辐射和光致电离两种机制吸收激光能量并导致蒸汽分子电离，形成等离子体，等离子体会进一步吸收激光能量并迅速膨胀，形成等离子体的激光支持吸收波，直至最后等离子体熄灭。发生汽化时，汽化的物质高速喷出将对材料表面产生反冲压力，对于足够强的入射激光，等离子体会以超声速膨胀，就可能在目标材料中产生某些力学破坏效应，例如层裂和剪切断裂等。

3. 辐射破坏

目标材料因激光照射汽化而产生等离子体，等离子体能够辐射紫外线和 X 射线，对目标材料造成损伤。紫外线的主要破坏作用是激光致盲。X 射线在光谱中能量最高，可从几十兆电子伏特到几百兆电子伏特，具有极强的穿透能力，它可使感光材料曝光，作用时间较长时可使物质电离改变其电学性质，也可以对材料产生光解作用使其发生暂时性或永久性色泽变化，对固体材料造成剥落、破裂等物理损伤，尤其对各类卫星的威胁最为严重。

（三）典型的激光武器

美国空军于 1981 年将 1 台气动 CO_2 激光器安装在波音 NKC－135 运输机上，该激光器的功率为 456kW，从飞机前端炮塔射出的激光束功率为 380kW，持续时间约为 5s。此后数年间，美军利用机载激光实验室多次进行了飞行打靶试验。在用 BQM－34 无人靶机模拟反舰导弹进行打靶的试验中，激光烧穿了 BQM－34 无人机外壳，无人机因严重受损而失去控制。在对飞机发射的 AIM－9B“响尾蛇”空空导弹的打靶试验中，激光打坏了导弹导引头，导致导弹俯冲爆炸。

“战术高能激光器”（THEL）是美国和以色列联合研制的，以高能氟化氘化学激光器为基础，用于对付战术火箭之类目标的硬杀伤化学激光武器。激光器功率为 400kW，发射孔径 0.7m，能对付 10km 内的战术飞行目标。2000 年在白沙导弹靶场进行的试验中，“喀秋莎”火箭弹被该系统成功地捕获、跟踪，并用激光束照射弹头，结果高爆弹头起爆而摧毁。据报道，在实验中已击落了 25 枚“喀秋莎”火箭弹，2002 年 11 月还击落了按指定弹道飞行的炮弹。THEL 由 3 辆车组成：一辆运载激光器燃料，一辆装载跟踪和导引系统，第三辆装载激光器和光束控制装置。

美国的机载激光武器（ABL）计划采用的是氧碘化学激光器，功率为兆瓦级，单发激光持续时间可达数秒，跟踪发射望远镜为 1.5m。激光武器系统安装在改装的波音 747 –400F 运输机上，目标是拦截处在助推段的弹道导弹，作战距离达 400km。2005 年，激光武器系统完成了组装并进行了拦截模拟的飞毛腿导弹试验。近年又提出把机载激光武器与机载或天基中继镜相结合的计划，就是先把强激光从飞机上发射到中继镜上，再经瞄准发射到目标上，从而大大地增加作战距离。图 6 –16 为 ABL 内部布局剖注图。

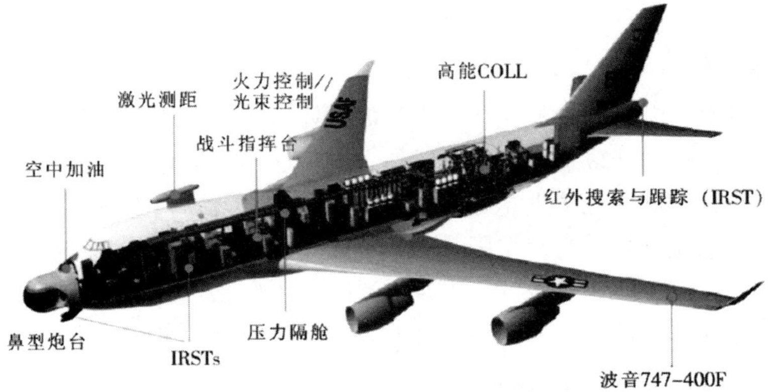

图 6 –16　ABL 内部布局剖注图

美军研制的自由电子激光武器 FEL，2005 年 7 月达到 25kW，目前，美国海军正在努力提高该激光器系统的功率，计划在 2020 年前作为舰载导弹防御系统部署于下一代的 DD（X）驱逐舰以及 CVN –21 航空母舰。“联合高能固体激光器”（JHPSSL）是美国目前在固体激光武器方面的主要项目，2005 年成功演示了一台总功率超过 27kW、运行 350s、光束质量达到要求的固体激光器，目前正在研制 100kW 的 DPSSL 系统，以使激光器的光束质量在高能级上达到衍射极限，该系统可以在 10*km* 射程内击落空中的任何目标。

6.4.4　电磁脉冲武器

电磁脉冲（EMP）武器和高功率微波（HPM）武器又被统称为射频武器，它们都是靠定向辐射电磁波来进行攻击的，对目标的破坏主要是软被坏，即干扰或烧毁电子元器件，使它们不能正常工作甚至遭到破损。高功率微波武器可干扰或烧毁敌方电子设备及杀伤作战人员，而电磁脉冲武器只对电子控制设备和仪器有效，对人员伤害有限。

高功率微波武器利用高功率电磁波与物体或系统相互作用所产生的电效应、热效应和生物效应对目标造成杀伤破坏。电效应指微波在目标金属表面或金属导线上产生感应电流或电压，并由此对目标及其电子系统产生的破坏效应；热效应指微波对目标体加热并导致温升而引起的破坏效应；而生物效应则指微波与生物体相互作用而产生的一系列复杂效应。表 6－2 列出了不同功率等级下 HPM 武器的打击效应。

表 6－2 不同功率等级下 HPM 武器的打击效应

影响作用	HPM 功率密度	HPM 效应
干扰作用	0.01 ~ 1 $\mu W/cm^2$	使相应工作频段上的雷达、通信设备不能正常工作
	0.01 ~ 1 W/cm^2	通信、雷达、导航等系统的微波器件性能显著下降或失效，使小型计算机芯片失效
软杀伤作用	10^2 ~ 10^3 W/cm^2	壳体产生瞬态电磁场，进入壳体内部电路，产生感应电压，使其功能紊乱；如果感应电流过大，将烧坏电路中的器件，任何工作频段的电子系统都失效
硬杀伤作用	10^3 ~ 10^4 mW/cm^2	强场作用引起非线性效应，能在瞬间摧毁目标，引爆炸弹、导弹、核弹等武器
对人员的影响	3 ~ 10 mW/cm^2	人员产生神经错乱，行为失误
	80 mW/cm^2	持续 1s 可使人死亡

电磁脉冲武器利用能量脉冲对目标进行杀伤破坏，电磁脉冲产生时间很短但强度很高，产生的电磁场强度足以使暴露的导电体瞬时产生数千伏特电压。电子设备主要由对瞬间高压敏感的高密度金属氧化物半导体（MOS）构成，因此特别容易受到电磁脉冲的影响，只要几十伏的电压就能将其击穿。

射频武器毁伤能力取决于两个因素。一是将武器的峰值功率和辐射持续时间最大化。另一个决定因素是它的爆炸高度。通过改变爆炸高度，可以在毁伤半径和毁伤范围内的电磁场密度之间进行折衷。对于给定尺寸的炸弹，可以通过牺牲武器毁伤范围来取得对目标的毁伤效果。

美国通过 Ballboa 计划研制电磁脉冲弹头，该弹头在 1GHz 频率下可产生几千焦耳的能量，能量转换效率达 20%。1983 年美国桑迪亚国家实验室研制出一种利用炸药能作为能源的磁通压缩发生器，其体积只有数立方米，产生的脉冲磁能达 18MJ。美国空军研制和实验一种能安装在空射巡航导弹上的电磁脉冲弹，采用类似于闪光灯后面的圆盘反射器天线，把输出功率波束聚焦在导弹约 30°的幅域内，以便把微波波束集中在约 300m 远的目标上。

美国已拥有电磁脉冲炸弹和巡航导弹携载的电磁脉冲弹药，并在近年来的局部战争中试验性使用。1991 年“沙漠风暴”战争开始的第一天，美国海军就向伊拉克发射了带有电磁脉冲弹头的“战斧”巡航导弹，使伊军防空体系和指挥控制中心的电子系统受到严重干扰和部分破坏；1999 年在北约对南联盟的轰炸中，美军又使用了电磁脉冲炸弹，干扰并轻度毁损了南军的指挥和通讯系统；2003 年在“伊拉克自由”作战行动中，美军战机用 BLU－82 电磁脉冲炸弹袭击了伊拉克国家电视台，造成电视台长时间不能正常工作。图 6－17 是美国开发的 MK84 型电磁脉冲炸弹，弹重 900kg，长度 3.84m，直径 0.46m。

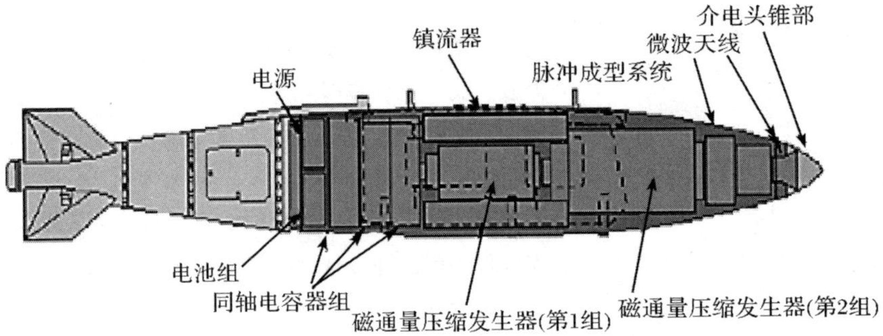

图 6－17　MK84 型电磁脉冲炸弹结构图

6.4.5　高功率微波武器

美国是最早开发高功率微波武器的国家之一，也是投入财力和人力最多的国家，其技术发展迄今也最为成熟。2000 年，美军方宣布高功率微波弹药已初具作战能力。美国在海湾战争中首次使用了实验性高功率微波弹头，装上这种弹头的海军“战斧”巡航导弹导致伊拉克部分防空网失效。美国空军前菲利浦斯实验室曾研制过压制敌防空系统的微波武器，它用飞机在目标上空投放微波弹，爆炸产生窄带微波脉冲，烧毁雷达接收机或防空系统内部灵敏部件。

美军其他的 HPM 武器计划包括：在空军 X－45 和海军 X－47 无人驾驶的作战空中飞行器上安装 HPM 系统；在 C－130S 货运飞机一侧安装大型 HPM 阵列等。

高功率微波武器作为连续性武器使用时，一般配置在固定的地点，也可根据作战需要搭载在飞机、舰艇、航天器等多种载体上，可以连续发射多个，以一定的频率重复使用。从作战运用方式上主要分为进攻性 HPM 和防御性 HPM。

进攻性 HPM 武器分为机载型和精确制导型两类，主要是以飞行器作为 HPM 系统的搭载平台，包括无人机、滑翔弹等。无人作战飞机可携带能重复使用的 HPM 系统，具有可深入敌方、无人员伤亡、可重复使用等特点，是定向能武器技术和无人机的巧妙结合。精确制导型 HPM 武器可将 HPM 系统安装在精确制导武器上来实施攻击。与常规精确制导武器相比，具有更大的损伤范围。防御性 HPM 武器分为飞机、航天器、舰船、地面设施防卫武器等。在目前以导弹攻击和空袭为主要攻击手段的局部战争中，HPM 防御武器通过破坏导弹的制导系统或飞机的导航系统，使其失去精确打击的能力，从而保护主要的军事设施。当微波功率足够高时，甚至可以直接摧毁来袭飞机和导弹。

根据所需功率的等级和作战任务的不同，高功率微波武器可用于多种战术任务中：一是攻击有生力量；二是攻击隐形目标；三是用于攻击海上目标和地下设施、防空反导等战术任务；四是用于战略打击。

6.4.6　石墨炸弹

石墨炸弹因其对供电系统的强大破坏力而被称为断电炸弹。1999 年北约对南联盟战争中就使用型号为 BLU－114/B 的石墨炸弹，破坏了南斯拉夫的供电系统，造成了巨大破坏。石墨炸弹也因此名声大噪，引起世界各国广泛重视。

石墨炸弹在目标上空炸开后，释放出 100～200 个易拉罐大小的罐体，罐体上的小降落伞使其减速并保持垂直。而后每个罐内的爆炸装置起爆把小罐底部炸开，使里面的石墨纤维线团散开，这些石墨细丝像乌云一样随风飘动，附着到变压器、输电线等高压设备上，造成短路，从而造成供电中断。石墨炸弹主要以电厂、变电站、配电站等供电设施为打击目标，通过破坏供电系统而破坏以电为能源的信息系统及信息作战武器装备。图 6－18 为某型石墨炸弹实物图。

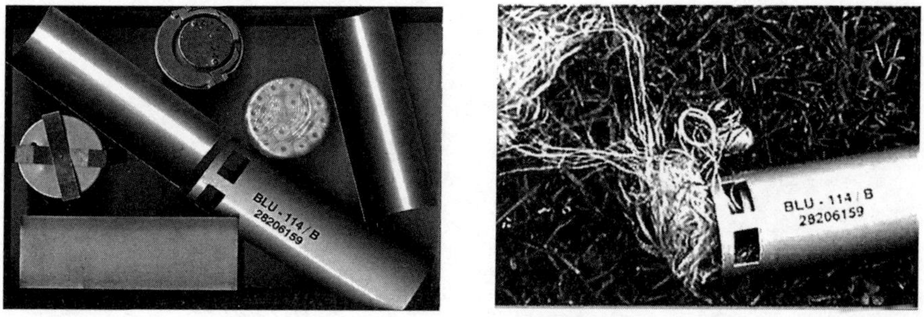

图 6－18　石墨炸弹实物图

习　题

1. 请谈谈信息作战武器的其他分类。
2. 试查资料谈谈美军 F－22 飞机搭载的雷达。
3. 试讨论定向能武器的种类及作用。
4. 说说你所了解到的陆战车辆上的信息作战装备。
5. 谈谈你所了解的无源干扰装备或器材。
6. 谈谈反辐射武器的目的和作用。

第 7 章　信息作战方法

信息作战方法也可称为信息作战战法。它是信息作战理论体系中最生动、最活跃的部分。正确地运用方法，既能使优势装备之军恃强克弱，也能使装备相对劣势之师把静态的劣势转化为动态的优势，实现以弱胜强。因此，研究和发展科学合理的信息作战方法，对于赢得信息作战胜利具有重要意义。

信息作战方法可以按照不同的标准进行划分。按纵向层次分，可由战略级信息作战方法、战役级信息作战方法、战术级信息作战方法构成；按信息作战行动性质分，可由信息侦察、信息进攻和信息防御方法构成；按信息作战方法适用的作战行动分，可由情报战方法、电子战方法、计算机网络战方法、心理战方法、信息设施摧毁战方法构成；按作战背景分，可分为封锁作战信息作战方法、联合火力打击信息作战方法、登陆作战信息作战方法、城市进攻作战信息作战方法、山地进攻作战信息作战方法、空袭作战信息作战方法、特种作战信息作战方法、反空袭作战信息作战方法、边境反击作战信息作战方法、抗登陆作战信息作战方法；按军兵种区分，可分为陆军信息作战方法、海军信息作战方法、空军信息作战方法、第二炮兵信息作战方法等。

本书对信息作战方法按信息作战行动进行划分，涵盖信息作战侦察、信息进攻和信息防御的基本方法与战法，便于分门别类更系统地掌握和运用信息作战方法。

7.1　信息作战侦察

信息作战侦察是指为了获取组织与实施信息作战所需要的情报而实施的侦察行动，为各级指挥员进行正确决策和指挥作战行动提供情报保障。有效的信息作战侦察可以及时、准确地掌握敌方的部署和作战企图。

7.1.1 信息作战侦察的基本任务及要求

（一）信息作战侦察的基本任务

信息作战侦察的基本任务是获取与信息作战有关的情报，为有效组织和实施信息作战，夺取信息作战的主动权服务。具体任务包括以下几点：

1. **为信息作战决策搜集情报**

任何军事决策都必须有情报的支持。在高技术战争中，信息作战覆盖的空间范围很广，涉及的军兵种很多，需要多方面情报的支援。各级指挥机构在信息作战决策和制订计划时，必须得到及时准确、完整的情报支持。信息作战决策所需的情报内容很多，重点是敌方军用电子信息系统。军用电子信息系统广泛地运用于各个军事领域，是现代军队战斗力的一个重要组成部分。军事电子信息系统的装备数量和技术水平直接反映一个国家的科技水平和军事实力，也直接反映一个军队的战略思想、作战企图。信息作战侦察获得情报的速度快、信息量大，可以通过获取敌方战略思想和作战企图的情报，及时发现敌方重大战略行动，发现敌企图发动战争的征候等。它不仅是统帅部制定信息作战战略的基本依据，也是制定国防政策、战略方针，指挥重大军事行动的一个重要依据。

2. **为信息作战部队的作战与训练搜集情报**

信息作战具有很强的针对性。信息作战部队的指挥员在制定作战计划时，要全面掌握敌方信息作战力量的构成、信息作战装备与系统的技术与战术性能，以及敌方作战部队的士气与民心等情报，特别是电子信息系统的战术与技术情报，准确分析敌方的信息作战态势和薄弱环节，正确判断敌方的信息作战战略与战术。在战争中，有全面、及时、准确的情报保障，也能使我军的信息作战计划和行动建立在可靠的基础之上，可保证信息作战充分利用敌薄弱环节，灵活地运用战略战术，正确地分配兵力，在关键时刻、恰当地点集中优势兵力压制或摧毁敌重要目标；在信息防御中采取有效措施，保证我方电子信息系统与设备的正常工作。在现代战争中，敌人为了夺取信息作战的主动权，往往投入新的先进电子信息系统与设备，采用新的战术。及时掌握这些情报，积极采取相应措施，做到敌变我变，快速反应，能使信息作战行动处于有利的局面。在平时，通过侦察熟悉外军，特别是所在战区的作战对象或潜在的作战对象的信息作战力量的编制、装备、作战能力和演习情况等，便于有针对性地改进部队的训练方法和战备水平，便于进行模拟训练，是提高信息作战能力、检验信息作战装备作战效能的重要方法。逼真的信息作战设备和战场态势的模拟，也完全依赖于信息作战侦察情报。由于军用电子信息系统和计算机网络不断更新换代，信息作战环境不断发生变化，根据获取的信息作战侦察情报，及时改变信息作战模拟训练环境和训练条件，对于提高模拟训练水平、深入研究信息作战战术具有重要意义。为信息作战部队的作战和训练服务，是信息作战侦察情报工作的一项经常性任务。

3. 为信息作战装备的发展提供情报支援

信息作战是一种高技术战争样式，在一定意义上说，它是信息作战装备和技术的对抗。要夺取和保持信息作战的主动，必须保持信息作战装备与系统的发展水平与国外先进军用电子信息系统和计算机网络的发展技术水平相适应。随着信息技术的迅速发展，现代战场上的信息作战环境日益复杂，电磁信号密度越来越高，信号形式越来越复杂。信息系统与设备数据库需要不断充实和更新，信息处理软件也需要不断改进，否则就难以适应变化了的信息作战环境。而这些工作都需要信息作战侦察情报的保障。因此，通过不间断的信息作战侦察，及时掌握敌方信息作战的新概念、新技术、新装备，特别是军用电子信息系统、计算机网络和电子对抗装备及系统采用的新体制、新技术和发展方向，对于研制和发展新型的信息作战装备与系统是十分重要的。

4. 为军事情报搜集佐证和提供情报支援

信息作战侦察手段多、作用距离远、搜集情报速度快、获取信息量大，具有其他情报手段难以比拟的优点。它是一种最重要的军事情报来源，可以作为其他情报手段获取情报的补充和佐证。

（二）信息作战侦察的基本要求

信息作战侦察是信息作战的首要任务，必须按照侦察先行的原则，合理开展作战运用。具体要求包括以下几点：

1. 把信息作战侦察作为信息作战的首要任务

情报是指挥决策和作战指挥的前提和基础，信息作战侦察获取情报的质量直接影响指挥决策的正确性和作战指挥效能，也直接影响战争的进程和结局。高技术条件下的局部战争，敌对双方的对抗首先表现为信息对抗。在信息作战侦察行动中，涉及的侦察力量多，覆盖的空域广，组织协调难度大，并且敌方总是采用隐蔽、伪装、干扰等各种反侦察措施，侦察与反侦察的斗争是十分激烈的。为了保证信息作战侦察行动的顺利进行，各级指挥员必须把信息作战侦察作为信息作战的首要任务，认真贯彻侦察先行的信息作战运用原则，高度重视侦察行动的组织和领导。

2. 建立完善的信息作战侦察体系

信息作战侦察是一项高技术的作战行动，对技术装备的技术与战术性能要求高。传统的军兵种、各部（分）队、各部门相对独立、分散的侦察活动，无论是获取情报的质量，还是获取情报的时效性，都难以满足作战指挥的要求。因此，各级指挥员在组织信息作战侦察行动时，应当依据上级信息作战侦察计划和指示，把本级的侦察力量和上级加强的侦察力量统一组织，形成一个有机的整体，并与上级、友邻等相关单位信息作战侦察系统建立沟通渠道，以建立起一个陆、海、空、天多维一体，各军兵种、各部（分）队、各部门一体化的信息作战侦察体系，统一部署和运用各级信息作战侦察力量和设备，统一计划和组织各种信息作战侦察活动，充分发挥侦察体系的整体作战威力。

3. 制定周密的信息作战侦察活动计划

信息作战侦察先行并贯穿于作战始终，侦察活动的空间范围广，手段多种多样，内容浩瀚繁杂，必须周密计划。各级指挥员应依据上级的信息作战侦察的指示、要求和本部（分）队的实际情况，对信息作战侦察进行周密计划，明确侦察的目的、任务，确定所需侦察力量以及技术装备和器材，区分各侦察部（分）队的任务和协调方法，明确侦察实施的过程与侦察阶段的划分、完成任务的时限、上报情报的方式等。

4. 信息作战侦察的全方位性、实时性、共享性

作战力量的多元化、作战空间的多维化、作战方式的多样化，决定信息作战侦察要具有全方位性，既要掌握敌情，又要掌握我情，还要掌握作战环境情况；既要掌握地面情况，还要掌握相关空间领域的情况，包括外层空间、海洋深处的有关情况，信息作战侦察必须具有全方位性。

部队机动速度快，情况变化快，特别是远程精确打击兵器的大量使用，使得作战指挥对侦察信息的时效性提出了更高的要求。如果不能实时掌握战场情况，就会丧失作战指挥的主动权，甚至无法进行有效的作战指挥，陷于被动挨打的境地。只有实时地掌握有关信息，才能在激烈的信息作战中夺取作战指挥的主动，取得作战的胜利。

信息作战侦察中，信息的来源广、内容多，诸军兵种、各部（分）队、各部门运用的侦察手段不同，获取情报的内容和特点也各不相同，对所获取的侦察情报信息要实施集中统一管理，实现侦察情报信息共享。这样能够克服以往各军兵种、各部（分）队、各部门之间各自为战、互通性差所造成侦察资源的浪费，使各种情报互相补充、相互印证，从而判明真伪，提高情报的准确性和可靠性，最大限度地发挥侦察情报的效用。

7.1.2　信息作战侦察手段

信息作战侦察的手段，是指实施信息作战侦察中运用的技术措施和手段。

（一）空间信息作战侦察

这是指利用航天平台对敌方实施信息作战侦察，空间信息作战侦察平台主要是卫星、航天飞机、航天飞船、空间站等。空间信息作战侦察的主要优点：一是速度快，在近地轨道上运行的侦察卫星，每秒飞行 7～8km，1～5h 就可以绕地球一圈，获取信息后，在数秒钟内就可以发回地面接收站；二是范围广，获得信息多；三是不受国界、地理和气候条件的限制，可以自由飞越地球上任何地区，实施合法的侦察监视行动。因此，空间侦察将是信息作战侦察活动不可缺少的手段之一。

随着宇航技术与纳微米技术的发展，小卫星和微型卫星正在获得越来越广泛的运用，这类卫星造价低、发射周期短，可以大量发射并组网运用。大量小卫星或微型卫星组网运用，可对一个很大的作战区域实施实时侦察与监视，且具有很高的分辨率，将成为十分重要的战场信息侦察手段。

（二）空中侦察

这主要是指是利用各种飞机、飞艇、系留气球和特种飞行器等空中平台，装载电子战侦察装备、可见光照相机、多光谱照相机、激光扫描仪、红外扫描装置、电视摄像机雷达，接收并记录各种目标的电磁信号和红外信号，经加工处理后从中提取有价值的信息。特别是无人侦察机，体积小，行动灵活，在空中停留时间长，在战场信息作战侦察中将发挥越来越大的作用。

在阿富汗战争中，美军利用“捕食者”无人侦察机对塔利班的部队进行严密的搜索、跟踪和监视，并可实时将侦察情报发回远在美国本土的作战指挥部门。

（三）海上侦察

海上侦察主要包括水面侦察和水下侦察。水面侦察，主要是利用水面舰艇装备的各种电子战侦察设备、电子探测设备、光学设备和红外、激光等侦察设备，对作战海区实施侦察。水下侦察，主要是利用水下侦察技术设备对各种水下目标进行的探测和侦察。水下侦察设施可分为水声探测和非水声探测两类。水声探测设施主要有声呐和以声呐为基础的水下噪声测量仪、声速仪、声线轨迹仪、声呐测试仪、弹道轨迹测试仪、水下准确定位测试仪、波浪仪等；非水声探测设施主要有磁探测仪、红外探测仪、低能见度电视、废气探测仪等。

（四）陆上侦察

陆上侦察是指运用各种陆上信息作战侦察设备在陆上进行的侦察活动。其侦察设备主要有电子战侦察设备、计算机网络战侦察器材、心理战侦察器材等。主要侦察方式有电子战侦察、计算机网络战侦察、心理战侦察等。

（五）特种部队侦察

派遣特种作战部队深入敌后实施人工侦察、技术侦察相结合的侦察方法，获取高价值的作战情报，核对用其他手段获取的信息，提高信息作战侦察的准确性。还可以运用各种方法抓捕敌方有关人员，进行审讯，获取敌方的核心机密信息。

（六）人力侦察

人力侦察是指由专业或指定的人员或分队，按照传统的视、听、闻等侦察手段实施的侦察。主要包括收集对方有关资料，以公开或伪装身份向知情者调查询问，窃取或窃听有关对方的机密情况，也可通过兵力布阵造势、火力佯攻等手段诱敌暴露，捕获和审讯俘虏，搜集和分析缴获的对方文件资料，观察和搜索等。人力侦察主要是搜集用其他侦察手段难以获取或无法获取的情报，例如敌方官兵的士气、素质、能力、作战意志，以及其他重要的政治、军事、经济、外交等情报，以便与其他侦察手段获取的情报互相印证。

7.1.3　信息作战侦察方法

信息侦察方法，是指运用各种侦察监视手段，及时截获敌方各种情报信息，为己方知己知彼、掌握和控制战场态势提供依据。信息侦察方法主要包括电子侦察方法和计算机网络侦察方法。

（一）电子侦察方法

1. 重点监控法

重点监控法是指对在整个战场及各个任务区域实施全面侦察的基础上，对敌重要区域和目标实行有重点的监控。

运用重点监控法时，一要合理运用监控手段。即合理使用无线电通信侦察、雷达侦察、水声侦察、可见光侦察等综合电子侦察系统，以形成对敌方电磁信息有效侦测及将己方电磁信息实时显示为度量标准。

二要把握监控重点。在保证对重点侦察区域严密监视的基础上，统一规定各种侦察兵器轮流值班开机的顺序和时间，既要从方位和距离上，还要从频段上实施重点搜索、监控。

三要及时分析。在运用重点监控法时，必须充分运用先进的综合电磁信息分析、处理和显示系统，及时分析掌握战场电磁频谱的变化情况。

2. 佯攻诱敌法

佯攻诱敌法是对处于高度警戒状态的敌方信息体系实施有组织的信息佯攻，诱使敌方暴露其电磁信息特征的侦察方法。

运用佯攻诱敌法时，一要采取适当的方法和程序。通常，诱骗行动过程包括电磁辐射攻击、诱使敌电磁信息监控设备截获佯攻信息、诱使敌信息系统运作、对敌电磁信息进行监控和截获。

二要通过多种途径实施。必要时，己方可利用信息系统传输实施信息进攻的相关指令，诱骗敌方信息系统采取防御行动。

三要适当增大使用的次数。通过适当增大使用的次数，使敌摸不清己方佯攻诱骗的规律而失去警惕；同时，综合运用这些诱骗措施，使敌真假难辨，为实施电磁信息监控奠定基础。

3. 机动侦察法

机动侦察法是指采用机动部署和电磁机动的方式对敌电磁频谱实施侦察的

方法。

运用机动侦察法时，一要适时调整机动侦察力量布局。联合作战区域宽广，在电磁频谱侦察力量难以获取敌大部分电磁信息时，必须对电磁频谱侦察力量布局进行重新调整。必要时，电磁频谱侦察力量可进行跨战区相互支援，以满足机动侦察的需要。

二要综合运用机动侦察手段。即把车载、机载、舰载、星载侦察手段结合并用，确保机动侦察任务的完成。

三要掌握侦察区域的电磁环境。对敌电磁信息实施机动侦察，要熟悉和掌握侦察区域敌相关电子信息系统所处的电磁环境，尽量减少误判和干扰。

4. 分区侦察法

分区侦察法是指将作战区域划分为若干侦察区域，并按区域侦察责权实施全域侦察敌信息的方法。

运用分区侦察法，一要合理划分区域范围。应根据己方作战意图、电子侦察力量的侦察能力和敌信息目标部署情况统一区分侦察区域，尽量减少侦察盲区。

二要统一部署侦察力量。构成高、中、低，远、中、近相结合的立体侦察布势，并集中主要力量于重点侦察区域。

三要构成一体化的信息侦察网络，使各区域侦察的情报信息可适时传递，并形成情报共享。

5. 分层监测法

分层监测法是对电磁信息分层次实施监测的侦察方法。

运用分层监测法时，一要根据分层监测的任务部署电磁信息的监测力量。如对以短波方式传输的电磁信息的监测，必须对天波传输的路径、传输距离等进行预测，并依据实际需要配置相应的监测力量。特别是应在天波监测数据库的支持下确定最佳的监测方案。

二要根据电磁信息的性质，制定软件无线电信息“搜索、监视、分析”方案。方案可用于指导搜索、监视、分析相关电磁信息的实施过程。

三要平战结合，灵活实施分层监测。平时可根据主要对手的信息系统开设位置，设立电磁信息监测站，实施长期监测；战时根据作战需要增设新的监测阵位，严密监视各种电磁信息。

（二）计算机网络侦察方法

1. 电磁侦测法

电磁侦测法是指利用计算机网络电磁信息泄露而实施侦察的方法。

运用电磁侦测法时，一要研究敌方计算机电磁泄露的辐射标准，以便有针对性地组织实施泄漏侦察。各国军队的计算机，大都符合其各自国家颁发的电磁泄漏辐射标准，但不一定符合其他国家的相应标准。因而，研究敌方计算机电磁泄漏辐射标准是实施泄漏侦察的基础。

二要利用先进设备实施计算机电磁泄漏信息的分析和处理工作。要通过多种途径引进和制造先进的计算机电磁泄漏分析系统，提高计算机对信息的分析和处理能力。

三要按照一定的工作程序。对计算机电磁信息泄漏侦察，按计算机电磁泄漏信号功率谱密度测定计算机设备信号辐射功率谱，接收计算机信息辐射信号，分析计算机信息的程序运作。

2. 网络查漏法

网络查漏法是指利用计算机网络的安全脆弱性或漏洞实施的一种信息侦察方法。

运用网络查漏法，一是确定要入侵的目标网络系统并收集目标网络系统的信息，可使用端口扫描、漏洞探测等手段收集目标网络系统的主机名、IP 地址、所使用的操作系统版本号、提供的网络服务、存在的安全漏洞、用户名和目标网络的拓扑结构等信息口。

二是使用口令猜测、口令文件破译、网络窃听与协议分析、漏洞攻击等手段获取敌网络系统正式用户的口令或最高用户的口令，从而获取进入敌目标网络系统的访问权限。

三是隐藏在敌目标系统中的行踪，以防被监测或发现。

3. 网络窃取法

网络窃取法即通过计算机网络的互联特性在网上实施的以获取情报为目的的一种信息侦察方法。

运用网络窃取法，一是充分利用计算机系统的互联性实施计算机侦察。

二是熟悉计算机网络的协议规程，注意积累网络情报。不同国家和军队，计算机局域网采用的协议除与国际接轨的互联网络外均有所不同，必须针对不同的计算机网络，熟悉其相关网络协议，以便获得相应的情报。

三是尽量使身份合法化，增加隐蔽性。以非法身份实施计算机侦察，只是利用磁记录设备或计算机终端从信道中截获感兴趣的信息，改变信息的某些内容，但往往较为困难，系统连接的成功率低，重要用户代码和信息包层次不易区分，对加密信息破译障碍较大。以合法身份在计算机网络实施计算机侦察，便于隐蔽。

7.2 信息进攻

信息进攻是指在情报支援下，由专业信息进攻力量和非专业信息进攻力量，综合运用侦察探测、电子干扰、军事欺骗、网络攻击、实体摧毁、心理攻击等手段，利用、破坏敌方的信息，降低、破坏敌信息系统的使用效能，以及摧毁敌信息系统及其信息支援系统的攻势行动。

信息进攻是夺取和保持制信息权的关键。现代战争往往持续时间短，战役或战斗可直接达成战略目的，这些都有利于进攻的一方，因此，信息进攻在信息作战中处于主导地位，起着决定性的作用。一旦进攻取得了应有的战果，就可以占据有利的地位，通过外交或政治的手段来解决。

7.2.1 信息进攻的基本任务及要求

（一）信息进攻的基本任务

信息进攻的基本任务概而言之：就是攻击敌人的信息和信息系统。

1. 攻击敌人的信息及信息系统，夺取制信息权

攻击敌人的信息，就是要采取适当的方法和手段获取敌方的信息。

攻击敌人的信息系统就是使敌人得不到信息；或得到许多无用的信息，而使其花费大量的时间来处理这些垃圾信息；或是故意释放一些似是而非的信息，使敌人无法认证所需要的信息；或者是直接攻击敌人的信息获取系统、信息传输系统、信息处理系统，使其信息系统效能得不到发挥，甚至瘫痪。

夺取了制信息权，就意味着获得了使用信息的自由权和主动权，能有效地排除对方的信息威胁；同时，剥夺了对方使用信息的自由权和主动权。对敌方的信息使用权、控制权的剥夺程度，主要体现在电子战、网络战和实体摧毁等效果上。对己方信息及信息系统的保护，主要是通过信息系统的使用人员和设备的周密管理和合理使用，以及对相应的信息系统技术处理来实现的。

2. 攻击敌人的认识体系，达到不战而屈人之兵的目的

认识体系是指一个人或一个群体通过认识和信念等形式得到的、认为是正确或真实的一切事物。认识体系包括认识系统和信念系统两部分。认识系统即为了解或观察可证实的现象，而把那些现象变为可感知的现实，并根据这些现实的直感进行决策和采取行动而建立和动作的系统。信念系统是对可检验的经验性信息和无法检验或难以检验的信息与意识进行导向的系统。

信息进攻的一个重要任务就是攻击敌人的认识体系，影响军事指挥员的认识和信念，瓦解其对抗决心和意志；也可影响其指挥机关和部队的认识和信念，使其人心涣散、士气低落，达到不战而屈人之兵的目的。

（二）信息进攻的基本要求

信息进攻不仅作战空间广阔，而且作战手段复杂多样。同时，由于信息进攻必须与其他作战行动紧密融合，因而对其行动的连续性、整体性、时效性要求更高。参照《联合战役纲要》和进攻战斗要则，对信息进攻的基本要求如下：

1. 着眼全局，重点攻击

信息作战是高技术条件下战役战斗的重要组成部分，其成败得失对战役战斗具有全局性影响。因此，要充分发挥信息进攻的作战效能，就必须着眼全局，对敌实施重点攻击。

首先，要根据总的作战意图来组织信息进攻。即在一次战役战斗中，最高指挥机构要对信息进攻的基本任务、作战部署、作战手段和攻击方法、主要攻击对象和目标等做出统一计划，把信息作战与总的作战意图统一起来。

其次，要集中信息作战力量对敌实施重点攻击。我信息进攻力量有限，应集中力量重点攻击敌指挥控制系统，以获取较高的作战效能。在作战之前和初始阶段，要对敌侦察预警系统实施重点打击；在作战的关键时节和突破阶段，要猛烈攻击敌指挥控制和通信系统；在作战的相持阶段，要集中力量对敌实施心理攻击，以加速敌人的溃败。

2. 争取先机，全程攻击

世界近期的几场局部战争实践证明，先机攻击和连续攻击对方的信息系统，对于夺取和保持制信息权，进而夺取和保持战场的主动权具有重大意义。为此，应注意以下几点：

一是要加强侦察和预测，及早获取敌之作战企图等有关情况，并准确判断，正确定下决心，做到既先敌而动又有的放矢。

二是要积极采取有效措施，切实隐蔽我行动企图，力争在敌意想不到的时机，集中力量，采用敌意想不到的方法和手段，突然对敌发起信息进攻，力求通过首次攻击瘫痪敌重要的信息系统。

三是要连续不断地对敌实施信息攻击。密切注视敌在我首轮信息攻击下的变化，在其还未充分调整过来的情况下，加强后续攻击。要根据敌信息活动规律实施不间断的干扰、破坏、欺骗和心理攻击，不断削弱敌信息能力，保持我局部制信息权。同时要掌握一定的机动力量，以应付作战中出现的意外情况。

3. 集中指挥，合力攻击

信息作战虽然作战手段多样，作战力量分散，但对作战的整体性要求却很高。因此，组织信息进攻，必须强调集中统一指挥，充分发挥各种信息作战力量和各种行动的整体效能。

首先，要建立专门的指挥机构。在战役指挥部组成精干的信息作战中心，统一指挥和协调信息作战力量。要对各军兵种及地方参战的信息作战力量进行统一编组，组成由各军兵种电子对抗部（分）队编成的电子对抗群；由军队的心理战分队和地方的新闻宣传、广播电视等有关单位编成的心理作战群；由军队和地方有关单位的计算机及软件专家编成的网络战群；由担负袭击破坏敌情报、指挥、通信系统任务的特种作战部（分）队编成的特种作战群。其中，电子对抗群、心理作战群和网络战群由信息作战中心直接指挥；特种作战群，当单独编组为专门的信息作战群时，由信息作战中心直接指挥，未单独编组时，则由信息作战中心协调其行动。

其次，要对各军兵种、不同类型的信息进攻力量的行动进行统一控制，尤其是电磁攻击行动，要严格控制方向、目标、频率、时机等，不能各行其是、各自为政。同时，还要注意搞好信息进攻与信息防御、信息作战与其他作战行动的协同。对于重要情报源的信息进攻目标的信息攻击，一定要在战役的范围内考虑。

4. 多种手段，灵活攻击

各种信息攻击手段都有其局限性，所以，只有同时运用多种手段对敌实施全向多维的信息进攻，将硬摧毁与软打击、物理攻击与心理打击巧妙结合起来，形成综合优势才能达成作战目的。要针对敌方信息系统和认识体系实际情况，合理选用作战手段和攻击方式，对不同目标采用不同的方法，从而增强攻击效果。针对敌心理攻击，要把握好攻击、影响的力度，力求恰到好处。对一些重要目标，如敌指挥控制系统、情报收集与处理系统等实施多手段同步攻击，利用电子、火力攻击和佯动欺骗等手段的共同作用一举达到攻击目的。在方法手段的运用上要巧妙多变。每次作战，打法都要有所变化，同时要预有多种方案，当某种攻击方法和手段不能奏效时，迅速改用其他方法手段，力求在敌没有准备或准备不足的情况下达成攻击目的。

7.2.2　信息进攻的手段与方法

信息进攻战法，是运用多种信息进攻手段，干扰、破坏和摧毁敌方信息和信息系统的方法。主要包括电子进攻方法计算机网络进攻方法、心理攻击方法、信息设施摧毁方法。

（一）信息进攻一般方法

信息进攻的一般性战法主要有信息威慑法、信息遮断法、信息污染法和信息肢解法等。

1. 信息威慑法

信息威慑法，是指以信息声势或威力使敌方服从于己方的意志和企图的一种信息进攻方法。这个战法是最能反映信息进攻特点的基本战法之一。巧妙地运用信息实施威慑，使敌方感到即将面临无法承受的后果，造成其心理障碍，削弱其战斗意志，影响其指挥控制，从而达到“不战而屈人之兵”或“少战而屈人之兵”的目的。信息威慑法主要通过示形造势、宣传攻心、离间分化等手段达成。

2. 信息遮断法

信息遮断法，是指干扰敌方信息系统的电磁信息接收设施，以遮断敌电磁信息传播的一种信息进攻方法。这种战法，主要通过“点穴”干扰、压制干扰、迷盲干扰等手段达成。

3. 信息污染法

信息污染法，是指利用敌方获取、传输、处理、使用信息的过程，使其获得变质的信息或使用有害软件，从而破坏其信息系统的一种信息进攻方法。在信息作战中，敌方将使用各种手段大量获取我方的各种军事信息和相关信息。敌方在获取、传输、处理、使用信息的过程中，总会存在薄弱环节。充分利用其薄弱环节，使敌方获得掺杂使假的信息，或使敌方正常的信息发生病变，或使敌方的信息系统功能发生混乱，从而误导、扰乱和瘫痪其指挥。信息污染法主要通过欺骗误导、信息阻塞、病毒进攻、信息渗透等手段来实现。

4. 信息肢解法

信息肢解法，是指摧毁敌方信息系统的关键载体和能量，以肢解敌方信息系统结构的一种信息进攻方法，主要通过火力“点穴”、特种打击等手段来达成。

（二）电子进攻方法

1. 分段接力

分段接力，是指对单方向、批次间隔小的连续空中目标，在其进袭航路上分段进行接力干扰。干扰机对单方向连续袭击目标的批次间隔时间小于干扰机逐批干扰时转换时间，可采取“两段式接力干扰”。这两段任务的区分是，前一段（被区分某距离的以远的一段）利用暴露半径较大的干扰机，进行连续的航路压制，中间不再转换，而后一段则利用暴露半径小于敌投弹距离或战术最小干扰距离的干扰机，连续压制到终了。

2. 全向掩护

全向掩护，是指对多批多方向来袭空中目标——无论从哪个方向进入，均可按相对于某个干扰站的0度或15度方向进入实施对敌干扰压制。使用此法，必须是理想或近似理想的环形配置干扰站（通常环形配12个干扰站）掩护目标。实施时，首先应根据来袭目标进入顺序划分批次，向各站区分任务；然后按干扰单方向进袭目标的方法进行干扰压制。

3. 多机协同压制

多机协同压制，是指通过多部干扰机配合使用增强干扰功率、扩展干扰方位和形成宽频带干扰，提高干扰效能的干扰方法。一是增强功率，就是多部干扰机集中使用相同的中心频率和带宽，干扰同一个对象。这不但增加了功率，而且由于各部干扰机产生的噪声彼此独立，还能使干扰功率更加平稳。通常，最多用4~5部噪声干扰机叠加。二是方位扩展，就是当干扰机天线不能调整方位角时，为了对某个方向上雷达目标实施有效压制，把各部干扰机天线指向不同方位，彼此在方位上衔接起来，形成大角度的天线覆盖区。三是频率参差，就是在各部干扰机带宽较窄时，把它们调在不同的中心频率上，形成宽频带干扰。

4. 电子遮断

电子遮断，是指以电子进攻行动切断敌人与外界的无线电通信联络，并致盲雷达的侦察，以达到电子封锁的一种电子战方法。根据对敌实施电子遮断的程度不同，此方法主要适用于两种情况：一是为了全面切断敌人与外界的电子联系，在对敌实施分割包围时使用；二是当切断数部敌人之间或部分切断被围之敌与外界的联系时，对敌实施割裂，或我对敌采取围城打援、围三缺一打法时使用。

（三）计算机网络进攻方法

1. 破“墙”击要法

破“墙”击要法，是指着眼支撑敌作战体系平衡的重心，集中精锐力量，首先破坏敌指挥控制系统的防火墙，而后运用多种手段对敌核心系统实施高强度软硬攻击，瘫痪敌指挥控制系统的方法。

在运用破“墙”击要方法时，一要全面掌握战场情况特别是敌情。通过掌握情况，指挥员应清楚明了支撑敌计算机网络运行的战场信息资源环境、敌指挥控制系统的结构、指挥控制关系和决策过程。

二要合理使用作战力量并赋予作战任务。在对敌要害目标实施攻击中，应灵活使用“软、硬”打击力量，合理赋予作战任务，对使用计算机网络攻击手段难以破坏的系统，应使用精确作战和特种作战力量予以摧毁。对精确打击力量难以摧毁的敌计算机系统，应使用计算机网络攻击力量予以攻击。同时，做好“软、硬”攻击行动的协调，既要确保瘫痪敌指挥控制系统，又要避免重复于一击，造成作战能量的无效释放。

2. 毁“网”断流法

毁“网”断流法，是指在计算机网络战中，通过破坏敌计算机网络的完整性和一体性，达到破坏敌各种作战力量和各种作战行动之间有效协调的目的的方法。运用毁“网”断流方法时，重点是破坏敌战略网、战役网和战术网之间军种网之间各作战集团网之间的网络链接，使其难以实施有效协调。破坏连接各广域网的通信网络，就能使敌战略级、战役级和战术级之间，各军种及各作战集团之间的指挥信息协同信息难以有效传输，从而破坏敌协同。因此，应通过网络侦察明确敌方各种力量的构成及组织指挥体系和相互协同关系，明确敌方是通过何种手段、在何级别或层次组织协同。在此基础上，按照先大后小的顺序，即先是敌方不同国家或不同编制体制的武装力量之间的计算机协同网络，其次是各军兵种之间的计算机协同网络，再次是战役级作战兵团之同的计算机协同网络，最后是战术级作战兵团之间的计算机协同网络，组织力量依次实施攻击。

3. 夺“点”控网法

夺“点”控网法，是指在计算机网络战中，通过夺占敌计算机网络的重要站点，控制敌部分网络，在敌还没察觉并关闭该站点时，对敌计算机网络实施高强度攻击，造成敌计算机网络全局或局部混乱的方法。这种方法是着眼计算机网络的一体性和资源共享性特征，在夺取敌某一站点后，由此及彼，迅速扩张战果。运用夺“点”控网方法，应在组织周密细致的网络侦察时，首先选择敌大型计算机工作站、网关、路由器、交换机、集线器、数据库等设备、设施；其次要选择较大规模的武器系统的指挥控制系统，如战区雷达预警系统；最后再分析小型网站、单机或武器的自动控制系统。组织力量破解敌计算机站点的网关、密钥和安全防火墙。在此基础上，针对敌重要的核心网络、站点的防护、安全措施和反入侵手段完善的情况，采取由外及内，首先攻占敌外围站点，取得合法访问权限后迅速使用网络攻击手段，逐层突破，达成网络攻击的目的。

4. 断“源”瘫网法

断“源”瘫网法，是指在计算机网络战中，通过攻击支撑敌计算机网络运行的通信、电力和战略、战役纵深的计算机网络及其基础设施，使敌计算机网络失去可靠的支撑，导致其运转不灵，甚至瘫痪的方法。

运用断“源”瘫网方法，一是攻击敌战略纵深和战役纵深的计算机网络。在作战开始之前或稍后，组织战略级或战役级计算机网络实施攻击。对这类目标进行网络攻击，可有效地削弱敌战争潜力，极大地降低敌作战指挥效能，具有釜底抽薪的作战效果。而且敌战略目标一般经长期建设，在平时就可以有针对性地对其实施计算机网络侦察，掌握其弱点，预先准备多种作战方案，实现先赢后战。

二是攻击支撑敌计算机网络的基础设施。在联合作战开始之前或稍后，组织软硬攻击力量对敌通信枢纽电力网和电厂等实施攻击，破网断源，使敌计算机网络失去能源和动力的支撑，直至瘫痪。

三是对敌侦察预警和远程精确作战兵器的计算机系统实施攻击。计算机系统与武器的结合大大提高了武器系统的效能，但也带来了一个致命的弱点，一旦计算机系统遭到破坏，武器就变成一堆废铁。近期局部战争的实践表明，在侦察预警系统的支持下，首先使用远程武器实施攻击是敌首选手段。因此，攻击敌侦察预警和远程武器的计算机系统可以极大地削弱敌方的威胁。

（四）心理攻击方法

1. 因“脑”施术法

因“脑”施术法，是指针对人思维活动而实施的心理战方法。即根据敌军的心理特征、心理方式、性格特点、指挥决策能力和水平等要素，从其心理活动深层次筹划和运用，影响其意志和决心，迫使其放弃危害己方利益的图谋，最大限度地弱化对方的信息作战能力的方法。

运用因“脑”施术法的关键是要准确地把握敌指挥官的心理和心理特征。在未来信息作战中，要在心理战的对抗中胜敌一筹，必须运用各种现代技术侦察手段，摸清敌军信息作战指挥员的心理特征、性格特点、指挥决策能力等各类信息，有针对性地进行运筹，做到针对不同敌人的不同心理和心理特征施用不同的计谋。

2. 随机设谋法

随机设谋法就是针对作战需要而设谋的心理战方法。即依据信息作战中敌心理变化情况，敌变我变，快速筹划作战方案。

运用随机设谋法，一要全面掌握敌情。敌军信息作战指挥员的心理变化，总是围绕着作战形势的发展而变化的。全面掌握宏观情况，对随机快速筹划具有重要的意义。

二要准确把握敌情的变化。要善于从敌人行动的细微变化发现其心理变化，并运用各种手段和行动，主动地发现敌人的变化，为设计用谋创造条件。

三要善于临机决断。临机用谋的关键是把握时机，快速反应。错过时机，再正确的计谋也是没有用的。

3. 妙算定计法

妙算定计法就是通过科学预测而确定最佳制敌方案的心理战方法。即把握敌人信息作战指挥员的心理脉搏，先敌一着，高敌一筹，让敌人的思路按照我设定的方向发展，落于我之圈套。

运用妙算定计法，一是要善于算计。就是在准确把握敌人的心理特点的基础上，科学预测其在信息对抗过程中可能的对策，有计划地采取各种措施，将敌指挥官的心理导向错误的方向。

二是巧于定计。即在信息作战中，要善于针对不同对手的心理特征，针对不同阶段对手的心理变化，巧设计谋，使其始终在我控制之中。

4. 谋势慑心法

谋势慑心法就是通过造势而震慑敌人的心理战方法，即谋求有利于己而不利于敌的态势，使敌指挥官产生沉重的心理负担，从心理上击垮敌人。

运用谋势慑心法时，一是谋先胜之势。《孙子兵法》指出的“先为不可胜”是一种非常有利的态势。己方信息流的顺畅本身对敌方构成巨大的威胁，情报信息顺利传递，就能做到对敌方各个方面包括信息流情况有较全面的了解；指令信息的顺利传递，能使整个作战活动朝着有利于我而不利于敌的方向发展。它从形式上看是一种“自保势”，但面对敌人的信息进攻，我能保持信息畅通，敌心理必然受到震撼，这本身就是对敌军的威慑。

二是谋力量集聚之势。一方面要采取有效措施，在主要作战方向集中部署各种高技术兵力、兵器，特别是善于通过强有力的信息系统增强整体合力，形成震慑敌人的态势；另一方面必须通过一定的途径将信息传递给敌方。

三是谋整体协调之势。信息作战与其他样式的对抗形式不同，它分散于陆海空天电所有领域。因此，心理战的运筹，必须从整体效益出发，造整体协调之势。即在整个战区的空间领域范围内使信息作战力量互为犄角，互相支援，形成一个整体。

5. 信息显能法

信息显能法就是显示信息实力的心理战方法。即通过传播具有威慑作用的信息显示己方力量，使敌人不敢轻举妄动或放弃对抗。

运用信息显能法时，一要因敌显“能”。“道高一尺，魔高一丈”，了解敌军在信息作战中的“道行”，是运用信息显能的必要条件。为此，必须摸清敌军对己方信息系统的主要威胁，针对敌军信息作战的手段和组织实施方法，己方就能够确定显示多种能力的信息从而慑服敌人。

二要巧妙显“能”。显示能力要巧妙，不能给人以故意显“能”的感觉，使对方看出破绽。因此，运用信息显能时，尤其要注重选择恰当的时间、场合、方式，灵活运用。在全方位布局、多途径传递信息时，各种信息要有自身的特点，并能与其他信息相互配合和印证。

三要显“能”，不露形。信息显“能”，并不是将己方实力如实暴露给敌人。向敌显示之“能”，而应显示对敌具有威慑、震撼之“能”，是可以暴露之“能”，是有利于我而不利于敌之“能”。其基本要求是，既要达到威慑敌人的目的，又不暴露真正的实力，示“能”而不显形，否则就可能弄巧成拙。

为此，必须常变招数，一个重要原则是善于灵活运用，使敌难以判明己方真正的实力，从而产生恐惧和疑虑，不知不觉中计、上当受骗。

7.3　信息防御

信息防御是为保护己方的信息和信息系统安全而采取的综合措施和行动。信息防御以反侦察、反干扰、反摧毁、反计算机网络攻击、反心理攻击为主要内容，它是信息作战的重要组成部分，是夺取制信息权的重要作战手段和保障手段。

进攻具有主动性，而防御是被动的。无论是从技术还是战术来看，信息防御都滞后于信息进攻，而且信息进攻与信息防御的成本是不一样的，当年苏联专家经过定量计算，认为进攻与防御的成本比大约是 1:9 到 1:14。

信息防御必须在各级指挥员的统一指挥下，采取各种手段防止敌方对我信息系统的侦察和破坏，才能有效保障己方信息系统正常获取、传递、处理和使用信息。

7.3.1　信息防御的基本任务及要求

信息防御作战，是一个整体的作战行动，任务艰巨，要求高。不同的作战部队、不同的作战对象、不同的作战样式，有不同的信息防御任务和要求，而不同的信息防御任务要求采取不同的信息防御手段。

（一）信息防御的基本任务

信息防御的基本任务是：保护信息系统，防敌侦察和破坏；采取综合措施，确保信息安全保密；做好心理防护，防敌心理攻击。

1. 保护信息系统，防敌侦察和破坏

信息系统的安全性包括五个方面，即完整性、可用性、保密性、可靠性、抗毁性，哪一方面遭到破坏都是破坏。

2. 采取综合措施，确保信息安全保密

在信息系统安全保密工作上，一要采取预警、防护、监测、应急、恢复和反击的综合措施；二要运用好信息加密、信息鉴别和信息控制三种技术手段。

3. **做好心理防护，防敌心理攻击**

现代作战，心理攻击时间起点可能开始得很早。在敌方还没有采取大规模军事行动前，心理攻击可能已经开始了。心理攻击的手段有利用大众传媒、观光旅游、间谍、商人以及新闻工作者等，也可能使用一些新概念武器，导致对人非正常的心理伤害，造成心理变态和精神失常。

（二）信息防御的基本要求

信息作战中的信息防御，力求将信息防御和信息进攻结合起来，综合运用各种信息防御方法，形成专业与非专业、地方与部队相结合的信息防御合力，并贯穿于信息防御作战的始终。

1. **整体协调，灵活指挥**

信息防御不是点防御，是面防御、立体防御。所以必须整体协调、灵活指挥才能成功。信息防御在战场构成上，陆地、海上、空中、外层空间、电磁领域五位一体，相互作用，互相依赖；在作战行动上，各种有效措施综合运用，确保整体行动，步调一致；在防御手段上，信息防御对象不同，采取的防御手段各异；在防御力量使用上，信息传输防御、计算机网络防御、心理攻击防御等多种力量进行融合和集成。

信息防御的以上特点，决定了信息防御行动一定要统一指挥、统一协调、统一控制。在统一的同时，还要根据具体的情况进行纵向和横向分层，适时发挥各级的主观能动性和信息防御的灵活性。

2. **全面防御，突出重点**

全面防御、突出重点，就是根据未来信息防御整体力量敌优我劣的实际情况进行全面设防。同时，又要根据战场信息作战态势，突出重点防御的方向和部位。

从时间上说，贯穿战争的全过程；从空间上讲，涉及敌我双方的陆、海、空、天等各种信息系统及其平台；从力量上讲，不仅有军队的信息防御力量，还有地方的信息防御力量；从信息防御方法和形式讲，也是多变的；从目前我军实际情况看，与强国相比，我军整体信息防御能力较弱。在信息防御作战中，我们既要搞好全方位、全时空的全面信息防御工作；又要突出对重点地区、重点目标进行重点防御。

全面防御、突出重点，必须做好战前准备工作。在平时，要组织专门的力量对敌军各种信息进攻系统进行研究，分析战术技术性能，研究工作规律，掌握作战运用特点，为战时有效防护敌信息进攻创造条件。

3. 军民融合，整体防御

在进行信息防御建设的时候，要以国家信息基础设施为依托，充分利用和统一协调民间和军事领域的信息防御力量。在构建信息系统防御体系的时候，要将军事和民用系统有机融合，构建军民一体、高度集成、能覆盖多维空间的信息防御一体化系统。同时，要确保军事系统的安全性，规定和限制军用系统和民用系统的联网方式、联网范围和联网内容等，确保军事信息系统在平时的安全可靠，确保战时军事信息系统的整体安全。

7.3.2　信息防御手段

信息防御手段是为保障己方信息系统正常工作，而针对敌方信息进攻手段所采取的防御工具、方法和措施。在未来高技术条件下的局部战争中，如果有强敌介入，信息技术和信息武器装备总体上仍是敌优我劣。为确保信息防御作战的胜利，信息防御作战应针对敌信息进攻的不同战法，灵活运用信息防御手段。

信息防御手段按类型可分为五种：反电子进攻手段、反网络攻击手段、反心理攻击手段、信息安全保密手段和信息伪装手段。

（一）反电子进攻手段

反电子进攻手段可分为四种类型，分别是反电子侦察、反电子干扰、反隐身和抗摧毁。

1. 反电子侦察

反电子侦察是信息防御的重要组成部分，是反电子干扰、反摧毁的基础和前提。其中反电子对抗侦察手段主要有反通信对抗侦察、反雷达对抗侦察、反光电对抗侦察和反声呐侦察。

2. 反电子干扰

反电子干扰的目的在于保护信息系统的安全，保护己方电子信息系统所使用的电子设备免受敌方电子干扰的威胁，从而保障信息系统可靠、安全地运行。反电子干扰主要包括雷达反干扰、通信反干扰、光电反干扰和声呐反干扰四个方面。

3. **反隐身**

反隐身技术是用于对付隐身目标的技术。尽管隐身目标采用隐身技术后可大大降低雷达的探测距离，但到目前为止，要真正实现零信号特征的目标载体是不可能的。因此，可以利用隐身目标的频域特征、时域特征、空间特征以及极化特征、随机特征，来实现对隐身目标的探测、截获、跟踪、识别和攻击。

4. **抗摧毁**

抗摧毁是与摧毁相对应的作战行动。相对于摧毁常见的四种类型，抗摧毁也有四种类型，一是抗常规火力摧毁；二是抗生核化武器摧毁；三是抗精确制导武器摧毁；四是抗新概念武器的摧毁。

（二）反网络攻击手段

网络信息安全所面临的问题主要是网络窃密以及计算机病毒带来的网络数据破坏和系统瘫痪。反网络攻击主要分反网络窃密和反病毒武器攻击。

1. **反网络窃密**

反网络窃密的主要手段包括阻断浸透和电磁屏蔽两种方式。

（1）阻断浸透

阻断浸透是通过对计算机加密来防止敌人进行计算机渗透，窃取军事情报的一种手段。实施阻断浸透，主要是防止密码被解、口令被替换、超级用户或特权用户的代码被遗漏等。具体运用时应注意以下几点：一是使用专门的加密软件包，并在普通执行程序中进行层层加密和多级加密；二是加强管理，防止无意间泄露密钥和口令；三是不断探索和研究新的网络加密技术；四是利用黑客技术保护系统的信息安全；五是利用防火墙安全等技术保护网络安全。

（2）电磁屏蔽

电磁屏蔽是指通过各种有效的技术手段和加强管理、监督、检测、维护及对敌实施电磁欺骗、干扰等手段，减小电磁辐射的强度，改变辐射的规律，使敌方无法侦测我方计算机设备辐射的电磁信号，从而保护已方计算机信息系统安全的方法。具体运用时应注意以下几点：一是注重技术与战术的灵活运用，实施电磁伪装；二是运用特种器材对计算机设备进行欺骗性屏蔽；三是使用机动性好、抗电磁能力强的屏蔽设施进行防护；四是要尽量避免无意损耗式泄漏；五是利用噪声干扰防护。

2. **反病毒武器攻击**

反病毒武器攻击的具体防御手段主要有免疫预防和即时消毒。

（1）免疫预防

免疫预防是在敌计算机病毒攻击之前采取的一种主动防御手段。对网络病毒的防御，要贯彻预防为主的方针，在计算机未遭受病毒攻击以前，采取各种预防手段切断病毒入侵的途径，增强计算机的抗病毒能力。具体运用时应注意以下几点：一是应建立自己的集成电路生产工业，实现计算机的国产化、军品化；二是采取事先给计算机系统安装防病毒卡、输入防病毒程序等方式；三是严格过滤引进软件；四是提高识别、检测程序功能的技术；五是对重要系统、站点设置安全关卡。

（2）即时消毒

即时消毒是在发现计算机病毒感染之后采取的一种被动处理手段。具体运用时应注意以下几点：一是要在清除计算机病毒之前，备份所有的重要数据和系统文件，以防万一；二是要掌握计算机病毒的运行机理和破坏特点，做到心中有数，对症下药；三是要注意收集最新的病毒发布简报，随时了解病毒发展的最新资料；四是要常备和及时更换新的防病毒卡和防病毒软件，做到发现病毒后有能力快速消除。

（三）反心理攻击手段

反心理攻击主要包括反心理宣传、反心理欺诈、反心理威慑等多种手段。

1. 反心理宣传

反心理宣传的主要目的是干扰和破坏敌方的心理宣传，在控制舆论的基础上揭露敌方歪曲事实的宣传报道，鼓舞己方人员的士气。应对措施包括：加强己方宣传教育、严格控制传媒工具、干扰敌方宣传媒体。

2. 反心理欺诈

兵以诈立，战争是作战双方相互作用的欺诈的舞台。兵不厌诈，如果不能识别敌人的欺诈，就很容易陷入敌人的圈套，为敌方所制。所以，在反心理欺诈时要充分发挥自己的心理优势，利用对方的心理弱点因势利导，把敌人的行动诱导到对自己有利的环境中去，然后战而胜之。应对措施包括防敌发送错误信息的干扰；防敌虚假信息的诱骗；以假乱真，以假制假。

3. 反心理威慑

在信息防御中，反心理威慑必须以强大的实力为后盾，通过提高己方人员的集体心理素质、控制宣传媒体、显示自己的力量和决心等方法来破坏敌方心理威慑目的。应对措施包括：做好人员的集体心理防御训练；破坏和影响敌方的宣传造势；针锋相对，以实际行动挫败敌人的阴谋。

（四）信息安全保密手段

信息安全保密是信息防御中关键的环节。信息安全保密手段是否有效，将直接影响到信息系统的安全性。信息安全保密手段主要包括信息安全技术手段和行政安全保密手段。

1. 信息安全技术

信息安全技术由密码技术、鉴别技术、访问控制技术、口令控制技术、防火墙技术、计算机病毒防护技术、信息泄漏防护技术、网络安全检测技术等构成，其中，运用最广泛的是认证技术、加密技术、网络互联安全技术。信息安全要实现的目标可以分成六个层次，分别是进不来、拿不走、看不懂、改不了、跑不掉、可审计。

在信息保障的概念下，信息安全保障的 PDRR 模型的内涵已经超出了传统的信息安全保密，是保护（Protection）、检测（Detection）、响应（Reaction）和恢复（Restore）的有机结合。其中保护是指采用一切手段（主要指静态防护手段）保护信息系统的五大特性；检测是指检测信息系统的安全漏洞和存在的非法信息流，从而有效阻止网络攻击；响应是指对危及信息安全的事件和行为做出反应，阻止对信息系统的进一步破坏并将损失降到最低；恢复是指及时恢复系统，使其尽快正常对外提供服务，是降低信息攻击造成损失的有效途径。

信息安全技术的安全防护框架是要构成三纵（公共区域、专用区域、涉密区域）三横（应用环境、应用区域边界、网络通信）和两个中心（密码管理中心、安全管理中心）的安全防护框架。

2. 行政安全保密

行政安全保密手段主要是从制度上完善信息系统的安全性，防止由于人的主观行为或制度问题导致信息系统的泄密。要注意以下几点：一是建立科学严密的安全机制，从客观条件上防止工作人员有意识或无意识的泄密；二是明确信息系统工作人员的遴选条件，经常性地进行安全保密教育；三是定期进行信息系统安全性检查，一旦出现安全漏洞，及时采取措施进行弥补；四是加强信息安全技术研究工作，了解敌方最新窃密技术手段，并采取相应的安全技术进行系统防护。

例如《严密防范网络泄密十条禁令》，其主要内容包括：严禁涉密计算机连接互联网；严禁私人计算机连接互联网；严禁涉密移动载体储存私人信息；严禁私人移动载体储存涉密信息；严禁存储或曾经存储过涉密信息的移动载体连接互联网；严禁在连接互联网的计算机上存储、处理或者传递涉密信息；严禁计算机在涉密网和互联网之间连接；严禁移动载体在涉密计算机和连接互联网计算机之间交叉使用；严禁私人手机、数码相机、播放器等电子设备连接涉密计算机；严禁以军人身份在互联网上开设博客、聊天交友、应聘求职。

（五）信息伪装手段

在进行信息防御时，合理地运用信息伪装手段，可以有效地防止敌方的侦察和火力打击。伪装的手段很多，针对敌方不同的侦察设备要使用相应的伪装手段。

运用信息伪装手段，最重要的一点是以假乱真，不被敌方识破和利用。首先要充分利用敌方的心理和意图采取相应的手段，诱敌上当；其次要真真假假，假中有真，使敌人摸不清我方伪装活动的规律。

7.3.3　信息防御方法

信息防御涉及的范围非常广，无论是在平时还是战时，无论是军用信息系统还是民用信息系统，都面临着信息防御问题。正确、有效的信息防御方法是确保信息及其系统安全的重要保证。信息防御方法，强调针对性、有效性，强调灵活运用。不同的信息系统、不同的作战时机、不同的战场环境，应采取不同的信息防御方法。

（一）信息隐蔽法

信息隐蔽法是指综合应用辐射控制、信号隐匿等手段，在不影响指挥正常运转的前提下，最大限度地隐蔽己方主要电子信息系统及其辐射的真实信息，以防止或降低敌方的电磁侦察和反辐射摧毁的一种信息防御方法。无论是在战前还是在战时，信息隐蔽都是信息防御中最基本的方法。信息隐蔽法可分两种，即信息控制法和信号隐匿法。

1. 信息控制法

信息控制法是指在统一的计划下，以完成任务所需的最低限度为前提条件，通过控制己方信息系统电磁能量的辐射时间和辐射范围，达到减低我电磁信息被敌方截获概率的信息防御方法。该方法的要点：一是要控制辐射时间，需要做到严格控制信息传递的数量，严格控制通联时间，尽可能简化电文；二是要控制辐射范围，即控制系统电磁波的辐射方向和距离，造成对敌尽可能大的侦察盲区，需要控制辐射强度和辐射方向。

2. **信号隐匿法**

信号隐匿法，是指为规避敌对我电磁信息的侦察而将电磁频谱的特征及信息内容相对的加以隐蔽。具体方法是：一是隐蔽频谱；二是隐蔽电文；三是隐蔽信号。运用隐蔽防御法，贵在灵活变通，快速反应。

科索沃战争中，南联盟通过严格控制信息传递的数量和时间，合理地配置信息系统设备的位置等方法，控制了电磁信号辐射时间和辐射范围，降低了南联盟信息系统遭打击和摧毁的概率。

（二）信息欺骗法

信息欺骗法是指综合运用信息欺骗的各种技术和战术手段，采取伪装、模拟与冒充相结合，信源欺骗、信道欺骗与信息内容欺骗相结合，隐真示假，从而达到对己方信息和信息系统进行隐蔽和掩护的信息防御方法。

运用信息欺骗法应把握以下几个问题：

一是针对不同装备，采用相应伪装方法。如采用地面诱饵、伪装网、金属反射角、隐身涂料、烟幕、云雾天气等，还可根据具体装备的特点加以补充。

二是隐真、示真和示假有机结合。实施无线电佯动，设置假阵地，设置假指挥所。示真即在适当时机故意向敌方暴露己方的一些真目标。

三是信源、信道、情报欺骗相结合。信源欺骗，就是设立假辐射源，牵制敌信息侦察和信息进攻力量；信道欺骗，就是在电磁信息传输过程中，根据需要按约定频繁转换信息传输信道，增加敌人的侦控难度；情报欺骗，就是利用各种手段，尤其是利用以程序运行和指令控制为主的信息情报分析系统，巧妙地施计用谋，欺骗敌方的情报收集和处理分析系统。

（三）信息组网法

信息组网法是指在战役战斗地幅内，充分利用多种电子信息设备和系统，采取不同的组织形式和方法，按网状结构对信息系统的装备进行配置，在结构上达到优化，达到此盲彼明、此断彼通，使系统整体效能具有抗干扰、抗摧毁、反隐身的信息防御方法。

1. **通信电子防御**

在通信电子防御方面，可将无线电台、无线电接力、有线、光纤等各种通信手段构成纵横贯通、多路迂回的栅格网状系统，通过对系统结构和配置进行优化提高系统的电子防御能力。在一定的范围内，还可将地域通信网、双工无线电移动通信网、单工无线电通信网、战术卫星通信网、散射通信网甚至空中平台通信网等有机结合，组成以地域通信网为骨干、多种网络结构形式相结合的野战综合通信系统，既可提高综合通信保障能力，又能从根本上改善系统的信息防御水平。

2. **雷达电子防御**

在雷达电子防御方面，构建具有“四抗”功能的区域雷达网防空体系，实现抗电子对抗侦察干扰、抗反辐射武器攻击、抗隐形飞机和导弹突击、抗导弹和飞机的地空突防。将各种不同体制的雷达、不同工作频率、不同平台的雷达按照合理的结构部署成一个雷达战术群系统，在统一的指挥下与敌进行体系对抗，以充分发挥我军有限技术装备的功能，有效地对付突然出现的新威胁。

（四）信息屏障法

信息屏障法是综合运用有源、无源电子干扰等手段，对特定方向和区域的敌电子侦察系统实施干扰，削弱敌方对我重要方向或区域内的电子侦察能力的一种以攻为防的信息防御方法。具体的实施方法主要有定向电磁屏障、区域电磁屏障等。

1. **定向电磁屏障**

定向电磁屏障主要使用于我军电子信息系统前沿适当地域，利用投掷式或摆放式干扰设备将电磁干扰的辐射方向对准敌方的侦察站，对敌人实施拦阻式或瞄准式干扰。其目的是在不影响己方通信的前提下，使敌方无法侦察我方的通信，在敌我之间构建一个无形的电磁波屏障。

2. **区域电磁屏障**

区域电磁屏障设置于敌战役、战斗纵深地域内数量较多的侦察阵地上，或是在敌方雷达、通信侦察和光电探测装备与我信息系统之间的适当位置。常用的设置手段，一是使用投掷式干扰机进行抵近干扰，或使用电子对抗无人机深入敌阵地上空对敌实施空中干扰；二是使用箔条、气体溶胶、烟幕弹等无源干扰手段。目的是形成一定规模的区域电磁屏障，削弱敌对我电子信息系统的探测能力。

（五）以攻助防法

有效的防御应该建立在积极的进攻基础之上，力求在积极防御中争取主动。以攻助防法，是指通过对敌方信息系统的有效进攻，掩护我电子信息系统正常工作的信息防御方法。以攻助防的具体方法包括对敌方的干扰辐射源实施火力摧毁和兵力破袭、对敌方信息获取系统实施电子干扰、病毒攻击、火力打击等。

运用以攻助防法需要注意以下问题：一是优选打击目标，确定的信息打击目标要和我方战略企图相一致，通常是威胁最大的电子干扰源与电子侦察系统；二是巧选打击手段，采取的打击手段要和部队的作战行动相适应，在电子干扰上要避免干扰己方的通信，而对难以干扰的目标，可采取特种小分队破坏、火力打击等硬摧毁手段；三是精选打击时机，信息打击时机应与部队作战行动相协调，注意和整体作战进程相一致，通常选择在作战的关键阶段和关键时节。

习　题

1. 信息作战侦察的手段有哪些？
2. 电子战侦察方法有哪些？
3. 计算机网络侦察方法有哪些？
4. 如何理解信息进攻中的“争取先机，全程攻击”？
5. 列举计算机网络进攻的主要方法。
6. 谈谈信息防御手段的内涵及运用要求。
7. 信息进攻和信息防御在信息作战中谁处于主导地位，为什么？
8. 阐述信息防御基本方法。
9. 反电子进攻手段有哪些？
10. 如何构建具有“四抗”功能的区域雷达网防空体系？
11. 谈谈信息欺骗法的战例。
12. 互联网条件下如何做好网络保密工作？

第 8 章　信息作战力量

信息作战力量是参加信息作战各类力量的统称，是进行信息作战的首要物质条件。人力要素和物力要素是传统作战力量构成的基本要素，而信息作战力量构成除了人力、物力要素外，信息也成为一个相对独立的构成要素，因为信息本身也成为重要的作战和保障资源。信息作战力量就是这些要素结合组成的实体力量。组建信息作战力量，合理区分信息作战力量的任务，正确确定信息作战力量的编制体制，恰当地运用各种信息作战力量，对于打赢信息化战争，具有十分重要的现实意义。

8.1　信息作战力量概述

信息作战力量有狭义和广义之分。从狭义上讲，信息作战力量是指在军队中使用信息作战武器装备遂行信息作战任务的专业部（分）队，以及可能遂行信息作战任务的其他部（分）队，狭义信息作战力量也被称为专业信息作战力量。从广义上讲，信息作战力量是指进行信息作战的全部力量，包括可以直接用于信息作战的现有力量，以及有可能被动员起来用于信息作战的潜在力量。广义信息作战力量是由专业信息作战力量和非专业信息作战力量组成的。信息作战力量是军队作战力量的重要组成部分。

8.1.1　信息作战力量类型

按照不同的角度和不同的划分标准，信息作战力量可以进行不同的类型划分。从毁伤形式上可以区分为信息作战“软打击”与“硬摧毁”力量；从专业类型上可区分为专业信息作战力量与非专业信息作战力量等。

此外，还可以按照基本行动分为信息作战侦察力量、信息进攻力量和信息防御力量；按层次可分为战略信息作战力量、战役信息作战力量和战术信息作战力量；按军兵种可分为陆军信息作战力量、海军信息作战力量、空军信息作战力量、第二炮兵信息作战力量；按军队和地方可分为军队信息作战力量、地方信息作战力量等。

（一）“软打击”与“硬摧毁”信息作战力量

1. “软打击”力量

“软打击”力量主要包括四种：一是电子干扰力量，如雷达干扰、通信干扰、光电干扰、水声干扰等。二是计算机网络攻击力量，如计算机病毒攻击、黑客渗透等。三是心理攻击力量，如通过电视、广播、印刷品、虚拟现实技术等方法进行心理攻击等。四是情报战力量，如故意向敌方情报系统传送假情报和从敌方获取情报等。

2. “硬摧毁”力量

“硬摧毁”力量主要包括：一是精确和常规火力打击力量。二是反辐射攻击力量。三是特殊信息战武器（激光、高能微波、粒子束、电磁脉冲、碳纤维丝武器等）。四是非致命性武器。

（二）专业和非专业信息作战力量

1. 专业信息作战力量

专业信息作战力量是指专门用于实施信息作战的力量，是信息作战的骨干力量，由上级加强的和本级建制内的信息作战专业力量编成。主要包括电子战、网络战、心理战，以及侦察情报、通信、指挥自动化、欺骗伪装等部（分）队。

2. 非专业信息作战力量

非专业信息作战力量相对于专业信息作战力量而言，主要是指信息作战编成之外，用于支援、配合专业信息作战的力量，完成信息作战任务的其他作战力量及民用力量。如编成内临时用于信息作战的非专业信息作战力量，如用于摧毁敌信息系统的火力打击力量、破袭信息系统的特种作战部（分）队，用于军事欺骗的合成部（分）队，以及地方各类支援军队信息作战的网络用户、计算机专家、民用通信系统、探测系统等。

8.1.2　信息作战力量的构成

信息作战力量构成以各军兵种信息作战部（分）队为基础。平时主要以军兵种信息作战部（分）队以及航天部队信息作战部（分）队、武装警察信息作战部（分）队、预备役部队方式存在，战时从各军兵种、航天部队抽调，组建联合信息作战军团。

（一）陆军信息作战力量

陆军信息作战力量由陆军建制内的信息作战力量编成。主要包括总部、军区、集团军、师直属（所属）的情报侦察、电子对抗、计算机网络战、心理战、指挥信息系统、通信（含电磁频谱管控）、雷达、机要保密、伪装等信息作战部（分）队。

（二）海军信息作战力量

海军信息作战力量由海军建制内的信息作战力量编成。主要包括总部、舰队、支队直属（所属）的无线电技术侦察、岸基与海上观通、电子对抗、计算机网络战、心理战、指挥信息系统、通信（含电磁频谱管控）、雷达、机要保密、欺骗伪装、测绘、气象等信息作战部（分）队。

（三）空军信息作战力量

空军信息作战力量由空军建制内的信息作战力量编成。主要包括总部、军区空军、军、师直属（所属）的无线电技术侦察、电子对抗、计算机网络战、心理战、指挥信息系统、通信（含电磁频谱管控）、雷达、导航、机要保密、欺骗伪装、测绘、气象等信息作战部（分）队。

雷达兵部队和航空兵预警机部队构成空军预警探测力量，侦察航空兵部队和无线电技术侦察兵部队构成空军战场侦察力量，电子对抗侦察力量、电子干扰力量和反辐射攻击力量三部分构成空军电子对抗力量。

（四）第二炮兵信息作战力量

第二炮兵信息作战力量由第二炮兵建制内的信息作战力量编成。主要包括总部、基地、导弹旅直属（所属）的电子对抗、心理战、指挥信息系统、通信、制导、机要保密、欺骗伪装、测绘、气象等信息作战部（分）队。

（五）航天信息作战力量

航天信息作战力量由航天部队建制内的信息作战力量编成。主要包括：航天侦察、预警、探测、跟踪、识别、指挥、控制、通信、导航、防天监视作战等信息作战部（分）队。

（六）武装警察部队信息作战力量

武装警察部队是国家武装力量的重要组成部分。既属正规武装力量，亦属地方部队性质。其信息作战力量主要包括无线电技术侦察、通信、指挥信息系统、伪装、网络监控、特种作战等信息作战部（分）队。

（七）地方信息作战力量

地方信息作战力量由民兵、预备役、公安、企事业单位等信息作战力量编成。主要包括：预备役、民兵、公安民警、国家安全、人民防空、广播电视、宣传、电信、电力、金融、交通、建筑等行业、部门人员，以及研制、生产信息作战武器装备的人员。

8.1.3 信息作战力量能力

信息作战力量的基本能力，是指进行信息资源争夺的能力，包括信息作战支援能力、信息作战进攻能力和信息作战防御能力。

（一）信息作战支援能力

1. 信息作战侦察能力

信息作战侦察能力是指信息作战侦察力量，通过大量的战场侦察，为战役指挥员和指挥机关提供情报信息的能力。信息作战侦察能力既是信息作战侦察力量为战役指挥员筹划战役提供保障，也是为信息作战指挥员及其参谋人员组织信息作战提供情报信息保障。

2. 信息获取能力

强大的信息获取能力，既依靠训练有素的谍报班子和特种侦察人员，更依靠先进情报信息探测系统，这是获取情报信息的两条重要渠道。谍报侦察和特种侦察将纳入信息系统，与其他侦察手段和信息系统融为一体。高技术条件下，信息获取的手段和渠道多，既有来自地面、海上的，也有来自空中、空间的，还有来自水下的。全面性、系统性、准确性和可靠性是信息获取能力强的标志。以航空航天侦察为重点的军事侦察和探测技术的发展，使军队信息获取能力大大提高。目前，先进国家军队使用侦察卫星、预警机、侦察飞机、侦察舰船和地面侦察设备等。运用电子侦察、光学侦察与雷达成像等多种手段，能够全空间、全天时、全天候、全频谱地对敌方大批量目标即时侦察、监视、分类、定位，能够根据需要对特定目标进行连续监视，能够实时或近实时地获取敌方的图像、信号、数据等情报信息，从而使军队的信息获取能力大大提高。

3. 信息处理能力

通常以信息的综合比、信息处理密度、信息存贮量、资源开销比和信息处理质量来衡量信息系统处理信息的能力。信息的综合比，是指经过系统综合处理后的综合信息量与输入系统的原始信息量之比。信息处理密度，是指单位时间内信息系统处理的信息总量。信息存贮量，是指系统可存贮信息的总量。资源开销比，是指用户信息资源所占容量与系统总信息资源容量之比。

4. 信息处理质量

信息处理质量指系统处理后的信息的置信度，即信息的处理精度。信息处理要做到精确、快速和多样。信息处理的精确性就是对占有的信息处理的结果——情报做到可靠、准确。只要依赖相关和比较全面的信息就应该得出比较正确的结论。快速性就是信息处理速度快，近实时地将信息进行处理，及时将结论（情报）提供给需要的人员。多样性，就是能够对来自不同渠道、采取不同手段获取的多种信息进行处理。高技术条件下，信息系统的智能化程度和自动化程度是信息处理能力的重要标志，两者是决定信息处理的精度和速度的重要因素。以计算机为核心的信息处理技术的不断发展和完善，极大地提高了军队的情报信息处理能力。依靠计算机所具有的大容量、高速度的处理能力，将过去要花几小时甚至几天才能完成的信息识别、破译、分析、综合，现在可能只需要几分钟甚至几秒钟就能完成，真正实现了信息处理的高效化和实时化。信息处理不仅需要计算机的帮助，还需要训练有素、经验丰富、具有较强鉴别能力的情报专家，不仅要区分不确定的、互相矛盾的情报信息，还要剔除多余的、虚假的情报信息，戳穿敌人的欺骗。将计算机和人有机结合，提高信息处理的速度和精度。

（二）信息进攻能力

信息进攻能力是指对敌方信息系统的干扰、破坏能力，是信息作战的最重要能力，在信息作战中占有核心地位。信息作战进攻能力由信息攻击手段的多少、信息攻击范围的大小、破坏力的强弱以及实时性、灵活性和持久性决定。总的来说由以下几种能力构成：

一是切断敌方信息来源的能力（主要是软攻击能力）。即断绝敌方信息获取和信息传输渠道，包括反情报和电子战等能力。

二是摧毁敌方信息系统的能力。主要是硬摧毁的能力，包括反辐射武器对电子设备和新概念电子装备的摧毁能力。

三是信息污染的能力。在信息中注入噪声，加大信息的模糊度；制造假信息，使真假信息混淆，真假难辨。

四是闯入敌方信息系统的能力，即信息网络渗透能力。既要能够顺利地进入对方保密的军事信息系统，又要确保闯入行动不被对手察觉；同时，能够将己方的信息加入敌信息之中并能利用敌方信息。

五是剖析敌方信息系统软件和硬件的能力。对敌方使用的软件平台和应用软件以及硬件设备，能在尽可能短的时间内弄清其运行机制和原理，找出其缺陷并为我所用。

六是注入病毒能力。主要是指使用病毒武器直接向敌方信息系统注入病毒的能力。

（三）信息防御能力

信息防御能力是保护己方信息的完整和信息系统安全的能力。越是对信息系统依赖大的一方，信息防御的任务越重，信息防御的地位越突出。信息防御能力概括起来大体有以下几种：

一是抗信息封锁能力，就是在遭敌信息封锁之下，保障信息获取和传输渠道的畅通，排除干扰、破坏的能力。

二是信息系统的抗毁能力，就是抗击敌方对信息系统实施硬打击能力。

三是信息系统的入侵告警能力，即对敌意的攻击行动能及早发现，并进行报警。

四是抗击入侵能力，就是对敌意的入侵快速反应，探测入侵源，并采取有效措施阻止入侵的能力。

五是遭软破坏的恢复能力，就是在遭到软打击时能及时消除影响，排除干扰、恢复被破坏修改的数据及应用软件的能力。

六是脆弱性评估能力，就是能发现信息系统的缺陷和易遭敌攻击的部位和征候的能力，并能提出相应的弥补措施，避免信息遭受损失。

七是作战保密能力，即对己方的有用信息进行保密，防止被敌破解，对己方的秘密资料进行保密，防止被敌窃取的能力。

信息作战支援、信息进攻和信息防御三种能力是获取信息优势、夺取制信息权的根本保证，任何一种能力的欠缺都严重地影响着信息优势和制信息权的夺取。信息作战侦察能力是信息优势的基础，信息作战侦察防御能力是维持信息支援能力持久性的保证，而信息进攻能力则是限制对手的信息支援能力，也就是说要通过这三者的有机协调，才能夺取和保持战场的制信息权。

8.2　信息作战力量编组与运用

8.2.1　信息作战力量的编组

信息作战力量战时编组，是在平时编成的基础上，根据信息作战任务，对参战的各类信息作战力量进行临时性的作战编配与组合。通常在信息作战准备阶段，由信息作战指挥员根据信息作战企图、作战态势、敌军编成及行动特点和己方信息作战力量的实际情况灵活确定。

（一）信息作战力量编组的依据

信息作战力量编组，通常根据总体作战企图、信息作战任务、敌信息作战能力、我信息作战能力、战区信息作战环境等因素综合确定。

1. 总体作战企图

总体作战企图是关于作战行动的总设计，是信息作战力量编组总的依据。信息作战是总体作战的重要组成部分。因此，信息作战力量编组必须紧紧围绕总体作战企图，以期符合总体作战目的、作战手段以及各个作战阶段、各个作战方向的需要。

2. 信息作战任务

信息作战任务是信息作战力量编组的直接依据。必须紧紧围绕所担负的信息作战任务，根据各专业信息作战力量的作战特点进行科学编组，以顺利完成信息作战任务。根据信息作战任务，信息作战力量编组可灵活确定。

3. 敌信息作战能力

敌信息作战能力是信息作战力量编组的重要依据。主要包括：当面之敌信息作战企图、决策过程及其领导风格；敌重点侦察预警区域、时域和频域；主要指挥控制机构、信息系统配置及网址；作战地理和信息资源情况对其影响；信息作战主要手段、主要行动及强弱点等。

4. 我信息作战能力

我信息作战能力是信息作战力量编组的基本依据。其主要包括：各军种参战信息作战力量、上级加强的信息作战力量的数量；参战信息作战力量的作战特长；主要装备的战技术性能；支援、配合作战的地方信息作战力量的综合素质等。在进行信息作战力量编组时，只有熟知己方作战力量的素质、作战能力和特长，才能科学编组和配置信息作战力量，合理区分信息作战任务，有效发挥各种信息作战力量的作战效能，达到信息作战的目的。

5. 战场信息作战环境

战场信息环境是组织与实施信息作战的客观条件，是信息作战力量编组的物质基础。在进行信息作战力量编组时，必须把对战场信息资源、信息传播范围、战场信息系统、信息作战能力的研究分析结论作为进行编组的必备条件。其主要因素包括全球信息资源环境、国家信息资源环境和作战区域信息资源环境、敌我双方可以利用的战场信息资源、信息传播范围，以及对敌我双方信息作战行动的利弊条件及影响等。

（二）按军兵种编组

这种编组形式通常是把参战各军兵种所属和加强的信息作战力量各自分别编组。其优点是指挥关系比较顺畅，便于各军兵种信息作战统一指挥和协同；不足之处是各军兵种信息作战手段比较单一，难以形成优劣互补。此编组形式适用于联合战役信息作战和联合战斗信息作战。

按军兵种编组，通常编为陆军信息作战群、空军信息作战群、海军信息作战群、第二炮兵信息作战群、武装警察部队信息作战群以及其他力量等，如图8－1所示。

1. 陆军作战集团（部队）信息作战群

陆军作战集团（部队）信息作战群通常由参战陆军所属和上级加强的信

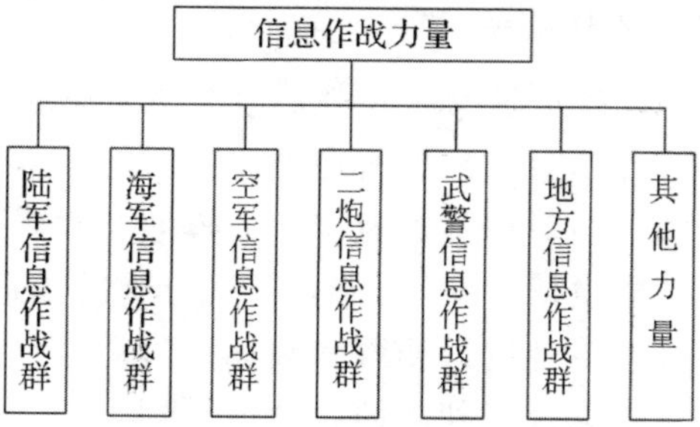

图 8－1　按军兵种编组

息作战部（分）队编成。基本任务是夺取和保持陆上作战区域内的制信息权，支援其他作战。具体任务是组织实施陆上信息作战侦察、信息进攻和信息防御，支援岛屿攻防作战、边境地区陆上攻防作战、空降作战和特种作战；支援配合海、空军和第二炮兵攻防作战等。

2. 海军作战集团（部队）信息作战群

海军作战集团（部队）信息作战群通常由参战海军所属和上级加强的信息作战力量编成。基本任务是夺取和保持海上和近岸作战区域内的制信息权，支援其他作战。具体任务是组织实施海上和近岸信息作战侦察、信息进攻和信息防御，支援火力打击作战、登岛作战、封锁作战、抗登陆作战，支援配合陆、空军和第二炮兵攻防作战等。

3. 空军作战集团（部队）信息作战群

空军作战集团（部队）信息作战群通常由参战空军所属和上级加强的信息作战力量编成。基本任务是夺取和保持空中作战区域内的制信息权，支援其他作战。具体任务是组织实施空中进攻作战、防空作战中的信息作战侦察、信息进攻和信息防御，支援空降作战、特种作战、陆（岛）上作战和海上作战，支援配合陆、海军和第二炮兵攻防作战等。

4. 第二炮兵作战集团（部队）信息作战群

第二炮兵作战集团（部队）信息作战群通常由参战第二炮兵所属和上级加强的信息作战力量编成。基本任务是夺取和保持第二炮兵作战的制信息权，支援其他作战。具体任务是隐蔽导弹阵地目标和实施发射行动安全防护，组织实施导弹突击时的信息作战；参加反空袭和争夺制空权、制海权作战；支援配合陆、海、空军攻防作战等。

5. **武装警察部队信息作战群**

武装警察部队信息作战群通常由参战武装警察部队所属和上级加强的信息作战力量组成。主要任务是直接参加所在责任区域的信息作战。具体任务是协助陆、海、空军和第二炮兵对军事重地、作战阵地、武器装备库等重要信息设施目标，以及对国家广播电信、交通、金融等信息设施的安全保卫，防敌特种部队和潜伏的间谍对信息设施进行侦察和破坏；协助地方群工和宣传部门进行防敌心战宣传和欺骗；协助公安和电信、金融等相关部门进行防敌计算机网络攻击。

6. **地方信息作战群**

地方信息作战群通常由位于作战区域（或战区方向）内的省军区（警备、卫戍区）、预备役、民兵等地方参战信息作战力量组成。其主要任务是在信息作战统一指挥下，按地域遂行与信息作战相关的防空预警、电子侦察、频谱管理、要地警戒、网络监视、伪装防护、新闻审查、反心战、装备维修、线路抢修、技术咨询等信息作战任务。

（三）按作战集团编组

按作战集团编组形式，是依据联合作战按作战空间进行集团编组的形式，将各作战集团所属和加强的信息作战力量编组为相应的信息作战编组。其优点是易于对在同一空间形态作战的各军兵种信息作战力量形成有效的统一指挥；其不足是编成规模较大，同一集团内有多个军兵种信息作战力量，协同难以组织。该方式主要适用联合战役信息作战的力量编组。

按作战空间编组，通常编为陆上作战集团信息作战群、海上作战集团信息作战群、空中作战集团信息作战群、航天作战集团信息作战群、导弹突击集团信息作战群、特种作战集团信息作战群、防空作战集团信息作战群以及伴动集团信息作战群等，如图 8 -2 所示。实际编组时，不一定每一战役信息作战都必须编组这么多集团信息作战群，也可以超出这个范围，依战役信息作战的具体情况灵活确定。

1. **陆上作战集团信息作战群**

陆上作战集团信息作战群通常由参加陆上作战的军兵种信息作战力量编成，主要遂行陆上信息作战任务。根据需要，可编组区分为陆上攻击集团信息作战群、陆上坚守集团信息作战群、陆上钳制集团信息作战群、陆上机动作战集团信息作战群等。每个集团信息作战群力量的大小视担负的任务而定。

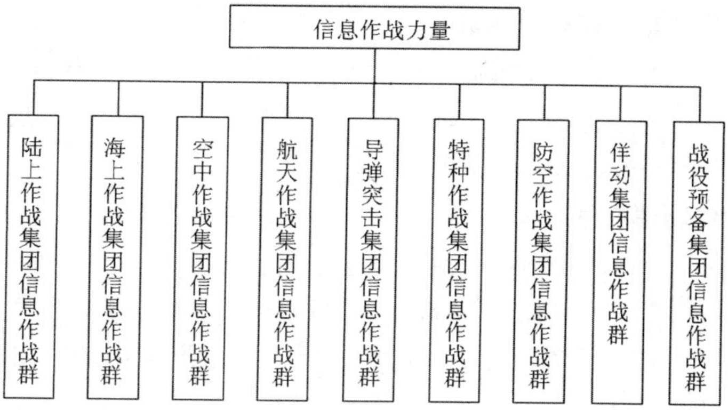

图 8－2　按作战集团编组

2. 海上作战集团信息作战群

海上作战集团信息作战群通常由参加海上作战的军兵种信息作战力量编成，主要遂行海上信息作战任务。具体可根据任务编组为海上作战掩护（夺取制海权）集团信息作战群、预先扫雷破障（布设障碍）集团信息作战群、海上火力打击集团信息作战群等。

3. 空中作战集团信息作战群

空中作战集团信息作战群通常由参加空中作战的军兵种信息作战力量编成，主要遂行空中信息作战任务。具体可编组为空中突击集团信息作战群和空中掩护集团信息作战群。

4. 航天部队作战集团信息作战群

航天部队作战集团信息作战群通常由战区建制内和上级配属与支援的航天部队各专业信息作战部（分）队统一组成。

5. 导弹突击集团信息作战群

导弹突击集团信息作战群通常由参加作战的第二炮兵信息作战力量、陆海空军战役战术导弹部队的信息作战力量编成，主要任务是突击敌重要的信息系统，瘫痪敌战役信息作战能力。

6. 特种作战集团信息作战群

特种作战集团信息作战群通常由参战的军兵种信息作战力量编成，主要任务实施特种信息侦察、特种信息攻击和心理战，支援其他特种作战。

7. **防空作战集团信息作战群**

防空作战集团信息作战群通常由参加防空作战的军兵种信息作战力量编成：主要任务是配合地空导弹部队、高炮部队对空侦察干抗，与敌空袭兵器作斗争，保障地面、海上目标的安全。

8. **佯动集团信息作战群**

佯动集团信息作战群视情由诸军种军团的部分信息作战力量或战役编成内的有关直属信息作战力量和地方部队、民兵组织信息作战力量编成，兵力数量的大小根据佯动集团行动的需要而定。主要任务是配合佯动集团欺骗迷惑敌人，保障和掩护主力行动。

9. **战役预备集团信息作战群**

战役预备集团信息作战群由诸军种作战集团的机动信息作战力量编成，执行临时信息作战任务，或增强有关集团信息作战力量。具体可按军种编组陆上作战预备队、海上作战预备队、空中作战预备队等。

（四）按作战样式编组

根据信息作战的任务和及其相关作战样式，编组数个相互联系和相互作用的作战编组，以发挥各种力量的作战特长。其优点是，各编组的作战任务明确，编成规模较小，完成相应信息作战任务的手段多；不足之处是，要完全打乱原有军兵种建制，指挥和协调难度增大。该编组形式通常适用于小型联合战役信息作战和联合战斗信息作战。

按信息作战样式或作战手段，可将信息力量编组为情报侦察群、电子战群、计算机网络战群、心理战群、实体摧毁群、伪装欺骗群和支援保障群，如图 8－3 所示。

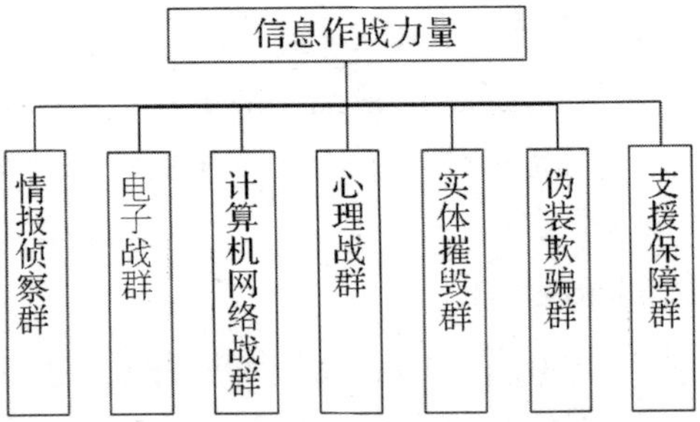

图 8－3　按作战样式编组

1. **情报侦察群**

情报侦察群通常由侦察、电子、情报、通信等部（分）队的雷达对抗侦察、通信对抗侦察、无线电技术侦察、计算机网络侦察、航天电子侦察和特种侦察力量，以及国家、地方情报支援与保障力量编成。其主要任务是：综合运用各种先进的信息探测技术装备及手段，构成立体全方位的情报侦察系统，形成对信息化战场全时域、全空域的立体侦察与信息采集，实时地为指挥员及指挥控制机构提供准确的情报。

2. **电子战群**

电子战群通常由参战各部队的电子对抗等部（分）队的通信对抗、雷达对抗、光电对抗、水声对抗等力量编成。主要任务是：灵活运用各种先进的技术战术电子对抗手段，最大限度地削弱、破坏、阻止敌方信息系统和设备性能，并确保己方信息系统和设备正常效能的发挥，与敌争夺战场制信息权。

3. **心理战群**

心理战群通常由电台、电视、广播等宣传、通信和计算机技术人员等力量编成。主要任务是：通过有组织、有计划地综合运用各种心理作战手段和方法，从心理上影响、打击和瓦解敌人的精神斗志，破坏其心理平衡，遏制其心理和行为，同时密切监视敌新闻媒体、战场心理战行动，揭露敌心战宣传的反动性和虚假性。加强战场思想政治工作，保护己方军民的精神和斗志，巩固心理防线。

4. **计算机网络战群**

计算机网络战群通常由网络作战分队、指挥自动化、计算机网络管理、监测、维护等力量组成，分散配置在各级指挥控制机构、信息节点和计算机网络站内。主要任务是：以计算机和计算机网络为主要目标，以信息技术和知识为基本手段，在整个网络空间上采取一系列信息攻防行动，使敌数据篡改、信息混乱、网络中断、系统瘫痪。同时，设置防火墙、网关、密钥，及时发现敌网络入侵，修复遭敌网络攻击和破坏的网络，保护己方网络系统的安全与正常运行。

5. **实体摧毁群**

实体摧毁群通常由远程精确打击武器、反辐射武器、定向能武器以及常规火力等部（分）队编成。主要任务是：以精确制导武器和常规火力攻击敌信息关键点或信息能力，同时限制或剥夺敌方精确攻击的能力，以完全掌握信息作战的主动权。

6. **通信指控系统群**

通信指控系统群即通信、指挥和控制系统群。通常由指挥控制中心、无线电台、微波、卫星、光纤通信等部（分）队等编成。主要任务是：保障信息作战各级指挥控制系统正常运行，包括运用各种传递信息的手段，建立具有稳定性高、通信容量大、传输速度快、信息实时性好的，纵横贯通、迂回多路的信息系统网络，确保作战指挥控制活动的准确、迅速、不间断。

7. **伪装欺骗群**

伪装欺骗群通常由参战的电子伪装、工程伪装、电子佯动等力量编成。主要任务是：采用制式或就便器材对己方重要目标实施信息伪装，隐蔽己方作战企图。包括设置假目标、假台站、假辐射源；运用电台、计算机网络向敌方发布虚假信息；投置无源干扰器材和诱饵等，遮蔽和消除目标的背景、形状、工作状态等显著性特征；实施电子佯动等。

8. **支援保障群**

支援保障群通常由技术保障、后勤、公共事务、群众工作等部（分）队编成。主要任务是：合理编组与部署各种支援保障力量，组织各类信息资源技术、物资供应、维护、咨询等物资技术保障，及时更换损坏设备，修复被毁网络，圆满完成信息作战全过程的各项信息保障任务。

以上三种信息作战力量编组形式，可作为信息作战力量编组的基本依据。在实际编组时往往可将三种方式综合并用。如当编组的第一级是按作战集团编组时，各作战集团信息作战群内往下则可能是按作战样式或军兵种编组。总之，信息作战力量编成形式应与联合作战编成形式相适应；针对作战对象、战场信息环境和信息作战企图，使编成规模、能力与所遂行的任务相适应；各种信息作战力量结构合理，比例得当，能充分发挥整体效能；能够最大限度地满足战场环境和不同作战样式的需要，从而最大限度地发挥诸军种信息作战力量的整体作战能力，协调一致地完成信息作战任务。

8.2.2 信息作战力量的运用

信息作战力量的运用，应在遵循作战力量一般运用原则的基础上，突出信息作战特点，充分发挥各种信息作战力量的特点和优势，优化配置好各种信息作战力量与资源，发挥整体威力。

（一）信息作战力量运用的基本要求

各类信息作战力量具有不同的信息作战能力和运用要求。因此，必须充分考虑各类信息作战力量的特性，力求扬长避短、优势互补、形成合力。因此，信息作战力量运用应当做到以下几点：

1. 以专为主，科学组合

使现有各专业和非专业的信息作战力量合理调配，形成优势互补；以专业信息作战力量为主，充分发挥非专业信息作战力量及地方信息作战力量的作用，做到专业与非专业、军队与地方、境内与境外信息作战力量的有机结合。

2. 统一指挥，密切协调

信息作战力量应纳入整体作战力量之中统一筹划使用；严密组织各军（兵）种、各专业、各领域信息作战力量的行动，充分发挥各种信息作战力量的整体作用，最大限度地形成信息作战的整体合力。

3. 突出重点，发挥特长

集中精兵利器于作战主要方向、重要目标与关键时节，有重点地使用信息作战力量；注重发挥各类信息作战力量的特长，优势互补，取得最佳的信息作战效果。

（二）陆军信息作战力量运用

陆军信息作战指挥员应在深入分析当面敌情、战场信息环境以及陆军信息作战能力的基础上，科学确定作战集团信息作战力量的编成与运用。根据信息作战企图和任务，把陆军信息作战精锐力量集中使用在陆战场的主要作战方向、重要作战地区以及影响作战全局的关键时节；注重发挥陆上信息作战手段尤其是升空信息作战平台的优长，重点干扰、压制敌重要信息目标和空袭兵器信息系统；按照信息作战计划，周密组织与其他军兵种信息作战力量的协同；充分发挥武装侦察、特种作战、火力突击、伪装欺骗等手段以及地方信息作战力量的作用，最大限度地弥补专业信息作战力量的不足，获取最大的信息作战效益。

在信息作战侦察行动中，应综合运用陆航直升机和无人机侦察、地面雷达侦察、计算机网络侦察、夜视器材侦察、自动地面传感器侦察和地面无线电通信侦察等手段，及时获取与陆军作战有关的敌雷达、通信、计算机网络、制导武器和主战平台用频设备使用的电磁频谱及配置等情报信息，为作战行动提供情报信息保障，并根据信息作战计划，为其他军兵种提供地面情报信息侦察支援。

在信息进攻行动中，应围绕破坏敌陆上信息系统，以敌地面战役战术指挥控制中心、通信枢纽、计算机网络节点、武器控制系统、雷达站等为主要目标，使用固定式电子干扰机、携带式电子干扰机、投放式电子干扰机、遥控电子干扰飞行器等器材，运用光电干扰、无线电通信干扰、激光武器干扰、兵力破坏、火力打击、计算机网络渗透等手段，干扰、摧毁或瘫痪敌战役战术信息系统，削弱其地面信息作战能力，协同其他军兵种的信息进攻力量夺取和保持陆战场信息控制权，当条件允许时，还应对敌空中或海上的信息系统进行干扰、破坏。

在信息防御行动中，应以战役战术指挥控制网、通信网、计算机网、雷达网为重点，以指挥控制中心、通信枢纽、计算机网络节点、雷达站等为主要目标，采取电子欺骗、电磁防护、利用有利地形和不良天候隐蔽伪装、无线电通信反干扰、雷达反干扰、光电反干扰，以及防敌精确制导武器攻击、特种破坏、新概念武器攻击等手段，确保陆军重要信息系统安全稳定。

（三）海军信息作战力量运用

海军信息作战指挥员应在深入分析当面敌情、战场信息环境以及海军信息作战能力的基础上，根据信息作战企图和任务，充分发挥海军在海上和海岸、岛屿执行各种信息作战任务的优势，将海军信息作战力量集中使用于其他军种力所不及的海战场主要方向、重要海区，以及对全局具有决定影响的关键时节。注重发挥海上和空中机动平台信息作战手段的优势，重点侦察监视及攻击敌海上信息系统、武器控制系统及岸基指挥通信枢纽、预警探测系统等目标；按照信息作战计划周密组织与其他军兵种信息作战力量的协同；充分发挥海军火力打击的威力，与其他手段密切配合，夺取海战场局部制信息权。

在信息作战侦察行动中，应综合运用电子侦察船侦察、岸基雷达侦察、海军航空兵侦察、计算机网络侦察、无线电通信侦察等手段，及时获取与海战场有关的海上、空中情况，敌计算机网络和雷达、通信、制导武器使用的电磁频谱等情报，为海上信息作战和其他作战行动提供情报保障，并根据信息作战计划为其他军兵种提供海上信息情报侦察支援。

在信息进攻行动中，应围绕破坏敌海上信息系统，以敌海上指挥控制中心、武器制导系统为主要目标，兼顾敌海军在岸上的指挥通信枢纽、岸导系统、预警探测雷达等目标，以机载和舰载电子干扰、海军航空兵火力和舰导、岸导以及舰炮火力打击等手段，对敌海上和舰载警戒探测系统和作战指挥系统等电子信息系统进行干扰、压制和破坏，削弱其海上指挥控制和引导能力，夺取海战场局部制信息权。

在信息防御行动中，应以海基、岸基指挥控制网、通信网、计算机网、雷达情报网为重点，以指挥控制中心、通信枢纽、指挥引导系统、计算机网络节点、雷达站等为主要目标，采取防敌电子侦察和干扰、防敌网络攻击、抗敌信息设施摧毁和信息安全保密等措施和手段，确保海军作战信息和信息系统安全稳定。

（四）空军信息作战力量运用

空军信息作战力量运用应注意把握几个问题：

一是要善于发挥空军信息作战力量机动速度快、纵深信息攻击能力强、作用距离远等优势，合理赋予其信息作战任务。要善于将空中作战集团的信息作战力量集中使用于战场的主要方向、重要时节，尤其是要集中优势力量应重点攻击敌要害信息系统。空中信息进攻力量应重点用于压制敌战役纵深电子信息目标。地面电子干扰力量应重点用于干扰敌临空电子信息目标和空袭兵器信息系统，空地信息力量结合，夺取空中作战和对空作战中的局部制信息权，为空军战役作战创造制胜条件。

二是要首当其冲，全程使用。要根据战役的进程，首先使用空中精锐电子进攻力量对敌实施强烈的电子干扰和反辐射摧毁或航空火力破坏，力争首战取得战场局部信息优势，并在战役全过程中根据战场信息作战态势灵活转移兵力。

三是要科学编组。为适应信息作战的需求，空军建制内及配属、加强的信息作战力量，可基于作战的性质进行编组，即编为进攻性（包括空中进攻、空中封锁、空降作战等）信息作战群、防御性（包括防空战役、抗反制作战）信息作战群、协同陆（海）军作战的信息作战群和预备力量群等。各信息作战群规模的大小和各力量要素的结构比例，根据不同作战任务的需求和信息作战力量总兵力的实际情况，着眼于战役全局的利益进行合理编配和组合。

四是要合理部署兵力。空军的专业信息进攻力量主要是电子对抗力量，要在作战区域建立大纵深、多层次、空地一体的电子对抗部署。干扰敌防空预警系统的空中电子进攻力量，应尽量靠前配置，前伸使用。主要用于干扰敌空中预警指挥机、远纵深防空雷达、指挥引导系统和无线电通信。保卫要地、重要指挥控制机构、骨干机场等目标的地对空电子干扰力量，主要配置在各保卫目标附近，用于干扰敌空袭兵器信息系统，削弱其空袭效果。空中电子干扰兵力通常与所支援的航空兵配置在同一机场或相近机场。在空中进攻战役中，为有利于隐蔽、突然地实施干扰，在一线机场也可配置少量电子干扰飞机。反辐射攻击机通常配置在隐蔽、掩护条件较好和有利于发挥其作战效能的一、二线机场。空中电子对抗预备力量，应隐蔽、疏散配置在防护条件好的纵深或二线机场，并根据作战需要适时向一线机场机动待战；地面电子对抗预备兵力，应配置在隐蔽条件好、便于向主要作战方向和地区迅速机动的适中地域。

空军信息作战力量在实施信息作战基本行动时的运用如下：

在信息作战侦察行动中，应综合运用空中侦察、雷达侦察、计算机网络侦察、电子侦察和无线电技术侦察等手段，及时获取与空军作战有关的空中敌情，突防目标位置，敌防空兵器配置，计算机网络和雷达，通信、制导武器使用的电磁频谱等情报，为空军信息作战和其他作战行动提供情报保障，并根据信息作战计划为其他军兵种提供空中信息侦察支援。

在信息进攻行动中，应围绕破坏敌空中作战信息系统，以敌空军指挥控制中心、通信枢纽、计算机网络节点、指挥引导系统、预警指挥机、防空武器控制系统、防空雷达站等为主要目标，采取电子干扰、兵力和火力摧毁、计算机网络攻击、特种破袭、新概念武器攻击等手段，干扰、摧毁和瘫痪敌空军信息系统，削弱其信息作战能力，与其他军兵种信息进攻力量协同，夺取空战场制信息权。

在信息防御行动中，应以指挥控制网、通信网、计算机网、雷达网为重点，以指挥控制中心、通信枢纽、引导系统、计算机网络节点、雷达站等为主要目标，采取电子欺骗、防敌电子侦察和干扰、防敌计算机网络攻击、抗敌信息设施摧毁和采取信息安全保密等措施和手段，确保空军信息系统安全稳定。

（五）第二炮兵信息作战力量运用

第二炮兵信息作战指挥员应在深入分析当面敌情、战场信息环境以及第二炮兵信息作战能力的基础上，根据信息作战企图和任务，集中信息进攻力量于导弹突击的主要方向和关键时节；充分发挥中远程反辐射武器、弹载电子战装备等远距离信息进攻手段的优势，重点攻击敌反导预警、拦截系统信息目标；周密部署，有重点地组织电子佯动和阵地电子伪装、电子防护等信息作战行动；按照信息作战计划周密组织与其他军种信息作战力量的协同。

在信息作战侦察行动中，应综合运用地面雷达侦察、计算机网络侦察、电子侦察等手段，并借助航天侦察力量，及时获取与第二炮兵作战有关的太空、空中、海上、陆上敌情，以及突击目标的位置、敌反导防御系统配置、计算机网络和预警雷达、防空制导武器使用的电磁频谱等情报，为第二炮兵导弹突防提供情报信息支援和其他作战行动提供情报保障，并根据信息作战计划为其他军兵种提供情报信息支援。

在信息进攻行动中，主要是利用计算机网络攻击和常规导弹对敌实施“软打击”和“硬摧毁”，破坏敌信息系统，削弱其信息作战能力，协同其他军种的信息进攻力量夺取战场制信息权。

在信息防御行动中，应以我指挥控制网、通信网和雷达网为重点，以指挥控制中心、通信枢纽、计算机网络节点、雷达站等为主要目标，加强光、声、电磁管理，搞好遮光、消声和电磁屏蔽，加强阵地信息伪装和机动中的安全防护；要采取控制电磁辐射、减少暴露征候，防敌电子侦察、抗敌电子干扰、防敌网络攻击、抗敌信息设施摧毁和采取信息安全保密等措施和手段，确保第二炮兵信息系统安全稳定。

（六）武装警察部队信息作战力量运用

武装警察部队信息作战指挥员应按照信息作战计划，充分发挥所属信息作战力量熟悉当地情况和善于处置社会突发事件等优势，合理赋予其任务，支援、配合各军兵种的信息作战行动。

在信息作战侦察行动中，应综合运用无线电技术侦察、计算机网络侦察、特种侦察等手段，掌握战区内与信息作战有关的社情、民情，特别是影响我信息作战行动的暴乱、动乱等突发情况，以及电力、能源等信息基础设施环境信息，为处置社会突发事件和组织实施信息作战行动提供相关的社情信息。

在信息进攻行动中，应充分利用制式或就便器材，协助军兵种部队对敌对势力和暴（动）乱团体实施舆论宣传和心理攻击；采取无线电监听和计算机网络监察等有效措施，查找敌特和动乱分子，破坏、割裂敌特与恐怖分子的对外联系，对其电台、网站实施干扰、查处或“摧毁”，支援、配合责任区域内军兵种的信息进攻行动。

在信息防御行动中，应以军用和民用信息系统的安全保卫工作为中心，以政府机构、金融、电信网、广播、电视、计算机网络、民用导航、雷达网等信息目标的防御为重点，通过设立警戒区、派出巡逻队和岗哨、组织防暴队等形式，防敌特和恐怖分子潜入重要的信息设施和阵地实施破坏，处置社会突发事件，确保广播、新闻、电信等重要的政府部门、工作场所、军事重地目标的安全，确保当地重要信息系统和信息基础设施安全稳定地运行，支援、配合责任区域内军兵种的信息防御行动。

（七）地方信息作战力量运用

信息作战指挥员应充分发挥地方信息资源丰富、信息手段多样、信息技术力量雄厚的优势，统一计划使用地方信息作战力量，恰当赋予其任务，确保地方信息作战力量按照总的信息作战意图积极主动地配合、支援信息作战行动；周密组织地方信息作战力量与其他信息作战力量的协调，发挥信息作战的整体威力。

在信息作战侦察行动中，应综合运用民用、商用卫星获取作战需要的情报资料，还可利用民用航空器对敌进行航空侦察或者使用地方频管、探测和雷达等设备，对敌重要目标进行定位侦察，以核实印证作战目标；还可利用国际互联网对敌计算机网络实施侦察；或者通过电信部门对敌进行电磁信号侦察和无线电技术侦察，及时获取与作战有关的情报，为信息作战和其他作战行动提供情报保障。

在信息进攻行动中，应围绕破坏敌民用信息系统，以敌占地区的民用通信枢纽、计算机网络节点等为主要目标，采取电子干扰和互联网络渗透等手段，干扰和瘫痪敌政治、金融、舆论宣传等系统，削弱其支持军队信息作战的潜力，支援我信息进攻力量。

在信息防御行动中，应协助信息作战力量，采取电子欺骗、计算机网络防护和信息安全保密等措施和手段，对己方军、地指挥控制中心、重要通信枢纽、计算机网络节点、雷达站等主要目标实施防护，保护地方重要信息系统安全稳定。

8.3 信息作战力量训练

如前所述，信息作战力量是人力、物力和信息力的综合，但是决定力量还是人力。保持和提高信息作战力量的战斗力，一是坚持信息作战训练，一是加强信息作战人才培养。

信息作战训练，是指有计划、有组织、有目的地对相关各级指挥员、指挥机关及各部队进行信息作战知识、技能和能力训练的实践活动。

8.3.1　信息作战训练的特点

信息作战样式的特殊性以及信息作战力量构成的特点，决定了信息作战训练有着与传统训练不同的特点。

（一）训练对象涉及范围广

信息作战不仅是专业信息作战力量的任务，经常也是其他作战力量的任务，信息作战是需要多种力量、各种人员共同参与的作战，因此其训练对象不仅包括专业信息作战力量，而且包括其他作战力量；不仅包括作战部队，而且包括各级指挥员和指挥控制机构的人员，甚至还包括民兵、预备役部队以及民间信息技术人员。信息作战训练对象涉及的范围广，人员构成复杂，组织训练协调难度大。

（二）训练内容科技含量大

信息作战这一作战样式的出现是以信息技术为核心的一系列高新技术在军事领域广泛应用的结果，是高科技含量大的作战样式。这就从根本上决定了信息作战训练内容必然具有科技含量大的特点。信息作战基础知识训练涉及信息获取、信息传递、信息处理、信息对抗、信息网络、信息安全、指挥自动化等高科技领域。信息作战技能训练不仅涉及各类信息化武器装备的操作、应用及维护，而且涉及各类信息化武器装备的综合化、一体化运用。

（三）训练环境设置要求高

与传统的机动作战、火力作战行动相比，信息作战行动大都是在无形的电磁空间和信息网络空间展开的，这决定了信息作战训练环境的特殊性。这些不仅对信息作战教育训练环境的设置提出了很高的要求，而且必须有技术和装备的支持。还应看到，信息作战空间的多维性、参战力量的多元性、作战样式的多样性和作战行动的对抗性，也给信息作战教育训练的环境设置增大了难度。在一定意义上讲，如何适应信息作战需要设置训练环境并实施强有力的训练保障，还处于发展过程之中。

（四）训练效果评估难度大

对信息作战训练的效果如何评估，既是军事教育训练面临的新课题，也是一个难题。

1. 建立信息作战教育训练评估模型难度大

传统的模型评估的主要参数是武器装备、火力及弹药的杀伤效能。而信息作战是通过控制和利用战场信息流实现其作战目的的，因此信息作战训练的评估模型必然是以对信息的控制及利用作为评价要素的，而目前还没有规范一致的模型。

2. 信息作战训练评估内容复杂

信息作战训练既要对信息作战武器装备的技术性能进行评估，又要对使用人员的综合素质进行评估；既要对操作人员使用信息作战武器装备的技能进行评估，又要对指挥员信息作战理论水平、运用信息作战谋略的水平和指挥控制信息作战行动能力等进行评估：既要对各作战样式训练情况进行评估，还要对信息作战综合训练情况进行评估，等等。

（五）训练过程既独立又结合

信息作战行动经常需要融合在其他战役战斗行动当中，与其他作战行动协调实施。尤其是在信息化程度还不高、专业信息作战力量有限的情况下，信息作战更是离不开其他作战行动的支援和配合。因此，从作战需要出发，信息作战训练应成为战役战斗训练的重要组成部分，与战役战斗训练融合在一起进行。但是，信息作战毕竟是一种技术性较强的作战，有自己特定的作战对象、作战力量和作战手段。信息作战在训练上也有较强的独立性，即有自己特有的训练内容和训练方法。因此，信息作战训练可以单独组织，特别是针对技能性的训练。在组织综合性的信息作战训练时，不能脱离联合或合同作战的大背景。只有在合情合理的联合或合同作战背景下，才能使信息作战训练更具针对性和实用性。

8.3.2　信息作战指挥人员的训练

信息作战指挥人员是信息作战的组织者和指挥者，其素质的高低是制约信息作战胜负的重要因素。信息作战的特殊性要求指挥人员必须具备以下素质：一是要具有与信息作战相适应的先进的军事观念和军事理论水平，与信息作战相适应的现代高科技特别是信息技术知识；二是要熟悉信息作战武器装备的技术战术性能，具有综合运用信息作战武器装备的能力；三是要有较强的信息作战组织指挥能力。此外，还要具备优良的精神素质和强健的身心素质，有较高的政治修养和全局意识，能在错综复杂的信息作战中卓有成效地组织指挥信息作战。为此，信息作战指挥人员的训练内容主要包括信息作战理论知识学习、信息作战谋略训练和信息作战组织实施训练三大部分。

（一）信息作战理论知识学习

信息作战基本理论是探索信息作战活动的规律，对信息作战各个特定领域进行宏观的定性研究的理论。通过对信息作战基本理论的学习与研究，可以系统地掌握信息作战的概念、原则及特点等，为信息作战技能训练和对抗训练提供理论基础和指导。信息作战指挥人员理论学习内容主要包括以下方面：

1. 信息作战基本理论

信息作战基本理论主要是学习和研究信息作战的概念及特点、信息作战力量、信息作战系统、信息作战样式、信息作战指挥控制、信息作战原则、信息作战战法、信息作战法规、信息作战保障、信息作战训练、信息作战战场建设与发展等。还应包括对外军信息作战理论的系统了解和研究，特别是对外军信息作战前沿理论的研究。

2. 信息作战技术理论

信息作战技术理论主要学习和了解信息作战基础技术、信息作战主体技术和信息作战总体技术。主要掌握信息获取技术、信息传递技术、信息处理与再生技术、控制技术、信息进攻技术、信息防御技术等。此外，还要了解作战对手或潜在对手的信息作战技术装备的现状与发展趋势等。

3. 信息作战应用理论

信息作战应用理论主要学习联合信息作战理论和军兵种信息作战理论。

（二）信息作战谋略训练

信息作战指挥人员谋略训练的内容主要包括以下几点：

1. 谋略战例研究

战例研究是培养指挥人员谋略思维能力的基本方式。谋略战例研究的关键是选好战例，要选择谋略运用高度集成并能代表某一时间段的最高智慧和战争发展趋势的战例来进行剖析。

2. 谋略思维训练

掌握正确的谋略思维方式是提高谋略筹划水平的决定因素。根据信息作战的特点进行谋略思维方式训练，主要包括综合思维、比较思维、系统思维、逆向思维和创新思维等训练。

3. 谋略想定作业训练

谋略想定作业训练要根据信息作战的特点、对手信息作战指导思想、信息作战武器装备水平和指挥员个性特点等设置多种情况，使指挥人员置身于紧张激烈、扑朔迷离的战场环境之中进行思考、分析、判断，选择、运用适当的谋略，制定和实施相应的谋略计划和方案，从而找出以谋制胜的方法和途径。

4. 谋略实施训练

为体现信息作战思维谋略的战训一致，在训练过程中要运用图上作业、沙盘作业、计算机模拟、实兵演习、对抗演练等训练方法和手段，模拟信息作战的各种情况进行谋略实施训练，使信息作战指挥人员在谋略实践过程中锻炼临机处置各种情况的能力，提高其谋略素质和运用水平。

（三）信息作战组织筹划训练

信息作战指挥人员组织筹划训练内容主要包括以下几点：

1. 战场信息环境分析训练

战场信息环境分析训练包括对由国家信息基础设施、国防信息基础设施、军事信息基础设施等组成的战场信息基础设施的分析评估；对敌我双方战区内的军队信息作战力量和地方信息作战力量的分析评估；对动员、征用的战场民用信息设施的分析评估；对战场信息资源的分析评估等。

2. 敌我信息作战能力的分析训练

敌我信息作战能力的分析训练主要分析敌我双方信息作战体制、信息进攻与信息防御能力；重点分析敌信息作战系统的薄弱环节，敌我双方信息作战武器装备的数量、质量及其强、弱点；掌握综合分析判断敌信息作战企图、主要方向、主要手段的方法。

3. 信息作战指挥决策训练

信息作战指挥决策训练主要包括指挥人员对上级意图的领会、对所担负任务的了解、确定决策必须关注的问题、提出解决问题的可行方案、论证和比较各种解决问题方案的优劣、选出解决问题的最佳方案和可行方案等。

4. 制定信息作战计划的训练

制定信息作战行动计划的训练，主要掌握依据上级指挥员的决心、本级信息作战任务、信息作战决心，制定信息作战计划的方法。制定信息作战协同计划的训练，主要掌握拟制信息作战各时节对各作战力量的任务、行动方法，信息防御与信息进攻，各作战集团信息作战行动之间，以及信息作战行动与其他作战行动之间的协同计划。

8.3.3　信息作战专业人员的训练

信息作战专业人员，是指直接从事信息作战的各类专业技术人员和参谋人员，其素质的高低直接影响着信息作战的成败。随着信息技术的发展，对信息作战专业人员的素质提出了更高的要求。一是要拥有扎实、宽广的专业知识和熟练的基本技能，能够紧跟信息技术及装备的发展，创造性地研究信息作战战法；二是要掌握多种信息作战的原理、程序和方法，能够按照指挥员的作战意图，综合应用多种对抗方法。

信息作战专业人员的训练应包括专业知识学习、专业技能训练和对抗方法训练。按照不同的专业分别进行，主要包括情报战、电子战、计算机网络战和心理战训练等。

（一）信息作战专业知识学习

1. 情报战专业知识

情报战专业知识的学习内容主要包括：现代侦察技术中的无线电通信侦察、雷达侦察、地面传感器侦察、空中侦察监视设备及其平台的侦察监视原理及方法；计算机网络侦察中的网络窃听、口令破解、非法登录、信息流分析、目标系统安全扫描及电磁泄露信息的分析和利用等。情报侦察理论包括战术情报学基础、战役情报学基础等；主要作战对象情报侦察装备的战技术参数、不同种类侦察装备的使用时机、配置方法；研究主要作战对象情报侦察与反侦察的特点、原则及作战行动等。

2. 电子战专业知识

电子战专业知识学习的主要内容是：电子战的发展、特点及其在未来战争中的地位和作用；电子战的基本指导思想和作战原则；电子对抗的各种法规和法令；电子战装备的种类、战术技术参数及原理；电子战装备的检修、维护与保养；电子装备的隐蔽、伪装及防护理论等。

3. 计算机网络战专业知识

计算机网络战专业知识的学习内容包括：计算机知识，主要学习计算机的组成、性能、工作原理及软件的使用及编程等。网络知识，主要掌握计算机网络及通信网络的构成原理、构成方法、网络协议的内涵等；熟悉影响计算机网络安全的各种因素；掌握对计算机系统及网络实施进攻的途径、方式和方法，以及计算机网络安全防御应采取的一般对策；了解潜在对手军用和民用信息网络的框架协议及使用的操作系统；深入分析潜在对手信息网络存在的漏洞及其装备的性能指标、特点，新装备的发展进程；研究潜在对手计算机网络战的战略战术、分队编成、攻击战例及途径与方法等。

4. 心理战专业知识

心理战专业知识学习内容主要包括：心理战的概念、应用范畴、术语及理论；不同作战样式中心理战的具体目的、要求及与其他作战样式之间的配合及协同；组织实施心理战的程序、方法以及心理战装备器材的种类、数量、技术参数和工作方式；敌军实施心理战的指导思想、原则及使用的方法与途径；敌军进行心理战可能选择的事件、突破口及最终目的等；敌军的宗教信仰、文化背景、思维习惯及各种禁忌等。

（二）信息作战专业技能训练

1. 情报战专业技能

情报战专业技能训练内容主要有：技术侦察及武装侦察行动组织的内容与程序；侦察行动中控制与协调装备运用的方法及手段；情报信息收集、传输与处理装备的战技术性能及使用方法；各种侦察行动所配备的自卫及隐蔽装备的运用等；作战指挥训练模拟系统的原理及使用。以能够熟练运用模拟系统准确、快速地分析判断地形，了解指挥自动化系统的原理、使用方法、故障处理，掌握自动生成作战文书的方法与要领；利用计算机进行作战数据进行计算、统计的方法与要领；利用网络传输作战数据、下达作战命令的方法与要领。

5. **电子战专业技能**

电子战专业技能训练内容主要包括：电子战装备的使用程序、使用原则及对抗应用的组网方式与手段等；电子战装备与其他辅助装备和器材的结合技巧；侦察与反侦察、干扰与反干扰、摧毁与反摧毁相互之间结合运用的技能等；针对敌电子战装备及战法，己方实施电子干扰的时机、方法与防敌电子干扰的时机、方法及技术措施；利用制式和就便伪装器材对电子装备进行伪装隐蔽的方法、程序及要求等。

3. **计算机网络战专业技能**

计算机网络战专业技能训练内容有：计算机网络侦察技能，包括进入敌网络的方法、网络侦听器的秘密安装及口令破解；计算机网络进攻技能，掌握利用入侵、拒绝服务、系统安全漏洞等攻击的基本方法与技巧等；计算机网络防御技能，包括访问控制技术、认证技术、防火墙技术及保密技术的原理、应用方法和使用技巧，信息流完整性的分析方法，数据可用性及计算机病毒防治的原理、病毒的检查及判断，防毒软件的编写及有关计算机安全的国际和国内法律，掌握计算机安全检测及防电磁泄漏的技术措施，利用和开发对计算机系统及网络进行有效防护的方法和手段。

4. **心理战专业技能**

心理战专业技能训练内容主要包括：掌握各种心理战手段（如传单、广播、电视、报刊、书籍、战场喊话等）的运用时机、方法与特点；媒体制作及剪辑合成的基本方法及对敌散播的途径；计算机网络的运用和在网上进行宣传、对抗的方法及有关软件的应用等。

（三）信息作战对抗方法训练

1. **情报战对抗**

情报战对抗训练内容主要有敌情报信息获取能力分析训练、我信息侦察与防护能力训练。敌情报信息获取能力分析训练包括：敌各类情报信息获取装备的型号、数量、性能、各种技术参数、作用机理、滞空时间、高度、自卫能力、情报信息形成的方式等。我信息侦察与防护能力训练包括：利用各类侦察装备获取敌情报的训练；对各类侦察装备抗敌反侦察手段的训练；利用制式器材和就便器材进行隐蔽伪装防敌侦察训练，包括设置伪装网、隔绝遮障、假目标、电子伪装、迷彩伪装、施放烟幕或气溶胶阻断敌光电侦察等。

2. **电子战对抗**

电子战对抗训练内容可分为电子进攻和电子防御训练。电子进攻训练内容主要包括：根据作战计划对预定作战地区进行多方式、大强度电子干扰；进行远距、近距支援、伴随、自卫电子干扰等。电子防御训练内容主要有通信防干扰、雷达防干扰和光电防干扰训练，其中包括转换频段、快速随机跳频、不同频段、各种体制组网、多种手段综合运用、控制辐射、多站交替工作等内容的训练。

3. **计算机网络战对抗**

计算机网络战对抗训练内容可分为计算机网络进攻和计算机网络防御训练。计算机网络进攻训练主要包括：进入敌方计算机网络，解密数据，对网络实施攻击，修改、删除或重建文件训练等。计算机网络防御训练主要包括：软件病毒的检测、消除，安装防病毒卡和在网络接口卡上安装防病毒芯片，网络防火墙技术的应用，电磁屏蔽和防止电磁无意泄露，系统和数据加密等。

4. **心理战对抗**

心理战对抗训练内容主要有：利用报纸、广播、计算机网络等各种途径和方法对敌社会经济、政治、信仰、社会舆论等情况进行收集、整理、分类；对敌指挥员的出身、履历、指挥水平、作战特点及性格、嗜好、身体状况等情况进行收集、整理和分析；对敌实施心理进攻的计划拟制、装备保障等有关方法步骤的训练，针对敌对我实施的心理进攻，制定心理防护的计划、内容、方法及手段等。

8.3.4 信息作战人才培养

信息作战对军人素质提出了新的要求：一是要具有与信息作战相适应的军事观念和军事理论水平，掌握信息作战的理论。二是要掌握与信息作战相适应的科技知识，具有扎实的信息技术功底。三是要能熟练地掌握使用信息作战武器装备，并能对武器装备进行维护保养，使之始终处于良好状态。四是熟悉信息作战组织指挥并具备一定的谋略素质，机智灵活，善于把握战场态势和运用信息作战力量。五是具有较高的军事政治素养和强健的体魄，能在错综复杂的信息作战中完成任务，能经受巨大的体力和精力消耗。

信息作战人才培养是军队信息化建设的根本大计，是加强军队质量建设的一项重要内容，必须给予高度重视。培养信息作战专门人才，可通过前述的训练实践锻炼和专业培训两种途径实现。培养信息作战人才，是全军院校的神圣责任。指挥类院校应当开设信息作战课程，形成信息作战课程体系与联合作战课程体系相配套的新型教学体制，通过系统的专业培训，为我军培养懂信息作战的联合作战指挥员。

第一，要明确培养信息作战人才的目的。培养信息作战人才的根本目的是提高军队的信息化水平，有效提升信息作战部队的战斗力，为开展军事斗争和完成信息作战任务提供充足的人才资源。要实现这一目的，就必须培养一大批政治立场坚定、思想作风过硬、精通信息作战理论、掌握信息作战技术、精通信息作战指挥管理、熟练使用信息作战武器装备，具有信息作战能力的信息作战人才。

第二，要提高信息作战人才培养的起点。当前，信息作战正处于发展和形成时期，新的信息作战战术战法不断涌现，信息作战武器装备发展迅速，因此要求我们必须提高信息作战人才培养的起点，多出快出信息作战人才。在兵员征集方面，应尽量招收具有高学历的适龄青年人才。在军校教育方面，应以本科教育为主，加快培养硕士和博士研究生，逐步达到信息作战人才培养高起点、教育内容高层次、人才使用高效益的目标。

第三，要理顺培养信息作战人才的机制。理顺信息作战人才的培养机制，是加快信息作战人才队伍建设的组织保证。培养信息作战人才是一项重要的战略任务，要着眼于信息化战争的需要，要从军队信息化建设全局出发，针对各军兵种信息作战部队的实际需要，本着培养、管理、使用相统一的原则，进行长期规划、统筹安排、合理布局，建立科学、完善、稳定、高效的信息作战培训机制，根据不同层次和不同需要，有目的、有计划地进行信息作战理论和信息作战专业技术培训。

第四，要建立培养信息作战人才的体制。一是建立信息作战指挥人才培训体制。对于信息作战指挥人才的培训，应建立初、中、高三级培训体制。二是建立信息作战技术人才培训体制。信息作战技术人才是军官队伍的重要组成部分，应根据信息化战争中的各类信息作战任务的需要，开设相关的信息作战技术专业，以本科、硕士研究生和博士研究生教育为主。涉及信息作战专业的技术军官，主要由军队技术院校培训。三是建立信息作战专业技术士官培训体制。应以士官学校为依托，培训各类信息作战专业技术士官。建立信息作战专业技术兵教导团、教导大队，培训各类信息作战专业技术士官。

第五，要增强信息作战人才的综合素质。信息化战争是高技术战争，信息化战争对信息作战人才的考验是多方面的，对信息作战人才的要求也是多方面的。信息作战人才的高素质不仅仅要体现在信息作战理论和信息作战专业技术上，而且还包括政治素质、思想素质、心理素质和纪律素质等方面。

习　题

1. 信息作战力量主要由哪些部分构成？
2. 信息作战力量有哪些类型？
3. 不同信息作战力量在实施基本行动时各需把握哪些要点？
4. 对指挥人员信息作战训练包括哪些内容？
5. 对专业人员信息作战训练包括哪些内容？
6. 信息作战力量主要有哪几种编成形式？各有什么优势和不足之处？
7. 谈谈信息作战力量编组的依据？

第 9 章　信息作战组织指挥

信息作战组织指挥，是信息作战指挥员及其指挥机构，为准备实施信息作战而进行的一系列组织领导活动的总称。基本任务是依据上级意图组织筹划信息作战并指导信息作战实施，科学使用各种力量，灵活运用多种战法。基本目的是统一意志、统一行动，最大限度地发挥各类参战力量的整体威力，协调一致地赢得信息作战胜利。其主要内容包括建立信息作战指挥体系、定下信息作战决心、制定信息作战计划和组织信息作战协同与保障。

9.1　信息作战指挥体系

信息作战指挥体系，是为适应信息作战指挥的需要，由各级信息作战指挥机构和指挥手段，以一定的组织形式构成的有机整体。通常包括信息作战指挥机构的设置、职能的划分和相互关系等方面。

（一）信息作战指挥机构

信息作战指挥机构是作战指挥控制机构的重要组成部分，可由在基本指挥所内设置信息作战中心的形式来组成，如图 9－1 所示。基本指挥所信息作战中心是在联合作战指挥员统一指挥或授权下，作为信息作战组织指挥的最高指挥控制机构。

信息作战指挥机构建立的要求是：机构合理，职责明确，关系顺畅，手段先进。信息作战指挥机构建立的时机是与战役（战斗）指挥系统的建立同时进行的。信息作战指挥机构的指挥控制关系通常有隶属关系、支援关系、控制关系、协调关系和指导关系。

（1）隶属关系

信息作战指挥控制机构与本级的首长及指挥部是隶属关系。如：联合战役

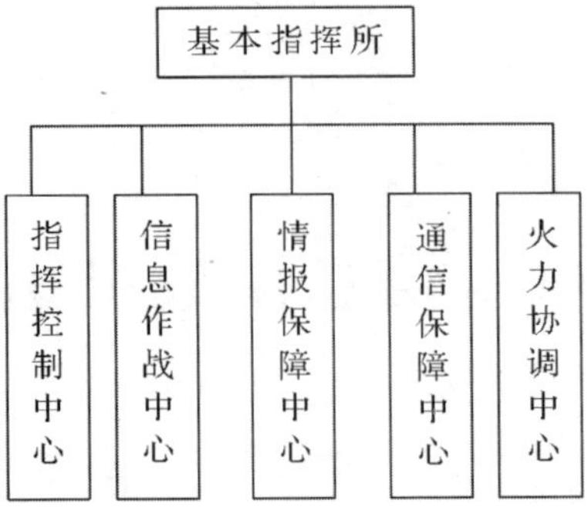

图9－1　基本指挥所构成示意图

信息作战指挥控制机构隶属于联合战役指挥部；军种信息作战指挥控制机构隶属于军种指挥部。

（2）支援关系

当以某一军种信息作战指挥控制机构为主建立信息作战指挥控制关系时，其他军种的信息作战中心与其是支援关系。

（3）控制关系

有信息作战部（分）队的作战行动或者需要非专业信息作战部队参加信息作战时，信息作战中心与这些部队之间是控制关系，通过下达任务或派遣协调控制小组进行控制。

（4）协调关系

同级信息作战中心之间以及同一基本指挥所其他部门之间是协调关系。如各军种信息作战中心之间，陆军集团军、空军军、海军战役编队信息作战部门之间，信息作战中心与火力协调中心之间，信息作战中心内部各业务组之间的关系等。

（5）指导关系

上级信息作战中心与下级信息作战中心之间是指导关系，如联指信息作战中心与各军种信息作战中心等均属指导关系。

（二）信息作战指挥机构职责

信息作战中心是筹划信息作战行动、制定信息作战计划、协调信息作战力量、实施信息作战指挥的核心机构，是联合作战指挥员指挥和使用信息作战力量的参谋班子，是各级指挥部（所）的有机组成部分。

信息作战中心通常设主任一名，其具体任务是：负责信息作战中心的组织领导工作，协调本级范围内与信息作战指挥相关的工作，协助指挥员完成信息作战指挥任务。为便于对编成内所有信息作战力量实施指挥控制，信息作战中心主任可由本级司令部一名副参谋长担任。

信息作战中心按照战役指挥员的决心和意图，在首长的直接领导下履行下列职责：一是不断了解作战决心及对信息作战的需求变化；二是组织搜集和处理信息作战的情报，掌握信息作战战场环境及来自敌方的信息威胁情况和己方信息作战能力的变化情况；三是分析判断信息作战情况，提出有关信息作战决心报告建议；四是组织拟制和负责落实信息作战计划及具体对策方案；五是受领和执行上级信息作战命令、指示，向下通报信息作战情况；六是组织协调信息作战力量对敌实施信息侦察、信息进攻和信息防御；七是组织信息作战协同和信息作战保障；八是督促下级信息作战的准备实施；九是对直属信息作战部队的信息作战行动实施指挥。

（三）信息作战指挥机构构成

信息作战中心的内部构成可以采取不同的模式，通常有以下两种模式：

1. 第一种模式

在信息作战中心内设立综合计划协调组、侦察情报组、信息进攻组、信息防御组、综合保障组，见图 9－2。这种构成模式具有机构精干、注重效率和按照作战功能高度集成的特点。通常是在指挥自动化系统十分完善、部队信息作战经验丰富、联合作战意识很强的情况下采用，是今后信息作战中心力争达到的模式。

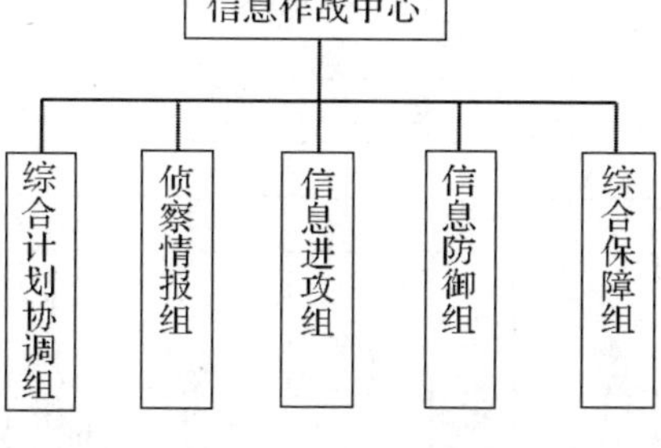

图 9－2　信息作战中心构成示意图之一

在这种构成模式中，各组人员组成及主要职责如下：

综合计划协调组——由作战参谋和电子对抗、计算机网络对抗等部门人员组成。主要职责是：筹划信息作战行动、制定统一信息作战计划；负责各种文电、计划、图表的上报与传达；协助指挥员指挥、协调控制信息作战部队的作战行动。

侦察情报组——通常由侦察、情报部门人员组成，主要任务是组织、控制、协调各种信息作战侦察力量，搜集、处理、分发各种情报信息。

信息进攻组——由熟悉信息进攻作战的参谋人员组成。其主要职责是：制定电磁进攻、信息欺骗、精确制导武器及反辐射源的火力行动计划；根据需要协同指挥中心、火力中心，指挥控制战役编成内的火力单位及特种部队实施信息进攻。

信息防御组——由熟悉信息防御的参谋及参战工兵部门的人员组成。主要职责是：制定电磁反干扰、电磁防御、电磁佯动、电磁伪装、工程伪装和防敌精确制导武器攻击的信息防御与防护计划；协调和指导作战编成内所有部队和信息系统及信息武器装备等实施反侦察及电磁防御。

综合保障组——通常由信息作战作战保障、装备保障、后勤保障等人员组成。其主要职责是：制定信息作战物资和装备技术保障计划；管理和调控战场信息资源；组织各种信息作战装备供应、技术维护、后勤保障。

2. 第二种模式

在信息作战中心内设立综合计划协调组、实体摧毁控制组、电子战组、计算机网络及空间战组、心理战组、信息安全保密组、综合保障组，见图 9－3。这种构成模式是根据现有的信息作战力量而设立的，除了综合计划协调组和综合保障组与第一种模式作用相同外，实体摧毁控制组、电子战组、心理战组等，都和现有指挥机构中的组织要素作用相近似。这有利于快速建立信息作战中心和快速形成指挥能力。增设信息安全保障组、网络及空间战组，旨在突出

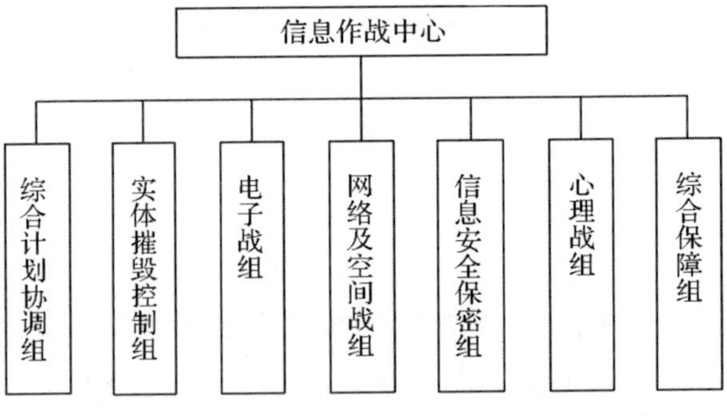

图 9－3　信息作战中心构成示意图之二

网络及空间战、信息安全保密等信息作战行动在现代信息作战中的地位和作用。这种建构模式分工较明确，易于履行指挥职责，比较适合目前信息作战指挥和实践尚处在初级阶段的现实。但这种模式比较容易回到过去按条块分割、各自为政、难以实现高度联合的老路上，不利于满足现代信息作战按功能和系统高度集成、高度联合、科学编组的要求，是有待于进一步完善和发展的指挥模式。

在这种构成模式中，各组人员组成及主要职责如下：

综合计划协调组——（同第一种模式）。

实体摧毁控制组——由熟悉武器打击的参谋人员组成。其主要职责是：制定对敌信息系统和信息武器装备实施摧毁的作战计划；指挥控制担负硬摧毁任务的部（分）队进行实体摧毁作战。

电子战组——由熟悉电子战力量和使用要求的电子战指挥及参谋人员组成。其主要职责是：收集处理电子战情报；提出电子战决心建议；拟制电子战作战计划；传达电子战作战命令、指示；组织电子战协同和各种保障；督促、检查和上报战役电子战的作战准备和实施情况；及时处理电子战实施过程中出现的问题。

网络及空间战组——由熟悉通信、指挥自动化、计算机网络和空间作战的参谋和技术人员组成。其主要职责是：拟制战场信息传递系统和指挥系统组网计划、信息保障计划；制定计算机系统、战场信息网络系统、指挥自动化等系统的防御计划，制定网络战计划；指导协调信息作战力量实施网络作战和空间作战，并对信息化战场网络系统进行维护和排除故障。

信息安全保密组——由技术安全保密、机要等部门的人员组成。其主要职责是：拟制信息安全保障计划，传达信息安全保障指示和负责信息保密工作，统一进行战场电磁频谱管制和密码管理。

心理战组——由政工部门和心理战部队指挥人员组成。其主要职责是：拟制统一心理战计划，包括战时新闻管制、以心理威慑为目的的作战行动等计划；指导部队的心理作战行动。

综合保障组——（同第一种模式）。

在具体作战中，信息作战中心究竟采用哪一种模式，应根据作战训练水平、信息武器装备的发展程度、联合作战指挥员对信息作战指挥员的有关指示和要求来决定。但无论采用哪一种模式，都应该明确其基本任务和职责，人员组成都应当科学合理。

9.2 信息作战决心

信息作战决心，是指挥员对作战中有关信息作战目的和行动等问题所作的基本决定。信息作战指挥员要在准确理解信息作战任务，全面了解掌握敌情、我情及战场情况并做出正确分析判断的条件下，及时定下信息作战决心。决心内容主要包括：确定信息作战企图；确定信息作战主要方向、重点目标；确定信息作战部署；确定信息作战方法；确定信息作战保障；确定信息作战发起时间和完成准备的时限；确定信息作战指挥的组织等。

9.2.1 理解任务与分析判断情况

理解信息作战任务是定下正确的信息作战决心的基础。信息作战指挥机构在受领任务后，应从全局的高度深刻领会上级意图，明确信息作战在本次战役战斗中的地位和作用，明确信息作战的任务和要求。理解信息作战任务主要包括：如何运用信息作战达成作战目的或者对达成战役战斗目的进行支援？信息作战任务的目的是什么？哪些需通过信息攻击实现？哪些需要通过信息防御实现？等等。

分析与研究战场信息作战情况是定下信息作战决心的前提条件，在充分理解信息作战任务的基础上，战役战斗指挥员及信息作战指挥机构应会同相关部门（如情报中心、通信中心等），全面分析判断敌我双方的信息作战情况及战场情况，在此基础上分析判断敌信息作战的企图、作战方法、兵力使用及可能的作战行动，从而定下正确的信息作战决心。

（一）分析敌信息作战情况

分析判断敌情，目的在于找出并利用其弱点，提高信息作战指挥效果。对敌情的分析判断主要包括以下几个方面：

1. 分析敌信息基础设施及信息系统

包括分析敌国防及国家信息基础设施的结构、分布和必要的技术参数；信息基础设施中关键的信息节点或链路（如中央处理机及通信中心等）；对全球信息基础设施（如全球定位系统、国际海事卫星、国际通信卫星及国际气象卫星等）的依赖程度；信息设施所必须依赖的其他基础设施（如发电厂、自来水厂等）的位置；修复被破坏的重要信息设施的能力；对信息破坏（如自然灾害、内部纷争，或子系统故障，如停电、元件磨损等）的处置能力；信息系统的组成与配置，特别是关键站（节点）等重要部位的情况。

2. 分析敌信息作战能力

包括分析敌信息作战企图；信息作战装备的质量和数量；信息侦察能力、信息进攻能力、信息防御能力；实施信息作战的主要方向、信息作战力量编成及部署；可能对我实施信息攻击的手段及重点目标，可能的信息作战样式；其他势力可能对敌进行的信息作战支援的样式及能力。

3. 分析敌信息系统弱点

包括分析敌信息作战指挥控制系统、信息进攻系统、信息防御系统的薄弱环节，找出并利用其弱点，避开其强点的对策；分析对敌实施信息作战可能带来的附带性破坏。

（二）分析我方信息作战能力

分析我方信息作战能力，包括分析编成内信息作战力量的军政素质、作战能力和战备程度；信息作战部队指挥员组织指挥和协同作战的能力；我信息作战武器装备的战术、技术性能；各级信息作战部队的情况及可能担负的任务；友邻信息作战部队的情况；地方非专业信息作战力量的情况及可担负的任务等。

（三）分析信息作战战场环境

主要判明作战地区的自然环境、社会环境和电磁环境情况。

1. 自然环境

自然环境主要包括：作战地区的地形特点，特别是道路、山谷及山体走向和林木分布对信息作战行动的影响；有利于我机动和隐蔽配置信息作战兵力、兵器的地区；作战地区敌各种侦察力量的分布、运行情况；作战地区我指挥信息系统的分布、运行情况。

2. 社会环境

社会环境主要包括：作战地区社会、经济、人文、民族宗教、民众心理等情况；当地民用信息基础设施对信息作战的支援、保障能力；政府可支援信息作战的人力、物力情况。

3. **电磁环境**

电磁环境主要包括：民用电子设备分布，电视、电台和通信用频及其他电磁辐射情况；敌方电子干扰装备部署、电子干扰情况及对我作战行动的影响程度。

（四）得出情况判断结论

在对敌情、我情及战场情况分析判断的基础上，要对敌我信息作战力量进行综合对比，主要是比较敌我双方的信息作战能力，包括信息侦察能力、进攻与防护能力，从而明确敌信息系统和信息作战对我的威胁程度，我方编成内总的信息进攻能力及友邻部队、地方非专业信息作战力量的支援能力，能否对重点目标提供有效的信息防护，完成预定的信息作战任务还有哪些需要解决的问题等。通过上述分析对比后得出情况判断结论，包括：敌信息作战的企图和规模，信息进攻的主要方向和重要目标，可能使用的信息技术兵器和信息作战手段，兵力编成和作战部署，战斗各阶段和各时节可能采取的作战行动；敌信息与信息系统的配置，重点目标的位置及主要技术参数、防御与防护能力、强点和弱点等。

9.2.2　信息作战决心内容

（一）信息作战企图

信息作战企图是信息作战要达成的目的、作战目标、力量运用及所要采取的基本战法、步骤等，是信息作战决心的核心内容，是一切信息作战行动的依据。信息作战指挥机构应在了解掌握有关信息作战情况的基础上，根据信息作战任务和敌我信息作战能力对比，提出信息作战可能实现的几种企图供指挥员决策时参考。作战企图必须服从和服务于战役战斗总的意图，力求恰当，不能太大，也不宜过小。

信息作战的目的可能是进攻敌人的信息和信息系统，或者是保护己方的信息和信息系统，或者是实施信息作战侦察，或者兼而有之。

（二）信息作战主要方向、重点目标

指挥员及信息作战指挥机构应根据战役作战企图、作战能力、作战任务等，确定战役信息进攻的主要方向和重点目标。

信息进攻的主要方向和重要区域，是集中信息作战力量和信息作战兵器实施主要信息干扰和实体摧毁行动的方向和区域。在联合作战的不同作战阶段，信息进攻的主要方向和重要区域可能不一致，但它应与整个战役的主要作战方向和重要作战地区是一致的。

信息进攻的重点目标在各阶段（时节）各有侧重，要根据战役战斗进程及时调整确定信息进攻的重点目标。要始终把对战役战斗有重大影响的敌电子目标和信息系统中的关键环节作为重点目标。信息进攻的重点目标，通常可分为硬摧毁的目标、软杀伤目标和实施侦察的目标。对各类目标要排列出威胁等级及作战过程中压制的先后顺序，如夺取制空权时，信息进攻的主要目标依威胁等级大小可排列为：制导雷达、炮瞄雷达；引导（预警机）雷达、地空（空空）指挥引导通信；警戒（预警机雷达）。

（三）信息作战部署

信息作战部署是根据作战需要，在统一计划的基础上，对信息作战力量进行的兵力编组、任务区分和配置。信息作战部署的基本要求是：突出整体系统性，发挥信息作战力量各自的特长，优势互补，相互协调，发挥整体优势；突出针对性，针对作战任务和信息作战目的确定编组规模，针对作战环境和作战对象确定编组方式，针对不同信息作战力量的特点合理调配相互间的比例等。

对信息作战力量进行编组通常采取群、队式的作战编组。例如可以编为信息获取群、信息进攻群、信息伪装欺骗群、信息传递处理群、信息作战保障群和信息作战预备队，也可分成信息作战侦察群、电子战群、网络战群、心理战群、实体摧毁群和预备队等，或者针对电子战分成电子侦察群、电子干扰群、电子伪装欺骗群和电子战预备队等。对各个信息作战群的任务区分，通常按其装备的战术技术性能、作战能力和作战特点进行。例如，信息获取群中的特种作战分队和武装侦察分群，通常根据需要先期部署到敌后展开侦察，而雷达侦察、技术侦察、电子侦察和情报处理等部队应配置在我作战地域内的有利地形上，空中侦察分群应配置在我作战地域纵深内。电子干扰群通常配置在便于实施对敌干扰的指挥所附近及被保护目标周边。直升机、无人机电子干扰分队和反辐射无人机分队通常配置在作战地域纵深内，有利于发挥其作战效能，便于指挥、机动、伪装和隐蔽的地域。网络战和心理战部队，通常配置在基本指挥所附近。专门用于摧毁、破坏敌战场信息系统的火力打击力量，通常与常规火力打击兵器配置在一起，只是在火力运用上担负破坏敌战场信息系统的任务。

确定作战部署时应把握的问题是：第一，整个信息作战部署是否围绕着所确定的信息作战的主要方向和重点目标，形成了重点部署；第二，整个部署在侦察与干扰的空间、频域上，是否尽最大努力做到了全纵深、全频域；第三，编组的信息作战预备队在技术装备的数量和质量上，是否可以满足意外情况下信息作战的需要。

（四）信息作战方法

信息作战的战法是遂行信息作战任务的各种方法的统称，通常分为进攻与防御两种不同的基本类型。信息进攻作战方法包括信息欺骗、信息渗透、信息遮断和信息阻塞，信息防御作战方法包括信息防护、信息隐蔽、信息欺骗和信息屏障。

确定信息战战法的要求：一是信息作战准备采取的战法和其他作战的战法，是否能够有机协调，相互配合；二是作战中准备采取的进攻性的战法，在使用的时机和地点上，是否既有利于对敌实施有效的打击，又可以尽量避免对己方行动产生不良影响。

（五）信息作战保障

信息作战保障是指为保障信息作战部队顺利遂行信息作战任务而采取的各种保障措施。确定联合战役信息保障是联合战役信息作战组织准备的一项重要内容，也是构成联合战役信息作战能力的主要因素之一。组织全面、周密的信息作战保障，对于提高各军兵种信息作战能力，顺利遂行联合战役信息作战具有十分重要的作用。

信息作战保障应在联合战役统一组织的作战保障、后勤保障、装备技术保障的基础上，着重组织好物质器材保障、技术保障、信息资源保障和信息安全保障。

信息作战的物资保障，主要是在作战中对系统战损的各种硬设备提供适时的物资补给、更换，确保信息作战指挥顺利进行。信息作战物资保障的内容包括对信息采集设备、信息传输设备、信息处理设备、信息显示设备以及网络互联设备等保障。

信息作战技术保障，其实质是为信息作战指挥控制系统提供以“智”为主的技术支援。其主要内容有系统运行检测维护、系统运行故障修复。

信息资源保障是指为保证和维持信息作战指挥系统正常的组织、传输、处理、存储和利用能力所提供的信息支援和勤务活动。信息资源保障的主要内容有备份各类数据库软件、备份公共系统软件、备份专用系统软件等。

信息安全保障内容包括通信安全和计算机安全。信息安全包括传递安全、泄漏安全、物理安全和人员安全等。

（六）信息作战指挥的组织

重点明确信息作战中心和直属信息作战部队指挥所的配置位置、开设时间、地点，指挥中通信联络和指挥的方式。要把握好两个问题：一是信息作战部队完成信息作战准备的时限，既要早于其他部队完成准备的时限，又要保证信息作战部队有相应的时间完成作战准备；二是对于信息作战发起时间的确定，在战役初始阶段，集中实施信息进攻时间，通常应以综合火力突击时间为基准，可视情在综合火力突击前或同时进行。

9.3　信息作战计划

信息作战计划，是指为了达成统一的作战企图和指挥，对信息作战行动所做出的预先设计。信息作战计划是对指挥员决心的具体化，是组织指挥信息作战行动的基本依据。通过统一的计划，能够有效地达成统一的信息作战企图和高度集中的信息作战指挥；能够为信息作战部队提供作战行动的程序和方法；能够通过计划指导，达成对信息作战行动的有效协调。

9.3.1　信息作战计划的内容

信息作战计划可分为信息作战行动计划、分支计划、协同计划和作战保障计划。

（一）信息作战行动计划

信息作战行动计划是信息作战计划的总计划。其内容应包括：情况判断结论；上级信息作战企图和本级信息作战任务；信息作战力量的编成、部署和任务；作战阶段划分及各阶段各信息作战力量的任务区分；情况预想和作战行动的方案；指挥组织和完成作战准备的时限；指挥协同事项等。

（二）信息作战分支计划

信息作战分支计划是总体计划在信息作战行动某一方面的具体化，是指挥员决心在某一信息作战行动中的具体体现，是对信息作战行动某一组成部分的具体安排和打算。分支计划通常包括信息侦察与反侦察计划、信息进攻计划、信息防御计划等。

1. 信息侦察与反侦察计划

信息侦察与反侦察计划包括信息侦察和反侦察的重点目标和方法；信息侦察兵力的编成、配置及任务区分；军事欺骗的任务及组织方法；信息安全保密的任务及组织方法；非专业信息作战力量的反侦察任务及组织方法。

2. 信息进攻计划

信息进攻计划包括信息进攻的重点目标、顺序和方法；信息进攻力量的编成、配置和任务区分；其他作战力量临时被赋予的信息进攻任务：非专业信息作战力量的任务及组织方法；信息作战预备队的使用权限和时机。

3. 信息防御计划

信息防御计划包括信息防御的组织和要求、信息防御的重点目标及手段、信息防御的具体方案、信息防御体系的协同内容、信息作战预备队的使用权限和时机等。

（三）信息作战协同计划

信息作战协同计划是指为了使各种信息作战手段、作战力量、作战行动协调一致地动作，减少相互之间的不利影响与干扰而制定的计划。主要应明确信息作战行动与其他作战行动之间的协同，与友邻信息作战部队的协同，以及本部队各种信息作战手段、作战力量、作战行动之间的协同等；应重点明确协同的目标、任务、行动的时间与空间、协同关系、协同措施与协同规定等。

（四）信息作战保障计划

信息作战保障计划由信息作战部门会同有关部门协商拟制。信息作战保障计划主要内容包括保障任务区分、保障情况预想、保障力量部署及行动方法、保障器材分配使用、指挥协同方法、遂行任务时限等。保障计划中应当明确目标保障、通信保障、机要保障、工程保障、电磁频谱管理、阵地警戒与防卫、测绘保障、气象水文保障、战场管理等内容。

信息作战计划既可单独制定，也可作为整个战役战斗计划的子计划，以作战指示的形式下发。特定信息作战的详细行动计划，由具体实施单位拟制，并报上级批准。

9.3.2　制定信息作战计划的要求

制定信息作战计划，专业性强，技术要求高，既是一个非常复杂的过程，又是一项创造性的劳动，必须周密细致、明确具体、按时完成。制定信息作战计划应以首长的作战决心为基础，认真领会上级意图，全面分析战场情况，科学预见战局发展，充分发挥我之有利条件，有效地克服一切不利因素，创造性地运用军事理论和作战原则，制定出符合战场实际的信息作战计划。为此，应做到以下几点：

（一）先期制定，不断完善

由于信息作战往往是首战，所以，制定信息作战计划不应等到首长定下决心后才进行，而必须先于其他作战计划先期制定，以便用于指导最早开始的信息作战行动。信息作战计划，应在部队接到预先号令、受领简要作战任务后，或到达信息作战地区后先行组织拟制。通常先拟制出简要的信息作战计划，以满足指挥员计划组织战役阶段对信息的需求，保障部队顺利进行作战准备。在首长定下战役决心后，再根据联合战役作战的需要逐步修改、充实和完善，使信息作战计划与战役战斗作战计划相协调。

（二）立足最复杂最困难的情况

在信息作战力量、作战手段敌优我劣的情况下，为争取信息作战的主动，制定信息作战计划必须立足于最复杂、最困难的情况，善于预测战场情况的可能发展和变化，推断敌人的行动，预测我军各部队在信息作战中主观因素的变化和战场上可能出现的最恶劣的信息作战形势，从最坏处着想，向最好的方向努力。要多设想几种方案，各种方案都应有计划和准备，只有这样才能使自己立于主动地位。

（三）全面计划，突出重点

信息作战是系统与系统的对抗，是由多种手段参加的一体化作战。为使各种力量和手段联为一体、形成合力，必须打破各种信息作战力量、信息作战手段之间的专业界限，由信息作战中心统一计划，统筹安排，充分发挥每一作战力量、每一武器装备、每一作战样式和作战手段的优长和威力，并使其高度融合，形成合力。为了使有限的力量得到最合理的使用，在全面计划的同时要突出重点。应重点计划好对作战全局有重大影响的信息作战行动和关键时节的行动，为指挥员全域控制、把握重心奠定基础和创造条件，确保重点作战和关键性作战的成功。

（四）周密细致，注意保密

信息作战是高精度、高协调性、高指向性的作战，计划上的任何疏漏，不仅会影响作战效果，还可能给己方的信息系统造成混乱。因此，计划必须周密细致，留有余地，具有灵活性和应变性。情况紧急或时间短促时，可边拟制、边传达、边行动。任何情况下都不得因拟制计划而影响信息侦察、信息干扰等其他行动的实施。计划制定好后，要严格注意保密，防止因泄密给作战带来重大损失。

9.4　信息作战协同

信息作战协同是联合作战协同的重要组成部分，通常与联合作战协同一并组织；在独立实施的信息作战中，也可单独组织。与联合作战协同一并组织时，协同对象包括与信息作战相关的所有参战力量；单独组织时，协同对象主要是信息作战力量。组织信息作战协同动作的依据是：指挥员的指示和战役信息作战计划；敌人的作战意图；信息武器装备运用的特点；作战地区的信息环境；所属和加强的信息作战部队的特点和作战能力。

信息作战协同有三个特点：一是协同对象多，几乎涉及所有参战力量。二是协同内容复杂，除了同其他作战协同类似的在任务、时间、区域、兵力、行动方式上的协调外，还强调在电磁频谱空间的协调及“软”、“硬”杀伤手段的配合。三是与部分协同对象存在特殊的矛盾性。信息作战中，信息化武器及信息武器应用广泛，电子设备无处不在，信息作战行动与拥有电子设备的军兵种的行动如果协调不好，不仅不能发挥信息作战应有的作用，而且会对己方电子设备造成严重自扰，影响其他部队的作战行动。

9.4.1　信息作战协同的内容

信息作战协同是参与信息作战的各种力量内部与外部之间，按照统一计划进行的协调与配合。所谓内部协同，是指信息作战力量之间的协同、信息作战行动之间的协同；所谓外部协同，是指信息作战力量与其他作战力量之间的协同、信息作战行动与其他作战行动之间的协同。

（一）信息作战力量之间的协同

协同的原则：诸军兵种信息作战力量之间的协同，应以战役主要方向遂行主要信息作战任务的兵力为主组织；同一军种各信息作战力量之间的协同，应当以担负主要信息作战任务的信息作战力量为主组织。

协同的重点：各信息作战行动之间相互支援、相互配合的要求和方法等。

协同的内容：主要明确各信息作战力量的任务、行动方法、作战区域、完成任务的时限，在时域、空域和频域上相互支援和配合的要求和方法。

主要信息作战力量应以获取敌方重要目标信息、打击摧毁敌方重要信息目标、完成己方信息防御为主要目的组织实施信息作战行动；次要信息作战力量应以迷惑、欺骗、佯动、干扰等行动，吸引敌方信息作战兵力、兵器，减轻主要信息作战力量的压力；为主要作战力量达成信息作战目的提供支持、创造有利条件来组织实施信息作战行动。

（二）信息作战行动之间的协同

协同的原则：根据欲达成的具体作战目标的需要确定主次关系，通常围绕信息作战主要行动组织协同，明确各信息作战行动主体的相互配合关系，有效组织各信息作战行动之间的转换、衔接。

协同的重点：各信息作战要素之间相互支援、相互配合的要求和方法。次要信息作战行动应为主要信息作战行动提供必要的支撑，前导信息作战行动应为后续信息作战行动打下基础。

协同的内容：主要明确各种信息作战行动的任务、方法步骤、时间和空间、效果利用及协同关系和协同信号等。

（三）信息作战力量与其他作战力量之间的协同

协同的原则：根据具体作战需要确定主次关系，通常以遂行主要任务的作战力量为主组织，要根据参战力量在各作战阶段、作战时间和空间担负的具体任务组织实施。在夺取制信息权时，应以信息作战力量为主组织作战协同，其他作战力量支援配合信息作战力量的行动；在信息作战支援其他作战任务时，应以其他作战力量为主组织作战协同，信息作战力量支援配合其他作战力量，获取敌方目标信息，引导其他作战力量实施打击，为其他作战力量提供电磁干扰与防御等。

协同的重点：干扰敌方的电子设备和信息系统但不影响己方电子设备和信息系统的正常工作。

协同的内容：应明确在时域、空域、频域上相互协调的方法和要求，协同实施欺骗、佯动等。

（四）信息作战行动与其他作战行动之间的协同

信息作战行动与其他作战行动之间的协同主要包括与火力打击、快速机动、局部封锁、空中突击、远程打击、精确摧毁、渡海登岛等作战行动的协同等。

协同的原则：围绕作战主要行动组织协同，在夺取和保持制信息权行动中，以信息作战行动为主组织；在信息防御作战行动中，也应以信息作战行动为主组织；在信息作战支援、配合其他作战行动中，以被支援、配合的作战行动为主组织，信息作战行动服从服务于被支援、配合的作战行动。

协同的重点：搞好信息作战与火力、机动作战等手段的协调配合，形成“软”、“硬”两种手段的综合打击威力，确保作战目的的实现。

协同的内容：根据作战任务规定信息作战与火力突击行动的相互支援方法，明确不同时机对不同信息作战目标“软”、“硬”杀伤行动的任务区分和相互支援配合的方法，明确各阶段信息作战行动支援和配合其他作战行动的时机、手段、使用兵力、主要方向和重点目标，其他作战行动对信息作战效果的利用和协同事项，以及防止信息作战行动与其他作战行动相互影响的措施和注意事项等。

9.4.2　信息作战协同的要求

信息作战指挥员及其指挥机关组织联合战役信息作战协同时，通常应从总体上把握以下几个问题。

（一）着眼全局，进行整体协调

信息作战指挥员及其指挥机关要着眼全局，围绕总的作战任务，结合基本战法和特定作战实际情况，对信息作战行动全过程进行整体协调。

在组织信息作战协同时，要根据联合作战协同计划和信息作战决心，统筹规划信息作战区域、阶段划分；统筹陆上信息作战力量、海上信息作战力量、空中信息作战力量之间的协同关系；统筹军队信息作战力量与地方信息作战力量之间的协同关系；统筹信息作战侦察、信息进攻和信息防御等行动之间的协同关系；统筹情报战、电子战、计算机网络战、心理战等作战样式之间的协同关系；统筹信息作战行动与其他作战行动以及保障行动的协同关系。

（二）把握层次，突出协同重点

把握层次是指指挥员及其指挥机关信息作战协同时，要重点明确信息作战行动与其他作战行动之间的协同内容、协同关系和协同措施，把握好协同层次。其内部的信息作战协同，可以由下一级组织。

突出重点是指在关照全局的基础上，着眼信息作战主要目的，分清主次，抓住关节，围绕信息作战主要方向，突出信息作战主要力量、主要行动，组织实施信息作战协同。在信息作战力量的使用上，要以遂行主要任务的力量为重点；在信息作战行动组织实施上，要以主要战役样式为重点；在作战空间的协调上，要以主要战场和主要战役方向的信息作战行动为重点。

（三）以计划协同为主，灵活组织随机协同

信息作战协同的方式，通常以计划协同为主，计划协同与随机协同相结合。

计划协同全面、周密，对联合作战各阶段协同有全局性的指导作用。在制定联合作战信息作战协同计划时，要把重点放在全局问题和重点问题上，对作战过程中的具体协同问题，应进行宏观、原则性的规定，为随机协同留有足够的余地。

随机协同通常是针对作战过程中的局部情况进行的，对战场情况变化有较强的适应性。当情况超出了计划协同的范围或原定协同计划不适合某些实际情况时，应灵活组织随机协同。组织随机协同可根据新的情况调整和改变原有的协同计划；当没有发生根本性的变化时，随机协同仍要根据原定协同任务和原则进行组织。

（四）采取多种措施，保持协同不间断

一是完善协同机制。在联合作战中应把信息作战协同纳入联合作战协同计划，由指挥部统一组织计划参战信息作战力量的使用。对信息作战部队的作战行动进行统一计划，并统一协同信息作战与其他作战的行动。

二是加强协商。有信息作战协同关系的各信息作战部队，应根据信息作战协同计划、指示及时进行协商，重点解决具体协同问题。协商可由联合作战指挥机关派人组织或指定某一指挥员负责组织。协商后，应形成协同各方必须遵循的行动方案；参加协同的各方，应坚决按商定的事项组织行动，确保落实。

三是加强分析预测，提高应变能力。信息作战战场态势处于高度变化之中，作战过程中，调整原定协同内容和进行临时协同的情况将大大增加，这就要求具有较强的协同应变能力。信息作战指挥员和指挥机构应加强分析预测，针对战场情况的具体变化情况及时调整原协同内容，改变原定的战役信息作战行动，临机组织新出现的协同，使参战的各信息作战部队始终保持不间断的协同。

9.5 信息作战保障

信息作战保障，是指为保障信息作战部（分）队顺利遂行信息作战任务而采取的各种保障措施及其相应活动的统称，是信息作战组织准备的一项重要内容，也是构成和保持信息作战部队战斗能力的重要因素。

9.5.1 信息作战保障的内容

信息作战保障应在战役统一组织的作战保障、后勤保障、物质器材保障的基础上，着重组织好目标保障、信息资源保障、技术保障和信息安全保障。

（一）目标保障

信息作战目标保障，是指对信息作战侦察所获得的敌方主要信息系统以及信息进攻武器装备等信息目标进行搜集、整理与处理，进而确定出信息目标的种类、重要性程度、威胁等级以及攻击的手段和措施。由信息作战侦察情报部门负责实施。联合战役信息作战目标保障是有效实施信息进攻与信息防御的基础和前提，是夺取和保持局部制信息权的重要保证。

目标信息汇总，就是信息作战部门对各种来源的目标信息进行集中归口汇总，并分类记录。包括上级下发的目标信息、通过各种侦察手段获取的目标信息、友邻和地方提供的目标信息以及从公开资料中提取的目标信息。

目标信息整理，就是对所获取的目标信息进行分析研究，得出结论，整理成文，以便进一步处理或通报、分发。

目标信息处理，就是将整理好的目标信息，根据信息作战的需要和目标信息的性质进行报告或者通报。与部队作战行动直接相关的目标信息，应及时通报部队；与友邻相关的目标信息，应及时通报友邻；未经证实而又紧急的目标信息，应立即报告，边报边查；不急的目标信息，应综合之后进行报告或通报。

（二）信息资源保障

信息资源保障是指为保证和维持信息作战指挥系统正常的组织、传输、处理、存储和利用能力所提供的信息支援和勤务活动。信息资源保障的主要内容有信息存储保障、信息处理保障、传输分发保障、应用软件保障等。

（三）技术保障

信息作战技术保障，其实质是为信息作战指挥控制系统提供以“智”为主的技术支援。其主要内容有系统运行检测维护；系统运行故障修复。

组织信息作战技术保障的主要工作有：制定技术保障计划并组织实施；掌握各类信息武器设备的状况，为组织技术保障提供依据；对信息武器定期进行检查、维护和保养；组织信息武器装备的战场抢修；对信息武器装备实施技术革新；对信息作战技术保障人员进行定期组织培训，提高对装备的维护能力。

（四）信息安全保障

信息安全保障，其目的是确保联合战役信息资源在传输、存储、处理和利用的过程中，不因技术或人员疏漏或敌方侦察、干扰、破坏，而导致其安全特性丧失，使信息能够正常发挥作战效能的活动。

随着技术的进步，通信安全和计算机安全都属于信息安全的范畴。此外，信息安全还包括传递安全（主要指信息在网络外以各种记录媒体方式传送的安全）、泄漏安全（主要指网络设备防止电磁辐射引起的电子泄漏）、物理安全（主要指用物理的方法保护信息的安全，如隔离、屏蔽、分割等以及防止各种自然灾害等技术措施）和人员安全（主要指对网络中各类人员的管理、教育和监督，防止无关人员接触机密信息）等。只有上述各个环节紧密配合、相辅相成，才能构成一个完整的保密系统，从而保障信息的安全。

9.5.2 信息作战保障的组织

信息作战通常是在平时准备的基础上进行的，因此，信息作战保障工作平时就应有所准备，一旦战事发生，信息作战指挥机构应根据战役任务，针对新出现的敌情。在平时准备的基础上迅速修改、完善保障计划，并组织动员一切技术力量及时实施可靠、强有力的信息作战保障，确保信息作战的胜利。

（一）建立信息作战保障机构

信息作战保障机构的成员通常由物资和技术保障的主管部门指挥员为主，物资器材保管部门和设备修理部门的领导，以及必要时吸收地方政府信息部门领导参加等共同组成，负责对联合战役信息作战保障实施全面指挥。作战中，按作战方向、作战区域、作战编成建立相应的分支指挥机构；当陆上、空中、海上保障活动有明显区分时，可分别编组指挥陆上、空中和海上三种物资技术保障行动的指挥组，必要时，可在海上、空中开设指挥所。上述三种行动交织在一起时，则应采取联合编组的形式实施统一指挥。

信息作战保障机构的基本任务是：根据信息作战需要，确保信息系统安全运转，有效支援信息进攻组织实施，落实信息防御措施，掌握信息资源，为指挥员提供信息作战保障的决策建议或方案。

（二）制定信息作战保障计划

制定联合战役信息作战保障计划，是指挥员及其指挥控制机构在组织信息作战保障中最关键的组织领导活动。

联合战役信息作战保障计划的内容主要包括：信息作战保障的企图；各作战阶段保障任务的要求；保障力量的编成和部署；组织保障完成任务的基本措

施和时限。

（三）下达信息作战保障指示

信息作战中心应根据作战任务和上级保障指示，及时向下属下达信息作战保障指示，以便迅速地准备和实施战役信息作战保障。

保障指示的主要内容是：信息作战保障的目的、任务及重点；各类保障应采取的主要措施和方法；使用的兵力和器材；完成任务的时限和要求等。

下达信息作战保障指示的时机根据保障的目的和任务，或在受领信息作战任务之后，或在首长定下决心之后，使保障部队有较充足的准备和遂行任务的时间，各种信息作战保障指示如物资保障、技术保障、信息资源、安全保障指示通常分别下达，有时也可汇总一起下达。

（四）协调信息作战保障行动

各级信息作战中心应经常了解信息作战保障准备的情况，组织力量及时检查指导，切实搞好各种信息保障之间以及信息作战保障行动与作战行动之间的协调，及时向信息作战保障人员通报作战进展情况。根据情况变化适时修改信息作战保障计划，下达信息作战保障指示，赋予新的任务，调整力量使用，补充物资器材，以保障信息作战的顺利进行。

9.5.3 信息作战保障的要求

信息作战保障行动与作战行动已经高度融合，有的本身已成为一种作战手段。因此，在信息作战中，要善于用运用各种保障手段达到作战目的或用作战手段达到保障目的，并力求以一体化行动保障来弥补作战或保障的某一不足，以一体化行动达成作战与保障的双重目的。

（一）实施全面而有重点的保障

信息作战中心应根据具体情况和条件，统筹安排各种信息保障力量，在全面组织保障的基础上，有组织、有计划、有重点地对全局有重大影响的关键战斗、主要方向、主要部队和关键时节实施信息作战保障，确保主要任务的完成。同时，要在满足正常保障的前提下尽量节约人力、物力及信息资源，留有一定的预备力量，以应付变化急剧的战场情况，增强应变能力和持续保障能力。

（二）发挥整体保障的效能

当作战规模较大，比如联合战役时，信息作战保障任务复杂，单靠某一种保障力量和手段难以完成任务，因此，必须树立整体保障观念，把过去对单一军种的保障转到对各军种的综合保障上来，把对单类战役保障转到综合进行系列战役保障上来，把偏重平面保障和一线保障转到立体、纵深保障上来，把保障力量、保障手段、保障空间、时间等制约因素有机结合起来，建立信息作战联勤保障体制，发挥整体效能，使信息作战保障能够贯彻战役始终，连续不间断地实施。

（三）具有高素质的保障队伍和先进的保障手段

信息作战系统的高技术性、复杂性和交互式的保障形式，需要有高素质的专业保障队伍和先进的保障手段，对技术保障人员自身素质提出了更高的要求，决定了技术保障力量应由“专家型”的人才组成，具有较高的科学知识水平，提供智能化的技术保障。其力量编组应以军队技术人员为主，同时要按照战时动员机制储备生产厂家和地方专家等专业技术人才，建立支前专家信息库，以保证在作战中，为联合战役信息作战系统提供质高效好的网络式保障和交互式保障。在装备的使用上，应强调“智能化”的检测、修理装备的运用。

（四）运用多种方法，实时完成保障任务

根据信息作战保障的种类多、技术含量高、保障对象多、分布空间广和时效性强等特点以及信息作战指挥的客观需要，在作战中对信息作战系统的物资补给采取整体聚合保障、多维投送保障、连锁定量保障、创机适时保障等多种保障手段，对指挥控制系统的资源保障可采取系统保障、区域保障、投送保障和维管保障等多样化的保障方法，对指挥控制系统的技术保障可采取网上支援、远程支援、战场支援和输送支援等多途径的支援方法，以实现实时信息作战保障，确保信息资源、物资和技术保障有力。

习　题

1. 信息作战组织指挥包括哪些内容？
2. 信息作战决心包含哪些内容？
3. 谈谈定下信息作战决心的方法步骤。
4. 信息作战指挥机构的基本职责是什么？
5. 论述不同信息作战中心构成方式的特点。
6. 信息作战决心的主要内容是什么？
7. 信息作战计划的主要内容是什么？
8. 信息作战协同的主要内容是什么？
9. 信息作战保障的内容是什么？

第10章　美军信息作战介绍

自20世纪70年代末美军提出信息战概念至今，信息作战在世界范围内引发了巨大的军事变革。本章从信息系统、信息作战力量和信息作战原则及手段方法等方面介绍美军的信息作战情况，其中信息系统针对军事应用分为指挥控制、侦察情报和通信系统等，信息作战力量是遂行信息作战任务的物质基础，信息作战原则及手段方法涉及实施信息作战的具体方式方法。

10.1　美军军事信息系统

美军军事信息系统建设大体经历了 C^2、C^3、C^3I、C^4I 和 C^4ISR 等发展阶段，从功能上实现了指挥、控制、通信、计算机、情报、侦察和监视的融合。

10.1.1　指挥控制系统

（一）战略指挥控制系统

战略指挥控制系统是用于指挥、控制战略部队的系统，主要任务是保证美国国家指挥当局在平时、危机时和全面战争的各个阶段都能不间断地指挥控制美国在全球各地的战略部队。其具体任务是：监视全球形势；提供攻击预警，对威胁作出判断；协助国家指挥当局和战区以上司令官在平时和战时实施指挥控制；在遭到核攻击后，协助国家指挥当局重新编成并执行单一整体作战计划（SIOP，美国总核战计划）。

1. 国家作战指挥中心

国家作战指挥中心设在首都华盛顿近郊国防部五角大楼里，供美国总统、国防部长和参谋长联席会议主席在平时和战时指挥部队使用，还可为政府其他部门，如白宫的“秘密地下情况室”、中央情报局等提供有效的协同支援和通信联络。国家作战指挥中心的最大问题是抗毁能力较差，一颗炸弹直接命中就能将其损坏，因而其定位于日常的指挥控制。

2. 地下国家作战指挥中心

为提高国家作战指挥中心的抗毁与生存能力，美国于 1964 年开始建设国家地下作战指挥中心，其指挥控制功能与国家作战指挥中心相类似。两个中心互联，平时在数据库中集中了有关美军、盟军和敌军的一切必要情报，还有进行核战争的各种行动方案；在紧急情况下（一般进入二级戒备后），它可以立即接替国家军事指挥中心的工作。

3. 机动国家作战指挥所

机动国家作战指挥所主要包括三个部分：一是国家紧急机载指挥所；二是战略空军司令部的核攻击后指挥与控制系统；三是战区核部队总司令的空中指挥所。

国家紧急机载指挥所是国家军事指挥系统的备用指挥中心，在国家指挥当局上机后即成为主要指挥中心。

战略空军司令部核攻击后指挥控制系统是设在 EC－135 型飞机上的空中指挥所。其主要任务是在核攻击期间和核攻击之后，指挥控制战略空军司令部的核武器，确保美国的核报复力量不致因遭到第一次打击而瘫痪。

EC－135型飞机还是全球机载指挥所采用的飞机。全球机载指挥所供大西洋总部、太平洋总部和驻欧美军总部的司令使用。这三个总部各配备有 4 架 EC－135 型飞机。这种飞机对战略 C^3I 起支援作用，一般不用于战术目的。

4. 北美防空防天司令部

北美防空防天司令部作战指挥中心的主要功能是：对北美大陆实施防空防御、弹道导弹防御、空间监视和控制，包括对各种威胁类型的判定、对来袭目标的识别和对弹道导弹的起、落点的估计及指挥作战等。

（二）战区作战指挥系统

战区作战指挥系统主要由下列作战指挥中心组成：战区作战指挥中心；战区陆、空、海导弹作战指挥中心；战区通信指挥控制中心；战区电子战、信息战中心；战区信息融合中心；战区后勤指挥中心等。

1. **战区作战指挥中心**

战区作战指挥中心由战区指挥员和战区作战参谋人员以及相应的指挥所设备组成。它主要进行指挥决策活动，制定作战方案，下达作战命令和指示，掌握作战动态，协同作战活动，实施战场控制。因此，战区作战指挥中心由下述作战要素和分系统组成：情报处理子系统、作战指挥子系统、各军种作战指挥子系统、导弹部队作战指挥子系统、电子战作战指挥子系统、作战保障子系统和技术保障子系统。

2. **战区军种作战指挥中心**

战区军种作战指挥中心的任务是保障战区各军种指挥员及时接受全国指挥中心和战区作战指挥中心的指挥命令，在总的作战意图下，组织和协调陆、海、空战场各兵种部队的作战行动。

（三）战术作战指挥控制系统

1. **航空母舰指挥控制系统**

航空母舰作战指挥控制系统包括通信系统、情报探测与采集系统、预警机指挥控制系统和航空母舰舰载武器指挥控制系统。

通信系统是航空母舰对外的通信枢纽，实现与上级和舰队的指挥数据/语音的通信。

情报探测与采集系统包括舰载相控阵雷达、对空/对海搜索雷达、无源探测设备、敌我识别器和声呐等。

预警机指挥控制系统是航空母舰主要为对付低空目标的情报采集和指挥控制系统。美国海军的航空母舰采用 E－2 预警机。

航空母舰舰载武器指挥控制系统控制海、空导弹作战系统和海、空火炮作战控制系统以及反潜武器作战控制系统及舰载武器系统的作战行动，并及时收集武器系统的作战效果，迅速反馈给指挥控制系统，及时、迅速地做出新的作战指挥部署。

2. **海上编队指挥控制系统**

海上编队指挥控制系统由编队的指挥舰指挥控制系统和若干大中型作战舰艇的指挥控制系统组成。

指挥舰又称旗舰，是海军海上编队的作战指挥核心。其任务是在战区海军作战指挥中心的指挥下，遂行对海上编队及其舰艇、飞机、预警机、侦察巡逻机等兵力的作战指挥任务；统一协调编队内诸作战舰艇和其他作战兵器指挥控制系统的情报信息采集和处理，完成海上作战指挥控制任务。

大中型舰艇是构成海上编队、航空母舰编队的基本作战力量。不同规模的舰艇所担负的作战任务不同，舰艇指挥控制系统的规模、形式也不相同，如“提康德罗加”级导弹巡洋舰上的“宙斯盾”系统，是为区域防空作战任务发展起来的，具有较强的防空武器指挥控制能力。大中型作战舰艇的指挥控制系统是在编队指挥舰的指挥下，对本舰的指挥控制系统和舰载武器系统进行综合指挥、控制、协调，完成海上突击、防空、反潜等作战任务。大中型舰艇的指挥控制系统由以下部分组成：情报探测与采集系统主要有对空/对海雷达、敌我识别、声呐和与武器控制相关联的相控阵雷达等；武器控制系统主要有对空/对海导弹系统、主/副炮系统、水下武器系统等；指挥控制系统主要有情报处理、作战辅助决策、作战指挥与控制等；通信系统主要有卫星通信系统、潜艇通信系统、高频通信系统、战术数据链等。

3. 陆军战术指挥控制系统

陆军战术指挥控制系统包括 5 个独立的指挥控制分系统：机动控制系统；高级野战炮兵战术数据系统；前方地域防空指挥控制与情报系统；全源信息分析系统；战斗勤务支援系统。当系统全部投入使用时，将形成从陆军战术最高指挥官到单兵战壕的作战指挥和控制网络。

（1）机动控制系统（MCS）

MCS 系统又称机动系统，是美陆军配置在营至军各级指挥机关的战术计算机系统及其终端的总称。主要用于美陆军的军、师和旅级，辅助指挥官和参谋人员收集、处理、分析、分配和交换战场信息以及传送命令，使指挥官在敌方作出决策前就能采取行动。

（2）高级野战炮兵战术数据系统（AFATDS）

AFATDS 系统是陆军战术指挥与控制系统的火力支援系统，由炮兵火力支援指挥控制系统和战术导弹指挥控制系统组成。

（3）前方地域防空指挥控制与情报系统（FAADC2I）

FAADC2I 系统是军、师和旅级防空炮兵部队的功能控制系统，由前方地域防空指挥控制与情报系统由探测器、数据处理设备和通信设备等组成。通过联合区域防空 JTIDS（联合战术信息分发系统）通信网络、FAAD 营级 JTIDS 通信网络和 FAAD 营级增强型定位报告系统（EPLRS）通信网络实现网络互联，产生和分发空中航迹数据，从而构成完整的前方地域防空指挥控制系统。

（4）全源信息分析系统（ASAS）

陆军 ASAS 系统是军、师级战术作战中心的一部分，基本上是一个情报处理中心，能接收并处理来自几十个战术系统和各种传感器的信号情报、电子情报、图像情报和人工情报，并把处理后的数据提供给各级指挥官和有关单位，显示地面战斗态势，预测敌方作战行动，控制指挥电子战系统，具有保密和气象支援功能。

(5) 战斗勤务支援系统（CSSCS）

CSSCS 系统主要是对后勤业务的支援，如行政管理、人员、财务、补给、运输、医务、维护等，采用 IBN360/30 型计算机作为主机，全套设备分装在 5 辆车上。军和战区用的战斗勤务支援系统称为自动数据服务中心（CTASC）。

10.1.2 侦察情报系统

（一）空间侦察系统

美军的空间侦察系统主要由成像侦察卫星、电子侦察卫星、海洋监视卫星、导弹预警卫星等组成。典型的空间侦察系统有美国的 KH－12“锁眼”光学照相侦察卫星，“长曲棍球”雷达成像侦察卫星，“折叠椅”、“大酒瓶”、“旋涡”和“雪貂”电子侦察卫星，“国防支援计划”（DSP）导弹预警卫星，“白云”系列海洋监视卫星等。

（二）空中侦察系统

用于侦察的空中平台主要有有人驾驶侦察机、无人侦察机、侦察直升机、预警飞机、气球和飞艇等。采用的主要装备有机载照相机、红外扫描相机、激光扫描相机、电视摄像机、红外前视设备、测试设备和无线电技术侦察设备等。典型的空中侦察系统有美国的 U－2R、SR－71、RC－135 战略侦察机，TR－3A、“极光”（曙光女神）隐身高空侦察机，“全球鹰”、“捕食者”、“暗星”等无人驾驶侦察机，E－2C、E－3B/C 和 E－8C 等预警机。

（三）地面侦察系统

地面侦察与监测由各种雷达、各种侦察设备、可见光感知、红外感知和成像技术设备以及各种地面传感器组成立体的情报获取网，获取信息作战有关的目标信息。典型的地面侦察系统有美国的 N113 型装甲侦察车、LRAS3 侦察车、“打击者”侦察车和 M1114 型“悍马”轻型侦察车等。

“伦巴斯”系统由传感系统、数据传输系统和监视设备组成。传感系统由震动/音响传感器、磁性传感器、被动红外传感器、压敏电缆、震动起动器等组成，可由火炮发射、飞机部署或人工埋设等方式布设。“伦巴斯”1型震动/音响传感器的探测范围是：人员50m，轮式车辆250m，履带车辆350m；目标进入探测范围时，它能每隔10s发送一次信号；磁性传感器探测人员、轮式车辆和履带车辆的范围分别为3m、15m和25m；被动红外传感器探测人员、车辆的距离分别为3～20m和3～50m。20世纪90年代研制的2型装备了可识别目标图像的传感器和能在敌后或边境长时间执行监视任务的传感器，重量减至1.68kg。

“远方哨兵”是一种无人值守的多功能/一体化侦察设备，包括8元声探测器（可标示3000m远处的7个目标）、红外热像仪（可探测2200m处的车辆和1100m的人员）、激光测距机、微光电视摄像机（可昼夜摄像）、GPS接收机（提供精确的位置信息）及“辛嘎斯”无线电系统（发送探测到的目标信息）。每个“远方哨兵”可自主监视半径为3000m的区域。一个控制站可与3个“远方哨兵”相连，能实时获取84km^{2}区域内的目标信息。

（四）海上侦察系统

海上侦察系统以舰船和其他海上交通工具作为平台，装备多种专用的情报侦察设备，包括光学侦察设备、电子侦察设备和声学侦察设备，在海上进行综合侦察，并能较长时间进行跟踪监视。

电子侦察船是专门从事海上情报侦察的舰船，它主要用于战略侦察。一般装备有各种频段的无线电侦察接收机、雷达侦察接收机、测向仪、解调终端、记录设备、信号分析仪及多种接收天线，有的还配备光学侦察设备和声呐侦察设备。

P－3C型“猎户座”岸基海上巡逻机，主要用于海上反潜作战。该机载有声呐接收机、搜索雷达、通信电台、导航仪器和计算机处理装备，可一次性载弹8.74t，可挂载水雷、鱼雷、深水炸弹、声呐浮标、信号弹和照明弹等。

“提康德罗加”级导弹巡洋舰拥有发现远近距离目标和进行精确火控的大型电子扫描AN/SPS－1A相控阵雷达，能同时识别和跟踪几百个目标，并计算其飞行轨迹，可用于舰空导弹中继制导，向编队其他舰只实时传送警戒、跟踪、射击数据。

（五）谍报侦察

谍报侦察主要用于战略侦察，也可用于战役和战术侦察，通常以决策机关和机要部门为主要目标，其基本任务是查明军事斗争以及有关政治、经济、外交、科技等重要情报，为制定军事政策和作战计划提供依据。谍报人员常使用先进、保密、小型、快速、简便的通信器材和手段，保障情报的及时、准确、安全传递。

10.1.3 通信系统

（一）战略通信系统

美国战略通信系统包括国防通信系统、国家军事卫星通信网以及最低限度应急通信网，负责把各种信息传输到作战指挥中心，并把作战指挥中心的命令传送出去。

1. 国防通信系统

国防通信系统是美军重要的全球战略通信网，为美国防部、各军种和政府有关部门提供长途、点到点的通信系统网。

2. 国家军事卫星通信网

国家军事卫星通信网的主要任务是：提供国家指挥当局/国防信息系统局与联合司令部和/或特种部队司令部之间的通信；提供大容量、高可靠的通信手段，保证高质量的保密话、高速数据或高分辨率的图形图像、传感器数据的传送；提供空中预警机和空中指挥所飞机之间的通信；提供远程通信手段，支援对海作战中舰对岸的通信。

国家军事卫星通信网可用于战略和战术目的，主要用户包括全球军事指挥控制系统、国防通信系统的自动电话网和数字网、白宫和国务院等非军事单位、宽带数据中继站、地面机动部队、海军舰艇等。

3. 最低限度紧急通信网

最低限度紧急通信网（MEECN）是由战略部队使用的机载、舰载、星载以及陆基的生存能力较强的通信系统组成的网络。主要包括："塔卡莫"机载甚低频中继通信系统；抗毁低频通信系统；地波紧急通信网等。最低限度紧急通信网是全球军事指挥控制系统的重要组成部分，专门用来保障国家指挥当局在危急时刻（特别是大规模的核战争中）指挥美国在全球的核部队并接收这些部队执行命令的情况报告。所谓最低限度是指该通信网在完成上述任务时，在生存能力、可靠性、保密、抗干扰和传输速度等方面应能满足最起码的要求。

（二）战区通信系统

美军的战区通信网一般采用卫星通信系统，除使用专门的军事卫星通信网外，还充分利用商用卫星通信网。另外，美军为军用卫星通信网的一体化建设制定了一个军事卫星通信系统计划——军事战略战术中继卫星（Milstar）系统。

军事战略战术中继卫星系统为美全球陆、海、空军事战略战术中继卫星通信系统。由于卫星上同时有不同频段的转发器，供不同系统使用，因而系统能在全球范围内提供美三军战略和战术的卫星通信业务。它是全球高保密、高可靠和高抗干扰能力的、以战术通信为重点的通信手段。该系统的主要功能是：战略战术通信均可使用特高频和超高频频段，但超高频基本供移动用户使用，特高频供固定和移动用户共用，极高频仅用于战略通信。该系统的最大特点是生存能力强，能在数天乃至数月的核战争中有效地工作。

（三）战术通信系统

1. 陆军战术通信网

陆军战术通信网是由地域战术通信网、战斗无线网、战术卫星通信网、定位报告系统等组成的复杂网络。

（1）MSE 栅格地域网

MSE 网是当今最具代表性、装备最多的陆军地域战术通信网，它可为美陆军地域和下属 5 个师提供电路交换的保密数字语音和数据通信业务，也可为指挥中心内各局域网和主机提供分组交换数据通信业务。MSE 网可以通过有线、光纤、卫星、散射、微波等手段与战略通信网、战区通信网互联互通。

（2）战斗无线网

战斗无线网系统主要用于高度机动建制部队传输指挥和控制信息。战斗无线网能方便地与移动用户设备野战地域网互联，作为战斗前沿阵地机动无线网，保证战斗中各武装直升机、坦克、战车和士兵能实时得到识别、定位、指挥命令信息。

(3) 战术卫星通信网

战术卫星通信网可为远距离或复杂地形的移动用户设备提供两节点中心之间的信息传输，可为地面战车、空中武装直升机、空中指挥飞机、地面指挥所之间提供数据、语音、图像服务。

(4) 增强型定位报告系统

增强型定位报告系统（EPLRS）不受地形、气象条件和电子战干扰的影响，能给步兵、地面车辆、坦克、飞机以及两栖登陆艇等进行自动定位、导航、识别和数据通信。可近实时、准确地向指挥和控制中心报告地面部队、空中部队、海军陆战队的位置，对用户进行导航，在各部队之间进行有限的数据通信。

(5) 联合战术信息分发系统

联合战术信息分发系统（JTIDS）是可供海、陆、空三军共同使用的大容量、抗干扰信息分发系统，它和增强型定位报告系统一起组成陆军综合信息分发系统。

2. 海军战术通信网

海军战术通信网主要有岸岸、岸舰、岸潜、舰舰、舰空、舰岸、舰潜等通信网。它们以卫星通信作为传输信息的主体，并配备光纤、同轴电缆、微波中继、散射高频、特高频和对潜极低频等通信方式，以保证海军各数据链畅通无阻。

3. 空军战术通信网

空军战术通信网主要由地面战术通信网、地空战术通信网和空空战术通信网三部分组成。

(1) 地面战术通信网

地面战术通信网是空军战术通信网的主干网，用于完成空军各战术指挥中心之间、战术指控中心与地面防空情报网、战术指挥中心与各武器系统之间的通信。

(2) 地空战术通信网

地空战术通信网主要用于地面指控中心和空中指控中心、地面指控中心和预警飞机及地面指挥中心和战斗机群之间的通信。地面指控中心和空中指控中心之间的通信用于完成空、地指控中心之间的情报和指挥控制信息的交换，使空中指控中心成为地面指控中心的补充和延伸。

（3）空空战术通信网

空空战术通信网主要用于完成空中预警机飞机与空中指控中心、空中指控中心与战斗机群之间的通信。

10.2　美军信息作战力量

信息作战力量是遂行信息作战任务的物质基础。美军信息作战力量主要由预警、通信与指挥控制、电子战、心理战和计算机网络战等力量构成。本章主要介绍美军各军兵种电子战作战力量及其计算机网络战作战力量。

10.2.1　美陆军电子战部队

美陆军部队均编有电子战部队。据统计，美陆军现役作战部队共编有 4 个情报旅、10 个军事情报营和若干个军事情报连，共编有电子战与情报人员约 25000 人。此外，美陆军 10 个国民警卫队师也各编有一个军事情报连。美陆军电子战部队的编成如图 10－2 所示。

（一）军属军事情报旅编制装备

1. 编制

军事情报旅编制人数为 1975 人，下辖司令部与直属分队、作战营、战术利用营和空中利用营，受军长指挥和控制。

司令部与直属分队负责所属部、分队（包括特别情报、电子战作战保密支援分队）的指挥和控制，提供使用情报群（旅）兵力所必需的参谋计划、管理和协调。

作战营主要负责协助军的情报官和作战军官计划、协调综合和指挥军的情报与电子战活动，并提供技术分析、指导和监督。

战术利用营负责向军及其主要下属分队提供地面电子战审俘和反情报支援；当得到军的上级梯队加强时，还负责提供技术情报、特别搜集和技术支援。

空中利用营负责向军提供空中监视和空中信号情报支援，提供通信情报和电子情报支援，其资源通常用于军的全盘支援。

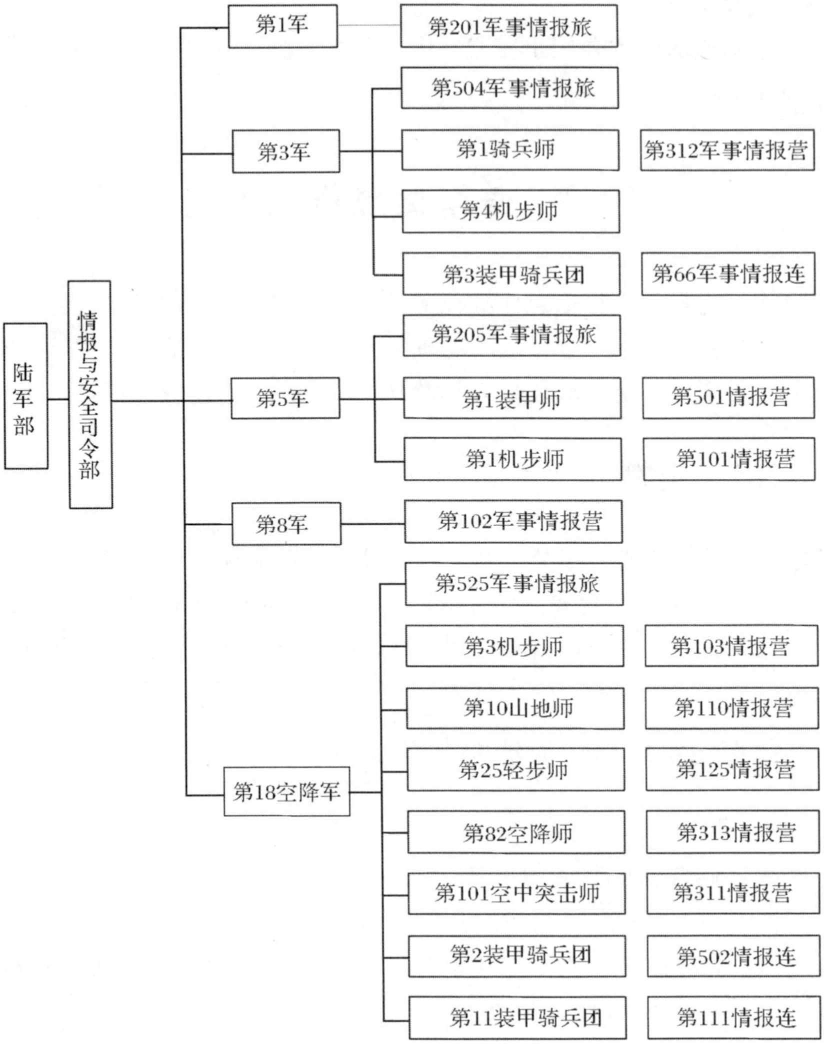

图 10－2　美陆军电子战部队编成

2. 装备

美陆军军属军事情报旅装备的电子战系统用以侦测和干扰敌人通信、雷达以及红外、光学战场侦察设备，可安装在地面车辆或飞机上。电子战任务的重点是获取电子战情报，进行态势研究和目标研究，满足军及所属师、独立旅和装甲骑兵团的情报要求。使用的大型电子战系统多为通信和雷达电子战情报侦察系统，如 AN/TSQ－112 高频/甚高频通信侦察系统、AN/TSQ－109 雷达电子战侦察系统及“护栏 V”机载通信侦察测向系统等。

陆军研制的“旋翼机/直升机专用电子战系统”，即 ALQ－211 射频对抗集成设备，重 45kg，可装备 AH－64D、MV－22 等多种旋翼机。具有雷达告警、主动干扰以及被动射频目标探测与识别功能；可对抗多普勒脉冲、连续脉冲和单脉冲雷达；其主动干扰器现在可覆盖 E－K 波段。

3. 能力与任务

军事情报旅的建制资源主要用于对付军作战地域内敌军第一梯队，而对付敌军第二梯队的任务则由美空军系统和国家系统承担。其地面通信与非通信信号截收距离为 20km，地面通信干扰距离可达 30km，空中通信与非通信信号截收距离可达 100km。

（二）师属电子战部队编制装备

1. 编制

美军各种师下属的军事情报营，编制人数略有差别，其中步兵师师属军事情报营 579 人，装甲师与机械化师师属军事情报营 582 人，空降师和空中突击师师属军事情报营 557 人。军事情报营编有营部与作战连、电子战连、情报与监视连和勤务支援连。

2. 装备

师军事情报营装备的电子战系统，可安装在地面车辆或空中的飞机上，用来侦测和干扰敌人通信设备、炮位侦察雷达以及红外、光学战场侦察设备等。近年来，美国陆军为师装备和研制的新型电子战系统，侦察干扰已融为一体，形成了综合的电子战系统，如美陆军 1984 年开始装备的 AN/MSQ－33 近距地空通信干扰系统，可在整个频段内自动扫描，自动识别高优先级信号，并自动进行干扰。

3. 能力与任务

军事情报营的建制资源主要用于对付敌师第一梯队，地面通信与非通信信号截收距离为 20km，地面通信干扰距离为 30km，空中通信截收与干扰距离可达 40km。军事情报旅的支援资源主要用于侦察师作战地域内敌第二梯队目标，空中通信截收距离大于 100km。

（三）团（旅）属军事情报连

1. **编制**

美陆军装甲骑兵团或独立旅都编有一个军事情报连，该连实际是一个缩编的军事情报营。编制有连部、通信排、勤务排、作战支援排、监视排、支援排、搜素与干扰排、技术控制与分析大队。

2. **装备**

军事情报连配属的电子战装备与师属军事情报营基本相同。

3. **能力与任务**

由于军事情报连的资源装备比师属情报营的电子战装备配置靠前，因此，对敌纵深的作用距离要远一些，其地面通信与非通信截收距离为25km，地面通信干扰距离为30km，空中通信干扰距离为45km，上级支援的空中通信与非通信截收距离大于150km。军事情报连为装甲骑兵团或独立旅指挥官提供必要的情报、侦察、干扰敌通信和非通信电子设备及作战保密支援；军事情报连建制的电子战排和飞行排，为装甲骑兵团/独立旅属主要的电子战部队，完成电子支援任务。

10.2.2　美海军电子战部队

美海军、海军陆战队电子战部队编成如图10－3所示。

（一）电子战部队编成

1. **两洋（太平洋、大西洋）舰队电子战部队编成**

（1）舰队岸基航空兵电子战部队

- 专用电子战部队

专用电子侦察部队编成：太平洋舰队空军编有1个电子侦察机中队，该中队编有电子情报飞机EP－3“猎户座”和EA－3B/E“空中战士”共17架；大西洋舰队岸基航空兵有2个侦察机中队，其中1个中队编有EP－3B和EA－3B共约16架电子情报飞机。

专用电子战作战部队编成：太平洋舰队岸基航空兵共编专用战术电子战飞机中队12个，每个中队编有EA－6B“徘徊者”电子战飞机5架；大西洋舰队岸基航空兵没有专用电子战作战部队。

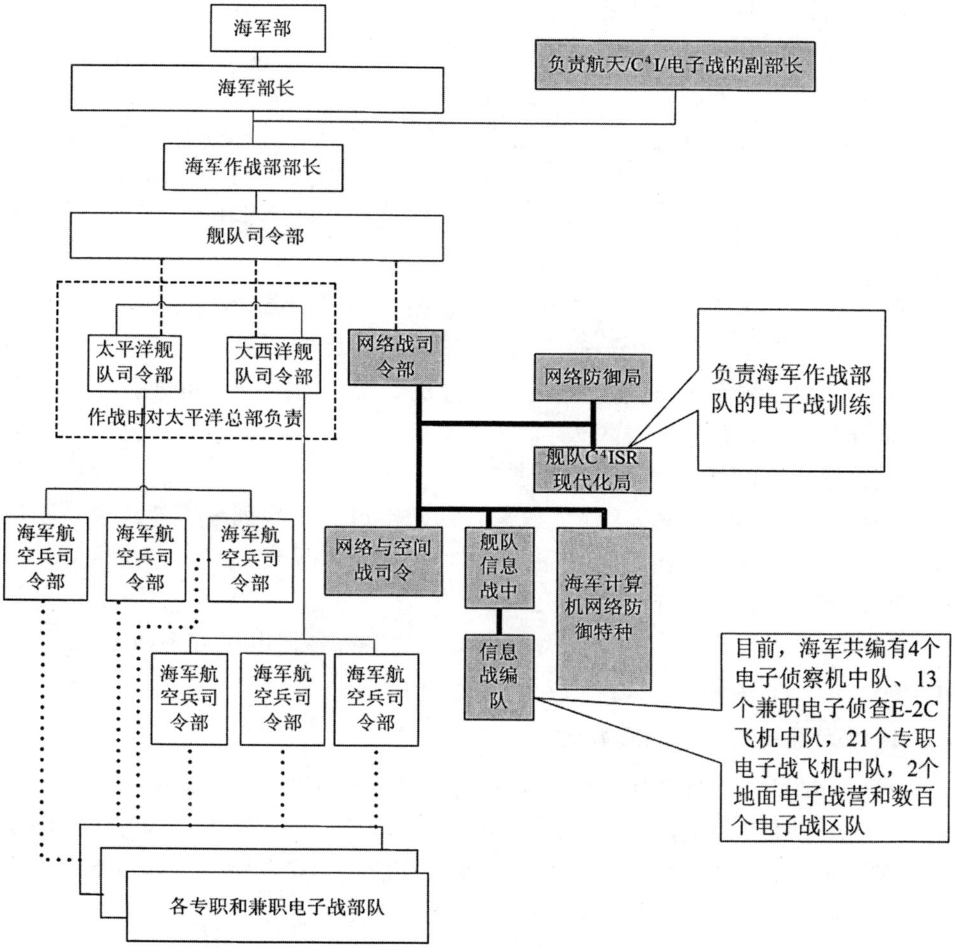

图 10－3　美海军电子战部队编成

- 兼负电子战任务的部队

空中预警、指挥、电子侦察部队编成：太平洋舰队岸基航空兵编有空中预警机中队 8 个，每个中队编有 E－2C 预警机 5 架；大西洋舰队岸基航空兵编有 1 个空中预警机联队，下辖 8 个预警机中队，每个中队编有 E－2C 预警机 5 架。

海上巡逻部队编成：太平洋舰队岸基航空兵编有 8 个巡逻机中队，除 1 个训练中队编有 P－3C“猎户座”巡逻机 19 架外，其余每个中队各编有 P－3C 巡逻机 9 架；大西洋舰队岸基航空兵编有 2 个巡逻机联队，各下辖 7 个中队。

(2) 舰队舰载航空兵电子战部队

舰队舰载航空兵电子战部队是由该舰队岸基航空兵中的舰载机（包括专用和兼负电子战任务的飞机）轮流编成，搭载于航空母舰上。“两洋”舰队航空兵司令部各下辖7艘航空母舰，配属在航母上执行各种任务的舰载机联队由2个战斗机中队、2个轻型攻击中队、1个中型攻击中队、1个反潜机中队、1个反潜直升机中队、1架航母专机和执行电子战任务的各种兵力组成，各型飞机共计94架。

舰载航空兵联队中的电子战部队编成为：1个专用战术电子战飞机中队，编有EA－6B“徘徊者”电子战飞机5架；1个兼负电子侦察任务的预警机与控制飞机中队，编有E－2C“鹰眼”预警机5架。另外，在每艘航空母舰的作战部门中，都编有电子战区队。

(3) 舰队作战舰艇上的电子战部队

“两洋”舰队的中型以上作战舰只，如航空母舰、战列舰、巡洋舰、驱逐舰、护卫舰、两栖舰和辅助舰等及潜艇的作战部门中，都编有电子战区队。

(4) 大西洋舰队电子战支援大队

该大队下辖两个战术电子战飞机中队，共编有各型电子战飞机27架，辖有2个独立地面电子战分队。

2. 海军陆战队电子部队编成

海军陆战队作战部队包括舰队陆战队和安全警卫部队。舰队陆战队是美海军两洋舰队的重要组成部分，由两洋舰队司令指挥，行政管理与训练由陆战队司令部负责。舰队陆战队含地面部队和航空兵部队，安全警卫部队负责美海军主要舰船、基地、美国务院和大使馆的安全警卫工作。

(1) 陆战队地面电子战部队

陆战队编有两个无线电营，分别配属给两洋舰队陆战队司令部。

(2) 陆战队航空兵电子战部队

专用电子战部队，即陆战队航空兵辖有1个战术电子战飞机中队，编有18架EA－6B“徘徊者”电子战飞机；兼负电子侦察任务的部队，即陆战队航空兵辖有1个侦察机中队，编有RF－4B“鬼怪”侦察机21架。上述两个中队，在行政上前者隶属大西洋舰队陆战队司令部，后者隶属太平洋舰队陆战队司令部。

3. 驻欧洲海军电子战部队编成

美驻欧洲海军的电子战部队基本上都隶属于第6舰队，编制在大西洋舰队的电子战部队序列之中。其中有 2 艘航母编有两种飞机中队和 1 种电子战区队的电子战部队；各中型以上作战舰艇作战部门编有 1 个电子战区队；配属给第 6 舰队有 1 个半中队，编有 P－3C“猎户座”巡逻机 13～14 架和 1 个电子战侦察飞机中队，辖有 EP－3E“猎户座”和 EA－3B/E“空中战士”电子侦察飞机 17 架。

4. 海军后备队电子战部队编成

海军后备队由海军后备队部队和海军陆战队后备队部队组成，它的电子战部队共分为三类：受训后备队、支援后备队和退休后备队。

（1）*海军后备队部队的电子战部队*

海军后备队部队包括后备队舰队和后备队航空兵部队，它们各自编有电子战部队。

● 后备队舰队的电子战部队：海军后备队舰队分为后备训练舰队和封存舰队。后备队舰队的电子战部队实力包括在现役电子战部队编成之中。在后备队训练舰队的 49 艘舰只中，除小型军舰和拖船、打捞船、坦克登陆舰外，其余舰只编有电子战区队。

● 后备队航空兵的电子战部队：目前有 2 个舰载机联队，18 个中队；2 个海上巡逻机（侦察机）联队，13 个中队；1 个战术支援飞机联队，13 个中队；1 个直升机联队，7 个中队。其电子战兵力全部编在 2 个舰载机联队和海上巡逻机联队中，前者各编有 1 个专门执行电子战任务的战术电子战飞机中队，各辖 EA－6B 飞机 4 架和 2 个兼负电子战预警和控制飞机中队，各辖 E－2C 预警机 6 架；后者，即海上巡逻机联队中的 P－3A/B 巡逻机，仅具有有限的电子侦察能力。

（2）*海军陆战队后备队的电子战部队*

海军陆战队后备队部队包括陆战队后备队地面部队和陆战队后备队航空兵部队，前者电子战部队为 1 个 EA－6B“徘徊者”电子战飞机中队，辖飞机 18 架；后者目前没有电子战部队。

5. 海军电子战部队基本任务

海军电子战兵力基本任务是：通过电磁优势夺取立体制海权，支援美国对外战争，保障贸易航运；作战中遂行舰艇和飞机的自卫任务，以及削弱敌方 C^3I 系统的高效性。

（二）美军舰载电子战装备

美军舰载电子战装备有60余种，主要包括雷达对抗装备、光电对抗装备和水声对抗装备。

1. 雷达对抗装备

WLR－1H（V)3电子情报/电子支援系统广泛装备于美海军大型舰艇，使用由计算机控制的电子调谐超外差接收机，可在0.55～20GHz范围内进行快速信号捕获和分析，并根据优先等级自动完成搜索、参数测量和测向；采用全自动信号处理器、分布式多处理器结构及专用测向处理器，可跟踪300多个辐射源，对80种威胁模式进行自动识别；信息库可容纳300部雷达、1500种雷达模式、150个平台的信号特征；具有全方位覆盖、高精度测向、仰角校正和记忆及实时校准能力；可进行辐射源/平台相关运算，提高了识别能力；可完成全景显示，提供听觉与视觉告警。

无源干扰装备在舰艇末端的反导防御中发挥着重要作用。目前使用的无源干扰物主要有3种：一是表面涂敷铝、锌、银等金属膜的玻璃纤维和化纤条等箔条；二是金属气悬体等悬浮微粒；三是各种不同结构的角反射器。例如，AN/SSQ－95是一种漂浮式雷达诱饵，工作频率为8～20GHz，它被投放后漂浮于海面上工作，用来诱骗敌方雷达系统。近年来，由舰艇发射的舰外有源诱饵受到了重视，在原来研制的AN/SSQ－95诱饵的基础上，研制了FLYRT和EAGER等诱饵。

2. 光电对抗装备

由于光电制导反舰导弹的威胁在不断增加，从1980年代开始美国率先在部分舰艇上安装了红外告警系统，主要通过探测飞机飞行和导弹发射时的红外辐射，对威胁进行识别和告警。装备无源干扰发射设备的舰艇，大多配备有一定比例的红外干扰弹，对付红外制导以及红外与雷达复合制导的反舰导弹。例如，SAR－8型舰载红外探测系统可以无源方式对目标进行全方位搜索，以环境温度为背景，通过温差识别目标属性，有效作用距离可达10km以上。

在水声对抗方面，美军从1960年代初就开始装备水声干扰设备，目前已发展有多种噪声干扰器，用于欺骗干扰的各种声呐诱饵，以及无源干扰用的气幕弹等。水声对抗装备也已发展到集侦察、告警、决策、干扰和欺骗于一体的多功能系统，装备各种主战舰艇。此外，美军采取多种措施降低舰艇的噪声辐射，包括采用低噪声动力机构。

（三）舰载电子战装备发展趋势

未来海战以沿海作战为主。美军舰载电子战装备的发展在注重提高装备的自动化和综合一体化水平的同时，注重满足沿海作战的需要。为适应未来可预测的威胁环境，美军舰载电子战装备正进行如下改进：

（1）调整发展战略，满足沿海作战的需要；

（2）进一步提高综合一体化水平；

（3）发展舰外有源诱饵，提高平台自卫能力；

（4）提高舰艇的隐身性能。

10.2.3　美空军电子战部队

（一）空军电子战部队编成

美空军电子战部队隶属于欧洲美空军司令部第 17 航空队的第 65 电子战空军师，下辖联队、中队。各中队分别隶属于战略空军司令部、战术空军司令部、各战区空军司令部和国民警卫队。美空军电子战部队编成如图 10－4 所示。

美空军电子战部队有专用的干扰飞机、电子侦察飞机和“野鼬鼠”反辐射导弹攻击飞机共 248 架，除 24 架 RF－4C 战术电子侦察机混编于 7 个战术侦察机中队（分遣队）外，其余 224 架飞机分别编入 17 个中队（分遣队）。其中，战略空军司令部编成 5 个战略侦察机中队和 1 个战略侦察机分遣队，共有战略侦察飞机 53 架。战术空军司令部编有专用干扰飞机、反辐射攻击飞机和战术电子侦察飞机，共 8 个中队，飞机 91 架。太平洋美空军司令部编有反辐射攻击飞机、战术侦察机，计 3 个中队，飞机 12 架。欧洲美空军司令部编有战术电子侦察飞机、电子干扰飞机和反辐射攻击飞机，计 36 架，装备在 4 个中队。阿拉斯加空军司令部编有一个战略电子侦察机中队，隶属第 6 战略联队，有飞机 12 架。空军国民警卫队编有一个反辐射攻击飞机中队和一个 C^3I 对抗飞机中队，有飞机 20 架。

EC－130H“罗盘呼叫”电子战飞机是美空军专用于 C^3I 对抗的大功率远程电子干扰飞机，现装备 26 架，它可利用安装在尾翼后缘庞大的天线阵发射大功率干扰信号，压制敌指挥控制系统和导航设备及无线电通信，工作频段为 20～1000MHz，干扰功率 5～10kW，波瓣宽度为方位角 20°，俯仰角 60°～90°。在机头、机背上部、机翼和机腹上安装有收集电子信号的天线和测向天

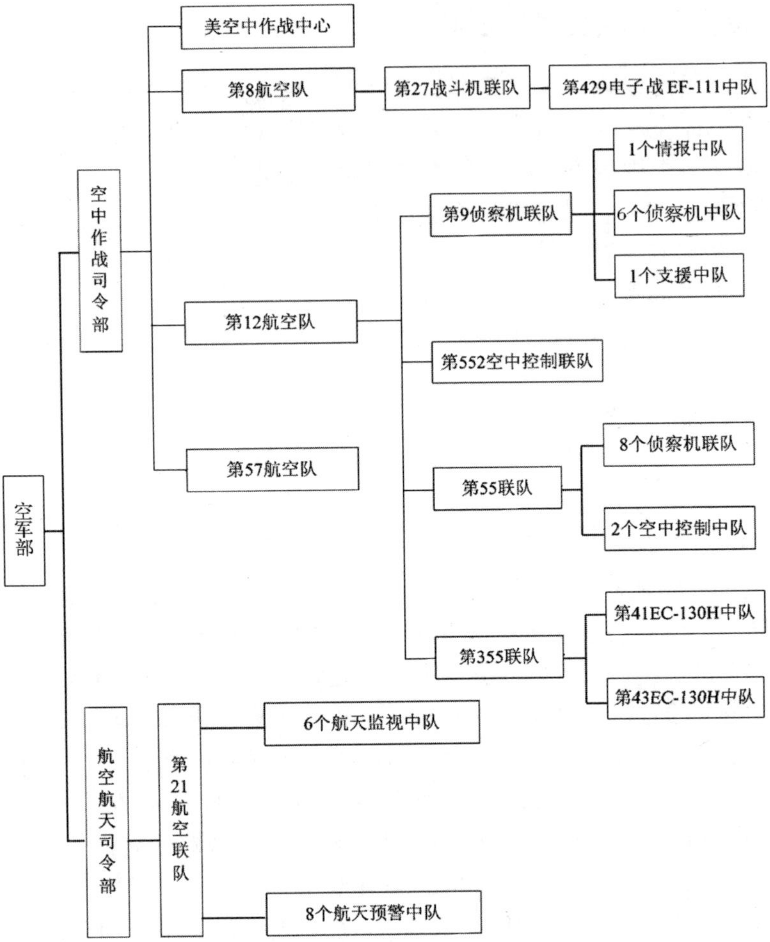

图 10－4　美空军电子战部队编成

线。此外，还装有红外探测系统、红外对抗系统、雷达告警系统、干扰物投放系统。机组共 12 名乘员，其中飞行驾驶员 4 名、机械师 1 名、电子战指挥官 1 名，其余 6 名为信号分析人员和操作员。

（二）机载电子战装备

机载电子战装备是美国三军电子战装备的发展重点，发展较早，装备完善，技术水平高，作战能力强。到目前为止，美军装备了约 200 种机载电子战装备。

1. 电子支援系统

（1）雷达告警接收机

雷达告警接收机装备于美军各型作战飞机上，现役装备主要是 20 世纪 80 年代或 90 年代初研制的第三代雷达告警接收机。这些告警接收机技术先进，可在 20 ~ 50 万个脉冲/s 的高密度电磁环境中，对 0.5 ~ 18GHz 范围内的各种体制威胁雷达完成侦测、识别、信号分选和威胁告警，并根据威胁种类启动相应的对抗措施。例如，ALR – 69 是美国 1980 年代空军标准雷达告警接收机，覆盖频率 2 ~ 18GHz，采用模块化结构，可重编程数字处理机，可同时处理 6 个信号；可探测、分析、分选和跟踪面空、空空导弹制导雷达的信号，具有频率精测和模糊分辨能力；除提供视听告警外，也可直接控制有源干扰系统的箔条/红外弹投射器，且具有干扰功率管理和隐匿功能。

下一代雷达告警接收机将与其他类型的告警系统及电子战支援设备综合为一体，大大提高反应速度和作战能力。例如，APR – 39（V）3 的频率覆盖范围已达 0.5 ~ 40GHz，不仅能在威胁密度很高的环境中将靠得很近的信号区分开，而且可与激光告警系统及导弹告警设备配合工作，并作为综合电子战系统的控制器使用。

（2）导弹逼近告警系统

导弹逼近告警系统包括有源雷达导弹告警系统和无源光电导弹告警系统。有源雷达导弹逼近告警系统实际上是一种小型脉冲多普勒雷达，当前正在服役的是 ALQ – 153。ALQ – 153 是一种距离门多普勒系统，能探测飞行逼近的面空导弹及敌方飞机，计算出相对距离和命中时间，不断更新测算的数据，并自动提出应采取的对抗措施和应实施的机动方式。

无源光电导弹逼近告警系统是装备更为广泛的一种导弹逼近告警设备，目前已发展到第三代。这代产品工作波段可覆盖 1 ~ 3μm、3 ~ 5μm、8 ~ 14μm 及紫外波段，具有全方位、全仰角告警能力，可完成大批目标的搜索、跟踪和定位，并自动引导干扰机工作，告警距离可达 10 ~ 20km。

当前正在服役的光电导弹逼近告警系统有 AAR – 44 和 AAR – 47，AAR – 47 是典型的紫外导弹逼近告警系统，通过探测导弹尾焰提供 360°全向告警，在遇到来自不同方向的多枚导弹攻击时，可根据威胁等级顺序自动启动相应的对抗措施。

（3）电子支援侦察设备

美军机载电子支援侦察主要为雷达对抗侦察设备，它广泛装备于美军的电子侦察飞机、预警机。当前其典型性能数据为：侦测频率 0.5 ~ 18GHz，可扩展至0.03～40GHz，测频精度3～5MHz；脉宽测量范围0.1～99微秒，重频范围0.1～20MHz，重频分辨力0.1Hz；测向精度2°～8°；接收机灵敏度-70～100mWdB，动态范围50～70dB；全方位覆盖，截获率100%。

2. 电子进攻装备

电子进攻装备即各种干扰装备和反辐射导弹等，干扰装备中主要以雷达干扰装备为主，通信干扰装备发展较晚。

（1）有源雷达干扰装备

美军有源雷达干扰装备已实现了0.064～20GHz的宽频率覆盖，最大干扰功率达上兆瓦，功率密度达1kW/MHz；采用模块化、标准化结构和先进信号处理技术，具有重编程能力，可对抗新出现的威胁；具有多维功率管理能力和自适应能力，多波束相控阵技术已比较成熟。有源雷达干扰从功能上可分为支援干扰和自卫干扰两种。

（2）无源箔条/红外诱饵投放设备

美军的无源箔条投放设备在技术上已比较成熟，红外诱饵虽然发展时间较短，但也占有领先地位。较先进的无源箔条/红外诱饵投放设备都有以下共同特点：一是与告警或电子支援系统接口，自动启动发射；二是既可投放箔条弹，也可投放红外闪光弹和一次性使用有源干扰机；三是在计算机或处理机控制下可选择最佳投放时机、投放时间间隔、干扰弹种类及干扰弹种类最佳组合。现役装备中，ALE-47是机载投放设备的典型代表。

（四）机载电子战装备的发展趋势

（1）提高机载电子战系统的综合化、一体化和智能化水平。

（2）实现电子战系统的标准化、模块化、通用化和小型化。

（3）进一步加强远距支援干扰能力，提高压制敌防空能力。

（4）发展导弹逼近告警技术。

10.2.4　美计算机网络战部队

1999年，美国防部将计算机网络防御与攻击任务划归航天司令部（已于2002年合并到战略司令部），标志着美国防部的计算机网络防御与攻击能力已进入实用阶段。

目前，美军遂行计算机网络战的部队主要是全球网络战联合特遣部队（JTF-GNO），而全球网络作战与安全中心（CNOSC）负责支持JTF-GNO，是一支不可忽视的力量。JTF－GNO 的任务是在美国战略司令部司令的领导下，与各级司令部、各军种和国防部各机构相互协调，一方面致力于国防部计算机系统和网络的防护工作，另一方面在接受计算机网络攻击命令后，协调组织计算机网络攻击，支持各作战司令部司令和国家的目标。JTF－GNO 的编制构成及上下关系如图 10－5 所示。

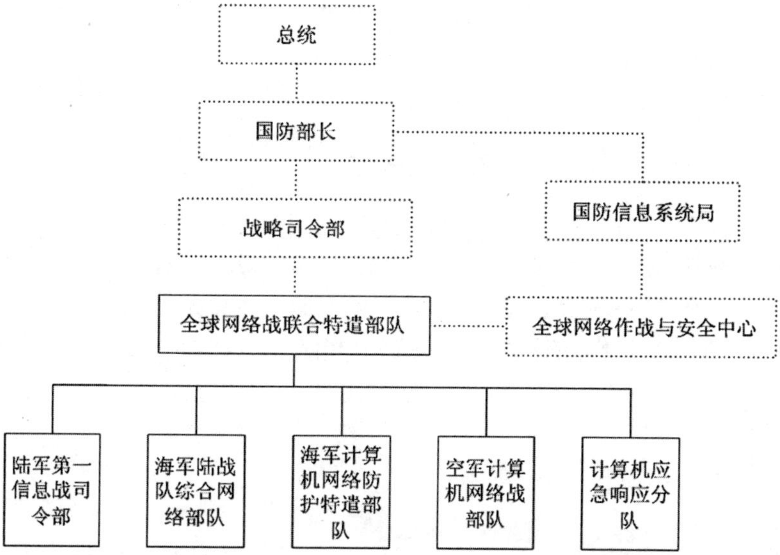

图 10－5　JTF－GNO 的编制构成及从属关系

JTF－GNO 将国防部的各种力量组合了起来，成员来自 JTF－CNO、国防信息系统局网络作战与安全中心、国防部计算机应急响应分队（CERTS）、全球卫星通信（SATCOM）支持中心等，包括三军负责各自军种网络运行和保护的军官、国防部各机构官员和各级作战司令部的人员。其组成主要包括：美国陆军第一信息战司令部（LAND）；海军陆战队的综合网络战部队（MARFOR－INO）；海军计算机网络防护特遣部队（NCTF－CND）；空军的计算机网络战部队（AFFOR－CNO）；国防信息系统局的国防部计算机应急响应分队（DODCERT）。

在 JTF－GNO 成立之初，为了使其能够更好地对军用网络进行操作、管理和防护，美国防信息系统局局长按照国防部长拉姆斯菲尔德的命令，对 JTF－GNO 的工作进展进行了检查。目前，JTF－GNO 的编制已经由 JTF－CNO 的 122 人（2003 年）扩大到 255 人，其中有约 40 多名军人和几名文职人员负责监视网络入侵和潜在的威胁，并协调制止入侵和威胁行动。美全球网络作战与安全中心的成员大约有400人左右，其中大多数是承包商雇员，也有少数军职人员。

2005年5月10日，JTF－GNO成立了新的指挥中心，办公室设在美国弗吉尼亚州阿灵顿国防信息系统局大楼内。为了能使其工作人员更好地防护军用网络和全面开展工作，更有效地执行全球作战任务，指挥中心将使用更多、更先进的硬件和软件，并对安全信息设备进行再次升级，以确保话音、视频及其他数据不被他人窃取。

10.3 美军信息作战方法

信息作战原则是指导实施信息作战的基本原则。信息作战手段通过作战保密、军事欺骗、心理战、电子战、实体摧毁、计算机网络攻击以及反情报等具体手段遂行信息作战任务。进攻战法和防御战法是指导信息作战的操作方法。

10.3.1 信息作战原则

美军以其作战理论为指导，针对参联会和各军兵种自身信息作战的特点，以及信息作战的类型、层次和范围，提出一系列较为完善的信息作战原则。这些信息作战原则为美军实施信息作战的计划编制、部队筹组和作战运用提供了指导，是美军实施信息作战的基础，为美军最大限度地获取战场信息优势、最终取得战争胜利提供基本保障。

（一）信息作战基本原则

美军信息作战的基本原则可以概括为“斩首”、“战场透明”、“致盲”、“灵敏反应”、“攻防一体”、“合力制胜”和“严密防护”，既体现了美军对信息作战的基本要求，同时也表达了美军所追求的信息作战效果。美军信息作战的基本原则如表10－1所示：

表 10－1　美军信息作战的基本原则

原则	描　　述
斩首	是实施信息作战的核心原则。该原则要求美军在筹划和实施信息作战中通过扰乱、破坏和瘫痪敌人的大脑（即指挥控制系统），使敌人整体或局部瘫痪，以小的代价达成信息作战目的。
致盲	指在信息作战实施中，要围绕信息作战总体目标，“首先摧毁敌方的传感器等探测器材，使敌人变成‘瞎子’、‘聋子’，而不是消灭敌方人员”。该原则要求美军在信息作战目标选择上，以敌方各类信息侦察和接收装置为首选，运用多种手段切断敌方信息源，使敌难以反应和决策，无法正确判断己方的作战企图。
战场透明	该原则要求美军充分利用立体的侦察监视体系，不间断、全方位、多频谱地监视和观察敌人，尽量做到对战场情况“始终透明"，同时防止敌方获得同样的能力。贯彻这一原则的主要方法是：利用各种器材和手段，透过云层、黑夜和可穿透的地表队战场进行观察，随时掌握战情变化；完整、快速地接收和分发各种数据；全面、准确地进行作战效果评估，及时为指挥官进行新的决策和指挥提供依据。
灵敏反应	强调美军在信息作战中，在信息的获取上要有灵敏的观察能力，在作战指挥上要有灵敏的反应能力，在作战行动上要有灵活的应变能力，使己方的决策周期和作战行动始终先于敌军。
攻防一体	强调美军在信息作战中，在对敌实施信息攻击的同时，必须做好自身的信息防护，提高信息系统的生存能力。美军认为，在很大程度上，信息防护比信息攻击更重要，只有在严密防护条件下的信息攻击才是最可靠、最有效的作战行动。
合力制胜	强调美军在信息作战中要集中军队、政府、民间以及各军种信息作战力量，以整体合力赢的战争的胜利。
严密防护	强调美军运用多种手段对己方的信息基础设施、指挥控制系统及信息枢纽等进行严密防护，提高信息进攻效果，保证己方各级指挥与控制系统的畅通。

（二）联合信息作战原则

美军认为，联合信息作战是现代及未来战争中信息作战的基本形式，信息作战已经成为联合作战中不可或缺的重要组成。除了信息作战基本原则之外，美军认为，联合作战中的信息作战还应遵循更为严格和富于针对性的原则，包括联合作战中的顶层原则、防御性信息作战原则和进攻性信息作战原则，借以指导美军在联合作战中有效实施信息作战，促成联合作战整体目标的实现。这些原则如表 10 –2 所示。

表 10 –2　美军联合作战中的信息作战原则

联合信息作战顶层原则	
原则	描　　述
谋求全谱信息优势	该原则是指美军应具有搜集、传递和处理作战信息的优势，同时具有削弱或阻止敌方此类活动的能力。
遵守法律规范	美军认为，信息作战涉及非常复杂的法律问题，各级信息作战指挥官在组织指挥信息作战时必须明确：国家遭到什么样的敌对行动时可以构成发动信息攻击的充足正当理由；什么强度的信息作战在法律范围内，什么，强度的信息作战超越了界限；多大规模的信息作战是允许的，什么级别的直接和间接损害可以允许发动信息攻击；信息攻击的目标是什么；信息进攻逐步升级有哪几个阶段；信息作战是如何用来逐步降低危机的等。因此，美军在计划和实施信息作战时需要详细审查信息作战计划并与国家有关部门协调后报请批准。信息作战行动必须符合有关的法律和规定，必须与相应的国内、国际法规相一致。信息作战的计划人员必须了解信息作战行动在军事行动全过程中可能面临的各种法律问题并找出相应的理由及解释，以使信息作战计划的制定与实施更具合理性。
目标明确	美军认为，信息作战是一种支援国家军事战略和联合作战的行动。因此，作战目标必须明确，且能够为国家和军队的总体目标服务。联合信息作战目标是由国家最高指挥当局和联合部队司令要达成的战略目标和作战方案所决定的，通常由一系列具有相互联系的信息作战目标群构成。在联合作战中，信息作战指挥官应根据己方和敌方联合作战的企图以及信息作战的强弱点，分析和确定信息作战目标。

（续表）

联合信息作战顶层原则	
攻防并重	强调美军在组织和实施联合信息作战时，在对敌信息枢纽、信息系统、指挥控制系统、相关信息基础设施等实施打击的同时，必须考虑敌信息作战对己方信息和信息系统所造成的影响。因此，在联合信息作战中，必须将信息进攻和信息防御密切结合，做到攻防并重攻防并重。
整体协调	强调美军在实施联合信息作战必须注重各个层次、各个领域的信息作战力量和手段的整体协调，确保形成整体信息作战合力。
联合信息作战进攻原则	
明确最终目标	要求美军各级信息作战指挥官在组织指挥信息作战中，要始终围绕破坏敌方决策过程周密筹划进攻性信息作战，科学使用信息作战力量达成最终目标。
作战目标必须全面支持军事行动	要求进攻性信息作战的目标必须为国家军事行动提供支持。美军的军事行动包括和平时期、危机时期与战争时期，为此确立进攻性信息作战目标应包括从和平时期至战争时期的各个阶段进攻性信息作战应实现的目标。
手段与目标统一	强调美军信息作战指挥官在组织实施进攻性信息作战中，必须把信息作战手段与目标相统一。在选择和使用特殊的联合信息进攻力量打击敌方时，必须符合形势发展并与国家战略目标相一致。同时这些行动必须遵循国际国内武装冲突的由关法律，符合有关参战规则。
整体协调	要求美军信息作战指挥官必须正确认识进攻性信息作战在联合作战中的作用，明确其主次地位在作战中的可能变化。在组织指挥联合信息进攻中，既要考虑与参战力量的协调配合，也要考虑与政府部门或民间力量的协调，防止互相冲突。
周密筹划	要求美军信息作战指挥官要周密筹划和实施进攻性信息作战，以提高进攻性信息作战的有效性。为此美军要求必须做到：了解敌人或潜在敌人的能力，懂得如何通过进攻性信息作战去影响敌人；确立进攻性信息作战目标，包括有助于实现目标的子目标并确定目标集；弄清敌信息系统的价值、使用、信息流和要害（弱点），确定影响目标信息或信息系统的最有效手段；明确支持评估的必要情报和作战信息反馈；综合、协调、实施进攻性信息作战。

（续表）

联合信息作战防御原则	
多种手段并用	强调通过信息保密、信息安全、物理安全、欺骗行动、心理对抗、计算机网络战、电子战和特种信息作战等手段来实施，以整体防御确保己方信息和信息系统的安全。
统一协调	强调联合信息防御必须注重统一协调信息和信息系统（包括指挥、控制、通信、计算机、传感器和武器系统，基础设施和决策者）的保护和防卫，以统一协调的防御行动确保己方信息和信息系统的安全。
确保信息安全	强调通过确保信息和信息系统的有效性、完整性、可鉴别性、机密性和不可否认性来实现信息安全。为提高信息系统免遭敌破坏和受敌攻击后确保信息安全的可恢复性，美军要求综合运用保护、检测、反应系统，以及多级安全、访问控制、安全网络服务器、入侵检测软件等手段来确保信息和信息系统安全。
一体防御	强调防御性信息作战应实现在联合部队指挥官责任区域或联合作战区域内的政府和非政府的机构或组织的防御行动相一致，联合信息防御与联合信息进攻相一致，本国与盟国的联合信息防御相一致，与信息防御的环境相一致。在联合信息防御中，应经常评估信息资源的分布状态，随着联合信息防御目标的变化调整联合信息防御计划，并使联合信息防御计划适应联合信息进攻的需要。同时，对信息作战指挥官来讲，联合信息防御要求军事或非军事组织在战争的各个层次上紧密合作。

除了以上的作战原则之外，指挥官还会针对整个作战任务目标，充分考虑战略环境和潜在的约束和机会，依据他们的指挥策略和作战计划为参战部队、盟军和多国部队实施信息作战提供指导，如必须完成的行动、必须避免的行动、计划中未被证实但为完成计划要求必须加以考虑的因素等。计划制定者也要了解敌人的弱点，确定主要任务和次要任务，并且寻求利用敌人弱点达到联合部队指挥官目标的途径、机会和手段。

10.3.2　信息作战组织

（一）信息作战指挥体系

美军主要在师和军级建制的部队内编有信息作战机构，统一指挥所属部队的信息作战行动。

战区以下各级部队信息作战机构的主要任务是：保证在实施信息作战过程中贯彻联合部队指挥官的指示，根据联合部队指挥官的意图制定信息作战计划，并在信息作战计划与实施过程中，搞好与各部队、各相关部门以及信息作战和职能部门行动的协调，确保所在责任区或联合作战区内的所有信息作战行动协调一致。美军各军种基本的信息作战战术的编制体制不尽相同，陆军以师为建制单位，空军以联队为建制单位，海军是以特混大队或临时的战术编队为建制单位。

联合司令部指挥官在接到紧急部署或作战命令后，通过联合参谋部作战长官指定联合参谋部作战处（J－3）负责策划、协调联合部队信息作战的主要负责人，即信息作战长官，并下达信息作战任务。信息作战长官根据具体作战任务和战场情况组建战区级信息作战组织单元。信息作战组织单元由来自各参谋机构和各信息作战支援部门精选出来的代表组成，负责协调各参谋机构和部门、规划和实施信息作战。图 10－6 给出了典型的联合信息作战组织单元概况。

另外，为顺利完成信息作战任务，联合部队指挥官可根据需要调整信息作战组织单元的组成，增加其他信息作战代表，如美国空间指挥和作战支援办公室联络员（利用空间系统支援情报收集和信息对抗）、国防信息系统机构（提供信息保障，指导信息作战攻防手段的开发和防御性通信系统的建设）、信息作战技术中心（信息作战提供技术支持）、国家安全机构（为信息安全和作战安全提供设备、工具和服务，并对其薄弱环节进行分析评估）。

（二）信息作战计划制定

制定作战计划是军事行动的重要组成。美军认为，计划信息作战的出发点是使联合部队对信息作战的职责、作战目标及意图更加清楚和便于理解。联合作战意味着各个方面的协调行动，包括与外交、经济相协调的陆、海、空、天作战，特种作战，盟军和多国部队作战，以及为达到国家或多国利益而采取的

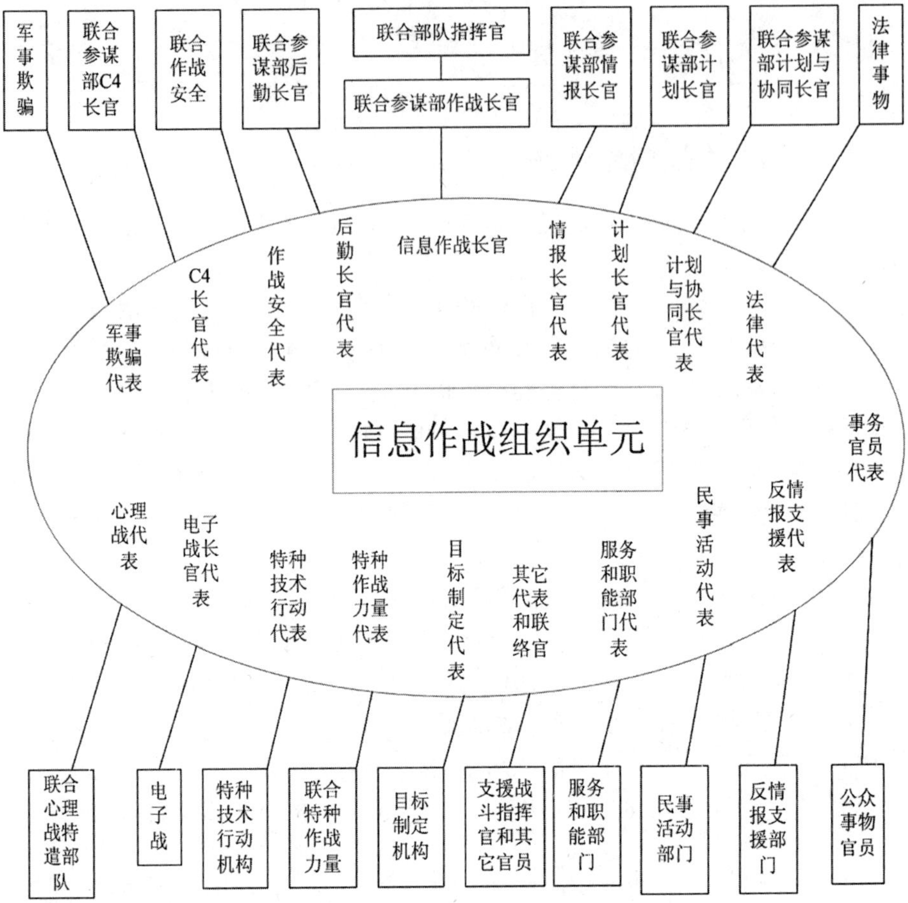

图 10－6　典型的联合信息作战组织单元

信息作战行动。因此，制定信息作战计划必须关照全局，使计划建立在科学的基础之上。

美军信息作战计划是其联合部队总体作战计划的一部分，服从于美国国家安全政策、国家安全战略、军事战略和国家目标。美军联合信息作战条令中列出的制定信息作战计划的基本原则和信息作战计划的制定步骤可为作战计划制定者提供指导。其中，基本原则不仅用于信息作战计划的制定，而且其中的一些原则对信息作战计划的实施也非常重要。美军要求，制定信息作战计划必须周密细致，既要使联合部队对信息作战的职责、作战目标及意图更加明确，易于理解，又要建立在科学的基础之上，统筹规划，兼顾全局，用好包括联合部队、各军种力量、盟军和多国部队在内的各种可用信息作战资源。

1. 制定信息作战计划的原则

美军《联合信息作战条令》明确要求，各级信息作战指挥官和机构在制定信息作战计划时，必须遵循以下具体原则：

（1）以国家安全战略为指导；

（2）重点是夺取信息优势；

（3）必须实现作战计划的功能；

（4）信息作战计划要有条理性和阶段性；

（5）明确部队组织机构和指挥关系；

（6）弄清敌情，明确任务和手段。

2. 参与制定信息作战计划的主要机构

参与制定信息作战计划的主要机构包括联合司令部作战部、信息作战组织单元、下级联合部队指挥部及其下属参谋机构。

作战部参谋机构。在制订计划过程中，参谋机构可以要求国家安全局、国防情报局等中被派往下属指挥部的所有专家提供援助，并利用联合作战计划系统提供的程序制定包括信息作战在内的总体作战计划。另外，在应对危机和其他突发事件的作战行动中，也可以根据实际情况启动联合作战计划系统。

信息作战组织单元。在信息作战计划制定阶段，信息作战组织单元具体负责信息作战计划的制定任务，并将信息作战计划的指导原则传达到各作战部队或下级联合特遣部队，以便分头执行。

下级联合部队。参与信息作战计划制定的下级联合部队通常是联合特遣部队。这些部队参加与本部队相关的信息作战具体计划的制订，其原则是可在短时间内实施信息作战，即一旦进入作战区域，便能迅速规划、实施。除少数几个“固定的”联合特遣部队参谋机构之外，联合特遣部队一般不需要永久性基础设施的支援。

3. 制定信息作战计划的主要手段

联合作战计划系统是美军制定信息作战计划的主要工具。美军联合作战计划系统包括战略层计划系统、战役层计划系统和战术层计划系统三层。其中，战略层计划系统包括国家安全委员会、国防部办公室和参联会三级，建有供参联会使用的联合战略计划系统和战略评估系统，用于制定军事战略指示。战略层计划系统通过全球指挥控制网络自动信息处理系统和联合作战计划系统相连，实现与战役层计划系统的连通。战役层计划系统包括战区司令部、战区下属军种司令部和各军种战役集团司令部三级。战区司令部及其下属军种司令部使用联合作战计划系统制定联合作战总计划和各军种在战役各阶段的协同计划；各军种战役集团司令部通过各军种的广域通信网与军种司令部连接，除制定各军种独立的战役计划之外，还可通过战术指挥与控制联合互动系统合作完成在一次战役行动中的相互支援计划。战役层与战术层计划系统的连接通过各军种野战战术通信网来实现。战术层计划系统主要有战术兵团和战时重组的战术分队两级。它们的计划系统通常安装在战术计划工作站上，在制定一次战斗中的协同计划时，各军兵种战术计划系统通常利用战术数据分发系统来进行信息交流。

联合作战计划系统的核心是分布式作战计划数据库网络，包括各级、各军种的指挥控制通信网和挂接在网上的计划数据库两部分。在制订计划时，由计划人员向系统输入作战意图和计划要求，计划系统自动生成计划的原始文本，再经计划人员补充修正形成最终可执行的计划与命令文件。

4. 信息作战计划的制定过程

联合司令部指挥官在接到紧急部署或作战命令后，通过指定的信息作战长官组建战区级信息作战组织单元。信息作战组织单元协调各方力量制定联合信息作战计划，并按照计划实施、协调信息作战行动。美军信息作战的计划编制主要有两种形式：非紧急状态下的信息作战计划编制和紧急行动下的信息作战计划编制。

（1）非紧急状态下的信息作战计划编制

非紧急状态下，美军信息作战计划编制会综合考虑可用的各种信息作战资源，包括联合部队、各军种力量、盟军和多国部队，并可为紧急情况下的信息作战和非战争状态下的军事行动提供支持，概括为表 10－3。

（2）紧急行动状态下美军信息作战计划编制

紧急行动时由于时间的限制，美军信息作战的计划制定程序会有所改变，以便于能够在紧迫而宝贵的时间内制定出适用于该紧急行动的信息作战计划。概括为表 10－4。

5. 信息作战计划的主要内容

美军《联合信息作战条令》依据联合作战计划和执行系统，对信息作战计划的格式及主要内容进行了明确规范。美军信息作战计划分为总体计划和分支计划。信息作战计划的文本格式及主要内容如下。

（1）信息作战总体计划

美军信息作战总体计划由联合部队指挥官的参谋机构（包括作战指挥部、

表 10 – 3　非紧急状态下信息作战计划编制步骤

计划阶段	联合作战计划系统		信息作战组织单元计划
阶段 1	初始运筹		组建信息作战组织单元
阶段 2	确定概念		
	第一步	任务分析	分解信息作战任务，获取所需信息
	第二步	计划指导	制订作战预案和信息作战目标
	第三步	参谋评估	对预案进行评估和排序
	第四步	指挥官评估	选择或重新制定预
	第五步	战斗指挥官的概念	细化预案，确定能力、行动和信息作战战略概念（信息作战初步计划方案）
	第六步	CJCS 审查进行概念审查	审查批准信息作战战略概念
阶段 3	计划制定		起草进攻和防御信息作战附件（附表）确定具体的部队和装备
阶段 4	计划审查		审查批准或者打回修订
阶段 5	支援计划		制定支撑计划，解决部队动员、部署、保障调遣等工作。

表 10 – 4　紧急情况下信息作战计划编制步骤

计划阶段	联合作战计划系统	信息作战组织计划行动
阶段 1	态势评估	提出情报需求，获取所需信息
阶段 2	威胁评估	制定指导原则，支持全局作战
阶段 3	制订行动计划	对情报、作战和通信进行评估，制定详细的行动计划
阶段 4	审核行动计划	审核、批准行动计划
阶段 5	制定全面计划	制定全面计划，特别是事关协调的作战计划
阶段 6	执行调整	监督作战过程，根据作战方向的改变调整信息作战的目标

下级联合部队指挥部及其参谋机构）负责制定，并提供指导原则，而后将总体计划和指导原则传达下属部队以及各支援机构，以便制定信息作战分支计划。

美军对信息作战总体计划内容及格式的确定，主要以美军 CJCSM3122.03《联合作战计划和执行系统·卷 2·计划格式及指导》中有关“作战计划（OPLAN）/作战计划格式（CONPLAN）作战命令（OPORD）/战役计划/实用计划格式”内容的附录 C（作战）、附件 3（信息作战）为依据，制定信息作战总体计划。其文本格式及内容如表 10－5 所示。

表 10－5　美军信息作战总体计划内容

1. 作战态势 （1）敌方 主要明确：敌方的态势、兵力部署、情报能力和可能的行动进程，是否有直接影响信息作战计划的特殊信息等。 （2）己方 主要明确：己方能直接影响达成信息作战目标的己方态势，有没有关键的限制和其他的信息作战计划。 （3）情况预想 主要明确：对己方、敌方、第三方军队的作战能力、局限性和行动进程的情况预想，指挥官实施计划所依据的条件。 2. 信息作战总体任务 主要明确：信息作战任务的执行者、主要完成哪些信息作战任务、遂行信息作战任务的时间、地点、主要方法和手段。 3. 信息作战实施 （1）作战思想 主要明确：指挥官对信息作战总体打法的构想，信息作战如何支持指挥官完成任务，以及监督和终止信息作战的依据。 （2）信息作战具体任务 主要明确：军事欺骗的主要任务，电子战的主要任务，作战安全的主要任务，心理战的主要任务，实体摧毁的主要任务，公共事务的主要任务、民事活动的主要任务，防御性信息作战的主要任务（以上信息作战具体任务见分支计划）。 （3）协调事项 主要明确：有关信息作战力量之间如何相互支援和协调。 （4）信息作战管理与后勤 主要明确：对信息作战管理和后勤保障的要求。 （5）信息作战指挥与控制 主要明确：信息作战指挥与控制的指令、信息作战指挥体系、是否需要特殊的通讯和报道支援信息作战。

(2) 信息作战分支计划

信息作战总体计划制定后，联合部队所属信息作战力量据此制定信息作战分支计划。美军对信息作战分支计划内容及格式的确定，主要以美军 CJCSM3122.03《联合作战计划和执行系统·卷 2·计划格式及指导》中有关“作战计划（OPLAN）/作战计划格式（CONPLAN）/作战命令（OPORD）/战役计划/实用计划格式”为依据，分别制定军事欺骗计划、电子战计划、作战安全计划、心理战计划、实体摧毁计划、公共事务计划、民事活动计划、防御性信息作战计划等各类信息作战分支计划。

10.3.3　信息作战手段

信息作战通过作战保密、军事欺骗、心理战、电子战、实体摧毁、计算机网络攻击以及反情报等多种作战手段夺取和保持信息优势。

（一）作战保密

作战保密是通过消除可能被对方利用的征候，避免敌方解释和拼凑成关于己方军队配置、企图、行动过程的重要信息的一个过程。其目标是通过鉴别、选择和采取措施消除可能被对方利用的征候和信息来源，或者把它降到一个可以接受的程度。

美军认为，作战保密的计划工作正受到一系列全球商业能力的严峻挑战。在军事行动中作战保密更加复杂。新闻媒介把信息实时地传播给全世界观众（听众、读者），这对于对手来说可能是获得信息的便利渠道。由此看出作战保密是封锁信息的关键，它不仅能让指挥官识别出可能被对方情报系统观察到的己方活动，而且还能让指挥官知晓己方潜在的一些可能被对方情报系统得到的征候。因此，作战保密的计划人员必须同公共事务人员密切协作，制订己方关键信息要素，以防止公众无意中泄漏至关重要的和敏感的信息。

（二）军事欺骗

军事欺骗是指为故意误导敌方军事决策者对己方军事实力、意图及作战行动的了解而采取的各种行动。军事欺骗通常通过歪曲、隐匿或伪造己方的企图、态势、配置、能力、作战方案和实力，误导敌方决策者决策错误，从而保证己方采取有利于完成任务的具体行动。其目的是让敌方以有利于己方达成目的的方式开展行动（或按兵不动）。

军事欺骗从层次上分有三类：

战略性军事欺骗，是由高级军事指挥官计划和实施并为其服务的军事欺骗。战略性军事欺骗的结果是，促使敌人采取的军事方针和行动有利于己方战略策划者的战略性军事目标、军事方针和行动。

战役性军事欺骗，由战役级指挥官计划和实施并为其服务的军事欺骗。战役性军事欺骗的结果是，促使敌人采取对己方战役筹划者的目标和作战行动有利的举动。战役性军事欺骗是在战区内计划与实施的，以支援战役和战役性作战行动。

战术性军事欺骗，是由战术指挥官计划和实施的军事欺骗。战术性军事欺骗的结果是，促使敌人采取对己方战斗计划的目标和作战行动有利的举动。计划和实施战术性军事欺骗的目的是支援战斗和交战。

（三）心理战

心理战是以人的思想、意识、精神、情感等主观世界为目标，以各种形态的信息和媒介为武器，运用心理学原理，通过实施心理宣传、心理威慑、心理恐吓、心理欺骗等方法和手段，来影响、制约和改变敌人的思想、感情、动机、推理判断，并最终影响其行动，同时通过心理防护和激励增强和巩固己方人员心理的作战。从运用角度看，心理战分为战略性的、战役性的和战术性的活动，其中包括为军事欺骗行动服务的掩盖真相的活动。

心理战应以真实情况和可信的信息为基础。军队在军事行动中应用心理战和欺骗，已经显示出相当大的力量。例如，采用劝降引诱和夸大美国电子优势的印象来增强盟军具有强大战斗力的可信度。

心理战是指挥与控制防护和攻击中必需的手段之一，其主要目标是最大限度地减少对方的敌对性宣传以及对己方传递假信息的影响，使对方的宣传或散布的假信息无效。心理战分队必须同指挥与控制战的其他分队和从事公共事务的战略家们密切合作，以最大限度扩大信息作战的优点。

（四）电子战

电子战是指用电磁能和定向能控制电磁频谱或攻击敌人的军事活动。美军认为，电子战是在确保己方能充分利用电子频谱的同时，阻止敌军利用电子频谱的一系列活动，是为削弱、破坏敌方电子设备的使用交通和保障己方电子设备正常发挥效能所进行的电子斗争。电子攻击、电子防护和电子战支援是电子战的三种基本作战样式。

（五）实体摧毁

实体摧毁是指使用“硬杀伤”武器攻击预定目标。美军认为，摧毁敌人的一个指挥与控制目标，就意味着对方的指挥与控制能力在一定时期将受到削弱，或者在必要时永久性地关闭。因此，要求计划人员及指挥官要把握时机，应对保护目标和破坏目标进行权衡，并从战略到战术范围做出充分的估价之后进行。

（六）计算机网络攻击

计算机网络攻击是指扰乱、剥夺、削弱或破坏存储在计算机和计算机网络中的信息，或对计算机和网络本身采取上述行动的作战行动。通常采用计算机病毒、逻辑炸弹、“特洛依木马”程序等方式实施攻击。

（七）反情报

反情报指为防范外国政府、外国组织、外国人或国际恐怖主义组织进行谍报活动、其他情报活动、破坏或暗示活动而进行的情报收集和行动。

10.3.4　信息作战战法

美军信息作战的主要战法包括进攻战法和防御战法。

（一）信息进攻战法

1. 电子战，夺取制电磁权

（1）运用电子干扰、电子欺骗和电子插入的方法攻击

电子干扰方法主要有瞄准式干扰、扫频式干扰、阻塞式干扰和回答式干扰。美军强调要根据不同的对象、不同的地域、不同的作战要求选用合适的干扰方法。

电子欺骗包括伪装电子欺骗和模拟电子欺骗。伪装电子欺骗的目的是使敌军的电子支援措施和信号情报分析员把己方的模拟电子信号当作实际的电磁形象和信息接受，并由此得出关于我军活动和意图的错误结论。模拟电子欺骗可以分为部队模拟、新设备能力模拟、假位置模拟等。

电子插入只能由军事情报分队完成。电子插入可将假情报或诱惑信息直接插入敌通信网，通信冒充者作为敌军通信系统的成员被接纳，直到期望的假情报传送给敌军。由于每部发射机都要产生它本身的特征，美军十分重视插入敌军通信系统的周密计划，使己方冒充通信的发射机与敌军的特征尽可能相似。

（2）用攻击行动进行实体摧毁

高速反辐射导弹是压制敌信息系统的有效武器，是进行实体摧毁的首选武器，打击的目标主要是敌 C^3I 系统中的情报获取系统。这一行动中美军重视的是压制和破坏时间的选定。

2. 精确战，达成信息封锁

精确战是对敌目标实施精确打击所造成的附带毁伤很小的一种作战样式。美军依靠其先进的情报保障系统和富含信息技术的武器装备，可对敌实施“外科手术式”的精确战。

（1）利用远程火力精确打击敌方重要网络节点，这些节点包括指挥控制系统、通信枢纽等。所使用的远程火力主要有巡航导弹、隐形轰炸机等。当指挥控制与通信系统遭到严重破坏时，国家和军队领导人将很难再进行战争指挥了，整个作战系统以至整个国家就会处于混乱状态。

（2）利用先期突击效果，各种飞机临空，保持强大的空中压力，使用精确制导炸弹、各种空地导弹对威胁较大的网络节点进行攻击，取得并保持绝对的制空权。

精确战与电子战相配合，可以达成切断敌方的有线通信、干扰无线通信、取缔个人通信、阻止第三方与敌方通信的目的，切断敌方与外界的联系，从而构成信息封锁态势。

3. 心理战，不战而屈人之兵

心理战的攻击目标是“人的心理”，攻击对象既包含拥有决策权的关键人物，也包含最广大的士兵及平民百姓。

美军在和平时期利用各种信息渠道大肆宣传美军的高技术武器装备、快速的机动能力、强大的作战能力，在世界范围内制造“恐美”情绪。战争准备阶段，更是频频炫耀武力，大规模报道部队动作，给敌对国领导人以巨大的心理压力，进一步强化普通民众的“恐美”情绪。在战时，利用硬打击造成的损失激活敌对国人民的反战情绪，使其反对本国政府，对战争产生恐惧心理，最后制约领导人的军事决策，这对战争同样会起到重大作用。

（二）信息防御战法

1. 以攻助守，积极防御

美国强调用进攻的手段消灭敌方的信息力量，尽力减小防御的压力。通常采用硬火力（如火炮、导弹等）摧毁敌信息系统中的关键节点，采用软杀伤方式（如电子干扰、电磁炮、激光枪等）破坏敌信息武器装备中的关键部件，用人力俘获方式缴获投掷式干扰机，用这些方法，从总体上消灭干扰源、减小信息进攻中所受到的威胁。

2. 全面防御，技术为主

美军认为，制信息权是相对的，战役层次制信息权的获取并不代表拥有战术层次的制信息权。对未被消灭或压制的敌方信息力量的进攻，美军也采取了多种防御措施。

美军采取信号反侦察措施防御敌方对其通信信号的截收。此类措施主要包括电磁屏蔽、无线电静默、发射控制、功率控制、信号欺骗、发送低截获率信号、战场动态频率管理，以及采取随机多址通信、扩谱通信、猝发通信、电缆通信、波导通信、光纤通信、无线激光通信、地下通信、毫米波通信、重力波通信、中微子通信等通信新技术。

美军采取信息反侦察措施防御敌方对其通信信息的分析、破译与篡改。此类措施主要包括信息安全的风险分析与风险转移、瞬时电磁脉冲辐射标准、信息流量安全、通信安全（信息保密——端端加密、链路加密、节点加密、多级保密、一次一密、安全密钥管理等）、信息伪装（加密语）、信息掩护（假中藏真，以假乱真等）。

为防御敌方对其设备的定位、干扰与破坏，采取的主要措施包括设备伪装、设备转移、设备加固、采用自适应设备、安装病毒疫苗卡等方法。

为防御敌方对其通信网络、系统进行干扰，采用的主要措施包括系统的电子战易损性评估、网络安全（指网络指令信息、控制信息、网络协议、安全协议等的安全）、网络节点全互联、异网互联互通互操作、多维多网一体、网络自组成、低轨道卫星网、个人通信网和网络防病毒等。

3. 对作战保密进行反情报支援

美军认为，作战保密是“识别关键信息”，并随之“对伴随军事行动和其他活动的己方行为进行分析”的过程，强调作战保密“适用于各级司令部的一切军事活动”。为此，美军在不断加强作战保密工作的同时，十分重视通过对作战保密的反情报支援达到不让敌指挥官获取美军情报的目的。

美军的反情报工作可分为反通信情报、反图像情报和反人员情报。反通信情报的基本步骤一是进行敌情评估；二是当确定在某一地区存在敌情威胁时，反通信情报分析人员要评估在该地区的己方通信电子系统，以决定哪个方面存在薄弱环节；三是分析人员制定出对抗措施，减轻或消灭存在的威胁，弥补己方的薄弱环节；四是对所有实施的对抗措施进行评估。

反图像情报的基本方法包括：在进入和撤出设施时，遵守交通管理规定，其中可能包括步行一段距离前往指挥所；在没有通路的情况下，在树木的行距中行驶；超越指挥所，再延伸一段新路程，到达另一个端点；控制未经批准的摄影器材；采取物资保安措施，以阻止携带光学器材者渗入；采取正确的伪装措施；限制在设施内部拍摄的照片分发流传；避免使用定向信号，以及其他能提供情报的设备器材；隐匿装备的标志；对一些特殊装备、器材以及能泄密的目标，避免在露天堆放等。

反人员情报的主要方法包括：编制、保存和分发反情报工作重视的有关敌军编制、配置和成员的多方面敌情数据和情报文件，其中包括能对己方反情报工作给予帮助的暴乱和恐怖分子的基层组织和个人；对于那些处于敏感岗位又不太可靠的人员，进行背景调查和记录；对保密人员进行教育；采取居民控制措施，包括防止暴乱和恐怖分子接近或进入己方设施的身份检查系统、旅行限制和搜查等；向经选定的人员，包括己方的或敌方的人员了解情况，如战斗巡逻人员、飞机驾驶员或那些可能提供反情报工作所关心的情况的人员等。

习　题

1. 谈谈对美军信息战条令 JP3－51 的读后感。
2. 综述美军的信息作战技术和战术水平。
3. 论述美军信息作战手段。
4. 简述美军国家作战指挥中心。
5. 美军机动国家作战指挥所的基本组成。
6. 综述美军电子战飞机及其发展趋势。
7. 综述美军反辐射武器及其发展趋势。

8. 综述美军的空中侦察系统。
9. 简述美军预警机及其功能和作用。
10. 介绍美军的地面传感器侦察情报系统。
11. 叙述美军的陆军战术通信网。

参考文献

1. 戴清民,等. 信息作战概论[M]. 北京：解放军出版社，2001.
2. 徐小岩. 信息作战导论[M]. 北京：解放军出版社，2000.
3. 戴清民,等. 信息作战学[M]. 北京：解放军出版社，2002.
4. 徐小岩，许金裕. 信息作战学[M]. 北京：解放军出版社，2002.
5. 王正德. 信息作战概论[M]. 北京：解放军出版社，2005.
6. 郑宗辉，吴敏文. 信息作战概论[M]. 武汉：通信指挥学院，2008.
7. 耿福泉. 信息作战基础概论[M]. 北京：解放军出版社，2008.
8. 郝坦锁. 信息作战理论[M]. 西安：西安通信学院，2006.
9. 袁文先. 联合战役信息作战教程[M]. 北京：国防大学出版社，2009.
10. 吴晓平,魏国晰,等. 信息对抗理论与方法[M]. 武汉：武汉大学出版社，2008.
11. 郑连清,等. 信息对抗原理与方法[M]. 北京：清华大学出版社，2005.
12. 王正德. 信息对抗论[M]. 北京：军事科学出版社，2007.
13. 司来义，刘春胜. 信息作战技术学[M]. 北京：解放军出版社，1998.
14. 李辉光. 美军信息作战与信息化建设[M]. 北京：军事科学出版社，2004.
15. [美]Edward Waltz. 吴汉平,等. 译. 信息战原理与实战[M]. 北京：电子工业出版社，2004.
16. [俄]Sergei A Vakin. 吴汉平,译. 电子战基本原理[M]. 北京：电子工业出版社，2004.
17. 张伟. 电子对抗装备[M]. 北京：航空工业出版社，2009.
18. 童志鹏. 电子战和信息战技术与装备[M]. 北京：原子能出版社，2003.
19. 李云霞,等. 光电对抗原理与应用[M]. 西安：西安电子科技大学出版社，2009.

20. 刘升俭．网络对抗技术[M]．长沙：国防科技大学出版社，2008.

21. 凌永顺，万晓援．武器装备的信息化[M]．北京：解放军出版社，2004.

22. 褚慕信，许创杰．信息武器与信息战争[M]．北京：长城出版社，1997.

23. 龚耀寰，李军，熊万安．信息时代的信息对抗[M]．成都：电子科技大学出版社，2007.

24. 刁鸣．雷达对抗技术[M]．哈尔滨：哈尔滨工程大学出版社，2005.

25. 林象平．雷达对抗原理[M]．西安：西北电讯工程学院出版社，1985.

26. 陈静．雷达无源干扰原理[M]．北京：国防工业出版社，2009.

27. 郝坦锁，李科海．通信对抗技术[M]．北京：西安通信学院，2003.

28. 陈三堰，沈阳．网络攻防技术与实践[M]．北京：科学出版社，2006.

29. 总装备部科技信息研究中心．美军信息战力量及信息战情况研究[M]. 2006.

30. 卢文举，王伯俭．合成军队信息作战教程[M]．北京：解放军出版社，2002.